中华书局
百年大事记

1912—2011

中华书局编辑部　编

中华书局

图书在版编目(CIP)数据

中华书局百年大事记:1912～2011/中华书局编辑部编. －北京:
中华书局,2012.3
ISBN 978－7－101－08464－1

Ⅰ.中… Ⅱ.中… Ⅲ.中华书局－大事记－1912～2011
Ⅳ.G239.22

中国版本图书馆 CIP 数据核字(2011)第 276617 号

书　　名	中华书局百年大事记(1912—2011)
编 著 者	中华书局编辑部
责任编辑	贾元苏　孙文颖
扉页篆刻	刘家骏
出版发行	中华书局
	(北京市丰台区太平桥西里38号　100073)
	http://www.zhbc.com.cn
	E－mail:zhbc@zhbc.com.cn
印　　刷	北京瑞古冠中印刷厂
版　　次	2012 年 3 月北京第 1 版
	2012 年 3 月北京第 1 次印刷
规　　格	开本/880×1230 毫米　1/16
	印张 25　插页 3　字数 520 千字
印　　数	1－4000 册
国际书号	ISBN 978－7－101－08464－1
定　　价	78.00 元

前　言

中华书局成立于1912年元旦，迄今已历整整一百年。

一百年来，中华书局经历了私营、公私合营、国营几个历史阶段；经历了由出版教科书起家，到全方位出版各类图书，到以古籍学术为核心的传统文化专业出版社的变化；经历了由三五人创业，到迅速发展为与商务印书馆齐名，对中国近现代文化教育出版事业做出了重大贡献的大型出版机构的历程。这一历程，是现代中国出版业兴起、发展和现代中国教育、学术、文化演进繁荣的缩影。

一百年来，中华书局有陆费逵这样颇具远见卓识和雄才大略的创始人；有金灿然这样具有崇高学术追求和"人弃我取"、广纳贤才之气魄的领导者；有戴克敦、沈颐、范源廉、梁启超、徐元诰、张相、黎锦晖、舒新城、金兆梓、陈伯吹、章锡琛、陈乃乾、徐调孚、宋云彬、杨伯峻、马非百、马宗霍、孙人和、曾次亮、傅振伦、李侃、赵守俨、周振甫、王文锦等具有很高学术造诣的学者型编辑；有陈寅、唐驼、俞复、丁辅之、沈逢吉、赵俊、郭农山、华昌泗等印刷出版发行方面的专家；更聚集了一批又一批海内外学术文化精英、古籍整理专家，形成了一支高水平专业作者队伍。

一百年来，中华书局出版了各类书刊三万余种，包括《辞海》、《中华大字典》、《四部备要》、《古今图书集成》、点校本"二十四史"及《清史稿》、《永乐大典》、《全唐诗》、《全宋词》、《甲骨文合集》、《殷周金文集成》、《中华大藏经(汉文部分)》、"古逸丛书三编"、《中华民国史》、《顾颉刚全集》、"新编诸子集成"、"中国古典文学基本丛书"、"历代史料笔记丛刊"、"中国历史小丛书"、《大中华》、《小朋友》、《文史》、《文史知识》、《中华活页文选》等颇具影响的书刊及数百种教材。

为了纪念中华书局成立一百周年，我们编写了这本《中华书局百年大事记(1912—2011)》，以记录百年来中华书局的发展历程，同时借以表达对前辈们的崇高敬意，激励和鞭策我们继承中华书局的优良传统，"守正出新"，为中华书局的进一步发展壮大而奋斗。

中华书局编辑部

2012年1月

凡　例

　　一、本书记事自1912年1月1日中华书局成立起，至2011年12月31日止。

　　二、本书分上、下两编，分界在1954年5月1日，此前为中华书局私营时期；此后为公私合营和国营时期。

　　三、本书记事以年月日时序排列。不便系日者，以"是月"系于月末；不便系月者，以"是年"系于年末。同日内的不同记事，以"是日"形式分列。

　　四、本书记事范围包括重要的经营决策、经营活动和经营业绩；重要的图书策划、选题研究、学术交流活动；重要图书的出版、发行及获奖情况；重要的会议（如董事会、职代会）和管理决议；重要的机构和人事变动；重要的行业交流与合作等。

　　五、本书部分记事下附有相关的事件背景说明、书刊简介、人物简介、机构或人员名录等，以另体字表示。

　　六、本书正文内所附百余条人物简介，包括我局创始人、重要管理者、成绩突出的业务骨干、起过重要作用的董事、在我局工作过的名人、工运领袖，以及对我局发展有重大影响的局外人士。上编人物简介一般附于其人某条工作记事之下，下编多附于其人逝世的记事之下，但也有个别例外。

　　七、本书上编以钱炳寰《中华书局大事纪要（1912—1954私营时期）》（中华书局2002年5月出版）为基础，在结构、内容、文字上做了修改、增删；下编资料基础是我局档案、历年工作简报、业务情况报告、《局史资料工作》（共十五辑）及上世纪90年代我局组织人力编写的部分年代大事记手稿等，并参考借鉴了若干有关出版史的书刊。

　　八、由于时间仓促和水平所限，疏误不周之处，敬请各方读者赐教。

目 录

上 编

1912.1—1954.4

1912年

1月1日　中华书局在上海成立，为陆费逵、戴克敦、陈寅3人合资公司，局长陆费逵。

陆费逵(1886—1941)，复姓陆费，字伯鸿，号少沧。祖籍浙江桐乡，生于陕西汉中。父芷沧，曾游幕直隶、山东、河南、陕西、江西等地。母吴氏，颇识诗书。幼承母教，研读经史各籍。稍长，遍读新书新报，学习英文、日文。1903年，随日文教师吕星如往武昌，与革命党人有交往。次年与黄镇磐等开办新学界书店，任经理，售卖《警世钟》、《猛回头》等革命书籍，并参与组织日知会，起草会章，任该会评议员。1905年，任《楚报》主笔，因粤汉路借款问题著论触犯当局，被迫停刊。后赴上海，任昌明公司上海支店(书店)经理兼编辑，参加上海书业商会筹备工作，任评议员兼书记，主编《图书月报》。1906年，任文明书局编辑，并主管印制发行，兼文明小学校长。1908年，进商务印书馆，初为国文部编辑员，继任出版部长兼交通部长(主管宣传推广通讯交际等)及师范讲义部主任，创办《教育杂志》并任主编。1911年10月武昌起义后，与戴克敦、陈寅等秘密编辑新教科书，并于1912年元旦在上海创立中华书局，从此为中华书局尽瘁30年，至1941年逝世于香港。自许书业为终身职业。曾谓：“我们希望国家社会进步，不能不希望教育进步；我们希望教育进步，不能不希望书业进步。我们书业虽然是较小的行业，但是与国家社会的关系却比任何行业为大。”早年注意研究教育问题，其教育思想，如力主缩短在学年限、减少授课时间、初小男女同学、废止小学读经，提倡职业教育(曾与黄炎培等创办中华职业教育社)等等，对民国初建时期教育的兴革颇有影响。著有《教育文存》、《妇女问题杂谈》、《青年修养杂谈》、《国民之修养》、《实业界之修养》等书。

戴克敦(1872—1925)，字懋哉。浙江杭州人。晚清秀才。曾任杭州求是书院教习、商务印书馆编辑，与陆费逵等人共同编辑新教科书并创办中华书局。历任书局董事、事务长、编辑长。

陈寅(1882—1934)，字协恭，江苏无锡人。原为文明书局主要职员。与陆费逵等共同编辑新教科书并创办中华书局，任事务长，对书局印刷厂的擘画筹建、经营管理，致力尤多。

2月　中华书局改为5人合资公司，加入沈颐、沈继方2人。股本为2.5万元。

沈颐，生卒年不详，字朵山。江苏常州人。为中华书局创业时首先发行的"中华教科书"编辑人之一。早期负责书局教科书编审，出任小学部主任，后任辞典部主任，为《辞海》的主编之一。《辞海》全部词条，从头到尾，由他逐条加以审阅。曾任黎锦熙主编的《中华大辞典》编辑人。

沈继方（?—1916），字季方。中华书局董事局监察、理事。

2月20日　开第一次股东会议。规定创办人为营业主体，重大事件由创办人会议决定。创办人之间订有合同，规定具体的权利和义务。局长为营业代表，用人、行政也统由局长主持。戴克敦任编辑长，陈寅任事务长。

2月23日　在《申报》刊登《中华书局宣言书》。

《中华书局宣言书》节录：

立国根本在乎教育，教育根本实在教科书。教育不革命，国基终无由巩固；教科书不革命，教育目的终不能达也。往者，异族当国，政体专制，束缚抑压不遗余力，教科图书钳制弥甚，自由真理、共和大义莫由灌输，即国家界说亦不得明，最近史事亦忌直书。哀哉，未来之国民，究有何辜，而受此精神上之惨虐也。同人默察时局，眷怀宗国，隐痛在心，莫敢轻发，幸逢武汉起义，各省响应，知人心思汉，吾道不孤。民国成立，即在目前，非有适宜之教科书，则革命最后之胜利仍不可得。爰集同志，从事编辑，半载以来，稍有成就，小学用书业已藏事，中学、师范正在进行。从此民约之说弥漫昌明，自由之花霭皇灿烂，俾禹域日进于文明，华族获葆其幸福，是则同人所馨香祷祝者也。兹将本局宗旨四大纲列左：一、养成中华共和国国民；二、并采取人道主义、政治主义、军国民主义；三、注重实际教育；四、融和国粹欧化。

是月　开始营业，地址在福州路东首，赁楼下店面3间。有编辑和办事人员共10余人。第一日仅售码洋5元，第二日售百余元，第三日始批发，增至五六百元。

是月　"中华教科书"开始出版，当时供应的春季开学用书10数册，"日间订出，未晚即罄，架上恒无隔宿之书，各省函电交促，未有以应"。

1911年秋，武昌起义后，陆费逵"预料革命定必成功，教科书应有大的改革"。于是同戴克敦、陈寅、沈颐等秘密编辑合乎共和体制的教科书，预作准备。时南京临时政府教育总长蔡元培嘱陆费逵与蒋维乔起草《中华民国教育部普通教育暂行办法通令》,于1月19日颁布施行,规定各种教科书务令合于共和民国宗旨,清政府学部颁行的教科书一律禁用。市上原有教科书一时不及修改,而新编的"中华教科书"是建立共和后的第一套教科书,内容合乎共和体制,几乎独占了中小学教科书市场。

"中华教科书"有初等小学修身、国文、算术、习字帖、习画帖5种40册,教授书3种24册;高等小学修身、国文、算术、历史、地理、理科、英文、英文法8种33册,教授书6种28册;中学、师范用书共27种50册。至1913年出齐。

是月 添设印刷所于福州路惠福里,有印机6台。

3月25日 我局编辑出版的《中华教育界》月刊创刊。

《中华教育界》以"为民国服务"、"研究教育,促进文化"为宗旨,对于社会上发生的重大事件颇为关注,态度鲜明。设有教育评论、教育论著、中小学研究、国外教育译述、国内教育新闻等栏目。初由顾树森、沈颐等主持。前期撰稿人有范源廉、陆费逵、黎锦熙、恽代英、周建人、黄炎培、邰爽秋、蔡元培、舒新城等。1937年"八一三"事变后停刊。1947年1月复刊,由姚绍华主编,胡适、黄炎培、陶行知等为主要撰稿人。陶行知、张宗麟、戴白韬等曾任该刊编辑。至1950年12月停刊,前后共出322期。

6月 中华书局改为股份无限公司。

10月 招考录取编辑、事务学习员31人。

是月 资本扩充至7.5万元,其中创办人占5万元,留出2.5万元,备局内人员中无股者及外间有关系者附入,股份开始向社会作有条件的开放。

11月 编辑员增至40余人,办事员50余人。迁至河南路5号,为三开间三层楼房。三楼为编辑所,二楼为营业所,楼下为发行所。

12月 陆费逵、戴克敦赴京、津、奉、汉等地,布置分局事宜。

是年 在各省开始设分局或经理处,有北京、天津、奉天、南昌、汉口、广州、杭州、南京、温州等9处。

是年　编译出版书籍150余种，共580余册。包括各种教科书、教授书及地图、法令、杂志、字典、尺牍等，远销云、贵、陕、甘诸省及南洋、美洲各埠。

是年　营业额超过20万元。

1913年

1月　"新制教科书"开始出版。均经教育部审订。

　　1912年9月，教育部公布各级学校新学制，初小4年，高小3年，中学、师范各4年，初高小设补习科，均2年毕业，师范设预科1年。改春季始业为秋季始业，1学年分为3学期。"新制教科书"即依此编辑，每学期各用1册。

　　初小有修身、国文、算术3种各12册，教授书同。编者陆费逵、沈颐、戴克敦、华鸿年、顾树森、屠元礼、董文等。

　　高小有修身、国文、算术、历史、地理、理科6种各9册，编者戴克敦、郭成爽、赵秉良、汪楷、史礼绶、顾树森；商业、农业2种各6册，编者为欧阳溥存、沈慰宸、丁锡华，教授书同。

　　中学、师范用书有修身、国文、历史、地理、生理、植物、动物、化学、物理、经济、英文、心理、伦理等必修科目，编者李步青、谢蒙、钟毓龙、张相、李秉钧、李廷翰、杨文洵、王雅南、曾牖等。

是月　陆费逵去广州视察分局及考察广东等省教科书行销情况。

2月　沈知方进书局，任副局长。

　　沈知方（1883—1939），原名芝芳。浙江绍兴人。早年入绍兴奎照楼书坊学徒。后先后入上海会文堂书局、商务印书馆，曾任商务印书馆营业所所长。1913年入中华书局任副局长。1917年因挪用公款做投资生意失败而辞职。次年开设广文书局；1921年改组为世界书局。

4月1日　聘范源廉任编辑长。原编辑长戴克敦改任事务长，原事务长陈寅改任营业长。

　　范源廉（1876—1927），字静生。湖南湘阴人。戊戌时肄业于长沙时务学堂，为梁启超弟子。变法失败后留学日本，创设速成政法、师范诸科，并率湖南女子12人留学东京，开女子留学风气。回国后任学部参事，手定学制及学校章程。1913年入中华书局，任编辑长，主持"新制"、"新编"、"新式"三套教科书的编写，并制定《辞海》编辑规划。1916年出任北洋政府教育总长。后又出任北京师范大学校长。

4月中旬　随着业务迅速发展，人员不断增加，总公司编辑、事务、营业、印刷4所迁至东百老汇路AB29号（发行所仍在河南路5号），连租用旁边民房两百余间。时编辑员增至七八十人，办事员两百余人，印机十五六台。

4月20日　在东百老汇路总公司新址召开第三次股东会。到会36人，首次选举董事及监察人。陆费逵、范源廉、陈寅、姚汉章、戴克敦、戴克恭、沈颐、沈知方、蒋汝藻、李登辉、萧敏瀞等11人被选为董事，组成董事局；陆费逵、蒋汝藻为正副主席；沈继方、叶琢堂被选为监察。

股东会决定中华书局改为股份有限公司，增资至100万元，先增50万元；1914、1915年初分别续增25万元。

陆费逵在会上报告关于分局设立情况："分局之设，始于南昌、天津，经理得人，成绩颇著。……今年更分设湘、鄂、晋、豫及长春、保定等处，成绩皆有可观。本年3个月之贸易，已足抵客岁全年而有余。"

5月15日　董事局第一次会议，制定董事局规程、分派花红规程、任用职员规程等。董事局于每月15日开常会一次。任用职员，除特别延聘者外，一律须经考试，合格者试用1至4周。

6月　中华书局股份有限公司呈准工商部注册。

8月　与商务印书馆公开竞销教科书。

中华书局"新制小学教科书"初等每种12册，一学期用1册；商务出版"共和国教科书"每种8册，第一学期用1册，二三学期合用1册。两家教科书的内容、售价亦有不同。于是在报上出现了激烈的竞争宣传，各自说明本版书的优点，攻击对方的弱点。中华书局称本局课本分量合于授课时间，内容注重国民教育，尤重于国耻割地赔款，印刷精良，封面耐用等。

11月　召开第四次股东会。确认：董事局为书局立法机关，凡各种规程及重要事件为执行机关所不能决者，由董事局决之；监察为监督稽查机关，凡账目报告，皆由监察稽查署名负责，立法和行政两机关有不法情事，得纠举之。股东会每年召开常会一次，一般在岁末举行，审议业务报告，改选董事、监察，修改公司章程等。

是年　陆费逵赴日本考察出版印刷事业。

是年   编辑所设员工补习夜课,有国文、日文专修科等。

是年   各省分局增至17处。总、分局合计上半年营业额35万余元,盈余9万余元(因会计年度变更,本年下半年营业额与1914年上半年营业额合并计算)。

是年   出版"英华会话"2种:李觉译《英华商业会话大全》,李登辉、杨锦森编《最新英华会话大全》,其后数十次再版。

1914年

1月 我局编辑出版的《中华小说界》月刊、《中华实业界》月刊创刊。

《中华小说界》，旨在转移风俗，针砭社会。分言情、侦探、滑稽、社会、寓言、科学、历史等小说10余类，附新剧、传奇、笔记、文苑丛谈等。主持者姚汉章、董皙乡，林琴南、包天笑、徐卓呆、沈瓶庵等分任撰译。至1916年7月停刊。

《中华实业界》，以振兴实业为宗旨，宣扬实业救国思想。内容包括工商业者应备的知识、道德，商店、工场的建设、管理、营业方法，中外实业状况，中外实业家传记，有关实业的制度、法令、思想学说等。主要撰稿人有张謇、穆湘玥、杨荫樾等。至1916年11月停刊。

是月 师范讲习所教科书开始出版，至次年出齐。有修身、伦理学大要、教育学、国文、历史、地理、算术、理科等共11种。

新制英文教科书出版，高小3册，中学师范用读本、文法、会话、文选等9册，至次年出齐。编者有李登辉、王宠惠、杨锦森、沈步洲等。

李登辉 (1873—1947)，字腾飞。祖籍福建同安，父母为南洋华侨。1897年美国耶鲁大学毕业，回南洋从事华侨教育。1905年回国，创办"寰球中国学生会"，任复旦公学 (复旦大学前身) 总教习、校长，兼课中国公学。辛亥革命时兼英文《共和报》主笔。中华书局成立初即为董事、编辑所英文部主任。编著有《中华中学英文教科书》、《英语会话》、《文化英文读本》、《英文尺牍大全》、《李氏英语文范》、《李氏英文修辞学》等书。

王宠惠 (1881—1958)，字亮畴。广东东莞人，生于香港。1905年获耶鲁大学法学博士学位。担任过南京临时政府外交总长、北洋政府司法总长、国民政府司法部长和外交部长等要职。曾于1912—1917年暂离政坛，担任中华书局董事、法律顾问，并任英文编辑，同时兼教复旦公学 (复旦大学前身)。编有"英文名人丛书"，编写多种英文教科书。主要著述有《中华民国宪法刍议》、《国际法庭》、《比较民法概论》及《德国民法典》英文译本等。

是月 盘进中兴科学器械馆，馆主屠子香加入本局，附股1万元。

2月   《学生杂志》创刊，不定期，至12月停刊。

3月   美国留学生会会刊《留美学生季报》由我局出版。

该刊初名《美国留学报告》，不定期刊。1911年秋更名为《留美学生年报》。1914年3月改为季刊，由我局出版。以介绍西方的学术和思想，讨论中国种种问题，反映留学生生活为宗旨。朱起蛰、胡彬夏、胡适、梁朝威等先后担任主编。1917年后转由商务印书馆印行。至1928年6月停刊。

3月24日   陆费逵因闻教育部有非正式通知，令各书局将教科书改易，加入颂扬总统袁世凯语，约商务印书馆代表蒋维乔来局协商抵拒方法，决定两家各派人入京与部磋商，其条件可遵者遵，不可遵者不遵，两家一致进行。

5月   招考校对员若干人，报考者400余人。

6月11日   订定公司章程，其中规定盈余分配办法：先支付股东官利常年八厘；余数分作二十成，股东得十成，创业(即创办人)二成，公积三成二厘，特别酬劳八厘，办事人四成。

是月   我局编辑出版的《中华童子界》、《中华图书界》创刊。

《中华童子界》，月刊。专供小学生阅读，内容有故事、游戏、科学、小说、图画等。寓训诚于游戏，陶冶性情，启迪知识。"我之童子时代"一栏，第一期陆费逵撰，依次撰者有周瘦鹃、王宠惠、戴克敦、杨锦森、李廷翰等。至1917年10月停刊。

《中华图书界》仅出一期。

是月   上年7月至本年6月，总分局营业总额70余万元，盈余13万余元，营业额未能达到100万元之预期。原因在此期内有"二次革命"战争，市面不振，交通阻梗，汇兑不畅，营业受到影响。

7月   购买静安寺路总厂基地43亩，价银9.6万两，约合银元14.4万余元。

是月   我局编辑出版的《中华儿童画报》月刊创刊。至1917年2月停刊。

8月   编辑所迁至东百老汇路88号，编辑员增至百余人。总编辑部有范源廉(编辑长)、王宠惠、袁希涛、谢蒙；小学部有沈颐(主任)、吴家煦、袁希涛(兼)等；中学师范部有姚汉章(主任)、谢蒙(兼)、张相、李步青等；英文部有李登辉(主任)、王宠惠(兼)、杨锦森、张谔等；字典部有欧阳溥存(主任)、徐元诰、汪长禄等；杂志撰著有梁启超、汤叡、蓝公武、吴贯因、梁启勋等；编辑顾问沈恩孚。

>   **梁启超** (1873—1929)，字卓如，号任公。广东新会人。曾参与戊戌变法，创办强学会，创办《时务报》、《清议报》、《新民丛报》、《新小说》、《庸言》等报刊。1914—1916年应聘中华书局编辑所(时辞去在政府中的币制总局总裁职务)，主编"时局小丛书"，出任我局创办的《大中华》月刊总撰述(订三年契约)，1916年当选中华书局董事。1920年参与主编我局出版的《改造》月刊。其著述所集《饮冰室合集》，于1936年由我局出版。

10月15日   董事局第十三次会议，专题讨论与商务印书馆联合问题，以期消除彼此的激烈竞争，免于"两伤两亡"。陆费逵在提案中略谓近一二年营业竞争达于极点的状况，具陈所造成的困难，指出联合之利，提出部分联合的意见。旋以双方未能取得协议作罢。

是月   上海书业商会举行成立10周年纪念大会，到会千余人，陆费逵为大会主席。

11月   在报上公开征求编纂公民、国文、地理教科书及教授书的方案，并征集工厂学校调查和短篇小说等稿件，合用者给奖励金5元至200元。至翌年4月收稿1300余篇，获奖27名。

12月20日   第五届股东会议选出董事11人：唐绍仪、陆费逵、蒋鸿林、蒋汝藻、施则敬、沈知方、王宠惠、陈玉麟、周鸥、范源廉、沈恩孚；监察2人：高欣木、沈季方；决定自本届起，设常务董事3人，代表董事局常川到局办事，并选出陆费逵、唐绍仪、蒋汝藻为常务董事。
全局组织分三大机关：(一) 董事，议决立法及重大事件。(二)监察，监督稽查一切。(三)局长，为职员领袖，执行局务。分部办事机关如下：
1.局长室；
2.常务董事室；
3.编辑所，设：总编辑部、小学部、中学部、英文部、字典部、法政部、图画部、大中华杂志社、中华教育界社、中华学生界社、中华小说界社、中华实业界社、中华童子界社、中华妇女界社、中华儿童画报社；
4.事务所，设：总事务部、出版部、推广部、文书课、广告课、学校调查课；
5.营业所，设：总务部、会计部、仪器文具部、统计课、簿记课、核算课、寄售课、杂志课、分局事务课、分局发货课、书栈课；

　　6.印刷所，设：〔职员组〕账务课、庶务课、工务课、纸栈课，〔职工组〕排版课、铸字课、电镀课、铅印课、装订课，(另行租屋者有)石印印刷部、写真制版部、第二至第九装订部；

　　7.发行所，设：内账课、外账课、批发课、门市课、文具仪器课、收发课、存储课。

　　是年　发行所扩大业务范围，添设西书部及仪器文具部。自设、合办及特约经理分局增至27处，计杭州、南昌、天津、北京、保定、石家庄、奉天、长春、太原、济南、东昌(今聊城)、西安、成都、重庆、泸州、长沙、衡州、常德、汉口、武昌、南京、温州、福州、广州、徐州、云南、贵阳。

　　是年　印刷能力有初步发展。日排字至200页，铅印可百万小张，彩印可10万，能雕刻精细的黄杨木版以及铜版、钢版，并开始出售中西文铜模铅字、电镀铜镍版，承印彩色印件如月份牌等。所用西文字模购自美国名厂，故英文印刷之精美为国内一流。

　　是年　教科书、字书、杂志三大类外，教育、政法、经济、史地、科学、文学、尺牍等类书籍出版渐多。古籍方面选印《史记》、《汉书》、《老子》、《庄子》、《文选》等10余种。清史方面有但焘译《清朝全史》(2册)，刘法曾著《清史纂要》，"清外史丛刊"有陈贻先等译《慈禧外纪》(其后续出《清室外纪》、《乾隆英使觐见记》、《庚子使馆被围记》等)。地理有孔廷璋等编译《中华地理全志》。小说类有王梦阮、沈瓶庵《红楼梦索引》(10册)；"小说汇刊"收多种西方名著，如马君武译《心狱》(即《复活》)、周瘦鹃等译《福尔摩斯侦探案全集》等，四五年内出至百种。尺牍类有沈瓶庵编《中华尺牍大全》，以及通用尺牍、商业尺牍、学生尺牍、女子尺牍等。又农商部编《中华民国元年第一次农商统计表》由本局出版。

1915年

1月　我局编辑出版的《大中华》、《中华妇女界》、《中华学生界》等杂志 (均为月刊) 创刊。

《大中华》是当时重要的学术和政治刊物。主任撰述梁启超。第一号上陆费逵发表《宣言书》称:"《大中华》杂志之目的有三: 一曰养成国民世界知识; 二曰增进国民人格; 三曰研究事理真相以为朝野上下之南针。"梁启超撰有著名的发刊辞《中国之前途, 国民之自觉心, 本报之天职》。主要撰稿人有康有为、章太炎、吴贯因、任致远、谢无量、蓝公武、陈霆锐、张君劢、王宠惠、张东荪、张謇、林纾、范源廉、汤明水、梁启勋、袁希涛、谢蒙、杨锦森、欧阳溥存、张相、蒋方震、黄远庸等。设政治、专题论文、文苑、时事日记、要牍、选报、余录等栏目 (以前两项为主)。在政治方面, 对国家的政治体制、国会制度、宪政实施、经济问题以及当时发生的第一次世界大战等展开讨论; 在学术方面, 发表中外哲学、历史、文学、社会学、教育学及自然科学等方面的论文或作品, 其中有不少翻译文章。至1917年初停刊。

陆费逵在对股东会的报告中说, 创刊《大中华》, "期于杂志界放一异彩, 即使直接无盈利, 然精神上之利益实无穷也", 并称:"梁任公先生学术文章, 海内自有定评……吾《大中华》杂志与先生订有三年契约, 主持撰述。"

《中华妇女界》旨在为妇女增进知识, 培养性灵。凡立身处世之道、裁缝烹饪之法、教养儿童之方, 以及中外妇女的技术职业情形, 悉为搜辑。主要撰稿人刘半农、周瘦鹃等。至1916年9月停刊。

《中华学生界》宗旨为"裨益学生之身心, 补助教科书之不及, 以为学生之良师益友", "涵濡道德, 增进常识, 发扬国粹, 奖励尚武, 阐明新理, 纂述学识, 扩充见闻, 辅助修养, 注重生活"。兼及世界时局、各国国情。主要撰稿人有陆费逵、刘半农、包天笑、周建人等。至1916年12月停刊。

是月　中华博物学会研究会吴家煦主编《博物杂志》(季刊)自本年第2期起, 由我局印行。该杂志创刊于1914年, 原系文明书局印行。至1928年10月停刊。

是月　"新编中华小学教科书"、"中华女子教科书"出版,供春季开学使用。

"新编中华小学教科书"初小有修身、国文、算术各8册计24册;高小有修身、国文、算术、历史、地理、理科各6册计36册。编者范源廉、刘传厚、杨喆、沈煕、陆费逵、戴克敦、章嶔、丁锡华、沈颐、顾树森、史受礼、徐增等。

"中华女子教科书"包括初小用修身、国文、算术共24册;高小用修身、国文、算术、家事共14册。编者李步青、沈颐、范源廉、顾树森等。

2月　总公司、营业所自东百老汇路迁至河南路2号。总公司、发行所各为一栋三层白色店屋,相去不远,均挂中华书局招牌。原东百老汇路改为总厂、编辑所、事务所、印刷所。

3月　上海小学教员讲习社编《实用小学教员讲义》第一期出版。全书六期于年内出齐。本局提供现金1000元、书券3000元,奖给读后应试成绩优等者。

是月　南京分局收回自办,派李少华任经理。至10月,分设下关支店。南京分局原由严馥葆于1912年包办为特约经理处,因亏耗甚巨,自请解约。

4月1日　高时显(欣木)进编辑所,成立美术部,任主任,开始以石印及珂罗版印字画碑帖。

高时显(1878—1949),字野侯、欣木,号可庵。浙江杭州人。清末举人,曾任清廷内阁中书。1914年被股东会选为本局监察,后曾任干事、常务董事,1915年本局设美术部,任主任。曾屡次参与解救本局困难:1917年危机时出资认股,1921年资金周转困难时组织"和济公司"集资垫款,使本局生产得以维持和扩大。主持辑校《四部备要》,影印《古今图书集成》等。善画梅,工篆刻,收藏名人书画甚富。书局影印书画名迹,多经其审定。

9月25日　陆费逵致函北京分局王仰先,通报厂房招标、营业、增资及与商务竞争情况称:"昨厂屋已开标,资格合而最低者为银92480两,6个月完工,8个月可装修竣事。""上半年生意大有进步,较去年上半年约多一半(去年上半年卅六七万,今年五十余万),京、鲁、晋、粤最有进步。""股份已收93万,本拟截止,因措辞未商妥,盖一方主张即然截止,而留5万备办事人及政学界同志附入也。""与彼馆竞争,日来风潮稍平,大有雨后天晴之概。"

是月　外面有谣传提取活期存款之说,由董事分任准备金以防意外。陆费逵、沈知方各认1万元,施则敬1万以上,蒋汝藻、陈仲瑀各2万至3万元,较诸活期存款7万尚有余额。

是年　《辞海》开始编辑,由徐元诰主持。其后十余年间,时作时辍,积有部分成稿。

　　徐元诰 (1878—1955),字寒松,号鹤仙。江西吉安人。曾在日本中央大学攻读法律,加入中国同盟会。归国后创办江西法政专门学堂。辛亥革命后任江西省司法司司长,因讨袁被通缉。1913年应聘本局,主编《中华大字典》、《辞海》。1916年后曾任上海道尹、河东道尹、孙中山大元帅府秘书长、江西省高等法院院长、中央最高法院院长等职。后在上海开律师事务所,并校订《辞海》,从事著述。新中国成立后任上海文史馆馆员。著有《管子释疑》、《说文》、《法学通论》、《民主》等。

是年　《中华大字典》出版,16开精装4册。缩本《中华大字典》同时发行。

　　《中华大字典》,主编徐元诰、欧阳溥存、汪长禄,分辑者方浏生等21人,参订者陆费逵、范源廉、戴克敦。1911年陈寅约人开始编写,中华书局成立,作股份2000元购得版权。旋由徐元诰、欧阳溥存等主持修订,先后五易其稿。收单字4.8万余,远多于《康熙字典》,并校正《康熙字典》错误2000余条。其编排体例尤注意于本义、转义、假借之次第,分条排列,古今字义分明。全书3000余面,400余万字,插图3000余幅,校对至20余次,参与者三四十人。前后亘6年而成书。出版后屡次重印。

是年　盘入共和编辑局器材及参考书。

是年　文明书局并入我局。

　　文明书局,1902年由俞复、廉泉、丁宝书等集股创办,以出版教科书、古今笔记小说、画册及碑帖为主。并入我局后,其存货、器材、房地产均转入;牌号保留,加"新记"识别;仍由俞复任经理;之前的出版物重印,继续沿用文明书局名义。其附设的进步书局亦归属我局,专出应时之书,称杂书部,由王均卿主持。

是年　我局印刷力量扩大,数倍于上年。自添机械器材外,又合并了民立图书公司、右文印刷所、彩文印刷局、中新印书局,添设文明书局新印刷所。印刷机械增至数百台,除本局书件外,开始承接外间大宗印件。

是年　与中法药房组建中华制药公司,以20万元为制造龙虎牌人丹厂资本。厂址在沪宁路火车站北首,为一座三层楼房。我局与中法药房同为总经售店,在发行所内设人丹部经理其事。因经营不佳,于1920年并入中法药房。

是年　自1914年7月至本年12月营业总额165万余元,盈余25.8万余元。

是年　所出大半为社会必需之书。《中华大字典》外,主要有《法规类编大全》(第一、二集)、《清代轶闻》(全4册)、《清朝野史大观》(全12册)、《欧洲战影》等。外文方面如李登辉等编《英文尺牍大全》,杨锦森、王宠惠等编"英文名人丛书"(包括名人论说、演说、尺牍、述异、小说等),刘崇裘编著《初等英文法》、《中等英文法》(印行20余年40余版)。"学生丛书"陆续出版,谢无量、吕思勉等编著,有《孔子》、《韩非》、《苏秦张仪》、《关岳合传》、《朱子学派》、《阳明学派》等。

是年　农商部奖励全国大实业家7家,我局在其中,得"富拟琅嬛"匾额。

我局近年开始参与商品赛会,第一次为上年在美国旧金山举办的巴拿马万国博览会,得金牌奖9项。本次参与北京农商部国货展览会,书籍、印刷品得特奖者10种,仪器、标本模型、风琴等得一等奖者6种。又参加江苏地方物品展览会,全获头等奖。

1916年

1月　开始出版"新式教科书"。

　　国民学校（即初小，教育部于1915年7月令改初等小学为国民学校）用修身、国文、算术3种24册；高等小学用修身、国文、算术、历史、地理、理科、农业、商业等8种44册，各册教授法齐备。除国文、理科外，均为春秋季始业共用。编者范源廉、沈恩孚、沈颐、李步青、吴研蕡、陆费逵、戴克敦等。各科都用浅显文言编写，而在国文课本末尾附有四课白话文体，实为以后改用国语课本的先导。

是月　新制、新编两套小学教科书订正发行，并各分为国民学校用及高等小学用两种。

3月　承印政府月份牌20万张，印价2万有余。

5月10日　我局发起人之一沈继方（季方）病故，赠给治丧及酬恤费2000元，津贴两子学费每年200元，以10年为度。

6月8日　举行第六次股东常会，决议增加资本100万元。但至年底，招股未能足额，实增60万元，连原有资本合160万元。施则敬、唐绍仪、范源廉、梁启超、周扶九、蒋汝藻、陆费逵、陈玉麟、朱幼宏、陈夔龙、廉泉等11人当选第六届董事，潘宪臣、郭亮甫当选监察。

　　陆费逵在增资议案说明中有云："近一二年来，教科用书销行日广，他种图籍次第刊行，文化渐启，代印之件渐多，印刷之力须用日繁，添置器械，租赁屋小，非自建厂屋不可。""书业贸易既可冀其发达，我局进行，自宜一往直前。……吾人秉斯主义，近两年来努力进行，购地建屋，添设分局，扩充印刷，推广营业，过去两年之内，所费不下80万元。"

是月　总厂新屋落成，编辑所、事务所、印刷所于6月10日开始迁入，至8月大致就绪。

　　新屋位于静安寺路192号，哈同花园西首（今南京西路铜仁路口），占地43亩，初建成二层楼房5幢，平房4幢，共约500间。迁厂以后，新置机械较多，又添建平房货栈等。建筑费用共17万余元。

8月16日　因董事范源廉去京就任教育总长、陈夔龙因病辞职、陈玉麟病故，董事会以次多数王宠惠、王正廷、沈知方递补；范源廉交卸编辑长事，决定暂由局长、事务长兼理。初由陆费逵，旋由戴克敦兼理。

是月　总店新厦落成，由唐驼题写招牌。25日，总公司自河南路2号迁入。
　　新厦在四马路棋盘街转角(今河南路福州路口)，南邻商务印书馆，五层楼洋房共百余间，沿马路店面10余间，屋高70英尺，购地和建筑费用20余万元，其中地价及费用为86700两，至1927年3月1日始全数付清，取得道契。

　　新厦门脸上"中华书局"四个大字，端庄凝重，为书法家、我局印刷所副所长唐驼所书。

　　唐驼 (1871—1938)，字孜权。江苏常州人。书法刚劲秀逸，独创一格，时称唐体，闻名全国。中年后致力于印刷出版业。曾赴日本学习印刷技术3年。回国后曾任中国图书公司经理、文明书局副经理、中华书局印刷所副所长、干事。在本局任内，曾历我局一时危机，他苦心经营，使印刷业务得以维持并发展，从而有助全局渡过难关，经济转好。1935年以年老体弱辞去副所长职。

9月　《饮冰室全集》出版，梁启超于6月手定，共40册。至11月再版。翌年又出缩本，分订48册。

10月　总店自河南路5号迁入新厦。
　　总厂、总店新屋建成后，全公司分作两处。公司机构随之有所变动：行政部门以局长为首领。与局长连带负责主持各事务者，有副局长1人、理事3人、所长3人。协助理事、所长处理各事务者为干事，主任各事务者为部长、课长。
　　厂、店两处分职如下：
　　总厂方面设有：(一)编辑所，下设总编辑部、教科图书部、普通图书部、英文部、字典部、杂志部、图画部等七部，附设藏书楼；(二)事务所，下设总事务部、出版部、推广部等三部，文书课、广告课、西文事务课、庶务课、藏书课、收发课等六课；(三)印刷所，下设事务室，铅印部、石印部、证券印刷部、写真制版部、装订部等五部及货栈，另附设仪器标本制作部在厂外。
　　总店方面设有：(一)总公司，设理事、干事，下设总务部、局务部、会计部、进货部、西书部、承印部、仪器部等七部；(二)上海店，下设本埠部、外埠部二部。

关于人员，总分局计有编辑员百余人，办事员八百余，职工二千余人。重要职员如下：

局长陆费逵，副局长沈知方；

理事陈寅、戴克恭、王祖训；

编辑所长戴克敦兼理；

事务所长戴克敦；

印刷所长兼文明书局总理俞复；

法律顾问王宠惠；

干事、上海店长夏清贻；

干事金兆梓、姚汉章、沈颐、高欣木、唐驼、陈育、戴克绍。

是月　制订我局第三期发展计划：

印刷方面：（一）添购新式器械增广印刷实力；（二）延聘高等技师传授欧美的印刷技术；（三）派人出洋留学（已选派数人出洋研习印刷技术）。

编辑方面：（一）改良普通教科书及学校用品以助教育之普及；（二）注意高等科学书及字典辞典等以养成专门之人才；（三）多编通俗讲演书及有益小说以辅助社会之教育；（四）其他如精印古书，广译西书，自制仪器标本，皆吾局对于教育之天职。

本年编印的《中华书局五年概况》，谓本局开办以来可分为三时期：最初两年为草创时期，资本薄弱，规模狭小，虽营业发达，余利尚丰，然无成绩可观；其后两年为培植根本时期，资本稍大，规模略具，然资本大部用于建筑房屋、添置器械，而屋未竣工，器未全到，尚不能得其用。今后可进于第三期——发展时期矣。

是年　进一步扩充印刷力量，特别是彩印方面，购置可印46×34英寸大橡皮机并铅版机，套印彩色迅速而精美。添铅印、石印机20余部，定购橡皮机、亚铅版机各1部及当时最大照相镜等。

是年　分店增至40处。计有北京、天津、奉天、杭州、汉口、南昌、南京、广州、兰州、太原、温州、长沙、贵阳、保定、开封、长春、武昌、济南、成都、常德、福州、石家庄、云南、徐州、西安、重庆、汕头、衡州、安庆、吉林、潮州、桂林、东昌(今聊城)、黑龙江、兰溪、哈尔滨、张家口、厦门、香港、新加坡。其中奉天、北京、天津、太原、杭州等处，先后收回自办。分店各设店长（或副店长）1人，酌设账务、营业、文书、调查等若干课。

是年　出版新书366种，计1263册。其中较大者除《饮冰室全集》外，有张相等选辑的

《古今文综》全40册。又陶履恭等编译的《中外地理大全》。"小说汇刊"继续出版。英文方面的书较多，"英美名人文选"中有华盛顿、罗斯福、倍根等人之作；46开本的"小本英文说苑"，系选英文短篇小说而加汉文注释者，至30年代中期仍陆续出版，共计20余种。张谔所编《英文学生会话》，至1934年印至17版。

是年　营业总额近110余万元，较之上年减少三成。账面盈余2万余元。其原因，一是受时局影响，护国军兴兼以地方不靖，西南诸省分局有停业半年之久者；其次厂店迁移，工厂停工两月，上海店亦停业半月，损失甚巨，而搬迁等花3万元有余；再次栈房失慎，影响货物供应。两年来购地建屋及添置机械、扩充编辑等费至80余万元，尚未取得完全的收益。原有资本仅100万元，故吸收存款连应付利息达120万元，财政状况极为不佳。

1917年

1月21日　副局长兼文明书局协理沈知方辞职，董事会决议副局长不再补人，所办各事即由诸理事分任。

2月　附设中华小学校招收国民科一至四年级男女生，可以膳宿，校址在爱文义路哈同路口（今南京西路铜仁路口）。

是月　印刷所扩充设备后添聘印刷技士，有留英的唐镜元、留日的丁乃刚，并聘外籍技士从事研究工作。

是月　因发生经济困难，我局原有杂志8种，除《中华教育界》外均停刊。其中5种改为丛书出版：《大中华》杂志改为"大中华丛书"；《中华学生界》改为"学生丛书"；《中华妇女界》改为"妇女丛书"；《中华小说界》改为"新小说界丛书"；《中华实业界》改为"实业丛书"。均分集印行。

是月　上海总店为便利内地顾客，添设"通讯贩卖部"，不独本局售品可以函购，凡上海直奉江浙闽粤川汉，以及欧美日本各处货物，除危险品及有伤风化品外，亦可代买。

3月27日　由于商务印书馆印刷所停歇两名工人，引起华文排字部及西书订作部工人于23日起罢工。本局印刷所铅印房、排字房、铸字房工人为声援商务工人兄弟，亦举行罢工，至30日复工。其间中华与商务两家负责人商定"彼此取同一步调"，并不收用商务罢工工人。

4月10日　陆费逵在董事会议上报告与商务印书馆非正式谈判联合情形。并以第一任局长期满，拟专任厂事，在总厂设总办事处，谋编辑、事务、印刷、货栈各部门之间联络统一，推荐股东史量才继任局长。董事会决议照办，俟报告股东会后再行定期邀请史君就职，并订五年合同。

中华书局开办之初，以编印中小学教科书为主，成为商务印书馆的主要对手，彼此竞争日益激烈。两家因宣传推广、批发折扣、同行回佣等开支损失巨大，每年减收各在30万元以上，难以为继，于是有联合或合并之议。1914年协议未成，1916年中华书局又曾向商务印书馆试探，1917年中华书局资金周转失灵行将搁浅之际，两家乃正式进行协商。从3月至5月间，几乎天天商议，至5月中旬，双方举出谈判代表，商务为高凤谦、张元济，中华为陆费逵、王仰先，又推定唐绍仪、陆费逵为负责签约的代表。旋以商务内部意见不一致"暂行缓议"。

4月11日　史量才复信同意继任局长，俟报告股东会后定期就职，并签回合同。

是月　以文明书局押与信有号，押款90600元，先订一年合同。

5月26日　以"共和再造周年纪念"为名，总分局举行廉价一个月的售书活动，本版教科书由五折减为三折，其他书五折、外版书六折发售。

是月　《中华中字典》出版，为《中华大字典》之节本，收字1.2万余。编者有范源廉、欧阳溥存、徐元诰、陆费逵、戴克敦、汪长禄、杨誉龙、刘法曾等20余人。

是月　出现存户提取存款风潮，流动资金短缺，形成严重的经济危机。

　　其时同业中谣传很多，有谓中华股本已亏折将半，拟盘与商务；有谓中华即将倒闭，不得已而与商务合并。于是存户纷纷提存，数日内达八九万元。5月9日董事会开会时，作过存户提存的准备，各董事承担之数为：唐绍仪2万两，蒋汝藻3万两，廉泉、朱幼宏各1万两。

是月　自16日至月底，连续召开董事会7次，及在沪重要股东谈话会1次，一面在股东中筹集押款以应付提存及造货开支等必需用款，一面定出节省开支、加强预算及今后如何维持的办法。

6月14日　史量才以"两月来局势大变，前议当然作罢"，缴还所订合同。陆费逵复信云："局长一席前荷承认，欣感弥殷，现在局势既变，自未敢以重任相强，遵将前议作罢。"

6月16日　召开第七次股东常会，讨论如何维持问题，公举唐绍仪为临时主席。
　　局长陆费逵报告第六届营业情况后说："经济困难已达极点，现已不能支持。果属何故？虽因蜚语四起，存款纷提，而办理不善，措置不当，实无可辞。"并要求常会：(一)选出检查人进行检查；(二)本人办理不善应辞职待罪；(三)现在情形危急，请商救济办法。
　　股东康心如提出出租办法：为保全160万资本及"中华书局"四字，并维持120万债权信用计, 惟有将公司各种财产租与他人接办, 议定期限、租金, 本公司即以所得资金, 按年分期拨还债务, 俟期满时仍可收回自办。股东姚汉章补充三条限制: (一) 书局不能闭一日门; (二) 租赁者不能有外人股本在内; (三) 不能有同业股本在内, 总以本公司股东组织为宜。均为常会通过。股东徐静仁 (安徽人, 两淮盐商, 在沪办有溥益纱厂) 表示愿意担任从事组织, 亦经通过。大会推举俞复、康心如代表股东会与徐静仁协商办法。常会推举吴镜渊、黄毅之为查账代表, 清查历年账目, 查有情弊, 即由查账人代表股东提出控诉。旧公司一切事务由原局长、会计部长负责。

6月25日   董事会决定本局全部财产由徐静仁、吴蕴斋、史量才等组织的新华公司承租经营。经与新华公司磋商, 于前日签订草约, 俟本局将债务办法商妥并延律师作证, 再签订正约。书局虽经出租, 各部门负责者仍为原有人员, 惟对一切开支款项有严格限制, 须经查账代表审核才能支付。

此次经济危机, 几致停业, 据查账代表所提《调查公司现状报告书》中称失败原因有三: 进行无计划, 吸收存款太多, 开支太大。"进行无计划, 其最著者有四: 编辑进行太骤, 现存各稿非二三年不能出完, 稿费不下十万。次为印刷机械太多, 地基过大。现在机械之力可出码洋六七百万元之书, 夜工开足可达千万, 现用不及半。地基空者不下二十亩, 废置不用反赔利息捐租。次为分局开设太滥, 竟有未设分局之前年可批发万元, 一设分局反不过数千元汇沪者, 其故由于僻地营业不易扩充, 分局开支又不节省。次为计划过于久大, 不顾自己实力。前三项固属此病, 而建筑过于宏壮坚固, 搁本实甚。此外, 培植人才, 派遣留学, 虽为应办之事, 而耗费抑已多矣。"

陆费逵在《中华书局二十年之回顾》一文中分析经济恐慌之原因: "第一由于预算不精密, 而此不精密之预算复因内战之减少收入, 因欧战而增加支出。二由于同业竞争猛烈, 售价几不敷成本。三则副局长某君个人破产, 公私均受其累。"

7月1日   新华公司史量才来局正式办理接收手续, 由该公司承租经营。

8月8日   在各报刊登敬告各埠同行广告, 声明秋季应用各书现正日夜赶印, 已陆续发出, 决不误期, 可就近向各分局配货, 万勿为造谣者所误。

10月   董事唐绍仪、蒋汝藻、廉泉等邀集商会正副会长及各债权人议定存款分年摊还办法。这个办法是确保书局走出困境的根本。大存户宋曜如带头与公司签订分年摊还之约。

唐绍仪 (1862—1938)，又名绍怡，字少川。广东香山 (今中山) 人。幼时被公费派至美国留学，毕业于哥伦比亚大学。他拥护孙中山，是同盟会员，曾任中华民国首任国务总理，担任过多种官职。由于他出面调解，很多债权人同意存款分年摊还，不再逼中华书局马上归还股本。

宋曜如 (1863—1918)，名嘉树，字曜如。广东文昌 (今属海南) 人。宋子文和宋氏三姐妹之父，著名实业家。他作为书局大股东，第一个和中华书局签订分年摊还合同，起了带动作用。

11月15日　结束出租，收回自办。

新华公司以中华旧债问题未能商妥，机器被封，危及所投资金，要求废除承租草约，将全部财产交还中华书局董事会，由俞复、康心如两代表仍派陆费逵接收管理。

12月16日　召开临时股东会议，改选董事、监察，同意陆费逵辞去局长职务，结束出租事宜及募集优先股等 (募集优先股事后并未实行)。新选董事俞复、于右任、范源廉、康心如、徐可亭、孔祥熙、戴克敦、陈抱初、宋曜如、谢衡牕、汪幼安等11人。又选吴镜渊、黄毅之二人为监察。

12月19—26日　召开董事会议4次，主要议题是：制定《董事监察暂行办事规则》；推举驻局董事、监察、司理；推选董事会参事；议定厂店组织及分任职务办法；议定整理分局大纲；议定核减开支办法，等等。

根据《董事监察暂行办事规则》：(一)公推一人驻局，代表董事会暂行总摄局务；(二)目前董事会应办事宜：1.整理局务，2.支配债务，3.募集优先股，4.清查从前各事，5.结束出租事宜；(三)每月预算决算应交董事会通过，预算外支出，须得驻局董事之许可，(四)公司逐日账目应由监察检阅，月终年终并经审核，(五)于股东中延请参事若干人，以期集思广益，协力进行。

推举俞复为驻局董事，吴镜渊为驻局监察。另行组织会计部，从前债权债务责成旧会计清厘追讨。推选唐绍仪、金仲荪、胡懋昭、陆费逵、姚作霖、简照南、徐静仁、李登辉、沈仲礼、王汉强、陆费颂陔等59名股东为董事会参事。

局长陆费逵既已辞职，即将局长名义取消，暂任司理，凡服务各职司均归管辖，一切事宜商承驻局董事办理，俟优先股招齐另议任免。

整理分局的工作包括：整理局务；甄别人员；催收旧账；节减开支；清点货账；调查内容；推广营业。由康心如、孔祥熙、吴镜渊等分赴各分局进行整理。

厂店组织及分任职务办法：

(一)总办事处：直辖于驻局董事及司理，办理总公司各务。分总务、进货、分局、出纳、簿记、庶务、股务、整理分局特派员(临时选派)。

(二)上海店：主任，专司上海店之营业，其分科组织另由驻局董事、司理会同主任定之。

(三)清理处：主任，专司清理旧事，清查分局。

(四)编辑所：主任，将原事务所并入，专司编辑、出版等事。设总事务部、中文编辑部、西文编辑部、出版部。

(五)印刷所：主任，专司工厂事务，其分科组织与司理会商定之。

(六)货栈：主任，专司书栈、纸栈发货之支配管理。

议定核减开支办法：(一)薪水限制每月不得过3000元，印刷所视工作多少增减；(二)总店薪水满50元者八折核减，40元以下照旧，但主任以外之职员除书记翻译外不得过20元；(三)文明书局开支，由驻局董事、司理与该局主任会商核减。

是年　出版除教科书外，有"教育丛书"、"通俗教育丛书"、"女学丛书"；有周瘦鹃译"欧美名家短篇小说丛刊"三卷，共收小说50篇；"小小说"开始出版，42开，环筒页装，至1932年出版100种；字典有吴研薡主编《新式学生字典》，关应麟等编《袖珍英华双解字典》，1916年版《韦氏英文大字典》。程承祖等编《袖珍英华尺牍范本》一、二编，《袖珍英华会话范本》8册，至1936年均印至30余版。

1918年

2月   清理处改名清查处，由驻局董监会同司理，对押款、未出账款、分局账欠、存货、宕账等分别进行清理。

3月11日   律师古柏、马斯德刊登启事，代表本公司向各债主征求分期偿债办法的意见。谓本公司负债110万元，计钱庄银行14户，抵押借款13户，存款400余户。拟定第一年还行庄信用往来并付借款、存款利息，第二年至第五年4月分还借款本息并付存款利息，第六年5月起分三年半还存款本息。此举无非为免公司破产致大众过于受损。

4月9日   文明书局押与信有号一年到期，同意该号所提改押为典，典期五年，典本无息，营业由典主管理，盈亏与本公司无涉。

5月27日   司理在董事会议上报告有关押款讼案情况。去年9月以来，押款讼案五起中，新瑞和洋行、兴业银行、钱云记、李谦记等四起已了结。惟沈凤仪案，上月会审公廨将本案保人邬仁甫等三人提案拘留，经由驻局董监及司理设法将保人开出。现在公堂判决每月给100元，并将公司摊还归债详细办法送公廨备案。

7月13日   与维华银团正式签订三年期贷款造货合同。维华银团是专为集资贷款给中华书局造货周转而成立的，团本12万元，先集6万元。参加者有吴镜渊、殷侣樵、徐可亭、俞复、陆费逵、陈寅、黄毅之、戴克敦、汪幼安等。出资最多者吴镜渊1.8万元，次殷侣樵1万元，其余数千元不等。

　　吴镜渊（1875—1943），名有伦，字镜渊。江苏武进人。清末秀才。实业家。大成纺织染厂、安达纺织厂常务董事、董事长。历任中华书局董事、常务董事、监察。在书局险遭破产之际，参与组织"维华银团"，筹集资金以维持中华书局的生产和生存，助书局走出困境。

8月7日   通函各分局："以本局自去岁11月收回自办以来，内部改善，积极进行，印刷亦一切照旧，并无更动。惟编辑所房屋过大……业于8月1日起租与南洋商业学校，于经济不无小补。编辑所迁入第二幢，与事务所合用一楼，与印刷所接近，办事益为便利，此实厂中切实进行之好现象也。"

9月3日　沈颐去教育部任职,公司与其订局外编辑之特约,专任修订新式中学教科书及新式国民学校秋季国文教授书,按月致送银洋50元。

10月18日　董事会制定垫本印造重版书合同的条件。照此条件,任何方面均可分垫承印,但每户垫款总数以4000元为限。

11月17日　董事会决议:(一)会计课主任郑子禾自公司开办即任职,10月初病故,送治丧费300元,支给月薪1年。(二)南京分局经理李少华任事3年,9月初病故,送治丧费200元,支给月薪3个月。
汉口、奉天、安庆三分局代经理沈彬翰、沈鲁玉、沈松茂正式任为经理。

12月20日　召开股东常会,选举董事、监察,陆费逵以最多票数当选董事,其余当选董事者为:李平书、范源廉、俞复、戴克敦、汪幼安、徐可亭、王儒堂、施子英(数日后因病辞职,由次多数刘叔裴递补)、唐绍仪、廉惠卿。当选监察者:吴镜渊、黄毅之。

12月23日　董事会仍推举俞复为驻局董事,吴镜渊为驻局监察。驻局监察下设稽核处,设主任一人,其下分设核算员、稽查员,对总店、总厂及各分局严加稽核。

是日　董事会制定本局简明规则十条、监察处章程十九条,均自下年1月1日起施行;调整各部所主任:总务部戴克恭,会计部(缓设),发行部沈明甫,印刷所俞复(兼),事务所戴克敦,编辑所戴克敦(兼)。

是年　出版图书主要有:马君武译卢骚《民约论》全译本。杨誉龙等编《实用大字典》,以《中华大字典》为蓝本,加以增删、补遗、正误,收字约2万。陈家麟、陈大铠译托尔斯泰《阿娜小史》(全译本,即《安娜·卡列尼娜》)。《五朝文简编》28册,选自《唐文粹》、《宋文鉴》、《南宋文范》、《元文类》、《明文在》、《清朝文录》等。谢无量编《中国大文学史》,分述自上古、中古、近古以至近世清代各期的文学史,至1940年印至18版。张谔、沈彬编《新式英华双解词典》,至1941年印至17版;《新式英华词典》,至1935年印至13版。

1919年

1月　为提倡国货并便于与同业竞争,首倡改用中国毛边纸印教科书,成本及售价稍有提高。

2月1日　为豫陕甘等省水灾奇重,殍亡载道,响应商会筹赈,决定在总店1日至7日门市售现中提取5%作为赈款。

2月22日　设立美国函授学校总经理处,沈问梅兼主任,经理该校在中国函授事宜及发行英语留声机片。

　　沈问梅,生卒年不详。上海圣约翰大学毕业。曾在常州任中学英文教员。1919年当选中华书局董事,任编辑所西文编辑部主任,兼美国函授学校总经理处主任,后任总店西文部主任和我局创办的国语专修学校教授、中华函授学校教务主任等。编著过多种英语教材和英文读物。曾参加"和济公司",出资解我局一时周转之难。

4月5日　我局编辑出版的《中华英文周报》创刊。

　　内容有国内大事、工商学各界新闻、小说、自修指引,后又增加会话、应用文等。先后由马润卿、桂绍盯、王翼廷主持。1928年出至413期,因改组暂停。1929年3月复刊。至"八一三"事变停刊。

4月15日　编辑所姚汉章病故。致送丧葬费400元,子女教育费每年200元,以3年为限。

　　姚汉章(1880—1919),字作霖。浙江杭州人。清末举人。曾任教杭州。1912年进局,曾任书局首届董事、编辑、干事、中学师范部主任等职,负责编审教科书。还曾主编《中华小说界》月刊,并与张相主编《实用大字典》、《古今文综》等。

5月　五四运动爆发。19日,我局职工夏淑芳、朱蔚伯、姚竹天等参加"救国十人团",下班后外出宣讲时势及宣传抵制日货。

6月5日　我局印刷所员工罢工，总店罢市，响应学生爱国运动，至12日复业。

7月9日　决定秋季造货数：小学书450万本，中学书、杂书560万本，造货资金已筹四分之三。

是月　译印《日本人之支那问题》一书涉讼。

> 该书原为日本杂志《实业之日本》专刊，其中一节将商务印书馆仍列作中日合股公司，译本未删，且无说明。商务认为"借此以为诬陷"。中华以日文原书自有其负责之杂志社，中华仅事译印，只同意将更正文字补刊于译本卷首，不承认诬陷。商务诉诸法律，12月6日开庭，于1920年2月10日以赔偿商务名誉损失1万元结案。

9月　陆费逵往南京、济南、天津、北京、石家庄、太原等地视察分局。

12月4日　董事唐绍仪辞职，由次多数孔祥熙递补。

> **孔祥熙**（1880—1967），字庸之。山西太谷人。毕业于美国耶鲁大学。1907年在家乡创办铭贤学校。武昌起义后组织山西学生军，被推为太谷县民政长和新军统制。1914年和宋霭龄结婚。自1925年起历任国民政府财政部长、实业部长、工商部长、行政院长等职。1947年赴美国。1967年病故于纽约。1917年12月当选本局董事；1943被推为首席董事；1948年4月当选董事长。因居美国未履职，1949年8月被免。

12月14日　召开第九次股东常会，李平书为临时主席，重订公司章程。董事由11人改为9人，原设正副局长改设总经理1员，由董事会选任；其他职员由总经理选任；但总店各部主任、总厂各所主任及分局经理之选任，须得董事会同意。

陆费逵、俞复、范源廉、李平书、吴镜渊、沈问梅、汪幼安、戴克敦、廉泉等9人当选为董事，黄毅之、徐可亭当选为监察。

12月16日　董事会选举俞复、吴镜渊为驻局董事，陆费逵由司理改任总经理。原监察处所办事务多属行政范围，改为稽核部，从事稽查复核各种账目，由吴镜渊任主任。

是年　以休养元气为主，按期摊还债款本息。押款逐月摊还，存款按季付息，惟6、7两月因学界风潮罢市停课，收入减少，曾商允押款停付两月，存息亦转迟。其余欠息、欠租、欠款，均已清结。但资金周转仍难充裕。1918年7月至1919年6月营业额为82万元，毛利28万余元，减去偿还旧债本息及地租欠息等17万余元，再除去开支，盈利2万余元。

是年　出版的书主要有：丁詧盫编《学界风潮记》，上编为五四运动纪事，下编为文件，包括电文、演讲、评论等。刘复《中国文法通论》。沈彬编《(新式)英文学生百科全书》及《(袖珍新式)英华学生字典》，后者至1937年2月印至40版。

1920年

1月　"新教材教科书"国民学校用国语读本一至八册陆续出版。

全用语体文编写,尤注意于语法品词两项,悉按语法系统编排,第一册前段专教注音字母。编订者有王璞、黎锦熙、陆费逵、沈颐、黎均荃、陆衣言、张相、戴克敦、刘传厚等。时教育部令国民学校改为初级小学;修业年限初小四年,高小三年;国文体教科书分期作废,改用国语体文。新教材及稍后出版的"新教育教科书",即适应此种情况编辑。

3月1日　张相重回编辑所。

张相 (1877—1945),原名廷相,字献之。浙江杭州人。清末秀才,颇有文名。曾任教杭州。1914年应聘来局,编审文史地教科书;1917年一度离开;1920年重返,主持教科图书部,后任编辑所副所长。参与编印的重要书有《实用大字典》、《古今文综》、《四部备要》、《古今图书集成》等。为《辞海》主编之一。所著《诗词曲语辞汇释》颇有影响。

3月3日　我局出资1500元,参加由北大和南京、沈阳等高师发起的采集川、滇植物标本活动。

3月17日　重设西文事务部于总店,沈问梅兼主任。

4月20日　延聘李墨飞任发行所主任,7月1日到职。

李墨飞 (1885—1934),名廷翰,号默非。江苏嘉定 (今属上海) 人。上海万竹小学 (今上海实验小学) 创办人和首任校长。1920年7月应聘入中华书局,任发行所主任、总店店长,后又被选为董事。

是月　根据所定《同人储蓄寿险团章程》设寿险部,开办同人储蓄寿险,以总局及自办分支局同人为限。

5月　"新教育教科书"开始出版。

初小用者,全用语体文编写,有修身、国语课本、国语读本、算术4种32册;高小用者,语、文互用,有修身、国文、国语读本、算术、历史、地理、理科、英文等8种45册。国语读本有注音字母。至1922年出齐。编者朱文叔、钱梦渭、朱麟、杨达权、胡舜华、戴克谐、陆衣言、编辑所西文部等。中学用者若干种,如国语发音学大意、英文法、万国语音学大意等。编者陆衣言、沈彬、戴克谐等。

6月 1919年7月至1920年6月,营业总额110余万元,毛利36万余元,盈余22万余元。

7月7日 变更公司组织:总公司仍在总店,原有会计、稽核、西文事务部等仍旧。总厂设主任、副主任各一人,所有编辑、印刷、造货、分局往来等,均归主持。俞复为总厂主任,戴克敦为副主任。

俞复(1856—1943),字仲还。江苏无锡人。清末举人。1902年与廉泉(南湖)等在上海创立文明书局,任经理,出版蒙学课本。辛亥革命后任无锡县知事。1915年率文明书局并入中华书局。历任中华书局董事、印刷所主任、总厂主任。

8月 与长沙文化书社建立供应书刊业务关系,毛齐华(毛飞)为该社驻沪总代表,又以左舜生等为之介绍,免收其押金。

9月 陆衣言进编辑所。

陆衣言,生卒年不详。江苏吴县人。1920年入中华书局任编辑,兼我局创办的国语专修学校教授。主要从事语言类图书的编著,著有《国音发音法》、《新定国音发音法》、《国语注音符号发音法》、《国语注音符号使用法》、《国语罗马字使用法》、《交际国语会话》、《中华国语大辞典》、《增补订正国音易解》、《标点绘图小说片锦十种》、《中华国音留声机片说明书》;编有《新定标点绘图小说片锦》10种;参与编著"儿童文学丛书"、"儿童艺术丛书",与王人路两人既是编文作者又是插图和封面画作者。

是月 在总店设立"学校工场出品部",李墨飞、薛季安主持。各处工业、职业学校及普通学校之工作出品,如女校刺绣、美校图画模型、模范工场制品,均可委托代售。有木器、铁工、瓷器、玻璃、革品、珐琅、贝器、蜡型等等。

是月 《改造》月刊创刊。

《改造》是传播新文化的主要刊物之一。原为《解放与改造》半月刊,北京新学会编,创于1919年9月,上海时事新报馆经营代售。1920年1月起由本局印行。至此,由梁启超、蒋百里、蓝公武、张东荪等重行组织,更名"改造"。担任撰述者除梁、蒋诸人外,还有张君劢、瞿秋白、丁文江、沈雁冰、郑振铎等。创刊号上有梁启超的发刊词《政治运动之意义及价值》,蒋百里《军国主义之衰亡与中国》,寓公等《新思潮之研究》等。至1922年10月4卷10期为止。

10月20日　开封分局改由开封文会山房代办,挂中华书局招牌加"厚记",收保证金5000元,往来限额1万元,折扣照自办分局加三厘,订约三年。原承办之广益书局即与结束。

12月15日　与公益公司签订垫款造货合同,用以印行"新教育教科书"。

是年　灌制"中华国音留声机片",委托百代公司在巴黎制作。8月,教育部派王璞来沪发音,制成6片(12面);9月,复派黎锦熙来沪审查;12月出版。王璞时为北京读音统一筹备会会员,注音字母传习所所长,国语讲习所、北京高师及女高师教员。黎锦熙时任教育部编审员,国语统一筹备会会员,国语讲习所教员。

是年　除教科书外,主要出版新书有:

"新文化丛书":马君武译达尔文《物种原始》、赫克尔《一元哲学》,刘衡如、吴蔚人译罗素《政治理想》,余家菊译《人生之意义与价值》,吴蔚人、冯巽译《达自由之路》,高一涵著《欧洲政治思想小史》,刘伯明译《近代西洋哲学史大纲》,沈泽民译《社会主义运动》,李达译《社会问题总览》、《唯物史观解说》,查谦等译《现代理想之冲突》,以及介绍国外的工农业商业交通方面的政策等书籍,于六七年中出版近30种。

和新文化运动有关的,还出版了新文学社编辑的《通俗文类钞》,浦薛凤编《白话唐人七绝百首》等。

"哲学丛书":方东美译《实验主义》,刘衡如译《亚里斯多德》。

有关国语运动方面的书:朱文叔《国语文类选》,选辑当代胡适、蔡元培、陈独秀、李大钊、沈兼士、陶行知等60多家作品,黎均荃等《国语易解》;董文《国音实习法》;易作霖《国语读本》;陆衣言《注音字母教授法》、《国音拼音盘》;李直《语体文法》等。

此外,还有北京高师王烈等编《新式理化辞典》,马君武编《新式德华辞典》;中华民国大地图及分省地图,世界改造大地图及分国地图,《二十二年来之胶州湾》、《二十年来之中日关系》、《国耻小史》。名人画册,珂罗版印元明清一、二集计24种。

1921年

1月26日　我局庆祝成立10周年。自2月17日起，总、分店举办购书赠书券活动6个星期作为纪念，凡购买"新教育教科书"满1元赠书券5角，本版各种图书满1元赠2角，预约书、特价书、屏联、文具仪器等满1元赠1角。

3月16日　董事会制定奖励金分配办法：(一)共分十一成，总经理二成，总公司三成，编辑、印刷、发行三所各二成；(二)三所主任，得该所二成中之二成，副主任一成，其余由主任会商总经理酌派；(三)在上届结账期到局未满三个月及现在已离局者，概不派给。

是月　陆费逵等发起创办"国语专修学校"，校址在敏体尼荫路415号。讲义由我局印行，我局每年贴费1200元。沈思孚、黎锦熙、李宗邺、李廷翰、王璞、顾树森、陆费逵7人为校董。呈请教育部派江范五任校长兼主任教员(不久由黎锦晖、蒋镜芙先后继任)，聘请黎锦晖、陆衣言、易作霖、沈问梅等分任教授。办有专修科、讲习科、星期及寒暑假讲习科等。并附设小学，兼为我局小学教科书之实验。至1925年7月，我局董事会决议停办，旋由蒋镜芙等接办，至1930年2月取消津贴，不复过问。

是月　北京高师编《教育丛刊》自第二卷第一集起由我局印行。南京高师教育研究会编《教育汇刊》创刊，由我局印行。

4月　柯庆施由李达介绍进编辑所任编校，不久离去。时李达在编辑所文化部任编审员。

　　李达 (1890—1966)，字永锡。湖南醴陵人。中共一大代表。早年赴日本留学，1920—1921年在中华书局编辑所工作，并在此出版了其译著《唯物史观解说》和《社会问题总览》。曾任《共产党》主编，创办人民出版社、昆仑书店、笔耕堂书店、《新时代》月刊等。先后执教多所大学。1949年后曾任武汉大学校长和中国科学院哲学社会科学部委员等职。

5月18日　董事王正廷辞职，以高欣木递补。

5月25日　哈同路总厂房地产由泰利洋行经手做押款25万两签订合同。除还业广押款133000两外，余117000两，准备在厂内外空地分期建造出租房屋之用。

是月　《戏剧》月刊由我局印行。

《戏剧》由民众戏剧社沈雁冰、柯一岑、徐半梅、张聿光、陆冰心、欧阳予倩等组织编辑，为"五四"后最早研究新戏剧的期刊。以正风易俗、改良社会为宗旨。内容有创作、译作，有演戏方法及戏剧批评。出满一卷 (十二期) 后，转由北京新中华剧协社出版。

是月　黎锦晖进编辑所教科书部。旋设国语部(后改称国语文学部)，出任主持，与陆衣言、马国英、蒋镜芙等编辑出版国语讲义、国音国语教科书及参考书等四五十种，字典词典十余种，拼音练习盘和积木牌等多种。

黎锦晖 (1891—1967)，字均荃。湖南湘潭人。毕业于长沙国立高等师范。1916年任教育部教科书特约编纂委员、《民国日报》编辑。参与其兄黎锦熙发起的"国语研究会"，推广普通话。编写了数十部歌舞表演曲和儿童歌舞剧。1921年入我局，主编儿童读物，创办著名儿童杂志《小朋友》，同时主持国语文学部，编写国语教材和工具书，主办国语专修学校，组织"国语讲习会"等。1927年创办中华歌舞专修学校和中华歌舞团，后改办明月歌舞剧社。抗战期间，编著《抗日三字经》，创作爱国歌曲多首。1940年任中国电影制片厂编导委员。新中国成立后，在上海电影制片厂担任作曲。

6月15日　与和济公司签订三年期6至12万元的垫款造货合同，为维华银团垫款合同到期结束作准备。和济公司乃专为集资贷款给中华书局造货周转而成立，参加者有高欣木、吕子泉、沈陵范、陆费仲忻、戴劫哉、沈问梅、殷侣樵、陆费逵、王均卿等，至8月中计借用5.5万元。

6月30日　1920年7月至1921年6月营业总额148万余元，盈余16万余元。盈余减少主要是受纸价上涨及纪念十周年赠送书券5万余元的影响。

是月　以2.6万元盘并聚珍仿宋印书局，正式订立合同，聚珍仿宋版权归本局。已铸成的欧体宋字铜模铅字5种，已摹写样本陆续刻铸的字体8种，获内务部批准30年专利。局内设聚珍仿宋部，丁辅之任主任，亲自监督刻铸未完成字模，由著名刻手徐锡祥、朱义葆二人刻字。

丁辅之 (1879—1949)，名丁仁，号鹤庐。浙江杭州人。擅金石篆刻、国画花鸟瓜果、鉴赏收藏。其曾祖辈为杭州"八千卷楼"主,富藏书。与其弟丁善之仿宋代木刻本字,创制一种新印刷活字——聚珍仿宋版,字体精整古雅,有方体、长体、扁体等,并成立聚珍仿宋印书局(1916)。1921年该书局并入我局。曾任本局董事、监察。

8月3日　新加坡分局经理庄希泉因借款担保涉讼,一时难了,暂派施伯谟前往接任经理。

9月　以聚珍仿宋版排印名片,备受社会各界喜爱,在总店专设名片零件印刷处承印,后改设名片部,并委托各省分店代接业务。

10月　编辑所同人发起组织"同人进德会",以砥砺品德、增进学识为宗旨。出版《进德季刊》,并办业余补习班,开展各种文体活动,举行时事演讲会,张闻天、左舜生等编辑人员都曾主讲。经费来源除会员会费外,公司补助每月10元,1923年改为20元。其后印刷所同人更组成"进德体育会",在足球方面有名沪上,如许竟成、张金海、罗斗文、徐步云、於洽兴、吴祺祥、吴祯祥等,后皆成为著名足球运动员。

是月　内部刊物《中华书局月报》创刊,为同人互通消息交流经验的园地。陆费逵常为《月报》及《进德季刊》撰写有关青年立身治事、职业修养的文章,曾选其中30余篇辑为《青年修养杂谈》一书,于1926年出版。

12月　南京大学附中等编《中等教育》创刊,由我局印行。

是年　用聚珍仿宋版排印《四部备要》,第一集开始发售预约。第一集选四部最要之书48种,共405册,分四期出书。

《四部备要》开始预约时称《四部读本》,旋改。分五集,各500册,1922—1934年出齐。陆费逵《校印四部备要缘起》有云:"吾国学术,统于四部,然四库著录之书浩如烟海,坊肆流传之籍梦若乱丝。承学之士,别择维艰;善本价昂,购置匪易。本局同人有鉴于此,爰于前年择吾人应读之书,求通行善本,汇而集之,颜曰《四部备要》,提纲挈领,取便研求;廉价发行,以广传布。惟是普通铅字既欠美观,照相影印更难清晰,适杭州丁氏创制聚珍仿宋版归诸本局,方形欧体,古雅动人,以之刊行古书,当可与宋椠元刊媲美。兹将第一集至第五集分年校刊,共计二千余册,经史子集最要之书大略备矣。"
辑印《四部备要》由高欣木主持,丁竹孙等十余人分任校事。

是年   儿童读物出版进一步开展。除原有小小说、中华故事、中华童话、世界童话等外，开始出版"儿童文学丛书"，包括小说、故事、笑话、儿歌等。参与编写者有黎锦晖、吴翰云、王人路、吕伯攸、陈醉云等，遂使我局儿童读物在数年间得独步一时。儿童读物与国语书的出版，同为我局在文化上贡献较大者。

是年   出书330余种。"教育丛书"、"教育小丛书"开始出版。编辑所编的《新游记汇刊》正编8册出版（后又有续编6册），按行政区域编辑，作者颇多当代名人，内容于名胜外，并有历史、交通、实业、教育、矿产、动植物以及风俗习尚等。工具书有：王烈等编的《博物辞典》，华英双解《法文辞典》、《中华英汉商业辞典》，陆费执等译订的《英华正音字典》。有关国音国语方面的书：王璞《国语会话》，陆衣言《新教育国语会话》、《国语常识会话》，陆费逵《国音教本》，黎锦熙《国语讲坛》，以及《国语新字典》、《注音新辞林》，孙樾《注音国语字典》，陆衣言《国音小字典》等。丁訾盦编《现行法令全书》2册，是1912年以来北洋政府各种法令的汇编，后又续编2册，至1923年止。

1922年

1月4日 董事会决议自本月起,总经理陆费逵自1917年以来的月支公费100元改为月薪200元。

是月 太原分局自建新屋落成,费用约万元。

是月 南京学衡杂志社编《学衡》月刊、中华心理学会编《心理》季刊、中国新诗社编《诗》杂志创刊,均由本局印行。

《学衡》主编吴宓,作者大多为东南大学教授。1927年1月起改双月刊,后又改不定期刊,1933年停刊。共出79期。

《心理》主要作者有陆志韦、陈鹤琴、张耀翔等。1927年1月停刊。

《诗》是中国新文学史上第一个诗刊,朱自清、俞平伯、刘延陵、叶圣陶等人主编。1923年5月停刊。

2月 国语研究会编《国语月刊》创刊,由本局印行。北京高师编《数学杂志》三卷二号起,《理化杂志》二卷一号起,以及《史地丛刊》,均由本局印行。

3月 南京高师文学研究会与哲学研究会合编《文哲学报》创刊,由本局印行。

4月6日 我局编辑出版的《小朋友》周刊创刊。

黎锦晖创办并主编,以小学高年级为读者对象,以陶冶儿童性情,增进儿童智慧为宗旨。内容丰富,印制精美,出版后风行全国。经常撰稿者有王人路、黎明、陈醉云、吕伯攸等。1926年5月后由吴翰云主编。1937年10月第777、778两期合刊出版后停刊。1945年1月在重庆复刊,由陈伯吹主编。1946年迁回上海。1950年12月起,改以小学低年级为读者对象。1952年由国家划拨给少年儿童出版社出版。

4月17—22日　召开分局经理营业会议，议定各案30条，包括备货、添货、结帐、推广、营业、统计、账目、代接印件、经营外版、文具等各项实施办法。

是月　金兆梓第一次进编辑所。

　　金兆梓（1889—1975），字子敦，号芚厂。浙江金华人。北洋大学矿冶系肄业。曾任浙江省立第七中学校长、北京高等师范学校教师、国立编译馆编纂。1922年入中华书局编辑所，主编中学历史教科书。一年后离职。1929年再次入局，先后任教科图书部主任，编辑所副所长，《新中华》杂志社社长、总编辑。1950年退休后任苏州市副市长。1958年被我局复聘为编审委员会副主任，上海编辑所主任。同时任上海市文史馆馆长、上海市政协委员。著作有《芚厂治学类稿》、《国文法之研究》、《实用国文修辞学》等。

5月20日　《小妹妹》旬刊、《小弟弟》旬刊同时创刊。

是月　"少年中国学会丛书"开始出版。

　　"少年中国学会"1919年7月1日成立于北京，王光祈、李大钊、左舜生等创立。学会的宗旨是"本科学的精神，为社会的活动，以创造少年中国"。学会有四条信约：（一）奋斗；（二）实践；（三）坚忍；（四）俭朴。学会聚集了一批有理想有献身精神的青年才俊，会员有曾琦、恽代英、邓中夏、毛泽东、张闻天、李达、杨贤江、黄日葵、缪伯英、蔡和森、赵世炎、许德珩、郭沫若、郑伯奇、宗白华、方东美、田汉等120余人。学会编有《少年中国》、《少年世界》两种期刊。后由于政见不合而分化。1925年底停止活动。

　　王光祈（1891—1936），字润玙，笔名若愚。四川成都人。"少年中国学会"主要创始人。1919年毕业于中国大学法律系。次年赴德留学，初习政治经济，后攻音乐，获波恩大学博士学位，并任该校讲师。通英、德、法、意及拉丁文，著译四十余种，大多由我局出版。原约其回国后参加中华书局工作，不意于1936年1月12日病殁于波恩。

6月　1921年7月至1922年6月，营业总额173万余元，其中总店40万元，印刷所36万元，分店97万元。盈余17.6万余元。营业额较上届约增15%，均为1921年下半年所增，今年上半年以各省兵事迭兴，反较上届同期有所减少。

7月　朱文叔进编辑所。

朱文叔（1895—1966），浙江桐乡人。毕业于浙江省立第一师范学校，曾执教于杭州师范学校。1922年进中华书局，任中小学教科书编辑，参与编纂、修订《辞海》，编校张相《诗词曲语辞汇释》。1949年到北京，先后任华北人民政府教科书编审委员会委员、中央人民政府出版总署编审局编审、人民教育出版社副总编辑。

8月16日　九江支店被兵灾，损失万元，经理李仲谋受伤，同人行李被毁，各补助有差。

是月　福州代办分局收回自办。

9月15日　田汉进编辑所。

田汉（1898—1968），字寿昌。湖南长沙人。国歌《义勇军进行曲》词作者。毕业于长沙师范学校。后留学日本。1922年进中华书局任编辑，兼在大夏大学、上海大学任教，并创办《南国月刊》，发表创、译剧本等文学作品。1925年后创立"南国社"、"南国艺术学院"。抗日战争期间，创办和主编《抗战日报》，参与组织抗敌演剧队，从事抗日宣传。新中国成立后为全国人大代表、政协委员，从事文艺创作和领导工作。有《关汉卿》、《海瑞罢官》等各种剧作百余部，歌词和诗作逾千首。

9月20日　结欠旧债尚有70余万元，议定自1923年至1926年分七期摊还本息（届期仍未能全部清偿，又顺延四年才基本了结）。

11月1日　杭州分局经理叶友声病故，致丧葬费400元；子女教育费每年150元，4年为限。

是月　派薛季安、李虞杰赴德、法、比、奥等国考察模型标本制作，准备日后自制教育用具。德国战败后，马克贬值，货价较廉，在柏林设中华书局办事处，李留办事处，购销文具仪器，包括美术用品、音乐体育器械、儿童玩具、绘图仪器等。

12月6日　文明书局前以90600元出典于信有号，为期5年，明年4月到期。现决定向该号提前赎回，偿付典金本息118000元，出给期票60张，分5年清偿。文明书局负债有吸收存款七八千元、欠庄款约1万两，由本公司承担。至1923年2月9日办理接收竣事，登报公告。

是年　黎明、王人路、吴翰云，分别于2、3、4月进编辑所。

是年　"新师范教科书"开始出版，至1925年共出12种。筹划编辑"新小学"和"新中学"两套教科书。

是年　总厂设立雕刻课，聘留日著名雕刻家沈逢吉为技师兼主任，招收学徒赵俊等10余人随之学艺，日后成为雕刻名家者多人。本局在承印有价证券方面的优势，除先进的机械设备外，拥有国内第一流的钢版雕刻人才，是极为重要的因素。

沈逢吉 (1891—1935)，字迪人。江苏常州人。早年曾入商务印书馆学徒。1912年赴日本学习凹版雕刻。1918年回国，任财政部印刷局雕刻部部长。1922年应聘为中华书局印刷所雕刻课主任。1931年参与创建中国凹版公司，发起组织"中国印刷协会"并任第一届执行委员。1935年病逝。一生雕刻钞券70余件，邮票90余种，培养了数十名雕刻人才，被称为凹版雕刻宗师。

是年　用总厂房地产押款在厂外空地建造出租或出售用中西式住宅各两宅竣工，尚有四宅可于明春告成。

是年　出书300余种。篇幅较大者有：影印密韵楼藏本《式古堂书画汇考》30册，《宋庆历内府刻阁帖》10册，同文书局原版《康熙字典》线装6册。竹简斋版"二十四史"200册发售预约，1923、1924年分两期出书，为本局影印大部头古书之始。《四部备要》开始分期出书。《新古文辞类纂》(稿本24册)，蒋瑞藻纂辑近人著作而成，收有薛福成、吴汝纶、黄遵宪、孙诒让、谭嗣同、康有为、林纾、章炳麟、梁启超等百余人的文章百数十篇。"少年中国学会丛书"年内出版的有李劼人译莫泊桑《人心》、都德《小物件》，周太玄译补勒《古动物学》，田汉译《哈孟雷特》，毛咏棠等译《人的生活》等，其后陆续出版至30余种。

1923年

1月 "新小学"教科书开始出版,计初小6种48册,高小10种40册,至1925年出齐。其中国语读本由黎锦熙计划,黎锦晖、陆费逵编辑,课文多新撰文学作品。"新中学"教科书同时开始出版,计30种56册。其中金兆梓编写的《初级本国历史》更驰誉全国。

2月7日 议定奖励同人参加储蓄寿险办法。本局储蓄寿险团自1920年4月开办以来,成绩甚好,但未保者仍居多数,为奖励起见,自本年起,每年保费由公司代缴1/10;本年4月已保满1年以上者,4月份保费由公司缴付。保险金额不得超过本人全年薪水总数。陆费逵为此特撰《我们为什么提倡储蓄寿险》一文。

3月7日 因文明书局代经理吕子泉不能脱离大东书局,调沈阳分局经理沈鲁玉任文明书局经理;南昌分局代经理郭农山调任沈阳分局经理;长沙分局营业主任吴映堂升任南昌分局经理。

是月 少年中国学会编《少年中国》月刊从四卷一期起由我局印行。

　　《少年中国》为少年中国学会机关刊物,始创于1919年7月,原由亚东图书馆印行。编者先后有王光祈、李大钊、康白情、苏滨存、左舜生、黄日葵等。经常撰述者还有张闻天、李劼人、余家菊、刘仁静、杨效春等。至1924年5月停刊。

4月18日 新加坡合办分局庄希泉向薛仲华借款讼事,上月派沈问梅前往办理。沈来电:和解议妥,归本免息。即汇去现款5000元,其余7月15日、9月30日期票各5000元结案。

4月19日 与商务印书馆1921年12月31日所订关于销售小学教科书协议,经双方议妥修改,续约3年。修订协议21条,即通告分局执行。内容有发售折扣、回佣、赠品、对分局补贴数额的限制,以及违约罚款等。

6月 在总店二楼设承印部,华弼丞为主任,承接总厂各种印件。

是月 1922年7月至1923年6月,营业总额为184万余元,其中总店43万余元,印刷所40余万元, 分店100余万元。毛利46万余元, 除去开支、利息、地租等, 净利近19万元。

7月14日　文明书局总店迁移至南京路中市498号(浙江路东、石路西)朝南三层楼洋房, 照常营业。棋盘街旧址改作支店。所有批发及银钱往来, 统归总店主持。印刷所仍在棋盘街中市。

8月　杭州分店设支店于兰溪。

9月5日　公益公司垫款造货合同将于12月15日到期, 决定协商减息再转期3年。

12月4日　重订分局同人分派花红办法: 经理及副经理, 用人在12人以下者, 合得50%；12到15人者得45%；15到20人者得40%；20人以上者得35%。同人花红, 除经理所得外, 一半照薪水支配(告假30天以上者酌减), 一半照特别支配。特别支配包括会计、营业主任、薪小事繁者、全年不告假或告假不满20天者、有特别劳绩者, 一律报总局核定分发。

是年　继续出版"少年中国学会丛书", 有《德国文学史大纲》、余家菊等著《国家主义的教育》等。李平书自传《且顽七十岁自叙》6册, 附有影印李珍藏的王石谷《长江万里图》及鲍明远《石帆铭》等。

1924年

1月　设立兰州分局。与刘锡三合办青岛(同记)分局,我局投资占80%。

3月19日　徐州分局由特约改合办,资本4000元,我局占半数。

3月30日　长沙分局经理程通儒病故,由广州分局经理程润之前往接任,并派汉口分局经理沈彬翰先往暂为主持。旋经驻局董事前往长沙查明,程通儒经理湘局,成效卓著,虽有亏款,不无劳绩。给予丧费抚恤1000元,归入欠款;另贴其子教育费每年100元,以10年为度。

4月　我局编辑出版的《儿童文学》月刊创刊,与《小朋友》衔接,以十至十五六岁儿童为对象。至12月停刊。

5月　成立中华书局保险部(1923年12月19日议定),资本10万元,专办本局各部门及分局的财产保险,一切照保险公司制度,会计独立。至6月底改称"火险部",承保各分局财产火险。总经理通知会计部另立账簿,规定手续。

是月　九江支局在庐山筹设季节性的牯岭支店。

6月18日　与费君合设大华风琴厂,资本4000元,我局占半数。我局以薛季安为代表,派有账房。该厂采用德国技术及部分配件,于翌年产出彩凤牌风琴,较原产嘉禾牌更为精美。1927年9月获准商标注册。至1944年撤回股份,收回彩凤牌商标。

6月30日　1923年7月至1924年6月,营业总额207万元,其中总店57万余元,印刷所53万余元,分店97万余元。毛利约53.7万元,净利近20万元。

是月　印刷所添置机器,扩建厂房,费用20余万元。

年来,本版印刷既忙,又承印南洋兄弟烟草公司烟壳等大宗印件,实际印量约增一倍,房屋机器均不敷用。添造二层楼房25幢(每间上下为1幢)、三层楼房3幢,添置多种机器设备,已具有铅版、石版、橡皮版、铝版、凹凸版、珂罗版,照相铜版、锌版、三色铜版、雕刻钢版、铜版、木版,电镀钢版、铜版、镍版,聚珍仿宋版等。

7月16日　董事会决议:为抵制世界书局教科书,商务、中华决定联合组织一书局——国民书局,地址在河南路。股本额定20万元,商务2/3,中华1/3,陆续支用。国民书局1925年发行"新国民教科书"初、高小各一套。至1930年7月21日停止营业。

9月10日　由于江浙战事、直奉战事、商团事件等,造成营业减少,汇兑阻滞,本局不得不实行裁员减薪。编辑所薪水总额减至每月2000元以内,总办事处薪水总额减至1800元以内。被裁员工送一个月薪水解职。在职员工自9月下半月起职员七折、工友九折发薪。至1925年2月分期恢复原薪。

9月18日　被裁同人要求加发薪水两个半月及照给奖励金。22日推出代表与总经理面谈,旋经决定,根据是否家居战地及距沪远近情况,分别加给津贴10元至30元。

此次战事,正当秋季开学及中秋收账之时,营业和收账均受影响,资金周转为难,应摊还第四期旧债存本,决定延缓一期偿付,延缓之数照长年八厘计息。

12月13日　股东常会选举新一届董事,陆费逵、李平书、范源廉、戴克敦、俞复、高欣木、孔祥熙、沈陵范、吴镜渊9人当选。徐可亭、黄毅之当选监察。

是月　《四部备要》第二集发售预约。

是年　张闻天回编辑所任编辑员。潘汉年在编辑所任编校。

张闻天 (1900—1976),又名洛甫。江苏南汇 (今属上海) 人。曾就读吴淞水产学校、南京河海工程专门学校。1919年入"少年中国学会",开始发表文学作品和社会评论文章。1920年赴日本攻读哲学。1921—1925年两度在中华书局任编辑 (其间1922—1923年赴美留学)。1925年加入中国共产党。后赴苏联学习。1930年回国后一度为中共重要领导人,曾任中共中央总书记、中央马列主义学院院长等职。后曾从事外交工作和社会科学研究工作。著有《张闻天选集》。

潘汉年 (1906—1977),江苏宜兴人。就读彭城中学、无锡师专。1924—1925年在中华书局编辑所任编校,参与《小朋友》的编辑,并与陈伯昂合编"民间故事丛书"10余种。1925年加入中国共产党。曾任中共中央宣传部文化工作委员会书记、左翼文化总同盟中共党组书记,是左翼文化运动创始人和领导人之一。1936年西安事变时任中共与国民党谈判代表。1937年9月任八路军驻上海办事处主任。抗日战争和解放战争期间,在上海等地领导对敌地下斗争和开展统战工作,是中共上海地下党秘密情报组织负责人。1949年上海解放后任中共上海市委副书记、上海市副市长。1955年因"内奸"罪被捕判刑。1982年获平反。

是年　试办化学制品部,先行生产墨水、墨汁。

是年　福州分局收回自办。

是年　总店的监制贩卖业务,扩大到下列十类:欧美图书、中西文具、理化仪器、化学制品、博物标本、人体模型、玩具乐器、纸张墨料、中国笔墨、簿籍笺扇。

是年　我局组织机构如下:
董事会董事9人,监察2人,总经理1人。下设1处3所:
总办事处:设总务、会计、统计、出版、推广、西文事务6部及货栈。
编辑所:设总编辑、国文史地、国语、数理、新文化、国故、西文、美术8部,附藏书室。
印刷所:事务方面设事务、营业、工务、承印4部;工厂方面设聚珍仿宋、铅印、石印、轮印、照相制版、雕刻、电镀、装订8部。
发行所:设货栈、批发、门市3个部门,及清账、收款、推广、名片、收发、庶务6课。

是年　开始出版"常识丛书",谢彬主其事,已出有《南洋》、《地震浅说》、《进化论浅说》、《人口问题》、《现代五大强国》、《殖民政策》、《摩托车与道路》等,颇受欢迎。陆续出至四五十种。
开始出版"音乐丛刊",陆续出有《欧洲音乐进化论》、《西洋音乐与诗歌》、《西洋音乐与戏剧》、《东西乐制之研究》、《各国国歌评述》、《德国国民学校与唱歌》等,均为王光祈编著。两三年间出有十余种。
出版儿童独幕剧《葡萄仙子》和歌剧《月明之夜》、《麻雀与小孩》等,黎锦晖编著。年初,上海实验剧社公演《葡萄仙子》与《月明之夜》两剧,为儿童歌剧风行之始。
出版的其他书主要有:《泉货汇考》、《中外地名辞典》、《古今游记丛钞》、《国外游记汇刊》、《云南游记》、《南洋旅行漫记》等。

1925年

1月7日　董事会决议：(一)本届加薪以月薪20元以下及职务变动或有合同关系者为限，此外从缓。(二)阴历年底预支奖励金仍照往年成案办理，在1924年6月底月薪30元以上者支30元，以下者支一个月薪水。

2月4日　上届红利展缓一年。上年因江浙战事适在秋季开学供货及中秋收账之时，营业、收账均受影响。现第二次江浙战事又起，沪宁路一带时有激战，前景难以把握，而上年添建厂房机械未付款尚多，故上届红利展缓支发。

4月　我局青工毛齐华参加中国共产党，发展王鸿昌、徐秋生、高友洪入党，成立总厂第一届党支部，毛当选为支部书记。此前，毛齐华已参加中国共产主义青年团，并介绍徐秋生、朱飞熊、赵葵、唐寿贤等入团，成立团支部，毛任书记。

5月30日　印刷所部分工人当晚在上海大学召开中华书局工会筹备委员会成立大会，选出王鸿昌、徐秋生、高友洪、唐霖坤、柳培卿、唐寿贤等为筹备委员，王鸿昌任主委，毛齐华任秘书长，通过工会章程草案。适值南京路惨案（"五卅"惨案）消息传来，决定翌日参加印刷工人联合会的集会及游行示威。

5月31日　我局印刷厂工人参加印刷工人联合会游行示威，打出"收回租界"、"打倒帝国主义"的横幅，并要求商会罢市。

6月1日　为抗议帝国主义枪杀中国工人和学生的暴行，根据上海总商会的决定，总店开始罢市，至26日开市。印刷所工人响应上海总工会发动的总同盟罢工，推选毛齐华等20人组成罢工委员会，旋又组成以王鸿昌、黄乾初负责，有一百多人参加的工人纠察队，维持秩序。至6日复工。

6月9日　芜湖分局经理康汉臣辞职(去世界书局)，派王谋翕接任。

6月11日　下午，印刷所工人参加上海市民在公共体育场举行的10万人集会游行，抗议"五卅"惨案。

6月30日　1924年7月至1925年6月，营业总额近200万元。其中总店52万余元，印刷所62万余元，分店84万余元，盈余约17万元。较上届减少，因去秋今春两次战事及今夏"五卅"惨案停业匝月之故。

7月30日　为提倡国货，便利供求，以抵制英日帝国主义，出版《国货汇刊》，印5万册，分赠全国各本国厂店、商会及高小以上学校。

8月28日　总店职工罢工，要求改善待遇。资方同意将原定加薪办法稍予提高，减少1小时工作时间，于29日下午复工。

总厂印刷所于7月份加薪7.5%。工人要求与商务一致加10%，包工200余人大部分停工。工会选出谈判代表13人，因1人缺席，厂方以不能代表所有各部门工友为由拒绝商谈。遂于29日下午4时起罢工，推凌德润为总代表，成立纠察队。厂方以唐驼为代表重开谈判。在有关团体调解下，9月1日达成协议，次日下午复工。协议主要内容有：对工会组织俟政府颁布工会条例时再办，包工9月份加7.5%，10月份起加10%；工作时间定八小时半等等。

总厂编辑所及事务所方面贴出布告，谓"现发生与商务同样之罢工，公司能否接受尚未可知。现定总办事处、编辑所暂行休业"云云。于是王人路等103人致函经理，希望将休业理由解释明白，并提出加薪条件12项。当晚推举王人路、陈伯昂、潘汉年3人持函往见经理面谈。陆费逵答称："总店发生罢工事，一时刺激过甚，又恐厂方被外界牵动，乃先将厂方停工。所提条件，待总店问题解决后，即可答复。"次日两所办公室照常开放。

8月30日　报上刊登陆费逵就本局工资及用人等情况发表谈话："一般人每以中华与商务相提并论，实不克当，本局股本营业均不及该馆三分之一。既疲于同业竞争之烈，复受欧战及时局影响，民六(1917)以来，困苦已极。……八年来渐次恢复，然实力未充，发展维艰，股东红利仅一二厘。……仆任总经理，月薪自民元(1912)以来均200元，所长二人、店长一人各140元，总办事处理事二人120元，较之各大公司瞠乎其后。职员学生薪水尚较普通厂店为优。"

9月3日　中华书局工会正式成立，隶属于上海印刷总工会，借曹家渡某处开成立大会，到200余人，通过工会章程。章程规定工会会务，有书报室、工人子弟学校、体育部、工人补习夜校、储蓄部、疾病医药部、游艺部、演讲部、消费合作社等，次第举办。

9月25日　印刷所雕刻部工人总辞职。

　　落石部练习生吴三囡,为上月罢工中坚分子,与上手稍有口角,被部长停职。凌德润、唐霖坤两代表前去情商免予开除。部长拒谈并关闭马达,致落石、石印、轮转三部停工,并以工作时违反厂规,报请所长将凌、唐二人一并开除。雕刻课闻讯,以唐为该课工友,函请所长予以复职,所长不允,于是决定总辞职。27日在报上刊登全体总辞的声明,署名者有10人。印刷工人联合会为此发表宣言,并曾发起组织钢版雕刻社于民厚南里。

　　12月2日　商务印书馆来函声明,自1926年6月1日起至1927年底止,双方(销售小学教科书)合同停止效力,期内如有必要,另行协商。本局董事会议决定,如能续约最好,否则应预备小学教科书以外之发展。

　　12月19日　股东常会决议增资40万元,资本总额增至200万元。

　　12月20日　印刷所以磨版车停车为讯号,停工半小时,向上海工人阶级领袖刘华烈士致哀。

　　刘华 (1899—1925),原名炽荣,字剑华。四川宜宾人。工运领袖。1920年秋进本局印刷所落石制版课、绘图制版课当学徒。工余时间努力学文化,还到《民国日报》做校对。1923年8月入上海大学附中半工半读,1924年春加入中国共产党。后被派至沪西工友俱乐部工作,经常到印刷所来指导工人运动。曾任上海总工会第一及第四办事处主任。"五卅"大罢工期间任上海总工会副委员长。当年11月底被英捕抓去,12月17日为军阀孙传芳秘密处死。20日,上海总工会通电全国,号召工友们加紧团结,继续奋斗,打倒帝国主义的走狗——军阀。郭沫若、沈雁冰、胡愈之、郑振铎、叶圣陶等43人签署"人权保障宣言",抗议军阀秘密杀害刘华。

　　12月22日　印刷所工会及发行所职工会于19日获悉资方将有裁员之举,因提出6项条件,于本日开始罢工。资方谓本年底甄别辞退员工,总务处、印刷所不过数人,发行所、编辑所不过十余人,较历届有减无增,希望24日复工,否则惟有暂时休业。经有关方面调解,对8月15日以后辞退的职工给予补助后,于26日复工。

　　12月31日　编辑所潘汉年、王晓斋、陈赓、李璜、桂葭墙、范徐来等被辞退。

　　是年　我局藏书楼改名"中华书局图书馆",藏书增至6万余册,按照杜氏分类法重新编目,建立新的购置、登记、出纳制度。

是年 设立张家口分局及邢台支局。总务部将1912—1923年间有关处理总局和分局间、分局和分局间的各种业务关系所订立的章程规定，如分局人员的定额、进用、调派、考核、奖惩、分红、进销货的定额、账务、报表、资产、现金划拨计息等办法，修订汇编为《通则甲编》，作为今后的准则，是为处理分局事务比较完整的内部成文法规。其后，又将1923年以后的通启，另编成《通则乙编》。

是年 新学制中等农业教科书开始出版。本年出有《稻作学》、《作物学》、《棉作学》、《肥料学》、《农具学》、《农业化学》、《农业气象学》、《农业经济学》等10余种。其后陆续出至20余种，历久行销不衰，1948年尚有重版。

沈彬、马润卿编初中《混合英语》六册，为新中学教科用书，将读本、文法、会话、作文混合教授，为首创的全新英语课本。

"国民外交关系小丛书"，包括《近代中日关系略史》、《中俄关系略史》、《领事裁判权与中国》、《门户开放之今昔观》等，后陆续出至10余种。

倪德基等编《数学辞典》出版。

1926年

1月1日   国语研究会在北京举行成立10周年纪念会,同时在全国举行学校团体就地召开国语运动大会,要求各大书店配合。我局所有国音国语图书一律5折廉价发售1个月,以为提倡。

1月15日   徐州分局原于1915年由严馥保包办,1924年秋改为合办。现因严用空公款,收回自办,原加"丰记"取消。调南昌分局内账升任该局经理。

2月5日   通告分局:本局发行礼券,旧式简略,办法未善。现新印彩色礼券7种(五角,一、二、四、六、八、十元),配齐红色封袋,除购货外,可以抵账,与现钞无异。

2月11日   本局创办人、董事、编辑所长戴克敦于7日逝世,给丧费1000元,恤金4000元,遗孀赡养费每月50元。董事出缺以次多数唐绍仪递补。编辑所长暂由总经理陆费逵兼摄。

2月19日   陆费逵通知:"银钱支单签字,例支各款,总办事处由戴劫哉、陈协恭复核签字,编辑所由高欣木、张献之两先生复核签字。特别支款由逵签字,如逵告假出门,仍由戴、陈、高、张分别代签。"

3月3日   与陆咏笙合办民立文具厂,资本1万元,本局占70%,订合同5年,仿制不碎石板、纸石板、药水浆糊等。

3月5日   总厂开设定书邮寄课,陆厚哉负责。

4月20日   重申分局银钱账目规定:同事除有特故,许支1个月薪水分几个月扣还外,绝对不许宕账;经理每5日点现一次,内账无论如何可靠,此种法定手续均须实行,不可稍存疑虑客气之意。如有银钱账目不符,应立即报告总局;倘未点现或不符不报,以通同作弊论。

6月2日   广州分局在广西梧州开设支局。

是日　会计课主任吴春荣病逝。吴1913年进中华书局，1919年起任会计课主任。送丧费400元，抚恤800元。遗缺由出纳课主任方绎如兼代。

6月21日　召开有分局经理参加的第二次营业大会，至7月3日结束。会上对编辑中小学教科书提出意见；建议办一类似《东方杂志》的期刊，以提高本局声誉；规定分局员工定额：甲等18—22人，乙等14—18人，丙等10—14人，小支局至少7人；分局开支除房租、运费、回佣外，以现并10%—15%为准；推广方面，创办巡回文库，假中小学、图书馆、书报社等场所，巡回陈列宣传。

6月30日　辞退周梦甲、陈伯昂、沈绥章、萧觉生等10人。

是月　1925年7月至1926年6月，营业总额230万元，其中总店57万余元，印刷所82万余元，分局91万余元。盈余17万余元。本届营业增加，但以各地不靖，时有损失，而工料昂贵，以是盈余却未能增加。

7月7日　议定8月1日至9月底举行15周年纪念，廉价及赠送书券，小学书购满实洋1元，赠书券6角(1927年代价券3角，1928年代价券3角)；普通书满1元，赠书券2角；仪器文具九折，原版西书九五折。

7月12日　调汉口分局经理沈彬翰任总局分局事务课主任；调文明书局经理沈鲁玉任汉口分局经理；马刚侯任文明书局经理。

8月9日　印刷所职工以物价飞涨，生活困难，要求给予米贴(因米价在短时期内每石〔约合160斤〕由十二三元涨至十八九元)，并发还上年江浙战事时期所减去的薪工。所长一再拒绝接谈，激起罢工，至31日全部复工。

　　据当日总经理向董事会报告：上午10时半，印刷所职工7人持工会公函面交印刷所长，限午后2时答复。到时，副所长唐驼以工会法未颁布前未便承认工会，将原信退回。午后3时半另举代表7人要求承认工会，所长俞复不允，3时3刻即行停止工作。董事会决定："公司本拟缩小范围，工人既停止工作，应即休业两天，一面劝告上工，否则只得全体解散，另行组织。"总经理陆费逵、印刷所长俞复联名布告：12日开工，不到者作告假，16日午后不告假者作自行辞职。17日，原八部工友800余人的罢工扩展至全厂停工。在印刷总工会及学生联合会等一再调解和商务工会等实力支援下，经反复谈判，公司决定，凡30日上工者加给两日工资，并拨3000元分给上工工友作为补偿。工会乃照印刷总工会命令于30日开始复工，31日正式复工。印刷总工会要求整顿工会，扩充纠察队组织，并要求厂方不得开除罢工职工。

是月　我局编辑出版的《小朋友画报》半月刊创刊，由王人路、吴启瑞编辑，至1930年间停刊。后于1934年7月复刊，由许达年、沈子丞编辑。

9月　编辑所设立函授学校，校长吴健(任之)，教务主任沈彬(问梅)。后改由舒新城兼任校长，马润卿、李唯建、吴廉铭相继任主任。

　　函授学校先设初、高等英文科。1935年添设国文科。1936年又设日文、算学、商业等科，各科分初、中、高三级。1937年又设国文、英文选科。各科主任：国文张相，英文钱歌川，日文张梦麟，算学仇毅，商业武堉幹。学员最多时近3000人，毕业者达数万。正科学员升级可减收学费，成绩优异者给奖学金，同人参加者收半费。至1940年停办。

11月17日　旧欠债务至6月底尚欠本息36万余元，决定自下届起每年偿付9万元，4年全数清偿。

11月27日　公益公司借款本年12月15日到期，前于9月15日去信，拟将利息减为一分二厘。公益回信仍拟定期3年，前一年半要求加三厘，董事会决议3年一律改为一分三厘。

是月　《饮冰室文集》乙丑(1925)重编本出版，聚珍仿宋版排印，线装80册，分为五集。

是年　中国共产党在本局建立课室支部，朱锦玉任书记。次年4月，朱遭特务暗害。

是年　《四部备要》一至五集发售预约，估计二千余册，拟至1931年底出齐，定价连史纸1200元，赛宋纸800元，预约收半价。

　　在《申报》等几家日报刊登《四部备要》广告称："包含经史子集一万一千余卷，分订二千余册，二十四史均在内。""聚珍仿宋版印，非特影印所不及，亦远胜木刻版。""据宋元明清善本，尤多采清代精校精刻本，无欠叶缺行之弊。""选读书需用之书，孤本而非读书所需者，均不属入，盖为读书而刻书，非抱残守缺也。""售价低廉，每本仅二三角。""延著宿校至十三四遍，无鲁鱼亥豕之误。"

　　是年　出版有关历史的书有《元史略》、《中国近百年史资料》初编二册(其后又出续编二册)、《西藏交涉略史》、《德国文学史大纲》、《梵天庐丛录》石印稿本18册。字典有《中华万字字典》、《英华万字字典》、《国语学生字典》。其他有"青年丛书"、"国家主义丛书"、赵文锐译罗素《科学与未来之人生》等。

1927年

1月24日　梧州支店改为分局，不再受广州分局管辖。

2月　常德分局经理汪焕庭病故，母老子幼，送丧费100元，支半年薪金；每月给赡养费10元，以15年为期。

3月21日　上海总工会为发动第三次武装起义，发布第二次总同盟罢工令。我局印刷所工人于下午关车，召开大会，参加游行示威；王鸿昌等7人参加纠察队攻打曹家渡警署。24日复工，并号召被开除的50多人来厂复工。

4月6日　经印刷总工会调解，印刷所与工会签订待遇条件。

4月10日　董事会议讨论印刷所职工待遇条件，除某些保留外通过承认。同时议定总办事处、编辑所、总店待遇办法，包括加薪、升工、年终加俸、工作时间、工会经费等；还规定公司在经济困难时，得就裁人、减薪、停业三项与工会代表公开决定。

4月12日　凌晨，中华纠察队枪枝被缴。中午，工会带领300多人去潮州会馆保卫上海总工会。

4月13日　印刷所工人去青云路广场参加大会，中途遇国民党二十六军士兵开枪，我局刘镇、汤炳南、秦源泉三烈士死难，伤者有缪龙江等6人。印刷所尚有朱锦玉烈士，于11日去曹家渡开完会的归途中遭特务狙击身亡。

是日　公司拟以工作八小时、普遍加薪二成为原则，由董事会重行议定职工待遇办法，公布施行。

5月26日　和济公司垫款利息原系按月一分五厘，本年7月1日到期，董事会议决以一分二厘息续约三年。

是月　在香港设立分局，调广州分局副经理杨秉吉任经理。

是月　太原分局经理张文甫辞职,月给养老金30元。张在晋15年,办事尚好,前5年应酬较多,亏空1800元,准作酬劳出账;后10年亏空1500元,应如数偿还。

6月　1926年7月至1927年6月,营业总额263万余元,其中总店71万余元,印刷所93万余元,分局98万余元。盈余10万余元,尚不敷摊还旧债9万余元及新股保息2万余元之数。

7月3日　上海各大报刊出《中华书局紧要启事》,公布董事会7月2日议案,宣告自本日起暂停营业。总经理及总店负责人避匿不见。各部门职工除少数重要人员外,事前均无所闻,仍按时上班,而总店、总厂铁门未开,武装探捕把守禁入。下午,四部职工组织联合办事处于静安寺路民厚南里686号,分总务、文书、宣传等七科办事,向外界求援。

　　董事会决议案称:经济支绌,用人困难,董会力薄,支持乏术,本公司以7月为年度开始,本年度是否继续营业,公推董事孔祥熙、吴镜渊、监察徐可亭为善后委员,调查研究,再定办法。一面从明日起,先将总厂、总店停业。善后办法:(一)6月下半月欠薪及7月1、2日薪工于一星期内交顾问律师发给,并补助每人回里川资3元;(二)由顾问律师呈报有关各方,并报告捕房派捕看守厂店;(三)员工一律解散;(四)善后委员有相当办法并筹有的款,再定局部或全部开业,应需何项人才,当另定办法再行延聘。

7月4日　本局工会、职工会各分会在各大报登出启事,公告同人,为图谋解决办法起见,特联合共商进行,要求静待解决,毋为轨外行动。

7月5日　职工联合办事处派代表凌德润、吴子范、刘季高等人,分别向政府有关机关及工会组织统一委员会、总商会等投递呈文,指出公司当局非法突然停业,使1600余职工立时失业,公司既非破产,显系企图实行裁员减薪之狡谋,要求令其即日复业。

7月6日　全体职工在各报发表宣言,谓书局突然宣告停业,将职工一律解散,顿使1600余人处于非法蹂躏之下,穷蹙无归。

7月8日　律师黄镇磐代表中华书局刊登广告发给薪工及补助川资3元。次日职工会登报表示根本不承认解散。黄于10日登报作罢,仍由中华书局自行分发6月下半月份欠薪。同人拒领川资。

7月26日　上海市政府农工商局召集江苏省政府、工统会、总商会调解代表及职工联合办事处代表会议,而公司方面陆费逵、徐可亭、陈寅3人并未与会。当即决定公司先于8月1日复业,原有职工待遇办法,俟复业后由农工商局邀集劳资双方并工商界代表公平解决。

7月31日　各报刊出《中华书局试行复业启事》,谓本局因工资增加,经济支绌,以致停业。承上海特别市农工商局、政治训练部、总商会、工统会敦促复业,面允谋劳资之妥协,任安全之保障,并奉农工商局训令复业。本局勉为其难,遵照试行复业,声明以一月为期,商定办法,以收支适合、用人有权为原则,遵于8月1日试行复业。同时,职工会刊登《上海市中华书局全体职工复业启事》,谓同人于8月1日全体复工。8月1日早上7时以前请聚集于总厂广场上,以便统一复工。

8月1日　职工会于上午7时半召集全体职工举行复工大会,到会者有农工商局、工统会、二路政训部等各机关代表,有商务、报界、制墨、笔业、牌业、客帮等各团体的工会代表。吴翰云致开会词,凌德润致辞,来宾演说,李玉阶代表市府讲话。会上有《职工会敬告全体工友书》,谓现在我们的目标是复业……努力工作,替公司增加生产;团结精神,替同人互谋福利。9时半,总办事处、印刷所、编辑所职工开始入内恢复工作。总店于8时半开始正常营业。

8月18日　经农工商局及有关单位召集中华劳资双方协商,签订两项协议:(一)中华书局有限公司与上海市中华书局工会、职工会双方签订待遇办法。主要规定薪工照3月份标准,20元以下加3元,20元以上加2元,30元以上加1元,40元以上不加;(二)中华民国十六年(1927)8月"中华书局复业裁人暂行办法"规定,公司裁人,工会认为无过失者,补给薪工两个月。

两项协议签定后,于8月20日在各报刊登正式复业启事。

根据协议(二)规定,公司解雇了三百多名工人,中共党组织亦被破坏。

9月7日　董事会决议年老应退职者三人:(一)王均卿,年老解职,应另送退老俸,自1928年1月起,每月30元。局外编校依件计值,公司有所顾问不另酬报。(二)余映堂,1913年春到局,应给退俸金薪水4个半月外,自1928年1月起另送退老俸每月20元。局外画件依件计值,公司有所顾问不另酬报。(三)吴贻德,1918年3月到局,应给退俸金薪水3个月。

10月19日　董事会决议:沈问梅任西文编辑部主任10年有余,兼任西文事务部主任亦已8年,对于公司多所赞助,此次因公司裁人去职,议决酬送薪水除普通2个月外,再加送4个月。

是年　"新中华教科书"开始出版,初以"新国民图书社"名义编印,由文明、中华、启新三家经售。初、高小用41种，初、高中用55种。其中三民主义课本由国民党中宣部审定。参与编辑者有黎锦晖、王祖廉、黎明、陆绍昌、朱文叔、郑昶、李直、陈棠、张相、蒋镜芙、杨卿鸿、糜赞治、朱开乾、黄铁厓、顾楠、赵风、郑炳渭、张德骥、姜丹书、朱稣典、王隐秋、怀桂琛、陆费执。校订者有吴稚晖、叶楚伧、何鲁、陈布雷。

原有"新小学教科书"初、高级各一套修正发行。

是年　发售预约书有：《二十四史辑要》(全30册，附二十四史全目并提要6册)、《历代碑帖大观》(全50册)、《古今名人墨迹大观》(全16册)、《楹联墨迹大观》(全10册)；《清史列传》(全80册)，1928、1929年分两次出齐。

出版珂罗版印《悲鸿绘集》、《悲鸿描集》、《普吕动画集》；聚珍仿宋版印《资治通鉴》(全100册)、《续资治通鉴》(全88册附《明纪》)、《读通鉴论》(全18册附《宋论》)。此外，还有顾树森"欧游丛刊"6种、陈恭禄编《日本全史》、谢侠逊编《象棋谱大全》初集4册(其后又续出二、三两集各4册，1929年出齐) 等。

1928年

1月6日　文明书局副经理周菊人代理经理已半年,改为实任经理,月薪70元,暂不设副经理。王文奂任营业主任,月薪32元。代理内账黄锦荣,月薪18元。

是月　舒新城在南京黄泥岗何家花园设"中华辞典编辑部",以局外编辑名义继徐元诰主编《辞海》。认为原稿中已死之旧辞太多,流行之新辞太少,乃改变方针,删旧增新,并改加新式标点。至9月间,因原址修路拆屋,迁往杭州上西大街长颐里。

6月　1927年7月至1928年6月,营业总额为225万余元,其中总店71万余元,分局77万余元,印刷所75万余元。盈余8.3万余元。营业总额较上届减少近40万元,主要原因:各地秩序未尽恢复,教育方面多退少进,交通阻滞,运输、邮寄困难,加以上年7月间停业1个月等等。惟自上年8、9月间裁减人员以后,开支节省,营业取紧缩方针,负债有所减少,存款略增,公司状态由飘摇而渐趋稳定。

10月8日　董事会同意总办事处理事戴劫哉离职,月致原薪养老。18日,董事会决议同意戴劫哉辞去董事职务,由次多数史量才递补。

是月　陆费逵赴杭州参加筹划西湖博览会事,并约舒新城摄西湖风景集。

12月21日　英文部添聘新闻报馆顾执中为局外编辑员,自本月起担任《英文周报》编辑,月薪50元。

12月23日　在中华国货展览会上举行中华书局宣传日,日夜两场。除零星游艺外,所有本局出版的《葡萄仙子》、《月明之夜》等6种歌剧同时表演,并放映本局全景及工作电影,为上海空前盛举。

是年　编辑所组织有6部1馆,即总编辑部、教科部、新书部、古书部、西文部、美术部,附图书馆。

是年　出版教育方面的书有:舒新城《收回教育权运动》、《近代中国教育史料》、《中国新教育概况》，庄泽宣《教育概论》，余家菊等编《中国教育词典》（附有《四千年中国教育大事年表》）。儿童读物有：黎锦晖的歌舞剧续有出版，是美育德育的好教材，大都经过几年的实验才正式定稿出版。"国民外交小丛书"续出8种，有《外国在华之经济侵略》、《中国交通与外国侵略》、《中英关系略史》、《法国殖民地》、《新疆问题》等。工具书有《二十世纪阴阳合历》(1901—2000年)。珂罗版印《圆明园全图》两大册凡40幅，乾隆时内廷供奉所绘，各有御题一咏，由陈演生摄自巴黎国家图书馆；《圆明园考》同时出版。影印梅王阁藏本《宋雪岩梅花喜神谱》线装上下册。

1929年

1月   创办"中华教育用具制造厂"于上海昆明路,与胡庭梅等合资,资本总额国币10万元,本公司投资占70%,为有限责任股东;胡庭梅投资2.6万元,胡振富、陈永福各2000元,合占30%,均为无限责任股东。自建厂房,装置新式机械,延聘专家,参考德国样品设计研究,制造中小学及专门学校应备之科学仪器、博物标本、应用药品及一切教具用具。

是月   总处通告:同人子弟愿入第一国语模范学校附小就读者,学费可减半收取(8元收4元),可向庶务课报名。校址在福煦路哈同路南口。

3月6日   《中华英文周报》上年改组停顿,现由马润卿博士主编,分初、高级两种恢复出版。每种每期2大张(8面),全年40期,改组后第一期即原414期。

是月   登报招考分局经理(月薪40—100元)、书记(月薪30—70元)、账房(月薪20—40元)约10人,月内报名,4月份函约面试,录取后试用两个月派缺定薪。

4月1日   金兆梓第二次进编辑所。越二年,任教科图书部主任。

6月6日   浙江省建设厅主办的西湖博览会在杭州开幕,至10月10日止。陆费逵为该会发起人之一,任宣传处长。我局参展的产品有出版物、运动器具、校具、教具、玩具五类,并出版了舒新城等编的《西湖博览会指南》、《西湖百景(摄影)》、《杭州西湖游览指南》等书。

是月   1928年7月至1929年6月,营业总额283万余元,其中总店92万余元,分局101万元,印刷所89万余元。盈余18万余元。与前几届相比,营业额增加不少,惟以金价高涨,纸墨成本较昂,平民课本等销数增多,而此类书原为启发民智而编,不惟无利,且须亏蚀,故盈余未能相应增长。

7月   郑子展调任粤局经理,派王谋翕前往监盘。又张杰三调任津局经理。

12月   聚珍仿宋版"二十四史"发售预约,5开本,共500册,预约收半价140元。拟于

1930年6月至1932年6月分五期出书。

是年　出版中等商业教科书计11种。

部头较大者有聚珍仿宋版《袖珍古书读本》，仿巾箱本，204册，50开线装，选辑经史子集30种加句读；周子序译述的《皇汉医学》第一卷，二、三卷于次年出版；郑昶《中国画学全史》，从上古至清末，分期论述国画源流、历代画家画论。

与帝国主义侵华有关的书有王光祈选译的《美国与满洲问题》、《三国干涉还辽秘闻》、《辛亥革命与列强态度》等。

丛书有"现代戏剧选刊"、"学生文学丛书"、"英文文学丛书"等。

儿童读物有黎锦晖作的歌舞表演曲《可怜的秋香》等20种，均有五线谱及简谱，并附表演说明。

工具书有李儒勉《实用英汉汉英词典》。

另有《秋瑾女侠遗集》，为其女王灿芝所编。

1930年

1月 聘舒新城为编辑所长兼图书馆长及函授学校校长，定期5年。原在杭州的中华辞典编辑部及其工作人员并入编辑所，成立辞典部，同来的刘范猷任辞典部副主任。张相任编辑所副所长兼辞典部主任。

舒新城 (1893—1960)，又名玉山、遯庵等。湖南溆浦人。毕业于湖南高等师范学校英语部。曾在长沙、上海、南京、成都等地任教。1923年由恽代英等介绍入"少年中国学会"。1928年应我局聘任主编《辞海》，先后在南京、杭州设中华书局辞典编辑部。1930年起任编辑所长至1953年退休。曾任中华书局董事、常务董事、副董事长及代理总经理。1949年后曾任全国人大代表、上海市政协副主席。1958年复任中华书局编审委员会主任和《辞海》编辑所主任。1960年11月病逝。有《教育通论》、《近代中国教育史料》(1—4)、《近代中国教育思想史》、《现代心理学之趋势》、《摄影初步》等著作30余种。主编有《辞海》、《中华百科辞典》及"中华百科丛书"、"中华文库"等。

3月1日 为免总店开学时拥挤起见，在南市设支店，名为沪南支店。

是月 发行中华英语留声机片，全套15张30课，连课本1册，马润卿、周开甲编辑，司密斯夫人发音。

4月 登报招考编校、账务、柜员、学生等10余人。

6月 1929年7月至1930年6月，营业总额335万元，其中总店109万元，分局138万元，印刷所87万余元。较上届增加18%强。沿海各省稍有进步，惟长江、黄河一带内战不停，不仅营业减色，且时有损失。本届盈余19.6万余元。

是月 曹亚伯《武昌革命真史》(全3册)由本局印制发行。当局以"记载失实，讥评总理"为由，10月间遭行政院严禁发行，存书及纸型图版均予销毁。

7月1日 路锡三任总办事处理事。总办事处支款单，即由陈寅、胡懋昭、路锡三核签。

7月5日　聚珍仿宋部丁辅之因健康原因,其所辖营业、银钱、材料均并入印刷所。于原有本版、外版两课外,另设仿宋版课,姚竹天任课长。仿宋部仍由丁辅之总其成。

7月25日　编辑所左舜生辞职。

　　左舜生(1893—1969),字舜山,别号仲平。湖南长沙人。上海震旦大学法文系毕业。1919年加入少年中国学会。1920—1930年任中华书局编译所新书部主任,编辑《新文化丛书》等。其间1924年加入中国青年党并任该党《醒狮周报》总经理。"九一八"事变后创《民声周刊》鼓吹抗战。后在中央政治学校任教,发行《国论月刊》,被选为中国青年党中央执行委员会常委。1941年代表青年党参加中国民主政团同盟;1945年又随青年党退出民盟。1947年任行政院农林部长。1949年赴台湾。后移居香港,任教新亚书院、清华书院。1969年病故台湾。著有《中国近代史四讲》、《黄兴评传》、《近代中日外交关系小史》、《万竹楼随笔》、《近三十年见闻杂记》、《左舜生选集》等。

是月　钱歌川进编辑所。

　　钱歌川(1903—1990),原名慕祖,笔名歌川、味橄等。湖南湘潭人。日本东京高等师范英文科毕业。回国后曾在湖南、上海任教。1930年进中华书局做编辑。主编《新中华》杂志和《辞海》,主编"英文研究小丛书"、"基本英语丛书"、《基本英语》课本等。1936年带薪休假赴伦敦大学研究英美语言文学。1943年初回国,一面从教,一面为书局工作:主编《新中华》并为其撰稿,创办和主编《中华英语半月刊》等。抗战胜利后任国民政府驻日代表团主任秘书。后执教台湾大学、新加坡大学等,退休后定居美国。

是月　上海书业商会与书业公所等联合组成上海市书业同业公会,陆费逵被公推为主席委员,连任至1934年7月。

是月　长沙分局遭受兵灾,职工5人遇害,按服务年数各给抚恤丧费:李汝舟800元,送月薪8年;彭静甫700元,月薪4年;金次云500元,月薪4年;董玉田500元;王桂林250元。

8月14日　世界书局新版《初中本国史》"历史的回顾"一节,与本局1923年《新中学初级本国史》"结论"一章9/10同;又所附三国鼎立及太平军图两幅形式内容完全相同。本局因在各报刊登悬赏启事,谓有能证明本局历史书之文字及附图抄袭翻印而来,致与世界本不谋而合者,各酬洋1000元。一个月后又登报鸣谢来信人士,并通知世界书局于两个月内自行解决。世界书局在广告中则称，该书系根据暂行课程标准编辑，插图则请专家绘制，有经纬线，与众不同。

9月11日   陆费逵第二次赴日本考察印刷厂及出版事业，编辑所长舒新城、印刷所长王瑾士及钱歌川等同行。带回新四号、新五号字模，嗣后中学教科书、中华百科丛书等即改用新四号排印，节省篇幅而无损目力。

是月   发行人体生理及动物模型。

10月   自建南昌分局新屋落成。

12月6日   举行第二十次股东常会，议及重建印刷厂事。印刷所机械多数旧式，设备不完好，房屋不足用。倘就原址改良，不惟地价增高利息捐税不合算，一时亦无此财力。故于4月间经泰利洋行介绍，将总厂基地以银75万两出售，先付定银15万两，以后分期付款。3年交产，厂屋由本局拆迁，不在售价之内。新厂基地在平凉路，已买约30亩，还在增加中。董事会认为目前时局多难，营业维艰，重新建厂的进行，须格外稳健，建筑计划亦须变更。

12月27日   编辑所刘述庭任事18年，现年64岁，精力渐衰，自行辞职，除照章致送退职金495元外，加送酬劳金300元。

是年   将1927年后出版的"新中华教科书"修正发行。

是年   我局图书馆扩大采购范围，对所有出版的教科书力求完备，并收购善本书、地方志、金石书画、报章杂志等；国外出版的重要书籍，以及有关研究中国文史地的著作，亦一律收购。

是年   教育部组织国语注音推广会。我局配合出版有关图书：教育部编审处《注音符号传习小册》，蒋镜芙《国语注音符号新教本》，陆衣言《国语注音符号讲习课本》、《国语注音符号发音法》等。

徐志摩主编"新文艺丛书"开始出版，有梁实秋译《结婚集》，徐志摩《轮盘》，胡也频《一幕悲剧的写实》，沈从文《旅店及其他》、《石子船》，丁玲《一个女人》等。后因徐志摩遇空难而止，共出30余种。

"社会科学丛书"有《社会学概论》、《经济史概论》、《比较政治制度》等，陆续出至30

余种。

通俗读物有"民众农业丛书"、"民众工业丛书"、"民众商业丛书"、"民众经济丛书"、"民众常识丛书"等，每种10至20册不等。

工商业方面有徐钧溪《最新银行论》、王效文《中国保险法论》、于树德《合作社之理论与经营》等。

中外关系方面有王光祈译《库伦条约之始末》、《西藏外交文件》，蒋恭晟《中美关系纪要》、《中德外交史》，陈重为《西康问题》等。

外语方面有蒋君辉《现代日语》，钱歌川《日文典纲要》正、续编，陆费执、严独鹤主编《中华汉英大辞典》，苏州中学教员英文研究会编《高中英文选》三册。

舒新城主编《中华百科辞典》出版，包括各学科术语1万余条200万字，附资料10余种。其他有景昌极《哲学论文集》2册，杨树达《周易古义》等。

1931年

2月7日　张子嘉代表维妙公司将所有机械生财原料照原本10600元盘予我局。

4月　招考职员，录取22人，计甲等9人，乙等2人，丙等6人，丁等5人。

是月　自建天津分局新屋落成。

5月5日　南京实业部国货陈列馆举办江苏省物产展览会，本局以自制文具、风琴及书籍、印刷品等参展。

是月　长沙分局经理程润之改任第四区监理员，遗缺调安庆分局经理沈松茂继任，并调长沙分局内账王廷献任安庆分局经理。

是月　前兰州分局经理刘蒲孙在职病故，除回里川资照实支外，致抚恤丧费1500元，遗孤教育费每月20元，10年为限。又内账吴仲溪在职病故，致丧费300元，抚恤费600元，川资500元，遗腹子教养费每月10元，以16年为限。

6月　1930年7月至1931年6月，营业总额398万余元，其中总店113万余元，分局169万余元，印刷所115万余元。盈余22.3万余元。本届初期长沙分局受兵事影响，除5人遇害外，物质损失约5万元。

7月1日　常德、衡阳、九江3支局改为分局。

7月9日　在报上刊登查究翻版启事。为发现私印本局出版的黎锦晖著作各种歌曲集，除群友书局已协商解决外，尚有数种，希望主动交出纸型、存书得款等；如有人举报者，另给赏格1000元。

8月7日　上海市出版业工会中华书局分事务所，于下午4时开成立大会。选出王济平、梅雨今、李鸿斌、陶顺宝、杨荫林、黄竹汀、杨锡祺、徐一帆、顾金初等9人为干事，由市党部、市社会局代表监督就职，组成干事会，提出要求改善待遇条件十条。时各地大水，上海米价涨至每石近20元。

当晚，总经理陆费逵、编辑所长舒新城、印刷所长陈寅、总办事处理事路锡三，联名发出紧急通电，谓7日午后，忽来五六十人，将前后门下锁，闯入工场，擅敲放工钟，迫押工人开会，并将编辑员、办事员驱至空地，工作中断，秩序混乱。如此违法行动，公司财产业务，工人生命自由，失其保障。不得已，明日暂行休业，候市社会局、市商会派员履勘，以求行政上、法律上之救援。

8月8日　今起停业。

市出版业工会发出紧急通告，谓中华书局公司当局捏词耸听，擅行停业，无非企图破坏工会组织。除呈请社会局严令制裁外，并函资方促其觉悟。号召会员安心并加紧团结。之后，邮务、水电、卷烟、装订、铅印、码头等72个工会于13日联合发表《为中华书局经理破坏工运宣言》。同时，市商会及书业公会、彩印业公会则通电要求依法制裁出版业工会的违法行为。中华资方并呈请市社会局要求解决产业工会与职业工会并存的问题，两者之中择一保留，严禁两重工会，以免办法分歧，命令冲突。

8月10日　经市社会局及市商会派员履勘纷乱损失状况后，社会局训令必须开业，静候核办。中华书局乃于今日复业。

是日　《中华书局图书月刊》第一期出版，为"中华书局二十周年纪念号"，载有陆费逵撰《中华书局二十年之回顾》一文。为纪念本局20周年，自本日起至10月9日止总分店40处同时赠送书券，购买本版书实洋5角，预约书及文仪等满实洋1元，均赠券1角。

是月　秋季开学时期，本局以成立20周年名义举行廉价售书2个月。

9月2日　同人庆祝20周年纪念会筹备处公告，庆祝活动将在总厂举行盛大游艺会，纪念往昔，重励将来。凡与本局有历史关系者，无论个人或团体，务希一致参加。

9月23日　"九一八"事变发生后，我局20周年纪念停止举行，启事云："因水灾奇重，外侮侵凌，经董事会议决定停止举行庆祝，除前已捐赈2500元，再拨庆祝经费2500元助赈。"

董事会议决以银盾分赠有殊勋者。1917年公司濒于破产，幸赖各方维持，藉支危局，特制"扶危定倾"银盾，分赠前董事于右任、康心如，今董事孔祥熙、俞复、吴镜渊，监察黄毅之。

9月26日   上海市抗日救国会通告开市民大会,我局停业一天,以便参加。

10月26日   印刷所工人李鸿斌、周志清斗殴事,因处理不当,发生怠工,延及总店,经各方调解,于29日复工。

是年   舒新城以所藏教科书及教育史料1万余册,低价让与本局图书馆。

是年   出版的书籍,教育方面,有舒新城《中国教育建设方针》,教育部编《全国中等教育概况》、《全国社会教育概况》等。儿童读物有"小学生丛书"第一集100册,由吴研因、叶绍钧等十余人编辑。另有"儿童服务丛书"、"儿童艺术丛书"、"儿童古今通"(丛书,已出20余种)及《儿童自治概论》等。还有根据中小学教材编印的动物、植物、矿物挂图多套。

其他书籍有任中敏编"散曲丛刊"《阳春白雪》等15种28册。论著有陈怀《中国近百年史要》,钟挺秀等编译《近代政治思想史略》,张安世《近代世界外交史》上下册,黄曾樾编《陈石遗先生谈艺录》,古楳《中国农业经济问题》,刘海粟《中国绘画上的六法论》,《华胥社文艺论集》(论文译者为梁宗岱、傅雷、萧石君、王光祈、朱光潜、徐志摩、王了一等)。郑午昌主编《当代名人画海》收有陈宝琛、商笙伯、徐世昌等120余人的图画作品。

1932年

1月28日　日本侵略军侵犯上海,十九路军奋起抵抗,上海罢市。

2月8日　总办事处总务部通告:"上月28日沪战发生……现在货不能售、不能造,无大宗收入,银行不能往来,即使战事停息,营业必大减。"

总局暂定自9日至15日,工作半天,给全薪。并公布临时紧缩办法:自16日起开半工,给半薪,不少于7元;需全工者八折支薪,不少于15元;无工作者给1/4薪,不少于6元。以两个月为期。

2月13日　总店通告,在罢市期间,总店职员仍于午前10时至午后3时到店。送信及有事接洽者由福州路后门进出。

4月1日　全市正式开市。

是月　函授学校为国难失学青年便于学习英文,减收学费1/4,初等一级20元减为15元,其余初高级各由30元减为22元5角。

是月　与上海出版业商务、世界、北新、大东、光明、生活周刊社等69家联合反对政府施行的出版法及其施行细则(分别公布于1930、1931年)。

请愿书云:"出版法及出版法施行细则条文繁碎,奉行维艰,如细则规定书籍出版前应将稿本送内政部申请许可,否则概行扣押或处罚。""则凡所有新书,呈待许可,经年累月,直等废纸,至如研讨日新月异之科学,论述朝夕变幻之世界大势者,悉成明日黄花。……此法一行,将使著作出版之人,无一书可以应时出版,无一日不可陷于刑辟……此项束缚出版自由,阻遏文化事业之法令,应请毅然废除,以慰民众喁喁之望而保出版自由……并停止党政军各机关对书籍之检查搜索,以尊人权而裨文化。"

6月1日　陆费逵撰《六十年来中国之出版业与印刷业》,载《申报月刊》第一卷第一期。谈到上海出版业的资本、运营资金、营业额、教科书的市场份额、印刷、发行、作者稿费标准、从业人员待遇等方方面面。

6月29日　总店西书部即行取消，存货尽量廉售。聚珍仿宋部工作极少，与中排合并称排字课，蔡葆生代课长。

是月　1931年7月至1932年6月，总营业额367万余元，其中总店96万元，分局164万元，印刷所107万元。盈余18.3万余元。本届初期长江水灾严重，继则有日军入侵，发生"九一八"事变和"一·二八"淞沪战事等，营业较上年度减少8%。东北三省营业仅剩十之一二。

是月　编辑所奉总经理示改设5部：总编辑部(所长直辖)、教科图书部(主任仍为金兆梓)、普通图书部(所长兼)、杂志部(暂缓成立，附于总编辑部)、辞典部(副所长兼，旋由沈颐任部长)。原有古书部、新书部、美术部等均取消，附入普通图书部。英文部取消，分别附入教科图书部、普通图书部。教科图书部直分中学、小学、师范三组，横分国语文系、史地系、数理系、英语系、艺术系、体育系。普通图书部暂分古书、社会科学、文学、美术、外国语系，将来或添置数理系。

7月1日　舒新城撰《中华书局编辑所》一文(收入其文集《狂顾录》，中华书局，1936)，在谈到出版经营方针时说："我们只求于营业之中发展教育及文化，于发展教育文化之中维持营业。"在谈到人员状况时说："我们用人的条件严于官厅及学校(即需要具备专门的知识)，待遇却不能超过官厅及学校。我们的同事所以还能维系，第一是靠着各人的志愿与兴趣；第二是靠着同事的感情；第三是靠着用人的大公无私，进退黜陟不讲情面；第四是靠着生活比较的稳定。"

7月2日　董事会有关待遇问题的决议：(一)所有每月升工两天，于七月起照旧升给；其他额外待遇，暂仍停止，视各大小同业如何办理，再行酌定。(二)本年度现已开始，因大局未定，竞争日烈，此次同人薪水以不加为原则，但成绩较优，原薪过小者，仍予酌加，学生满年期者仍照加。(三)议定学生待遇新办法：(1)学生：小学五年级程度月津贴第一年10元(如无五年级程度而资质可造者，先试习半年至一年，每月9元)，第二年11元，第三年13元。三年期满作为职工，月薪16元。(2)练习生：初中二年程度，每月津贴第一年12元，第二年14元。两年期满作为职工职员，每月最低18元。(3)学习员：高中二年程度，每月津贴16元，一年期满作为职员职工，每月最低20元。

是日　汉局栈房主任詹荣轩病故。詹君1918年进局，遗有寡妻及幼小子女二人。董事会决议，除给丧葬费200元外，令其家属回皖，月给生活费10元，以16年为限。

是日　董事会决议撤销南京路文明书局发行所。该所近年来开支增加，营业反有退步，勉强支持。现东三省生意几乎没有了，门市也不见佳，只好缩小局面，以免多受损失。

7月4日　通告各分局及同业，以前与文明书局的直接往来，截至7月31日止。自8月1日起，批发径向中华书局函洽添配，门市由棋盘街分发行所出售。

7月28日　申请专利三种：三用复印器、两用蜡纸、蜡纸改正药水。

8月3日　文明书局结束移交事，请李墨飞主持办理。保留书栈，称"中华书局文明书栈"。

9月7日　文明书局登报通知寄售客户："本局结束在即，现在屋已退租，希于9月20日以前前来结算，收回未售件，过期代捐慈善机关，不再通知。"至此，文明书局即告完全结束。

9月15日　为新课程标准即将公布，准备编印相应的中小学教科书，上年1月间曾公开征求国语教材的意见。一年以来，国难当头，小学教育为国家民族命脉所系，国语课关系尤巨，撰拟尤难。因再登报公开征求国语教材及编辑意见，将评选十名，给予100—300元的酬金。

9月30日　原文明书店经理周菊忱，调总店任事务主任，管理文书、清账、书栈、庶务、收发等一切事务。

10月5日　为筹备参加芝加哥博览会，在经理室召开第一次筹备会议，参加者：陈寅、舒新城、王瑾士、陆费叔辰、范瑞华、沈鼎澄。

11月10日　通函各分局有关用人的规定，自1933年元旦起实行：(一)年均(过去3年，下同)营业届3万元以上为五等分局，连经理准用8人，每加1万元准添1人，其在省会者再添1人，至12人为限，薪水占4%—5%。(二)年均6万元以上为四等分局，准用12—14人，每增1万元许增1人，至18人为限。(三)年均12万元以上为三等分局，至少16人，随营业额可递增，以24人为限。(四)年均20万元以上为二等分局，以20人为度，不得超过28人。(五)年均30万元以上为一等分局，可用28人，营业增加每3万元，加职员、学生各1人。薪水占现并2%，营业发展可加1%。(六)营业在40万元以上者，副经理不得兼其他事务。分局用人，经理同乡介绍者，考试录取额不得超过1/4，须凭考卷照片经总局核准。经理绝对不得任用戚族。前用同乡超过1/4者，应加甄别酌量辞退。

12月17日   第二十二次股东常会选举董事11人：陆费逵、唐绍仪、史量才、陈寅、舒新城、汪伯奇、孔祥熙、吴镜渊、沈陵范、李墨飞、高欣木，其中舒、汪、李3人为新选董事。董事会向股东会的报告中提出：鉴于"一·二八"闸北损失之大，印刷所拟变集中式为分散式。总厂注重制版，而酌设印刷分所于沪、港、津、汉等处，分别供给各方之需要。纸版视该书销路多备一至四副，以减少危险，谋公司安全。

12月23日   本年底月工照给半个月津贴。

12月下旬   陆费逵赴港筹办购地建厂等事。

是年   新课程标准适用高级中学教科用书开始出版，连教学法陆续出有普通科22种40册，师范科20种33册，商科4种。专供南洋华侨小学用教科书，陆续编印4套。

"东北研究丛书"出有《东北与日本》、《东北铁路问题》、《满铁事业的暴露》、《东北的金融》、《东北的社会组织》、《东北移民问题》、《日本帝国主义侵略下东北的产业》等10余种。记录"一·二八"战事的有《松沪御日战史》等5种。

钱歌川、张梦麟主编"现代文学丛刊"开始出版，兼收本国及外国作品，著译者有刘大杰、熊佛西、郁达夫、李劼人、周作人、王实味等。五六年间出版近60种。

历史方面有蒋维乔《中国近三百年哲学史》，杨幼炯《近世革命史纲》，凌璧如译英法德俄美等各国经济史5种，郑成译《产业革命史》，许亦非译《近代社会思想史》，王锡纶译《近代世界殖民史略》。

又，徐嗣同《社会科学名著题解》出版。张謇晚年手定《张季子九录》全25册出版。

珂罗版印画册有刘海粟编"世界名画集"，连此后续出者有特朗、梵高、塞尚等七集，又有《海粟画刊》、《齐白石画册》、《方君璧画集》、《悲鸿画集》等。

1933年

1月　我局编辑出版的《新中华》半月刊创刊。

　　《新中华》为大型综合性期刊,编者周宪文、钱歌川、倪文宙。刊名"新中华",有承接前《大中华》月刊之意。其宗旨:以国难日亟,民困日深,对国家建设、民族生存诸问题,思欲有所贡献;即一般国民趣味,亦欲促其向上。内容有国际时事、经济状况、各种学说、文艺、谭薮、新刊介绍、讽刺漫画、时论摘粹、半月要闻、通讯等。创刊号上有陆费逵《备战》一文,第2期并载有陆费逵《东三省、热河早为我国领土考》。为《新中华》撰稿的学者有:耿淡如、钱亦石、李石岑、陈望道、何子恒、王亚南、王宠惠、章伯钧、龚梅彬、何思敬、沈志远以及青年学者薛暮桥、胡乔木、于光远、巴金、郁达夫、丰子恺、傅雷等。

　　该刊行销在每期3万册以上。至1937年8月停刊。1943年1月改为月刊在重庆复刊。至1951年底停刊。

是月　新加坡分局报告,南洋当地政府对《小朋友》、《新中华》、《中华教育界》检查扣留,认为有排外字句,荷属亦纷纷退货,再来将查禁。因此,暂不接受南洋定户。

是月　陆费叔辰(陆费逵三弟)进局任理事,原在江苏省实业厅任职。

是月　招考学生、练习生11人。不久,又招10余人,主要分配总店各部门。

2月　陆费逵为港厂购地去港,并转梧州等地视察分局。

3月　陆费逵为确定建造厂房事,再去香港。

5月1日　新课程标准适用小学教科书开始出版,有初小用8种60册,高小用10种40册,教学法齐备。另印五彩精印课本一套。参加编校者70余人,上海中学实验小学、苏州中学国语教材研究会等参加编辑。至1935年7月出齐。

6月1日　新课程标准适用初级中学教科书开始出版,初高中都定为普通科,连同教育法计35种101册。

6月26日　港厂建设即将完工，派定负责人：王瑾士以印刷所副所长兼任港厂监督，原港局经理杨丙吉调港厂司理，照旧暂负责港局事务，工务主任白纯华，事务邵咏笙。

是月　1932年7月至1933年6月，营业总额397万余元，其中总店110万元，分局168万余元，印刷所117万余元，与前届相仿。盈余17.6万余元。本届营业下半期以竞争激烈，日军入侵，华北又发生战事，损失不少；加以教育部颁布中小学新课程标准，改编教科书，稿费、广告费等支出尤多。营业额虽比上届增8%，而盈余反减少3%。

9月　自建南京分局新屋落成，位于太平路杨公井转角。

12月16日　原与新民书社合办的厦门新记分局收回自办，开始营业，设于厦门中山路161号。

是月　发行标准国音国语留声片，连课本1册，朱文叔等编辑，白涤洲发音。全套16片，计国音4片、国语4片、小学国语读本选读8片。

是年　开始出版"国防丛书"，王光祈等选译，有《经济战争与战争经济》、《德英法战时税收》、《空防要览》等10余种，至1936年出齐。"东北小丛书"陆续出版，有《东北的农业》、《东北的矿产》、《日本侵略东北的阴谋》等，有实业部编《日本在华经济势力》、中日贸易研究所编《中日贸易统计》。"国际丛书"开始出版，有董之学《世界殖民地独立运动》、王亚南《现代外交与国际关系》、张明养《国际裁军问题》、刘炳藜等编译《苏俄经济生活》等，陆续出至20多种。

"世界童话丛书"选译欧亚各国童话集，陆续出有十几种。

学术论著有孙俍工等《中华学术思想文选》、王治心《中国宗教思想史大纲》、李翊灼《西藏佛教史》、梁漱溟《中国民族自救运动》、周宪文《资本主义与统制经济》、吴廉铭译《实用工商管理》等。

英语教学用书有钱歌川、张梦麟合编《基本英语课本》3册，用于电台播音教授。又"基本英语丛书"有基本英语入门、文法、例解、作文、会话等10种。其后又有"基本英语文库"10种。

1934年

1月　《四部备要》5开大本发售预约。全书11305卷，仍分订2500册。并分拆12种，读者可按需要与财力分别购置。如"二十四史"、《清人十三经注疏》、正续《资治通鉴》，及选出子书40种、理学书14种等等，灵活供应。

是月　"中华百科丛书"开始出版，舒新城主编。为中等学生课外读物，全100种。分总类、哲理科学、教育科学、社会科学、自然科学、应用科学、艺术、语文学、文学、史地等10类。每书约5万字。年内出版20余种。

是月　香港分厂建成，位于九龙码头角，原为中华牛皮厂厂址，基地约17亩，地价合13.3万余元(港币17.5万元)，厂房修缮及新建费16万余元。新购卷筒机1部、密勒机4部及其他设备20余万元。

2月　国民党中央党部查禁书籍149种，列有本局版4种，即"少年中国学会丛书"中田汉的《咖啡店之一夜》、《日本现代剧选》，"新文艺丛书"中丁玲的《一个女人》、胡也频的《一幕悲剧的写实》。前3种存书1281册截角送交国民党上海市党部。4月18日，接"出版人著作权保护协会筹备会"通知，国民党中央党部改定办法：《咖啡店之一夜》删改后发售，《日本现代剧选》暂缓执行，"新文艺丛书"的两种查禁。

是月　调福州分局严慎之任厦门分局经理，遗缺由苟潜接任。

是月　在局外成立编目社，整理近代中国史料，计划出版文库百种，聘刘济群主持其事，订三年半合同。至"八一三"停顿。

3月22日　在报上刊登启事，请预约《四部备要》诸君分任校勘，规定办法和期限，正误一字酬银10元。

是月　舒新城将所藏中国近代教育史资料7000余册价让本局图书馆，其中清末民初的教科书最完整。

是月　《古今图书集成》开始影印出版，发售预约。3开本，以原书9叶合印1叶，计5万余叶，线装分订800册，后附考证24卷(8册)，定价800元，预约价一次交款400元。至1940年2月出齐。

4月1日　以郑健庐为五区监理(五区监理亦称华南区监理，辖闽、粤、汕、港、星、厦、滇、梧8处分局)，驻港时多，自4月份起发给港洋。

是月　据印刷所在报上刊登的广告，我局当时具有全张橡皮机9部，对开4部(可日印折合对开纸100万张)，以及铝版机、石印机、影写机、凹版机、雕刻机等，印刷公债票、股票等等所用之号码机多至700余具。

6月12日　扬州八邑旅沪同乡会认为我局3月间出版的易君左《闲话扬州》有侮辱扬州民众之处，来信责问，并组织"查究委员会"，提起诉讼。我局于7月7日通知总分店及同业停售，并请律师薛笃弼出面调停，除停售毁版外，愿登报道歉，将该书售款购夏季药品运扬州散放，对扬州图书馆赠书若干。至10月底各自登报息讼言和。作者亦登报道歉，并自动辞去江苏省教育厅编审主任职。其间曾有扬州妇女协会代表郭坚忍向镇江法院起诉，该书发行人陆费逵与作者易君左均到庭受审。从此，我局出版物发行人改由理事路锡三署名。

是月　1933年7月至1934年6月，营业总额412万余元，其中总店118万余元，分局约167万元，印刷所126万余元。盈余18万余元。本届营业较上届虽稍有增加，而新编教科书须增加备货，推销《四部备要》及《古今图书集成》之广告、样本等，费用开支较上届约增三成，故盈余所增无几。

7月　陆费逵在上海市书业同业公会由主席委员改任首席监察委员。

是月　郁树锟来编辑所，于普通图书部成立数理系。

是月　赣局吴映堂调任渝局经理。

8月25日　董事会议决抚恤案两件：(一)总店店长李墨飞，在公司任职13年，于6月30日逝世，致送丧费1000元，酬恤3000元。第四子现年14在初中三，第五女现年12小学方卒业，每年各津贴教育费150元，入高中以后加50元，满18岁为度，成绩须在及格以上，成绩单每学期送交公司。(二)陈寅为公司创办人，历任店长、理事、印刷所长，任职23年，于8月19日逝世，致送丧费1000元，酬劳5000元，援创办人戴克敦例，送陈夫人每月生活费50元；未成年子女4人，2岁到11岁，每人每年补助教养费150元，各至16岁为限，如届时在高中肄业，可延长至满18岁为度，在高中期间每人每年加50元，但须成绩在及格以上，每半年将成绩单送交公司。

10月15日　以路锡三、陆费叔辰、舒新城、王瑾士、沈鲁玉5人组成"新厂建筑设备委员会"，俟标定后即促承造人开工。

是月　建造澳门路新厂招标，计造楼房5幢、平房1幢，共200余万立方尺，标价39.32万元，11月份动工。此项建筑费由某银行垫款，即以房地之总值90万元抵押，于1936年6月到期清偿。按：新厂原拟设杨树浦，已在平凉路购地数十亩。经"一·二八"战事后，陆费逵预料不久中日必有战事再起，而租界东区必为不安全之地，故决定改在澳门路购地建筑。

是月　聚珍仿宋版洋装《四部备要》发售预约，16开本，原4页合印1页。精装本分甲、乙两种，均分订100册，平装本订280册。1935年11月开始分8期出书，至1937年卢沟桥事变发生时仅出4期。最后一期书至1952年才补齐。

12月16日　第二十四次股东常会决定，常务董事每月支公费100元，董事、监察均每年支公费400元，职员兼任者不支。

股东常会选出董事11人：吴镜渊、陆费逵、孔祥熙、唐绍仪、汪伯奇、舒新城、沈陵范、高欣木、胡懋昭、王志莘、李叔明，其中后3人为新选董事。监察2人：黄毅之、徐可亭。

是月　四川区监理胡浚泉定薪80元，7月份起支，已由成局代付。以后由胡懋昭在沪代领。

是月　发行基本英语留声片。全套6片连课本1册，赵元任编辑并发音。

是年　中华教育用具制造厂自去年自建厂房，分设专业制造工场，工友已增至300余人。制造中小学自然、卫生、博物、数理化等课程应配备的模型标本仪器药品，日益增多，可以配套分组发售，并制造测绘、音乐、运动用品、两用幻灯等。因在总店二楼添辟门市部发售。

是年　出版的图书主要有：

新课程标准适用师范学校教科书开始出版。有高中师范用20种33册，简易师范用5种13册，乡村师范用23种38册，简易乡村师范用6种13册。至1935年7月出齐。

教育方面：余家菊《中国教育史要》，吴守谦《小生产教育的理论和实际》，钱歌川编译

《现代教育学说》、《社会化的新教育》等。

立法院编《中华民国法规汇编》十二编，上海市社会局编《上海之机制工业》、《上海之农业》、《近十五年来上海之罢工与停业》、《近五年来上海之劳资纠纷》、《上海市工人生活程度》等。

文学方面：丘琼荪《诗赋词曲概论》，刘大杰《德国文学大纲》、《东西文学评论》，郁达夫《几个伟大的作家》，现代文学有《小菊》、《忏悔》、《日本戏曲集》、《芥川龙之介集》。钱歌川、张梦麟主编"世界文学全集"出有《苔丝姑娘》、《人与神之间》、《被开垦的荒地》等，陆续出至30余种。"新中华丛书"文艺汇刊及社会科学汇刊两种各20册，至1936年出齐。

学术著作：葛绥成《中国近代边疆沿革考》，陈翊林《张居正评传》，向达译《甘地自传》，谢扶雅《基督教纲要》，章元善等《乡村建设实验》第一集（1935、1936年出版二、三集）。

影印有金批贯华堂原本《水浒传》巾箱本24册，有刘半农序、叶德辉跋；《潘玉良油画集》，木造纸活页单面印，封面有自画像。

1935年

1月　《初中学生文库》第一辑发售预约。全书255种300册，1936年出齐。编者朱文叔、朱㲄典、李唯建、金兆梓、郁树锟、华汝成、华襄治、葛绥成等数十人。内容分各科学习法、各科表解、知识读物、文艺读物、技能读物、修养读物6类。

是月　原印制厂雕刻课技师兼主任沈逢吉病故，以代理主任赵俊升任主任。后赵亦成为著名雕刻家。

3月28日　《小朋友》出"儿童节特刊"，印数加5倍，通知各分局于4月4日(儿童节)派交际员亲去规模较大的完小，分送五、六年级学生。

是月　洋装《四部备要》点句本发售预约。将《四部备要》中初学必读之书，包括经部的《四书集注》及《十三经古注》，史部的"二十四史"、《资治通鉴》、《国语》、《国策》，子部的周秦诸子40种及浅近理性书，集部的楚辞、诗文词总集等共126种，加点句读，分订119册。
"二十四史"洋装大字点句本同时发售预约。

4月　"小朋友文库"发售预约。分初、中、高三级，初级14类100册，彩印，备小学低年级儿童用；中级18类150册，文字短浅，备三四年级用；高级10类200册，文字较长，供五六年级用。编纂者朱彦颀、吴翰云、吕伯攸、蒋镜芙、余一辰等。至1936年出齐。

5月20日　与中央银行签订二角、五分辅币券40万张的印制合同。是为我局正式承印钞券的开始。

6月9日　董事会议定本届甄别标准，由总经理通知编辑所、印刷所、总店执行。议定标准：(一)学生、练习生、学习员照章加薪；(二)新进职员试用成绩佳者酌加；(三)业务特别发展部门，特别有能力者从优加薪，能力尚佳者酌加；(四)职务调动责任加重者酌加；(五)办事能力有特别进步者酌加；(六)业务不进步部门应将开支减省；(七)办事效率不佳者从严甄别。

6月19日　印刷所副所长王瑾士升任所长。分局课主任沈鲁玉调升印刷所副所长。南昌分局经理蔡同庆调任总办事处分局课主任；该局李仲谋改任副经理暂代经理。

6月30日　1934年7月至1935年6月，营业总额470余万元，比上届增14%。其中总店147万余元，分局189万余元，印刷所135万余元。盈余20.3万余元。本届营业之增加主要有：（一）承印中央银行辅币券；（二）中华教育用具制造厂的仪器标本模型及月日星期时辰钟等成绩甚佳。

7月22日　聘乌训卿为驻厂医师，专应急诊。

7月27日　新课程标准小学及中学教科书完全出版，今呈准市教育局通令各校分别采用。

7月31日　陆费逵赴青岛、北平、天津，半休息半视察。外出期间一切事务由各处所办理，重要者由联席会议决之。各处所主要职员：编辑所舒新城、张相；印刷所王瑾士、沈鲁玉；总店王酌清、薛季安；总办事处路锡三、陆费叔辰、武佛航。

是月　"小学各科副课本"发售预约。就学校正课本有关的各方面作知识的补充与教学指导，共300册。分初、中、高三级各100册。吕伯攸、施仁夫、赵欲仁分别主编。至1936年出齐。

8月1日　政府通令全国自今日起实施儿童年。我局举办：（一）广播儿童节目，假交通部上海电台，请西城小学女教师陆振亚每日下午6时起播出半小时，并解答各种问题；（二）儿童书八折优惠两个月。

8月10日　开封分局协议解约（原由文会山房代办挂牌），收回自办，派郭农山前往筹备，以原商务汴分馆营业主任宋自立为批发主任，开始营业。
　　汕头分局特约取消，另觅新址（至平路转角永平路）自设分局，即可开业。

9月　设立职员训练所，以舒新城、王瑾士、王酌清、薛季安、武佛航等组成委员会，主要由武佛航负责。招考学员30人，学期一年，前半年全日上课，后半年白天派往各部实习，晚间上课。不收学费，供膳宿，月考视成绩给奖金4—12元，或令退学。12月下旬又招考一期。同时设夜课，训练在职员生。编辑所派往任课者有赵懿翔、周伯棣、蒋镜芙、吴志抱等；也聘局外人士讲课。该所至1936年10月结束。

10月　今秋各省水灾,总经理及全体职工捐赈共1500余元,公司捐赈2000元。

11月1日　渝局寄来吴安荣赴筑(贵阳)调查文通书局的报告。

12月23日　通告各分局,一为营业竞争,二为活动资金,三为时局不好,用"新厂建成纪念"名义,全国各地同时举行廉价两个月,自1936年1月6日起,至3月5日止。

12月26日　总经理通知:现在时局不好,收入殊难预计,外汇复有看缩之势。编辑所、印刷所及总店将已定编之书及定货等,即造表送会计部,以便预算或酌量预备外汇。普通定货及约编书均暂停。俟阴历正月看大局情形、收入状况、存货数目,再定进行方针(当时约稿有百余种,需稿费6.3万余元)。

12月28日　总办事处、编辑所、印刷所正式迁入澳门路477号新厂址,分局部和邮寄、货栈及印刷所一部分暂留老厂。新厂占地约12亩,建有钢骨水泥结构厂房四层楼5幢,平房1幢,总面积23万平方英尺。其中楼房3幢为印刷车间,1幢为纸型图版仓库,1幢为办公楼。办公楼底层为印刷所管理部门,二楼为总办事处,三楼为编辑所,四楼为图书馆;平房为锅炉房及浇版车间。造价35万余元,基地1933年购进为22万余元。

　　老厂基地买主因市面不佳,一时不拟经营,以廉价租与本公司。爰将分散各处之分栈、装订作坊等并入。印钞车间仍留老厂。

　　徐悲鸿特画巨幅奔马,题曰"日进无疆",以贺中华书局新厦建成。

是年　上海市部分编辑出版单位15个及个人沈西苓等200人,发起推行"手头字"(即手写简体字),先选常用字300个作为第一期推广字,以后再逐渐增加,直到手头字和印刷体一样为止。我局作为单位参加发起者有:《小朋友》社、《小朋友画报》社、《中华教育界》社、《新中华》杂志社;个人参加者有:吴廉铭、吴翰云、金兆梓、周伯棣、姚绍华、倪文宙、陆衣言、张梦麟、许达年、舒新城、葛绥成等。

是年　自建广州、杭州及衡阳分局新屋先后落成。

是年　出版图书较多,除前述丛书、文库及若干大部头书外,有"农业丛书"《制丝学》、《农业推广》等,陆续出有20余种。"化学工业小丛书"《牙粉与牙膏》、《电木与电玉》等5种。

　　地理和游记有《中国地理新志》、《近代地理发现史》、《世界文化地理》、《世界人生地理》、《南洋三月记》、《广西旅行记》、《台游追记》、《中国十大名城游记》等。

经济方面有金国宝《中国经济问题之研究》，章乃器等《中国经济恐慌与经济改造》，孙俍工译《中国经济学史》，郭大力译《生产过剩与恐慌》。

康有为《大同书》首次出版。其他较重要的书有张军光《中国社会发展史纲》，赵师震《近世内科学》，刘海粟编《晋唐宋元明清名画大观》（全4册）、《十九世纪法兰西的美术》、《世界裸体美术》三集等。

1936年

1月7日　要求各分局扩大销售书籍,亏本在所不计。所发通启有云:"同业竞争已达极点,总局销售之毛利不及开销,幸年来仪器及印刷发达,略可补助。分局亦当仰体此意,力求地盘之扩张,亏折所不计也。"

是日　皖局经理王献廷调沪另有任用,派书栈课邹蓉僧代理。

1月21日　我局代印桂省辅币券。

1月31日　总办事处迁入新厂后,组织略有变更,分部如下:(一)总务部,仍由理事路锡三兼部长,庶务课并入。分局营业事务划归发行所。(二)造货部(即原出版部),下设广告课(推广部广告事务并入),理事陆费叔辰兼部长。初版事务划归编辑所。(三)账务部,统计、稽核等课并入,理事武佛航兼部长。(四)会计部。(五)承印部。均仍在总店。编、印两所照旧。

总店改发行所,专管营业,王酌清、薛季安分任正副所长。分部:(一)发行部,王酌清兼部长,设分局、批发、门市、定书、清账等课;(二)事务部,薛季安兼部长,设进货、分栈、庶务、收发等课;(三)秘书处,主任赵侣青,设文书、推广、统计等课;(四)供应部,部长蔡同庆,设支配、存货、发货、邮寄等课。

是月　梁启超著作《饮冰室合集》开始出版,林宰平编。计文集16册,专集24册,共770余万字,4月份出齐。比1926年版《饮冰室文集》多出文150篇、专集63种。文集附诗词、题跋、寿序、祭文、墓志等;专集附门人笔记若干种。其后陆续发行单行本30余种。

3月18日　陆费逵去中央银行晤见孔祥熙,确定印钞业务。我局设计之图样尚须稍改,加印凹版两套,损失近10万元,但此后之承印权当无问题。

是月　编辑所设立(近现代)史料整理组,承接编目社的任务,由姚绍华负责,并调原编目社管思九、吴中伯等加入。其任务:(一)编目剪报供编辑所参考,(二)整理史料文库供一般人参考。计划在年内发售预约,拟出版史料40册、文库30册。前后积有卡片数万张,此项工作至"八一三"停顿。

是月　收买群益书局4种书的版权：周作人《艺术与生活》、《域外小说集》，刘复《四声实验录》、《中国文法》，价1100元。

4月4日　董事会通过议案三项：(一)财政部长孔祥熙指令本公司与中央、中国、交通三银行合组钞票公司事，由总经理全权与之协商，但订立合同或订立章程，须经董事会议通过；(二)总经理增加薪水每月100元；(三)此后印刷大宗特别营业在10万元以上者，提1%—2%，以一部分作公益金，一部分奖励总经理、印刷所长(非印刷所承接者略少)、经手人、高等技师。支配款项在1000元以下者，由总经理决定；超过1000元者开单由董事会议通过。分局承揽大批印刷营业，照旧提10%或5%给分局。

4月22日　商定以4000元收买文艺书局出版的图书版权连同存书40种，有孙孟涛《莎菲的爱》、张资平《天孙之女》、郭沫若译《战争与和平》、钱杏邨《安得烈夫评传》等。

是月　《辞海》上下册发售预约。本书印本包括：甲乙两种16开本，分别用圣书纸、道林纸印，定价为24及20元。丙丁两种32开缩印本，同样用两种纸印，定价为12及10元。预约售出3万余部。本年11月出上册，翌年6月出下册。1938年又印32开次道林纸本称戊种，定价6.5元。丙丁戊三种缩本于1941年印有25开报纸本。1944年，在赣州印有江西土纸本一种。

主编徐元诰、舒新城、沈颐、张相。书前有黎锦熙序、陆费逵撰编印缘起，有林森、吴敬恒、陈立夫题词及蔡元培的长篇题词。

全书收单字1.3万余，复词10余万条，逾800万字。旧辞以应用为主，采集新辞占1/3以上，用新式标点、专名线，引书注篇名。

　　《辞海编印缘起》云："1915年秋，《中华大字典》既杀青，徐元诰欲续编大词典，编辑所长范源廉丞赞成之，商讨体例，从事进行，定名'辞海'。越明年，共和再造，徐、范皆任公职去，事遂搁置。旋徐虽倦游归来，重理故业，然仍屡任公职，时作时辍，至1927年，复任最高法院去，乃由舒新城继其事。1930年，舒改任编辑所长，乃由张相、沈颐董之。而张任编辑所副所长，实沈主持之力为最。刘范猷、罗伯诚、华文祺、陈润泉、周颂棣、胡君复、朱起凤、徐嗣同、金寒英、邹今适、常殿恺、周云青分任其事，其他先后从事者百数十人。复经黎锦熙、彭世芳、徐凌霄、周宪文、武堉幹、王祖廉、金兆梓、陆费执等校阅，亘时二十年之久。"

　　陆费逵称此书所以费时而难成的原因：(一)选辞之难。旧辞采集尚易，然判断其孰为死辞而删之，则大费周章。新辞不但搜集困难，而舶来名辞译音译义，重复冲突，决定取舍亦甚困难。更有同一辞新旧异解，彼此异用，不能不兼筹并顾。而地名之更改或添置，事类之新出或变迁，尤不能不随时增订，故常有已选之辞，不数月而改删，已定之稿不一年而屡易。成稿三十余万条，并修改重复计之，不下五十万条，今仅留十万有奇，无异披沙拣金。(二)解释之难。旧时注疏以及字书类书之属，仅罗列诸家之说，少折衷归纳之言，学者翻检，有无所适从之感。今于群言庞杂之中，必一一分别异同，归纳类似，故一条辞目之编成定稿，往往翻检群书至数十种，而所得仅数字之定义，或数十百字之说明而已。又如同一辞目，而兼含新旧各科之义者，甲撰一条，乙撰一条，丙丁各撰一条，必合数人之稿归纳为一，或综合解释，或分项标明，去其重复，合其异同，始获定稿。(三)引书篇名之困难。辞目之采自字书类书者，多仅举书名，常有引用某书而某书竟无此句者，仍复查对原书加注篇名，费时甚多，然不致再沿前人之讹。(四)标点之难。古书多无标点，其文难于句读者，千百年无定案，现用新式标点加以确定，往往讨论二三句之点号，至费二三人竟日之功。比旧法断句，其难易不可以道里计。(五)校印之难。一般书印刷所、编辑所各校三次，此书印刷所校五次，编辑所校至十次。共用铜模一万六千个，临时仍须有雕刻者。其缕述困难之原因，则谓"对后之编辞典者聊效前驱"之意。

是月 本局编印的5种期刊，向内政部依例登记：《新中华》、《中华教育界》发行人倪文宙，初高级《中华英文周报》发行人桂绍盱，《小朋友》发行人吴翰云，《小朋友画报》发行人沈子丞。

5月2日 《新中华》杂志社由舒新城、倪文宙在新亚酒楼约请作者交换意见，杨东莼、周予同、郭一岑、张宗麟、钱亦石、王造时等出席。

5月5日 滇局经理赵子艺调任太原分局经理，调芜局代经理杨世华接任，由五区监理郑健庐去昆明监交。港局经理由郑华基暂代。

是月 招考缮校员、账务员、学习员、练习生共30人，报名者1700余人，经挑选后参加初试者320余人。

是月 香港分厂开始承印中央银行钞券。此前，港厂曾承印粤桂两省地方银行辅币券。由沪厂运去电镀、凹版、零件等有关技术设备。至1941年12月太平洋战事爆发，港厂共承印中央银行钞券21批，累计营业额2800余万元。

6月1日 沈阳分局改称"沈阳文明书局"。

6月10日　西安特约分局(双记)解约,郭农山于4月间前往筹备自办,今派高星桥、吴子华任正副经理。

6月23日　订定视察分局简章十四条通告施行。规定视察员往分局视察时,分局供给食宿,应即住分局内。视察内容包括银钱存数、账欠、销号,抽查书刊存数四五十种,当地状况及营业情形、物价、开支等。视察一处以三至六星期为度,应作出书面报告,必要时派上级职员复查。视察员于三年内不得去该分局任事,不得干涉其用人行政及营业等事。分局不得以礼物馈送视察员。视察员如有不规行动,分局经理应报告总局。

7月1日　为续编人事调查表,分发各部门空白表格,计印刷所600份,发行所200份,编辑所160份,总办事处90份,共计1050份(当时我局在上海的职工人数大约近于此数)。

是月　教育部颁布《修正小学课程标准》。我局开始出版适用的小学及初、高中教科书,连同教学法计初小用13种104册,高小用23种88册,初中用22种70册,高中用22种56册。年内即出齐。

是月　我局图书馆成立于1916年,1930年以前藏书不及10万册,现有20万册。其中中文书约16万册,西文书约1.5万册,东文书约1.3万册,杂志汇订本约1万册,日报汇订本2000余册。

是月　总经理陆费逵重任上海市书业同业公会主席。

8月　编辑所钱歌川请假去英国进修,公司资助旅费,按月发给工资作为家属生活费用。舒新城又函请蔡元培转请教育部给予补助500元。

9月2日　我局与商务、世界、大东、开明五家各派1人组成“承印部编音乐教材联合办事处”,签订“乐教合同”。小学音乐教材教育部指定由商务、中华承印,印数平均分配,发行人、印刷者由两家具名;中学音乐教材由商务、中华、世界、开明四家承印并具名。印成后摊受比例为:商务4/11,中华3/11,世界2.5/11,大东、开明各0.75/11。

后于10月间又签订“民教合同”、“义教合同”各1份。前者是本局与商务、世界、正中、大东、开明、北新七家承印部编民校课本的合同,其权利义务分配比例:商务30%,中华22.5%,世界20.5%,正中12%,大东、开明、北新各5%;后者是本局与商务、世界、正中四家承印部编短期小学课本的合同,其权利义务分配比例:商务2/6,中华1.6/6,世界1.4/6,正中1/6。

10月9日　陆费逵致函舒新城："以后各杂志每期须介绍本版：《新中华》介绍政治、经济、文学书，《小朋友》介绍儿童书，《教育界》介绍教育书，《英文周报》介绍英文书。除编辑人自行起草外，可由原编校人拟稿选登。"

10月22日　与商务、世界、正中、大东、开明协商签订六家营业新契约，主要对销售教科书中的折扣及同行回佣数额加以规定。如部编教科书付给回佣不依各家资本大小区别，一律定为每百元本埠15元、外埠20元为最高额；对教育机关或图书馆募捐的金钱或书籍，须于3日内互相通知，此项数额，商务不得过5000元，中华4000元，世界3000元，其他三家各2000元；学术团体开会不赠送书物，有公宴之必要者联合办理；廉价发售新旧书的品种、折扣、期限，都有具体规定。

11月16—18日　在发行所召开监理会议，出席者有监理周支山、郭农山、郑健庐、胡浚泉(李秋帆代)，总办事处及发行所、编辑所参加者有王酌清、蔡同庆、薛季安、赵侣青、赵亮伯、王竹亭、舒新城、武佛航、陆费叔辰、路锡三等。讨论实施公会业规及六家新契约之外，决定分局扩大栈房，备非常时期储存新版教科书；增强文仪业务，分局派员来总局实习；在港厂设文仪分栈等。

11月28日　在汉口召开长江区分局经理会议，讨论推销书籍，加强分局核算，以及向总局的建议等问题。由监理郭农山召集，参加者长沙、南昌、常德、汉口、成都、九江等地分局经理沈松茂、李仲谋、罗利臣、陈仲祥、徐铭堂、王伯城等。

12月1日　在港厂召开五区分局经理会议，由监理郑子健召集，梧局张汉文、汕局徐孟霖、厦局严慎之、闽局荀潜、粤局郑子展、港局郑华基和杨丙吉等参加。讨论书籍文仪进发货及回佣等业务改进问题。文仪外货，由港分发华南各分局，国货仍由沪直接装运。

12月27日　召开临时股东会议，决议增加资本200万元，连原有200万元合成资本总额为400万元。每股仍为50元，共计8万股。所增4万股，老股东每5股可以认附4股（将各种应分派之盈余、分局公积及提回部分固定资产过去折旧之过多者抵充，并不补交现金），计3.2万股；余8000股公募。

12月30日　通告同人子女进特约小学就学优待办法。

　　通告说："本公司从前办有中华小学校，便利同人子女就学，后来因事停办，中间屡欲恢复, 终以校舍无着、主持乏人而未克实现。今与国华小学商定, 以该校为本公司特约小学。"本局同人子女入该校办法: (一)月薪不满30元者, 学费全部由公司津贴。(二)30元以上不满50元者, 津贴3/4。(三)50元以上者津贴1/2。(四)在校肄业期内所用本局之教科书, 概由公司供给。(五)以本人子女为限, 如父母已去世, 学龄期内之弟妹亦可享受, 但以2人为限。(六)欲享此项待遇者, 开学前半个月申请, 并觅成年同事一人保证(保证与第五条符合, 如冒充照津贴数五倍赔偿)。(七)小学六年内只得留级二次, 且不得二次连续, 不得改名, 有不守校规被令退学者, 均取消优待。

是年　开封分局设立许昌、南阳两支局, 汉口分局设立沙市支局, 杭州分局设立金华支局。

是年　下半年添置印刷机械百余万元, 主要为印钞券用凹凸版大电机及附属设备。此后印钞可与英德两国媲美, 称亚洲第一。

是年　为推行国音注音字母, 特制仿宋长体注音汉字铜模, 铸造完成。

是年　中华教育用具制造厂主要产品发展到10余类, 理化博物实验器械2000余种, 人体生理病理模型300余种, 动植矿物标本模型七八千种, 工艺制造顺序标本90余种, 显微镜玻璃片标本六七百种。本年又制造变压器、整流器、气压计和无线电收音机。在上年获得专利的月日星期时辰钟的基础上, 更发明八用日历台钟。

是年　编辑所于四楼设科学实验室, 与图书馆毗邻, 备有理化普通实验仪器及博物标本全套。

是年　本公司变更会计年度, 更因会计科目新旧不同, 故本年分两次结账:
(一)第二十五届, 即1935年7月至1936年6月, 总营业额(收现数)819万余元, 比上届增74%强, 为前所未有。其中总分店600余万元, 印刷所215万余元。盈余24.7万余, 仅增21%, 究其原因: (1)今年1、2月新厂建成纪念对折售书, 版权自有者仅敷成本, 共有者尚须亏折。(2)承印中央银行钞券数目虽大, 因与外商竞争, 印价低廉, 利益甚薄。(3)理化仪器、标本模型、多功用时钟等, 事属创新, 研究设备所费不赀, 尚不能获利。
(二)本年7月至12月营业总额, 包括账欠在内为532万元, 盈余15万余元, 与上届大致相仿。

是年　本公司已成立25年，同人醵资建碑，纪念陆费逵任总经理25周年，碑文由唐驼书写，用一人多高的铜版镌刻，镶嵌在新厂办公楼入口处墙上。

碑文摘录：

中华书局成立于民国元年元旦，迄今二十五年，上海澳门路新厂同时建成，美轮美奂，气象一新。回溯二十五年中，营业屡经挫折，支持艰巨，危而复安，始终独当其冲者，陆费伯鸿先生也。先生创办中华书局被任为总经理，迄今亦二十五年，自奉薄，责己厚，知人明，任事专，智察千里而外，虑用百年之远。有大疑难，当机立断，方针既定，萃全力以赴之，必贯彻而后已。……同人等服务书局有年，书局之进展，先生之劳苦，目睹耳闻，皆所甚审。因于庆祝二十五周之际，摘辞而镌之碑，留为纪念，便览观焉。中华民国二十五年双十节，中华书局总公司、各分局同人谨识。唐驼书。

是年　出书较多，主要有：

"大学用书"如林和成编《中国农业金融》，黄缘芳译《代数方程式论》，常导之《各国教育制度》，郭大力译《经济学理论》、《郎格唯物论史》，吴虞《因名学》，向达译《斯坦因西域考古记》等25种。

地方史料有上海通志社等编的"上海掌故丛书"14种，"上海博物馆丛书"5种，《上海研究资料》、《民国廿五年上海市年鉴》等。"都市地理小丛书"已出南京、北平、杭州、济南、西京、青岛、广州等7种。

教育方面有舒新城《近代中国教育史稿选存》，艾伟《教育心理学论丛》，曹刍《小学教育的理论与实际》，张耿西《小学公民训练的理论与实际》等。

经济方面有郭大力、王亚南译《国富论》、《经济学及赋税之原理》，王澹如《企业组织》，王亚南《现代世界经济概论》，周伯棣《国际经济概论》，陈绶荪等《欧洲经济史纲》，胡雪译《中国资本主义发达史》。

国学方面有钱基博《经学通论》；本局辑注的一套"中国文学精华丛书"，新式标点，共68种80册，至1937年5月出齐；《四部备要书目提要》等。

其他有蒋士铨原著、卢冀野校订《鸿雪楼逸稿》(杂剧三种)，刘海粟编《欧洲名画大观》活页装五册等。

1937年

1月4日　总经理通知，发行所分为2部：上海发行部，仍由赵亮伯代理部长，主管门市、批发、函购、定书等事；分局发行部，由郭农山任部长，主管分局发行事宜，制定大纲六条，包括考核分局营业状况、备货、核算，以及用人和会商各方之间的关系等。

1月20日　在报上刊登紧要声明：自办分局30处，支局6处，均不许在外赊欠银货，钱庄银行往来另有规定办法。领牌之分局均加记为别，所有银钱往来及一切契约行为均与本公司无涉。列举自办分局30处为：南京、徐州、安庆、芜湖、九江、南昌、汉口、长沙、衡州、常德、成都、重庆、兰州、太原、西安、北平、张家口、天津、邢台、沈阳、杭州、福州、厦门、广州、汕头、香港、梧州、昆明、贵阳、新加坡。支局6处为：保定、南阳、许昌、沙市、武昌、金华。

1月22日　核定晋、衡、湘、京、赣、闽、邢、徐、粤、平、杭、胶12处分支局自有地产房产应向总局缴纳的1936年7—12月租金，分别自14850元至7033元不等。

是月　与贵阳文通书局结束特约关系，自设贵阳分局于三山路3号，经理吴安荣。

是月　编辑所副所长张相年满60，因病辞退，由金兆梓继任。公司仍请其留所指导，保留原薪，有病不到，不扣薪。

2月10日　沈阳分局停止营业。

2月28日　第二十六次股东常会选举董事11人：高欣木、孔祥熙、吴镜渊、李叔明、陆费逵、唐绍仪、舒新城、汪伯奇、王志莘、沈乐康、胡懋昭；监察2人：徐士渊、黄景范。其后，抗日战争开始，到1948年3月重开股东会时才行改选。在此期间有陆费逵、唐绍仪、吴镜渊、胡懋昭先后出缺，由次多数路锡三、陆费叔辰、王瑾士、丁辅之依次递补。

是月　招考账务员、练习生数人。

3月15日　增资200万元中公开招募的8000股（40万元）已足额，即日起至31日向总店会计部缴款取据，以后再换取股票。本公司股票面额分一股、五股、十股、二十股、一百股五种。

4月   《少年周报》创刊,每星期四出版,潘予且主编。与《小朋友》衔接,内容有修养、常识、时事、文学、艺术、技能等。年底因战事停刊。

是月   九江分局在景德镇前街迎瑞弄口设立支局。

是月   《出版月刊》创刊。

5月   统计历年出版图书约4000余种1万余册。其中所出各种丛书,包括《四部备要》、袖珍古书读本、中国文学精华、学生文库等共计96种,分类统计:总类11种;哲学3种;教育科学10种;社会科学12种;艺术4种;自然科学5种;应用科学12种;语文学5种;文学28种;史地6种。

6月   陆费逵发起制造防毒面具及药品、药罐、桅灯、登陆艇等,供应军需民用。初拟利用中华教育用具制造厂的仪器设备,后决定另组保安实业公司,先以3万元作试制面具资本,计划日出500具。该公司旋移设香港。

7月   陆费逵上庐山参加蒋介石召开的谈话会。

8月   "七七"事变后,日军南侵,"八一三"沪战继起。陆费逵认为战事一有迁延,必将波及沿海沿江工商区域,告诫员工及时准备,应付时艰,先将应造之货限期完成,分运各处,以免日后货源枯竭。

是月   上海书业公会劝募救国捐,我局认捐5万元。

9月1日   对于总分局同人薪工,董事会决议:同业于8月16日起减折发薪,本公司则书籍、印刷尚有一部分营业,目前尚可维持,故暂不减折。惟特别办法与普通商业习惯不同者,一律废止,如总局同人每月升工2天、年底升工25天、星期日半天作全天等。

是月   保定于25日沦陷,分局人员先于19日离保定去邢台分局,旋与邢局同人同转许昌分局,暂支半薪。至下年初分别北返。

是月   将上海赶印的大量教科书及各种参考书,雇帆船运到镇江,再从长江航运汉口,先后有四五千箱,或遭敌机轰炸,或滞留沿江各埠,颇有损失。一面海运宁波,利用浙赣铁路尚通之际,邮寄南昌四磅邮包共20多万包,供应内地需要。

11月2日　初步决定拟将总办事处移往昆明。上海改为驻沪办事处，委由舒新城代拆代行。

11月6日　陆费逵去香港，同去者有蔡同庆、徐仲涵等，筹设香港办事处，主持总办事处的迁移与香港分厂以及南方各分局的业务。按：总办事处始终未迁昆明，因总经理驻港，即在香港指挥一切。原上海总办事处部分日常事务，由驻沪办事处办理。

公司在港积极印制教科图书，连同文仪等货分运广州、汉口。并利用尚可通行的路线经广州湾、海防、西贡、仰光等港口，分别运往广西、云南，供应内地各省。内运书货，战时交通困难，或达或不达，损失不少，但各地分局勉能供应。

是月　杭州分局撤往金华支店。

是月　原有7种杂志，因"八一三"日军侵沪，纸张被毁不少，幸存者亦难取用，以致暂行停刊。现就存纸情况，《中华英文周报》、《少年周报》、《小朋友》3种先行复刊，两期合并一期。《新中华》、《中华教育界》、《小朋友画报》、《出版月刊》4种仍暂停刊。

12月31日　宣布编辑、印刷两所停办。编辑所各部酌留保管员一二人，共二十四五人，平均七折支薪。不留用者发给维持费六个月，照薪工六折计算。在报上刊登人事紧缩启事，自1938年1月1日起实行。

"七七"事变后，原在老厂的印钞设备，主要有大电机5台(1台已安装未及试用)、小电机100多台，开始陆续拆运港厂。嗣后承接的各种有价证券，均在港厂印制。

是年　出版有"非常时期丛书"32种，中国新论社雷震、马宗荣等编，包括非常时期之经济、金融、交通、地方行政、外交、国防、社会政策，以及非常时期之教师、农民、工人、妇女、报纸等各册。

"现代经济丛书"有《工业经济概论》、《国民经济建设精义》、《中国人口与粮食问题》等，年内已出10种。《经济学辞典》，周宪文主编，收辞目6000余条，200余万字，执笔者千家驹、王渔村等30人。《外交大辞典》，外交学会王卓然、刘达人主编，收辞目2100余条。

其他有金兆丰《中国通史》，蒋维乔等《吕氏春秋汇校》，阿英《弹词小说评考》。

"现代文学丛刊"到本年已出至50余种。

自编的《近代十大家尺牍》，收曾国藩、俞曲园、吴挚甫、王益吾、王壬秋、樊樊山、康有为、林畏庐、梁启超、章太炎等10人书简。

1938年

1月4日　在中共地下党组织领导下，印刷厂工人召开全体大会，成立"同人会"，选出江铭生、刘绪槐等五名工人组成主席团，向资方提出增发维持费、调往香港和内地工作等六项具体要求。至6月间，经法院调解，资方同意除支付解雇费两个月薪工外，发给维持费由六个月加至九个半月。

1月7日　分局发行部部长郭农山自沪绕道香港抵汉，设立分局发行部汉口办事处，主持港沪两地大量发往汉口书货的转运，以及西南、西北、湘、鄂各地的分局事务。

当时长江区各分局所在地，或已沦陷，或已疏散，分局大多停业，货物尽量迁往安全地区，人员分别遣散转移。

1月17日　港处通函各分局：公司业务照常进行。缘1月2日上海电讯讹传中华书局突然停业，总经理随即在港发表谈话，向社会各界说明沪战以后不得不采取裁员减薪的经过，以及上海总店照常营业、香港分厂照常开工、非战区各分局备货充足的情况。

是月　广州分局于12日由粤汉路转运汉口办事处书货2100余件，中途被炸，损失872包。另有汉口办事处先后三次转运重庆分局书货，搁置宜昌，无轮船装运。由渝局派人前往雇民船起运，途经万县时一船沉没，装书500余包，又派员去万县雇工摊晒，损失四成。

3月10日　梧州分局在桂林设立支店，以樊振秋为主任。

3月11日　董事会通告暂缓召开股东常会。上年战事发生以来，总店总厂虽未受直接损失，但各分局生财存货损失之数尚不能确知，放出账欠究竟损失几何亦无从计算，故1937年份决算无从下手。因此董事会议决，二十七次股东常会暂缓召集，俟时局转机，交通恢复，再办1937年决算并召集股东会议。

3月14日　港厂因与工人在1月间所签"永久临时短工契约"意见分歧，关闭厂门停止工作。经广东省政府调解，至5月10日复工。

5月2日　教育部普通教育司发来马来西亚禁书目录，其中我局出版中小学、师范教科书包括教学法,被禁用者28种,为被禁最多的一家。

5月18日 广州分局第二次由粤汉路发货410包45箱运抵汉口,转发川、黔、豫、陕、甘等地分局。

是月 厦门沦陷,闽局于南平、永安分设支店,批发设南平。

是月 中共在港厂建立支部,夏国钧(子明)任书记,成员有朱复(亚民)、浦润泉(严敏)等。同时,香港印刷业工会中华书局香港分厂工会正式成立挂牌。

6月25日 订定分发1936年底止特别花红办法。发放范围除分局外,以1936年12月31日在职职工服务满6个月并曾派得上届花红者为限;以前几届所得花红乘以服务年限为基本分数,每一基本分数派给法币8角,印刷所工友原花红较少,分数加倍计算;定7月5日开始发给;超过200元者发给存折,自7月1日起息。

是月 天津分局经理臧殿宸逝世。邢台分局关张,经理于梦武调任津局经理;交际李旭昇调任成局副经理,月薪50元。调郑容熙为黔局内账,月薪26元。

是月 陆费逵被聘为国民参政会参政员。

7月1日 原上海总办事处改为驻沪办事处,总店改称上海发行所,会计部改称会计课,今起实行。无对外关系各部课暂时不改。驻沪办事处在老厂办公,由在沪理事路锡三、陆费叔辰、武佛航主持,路为主要负责人。

7月7日 分局发行部汉口办事处主任郭农山调往成都,主任由汉局经理徐秀成兼代,继续办理转运川、陕、豫、甘各分局书货。

是月 开封沦陷。汴局先后迁往许昌及南阳支局。

是月 印刷厂工人成立复工委员会,经过反复谈判,劳资双方达成三项协定:(一)港厂待机器运到后调用180—200人;(二)沪厂迅速恢复工作,可复工100—200人;(三)在广西建立西南新厂。10月间,根据协定办法,经抽签决定,180人去港厂,180人进永宁厂复工,另有十余人往柳州开办小印刷厂。

9月初　我局与商务、开明、世界、生活等十余家书店联合具文吁请有关当局撤销政府于7月发布的《战时图书杂志原稿审查办法》。后由参政员邹韬奋在11月底举行的第二次参政会上提出"撤销图书杂志原稿审查办法,以充分反映舆论及保障出版自由"的议案。

9月12日　本公司因上年战事所受之损失,如虹口洋栈未提纸张1万余令被毁,运输途中被炸货物1000余箱,中华教育用具制造厂被焚,此三者有数可稽计值50余万元。而分局存货生财损失,因交通阻滞,迄未详悉。总分局放出账欠在战区者百万元以上,将来能否收回无从估计。是以1937年决算至今不能办理,因决定在特别公积项下借拨12万元垫发股利3厘。

9月19日　调成都分局经理李秋帆任总局会计部出纳课课长,成局经理暂由分局部部长郭农山代理。调安庆分局经理邵咏笙为汕头分局副经理。

10月26日　武汉沦陷。汉口分局人员书货于24日前陆续运出。

是月　上海总厂改挂"美商永宁公司"招牌。陆费逵与恒丰洋行经理美籍A.F.沃德生商妥,向美国注册作为掩护,以避免日方胁迫破坏。名义资本国币100万元,洋股占51%,由沃等代表;华股占49%,由本公司董事吴镜渊、汪伯奇代表。实际沃等并未出资,因此将所有洋股由代表人签具信托书,连同股票留存本公司。"合资"的永宁公司,由沃德生任经理,沈鲁玉、王凌汉任副经理,沃的弟弟小沃德生任会计主任,希腊人海力生为营业主任。原沪厂职工抽签留沪的180多人回厂,于10月16日开工,恢复营业。以印本版图书为主。1939年秋季以后,印过几批中央银行辅币券。

是月　印刷所长王瑾士调任香港厂监督。
编辑所仅留少数人员维持,移至老厂办公。
原公司创办人沈颐未能复职。沈于公司初创期间颇著劳绩,1917年后在教育部服务期内,为公司尽力尤多,特自本月16日起仍致送半薪,每月120元。

11月　广州分局在广州湾赤坎设立批发部。又派邹耀华等去广州湾支店办理港厂发货转运事务。
自11月中旬长沙大火后,湘局设办事处于邵阳,从事中小学教科书的印制与批发业务。

12月6日　港厂凹版课两名工人因口角被厂方解雇;同时,加印课将污损钞票事故的责任全部加诸工人,予以重罚,工会向监督提出意见,发生争执。第二天厂方宣布休业4天,向港府华民司投诉。工会于9日发表声明,表明在抗日高于一切的今天,愿以最大忍耐,诚心诚意与厂方合作,为抗战救国奋斗到底。4天期满,厂方又延长休业一周。全厂工人乃向国民党中央及行政院有关部委发去"导报",报告详细经过情况,请求早日解决。15日,厂方又通告开除凹版、加印两课工人69名,目的在破坏工会组织。工会发表《告全国同胞书》、《告国民政府书》。到19日休业期满,工人在厂召开大会,推出代表,要求收回开除69人成命,厂方拒见。工人们于是"绝食待命",参加者近千人,生产全部停顿。3天后,在华民司、劳工司的调解下,双方订立协定,厂方收回解雇69人的成命,并承认工会组织。绝食斗争历时4天3夜计84小时,于23日复工。

1939年

1月5日　总经理提议经董事会决议：自本月份起，上海员工月薪在31元以上者，恢复1937年12月份的原薪，不再折扣。将来公司十分困难时，另定办法。

1月13日　任蔡同庆为供应部长，华弼丞为承印部长。

1月16日　昆明西南办事处筹备处郭农山拟购卡车6辆及港处需款，函渝局调汇10万元。郭于23日去海防购车及办理进口手续。

上年10月广州、汉口相继沦陷，货运困难，乃决定自办运输。本年初，派郭农山去越南、缅甸联系进口书货及购买卡车等，还算顺利，遂决定在昆明设立西南办事处。自置卡车6辆，其后添至10余辆，负责转运来自香港办事处经海防、西贡、仰光等地的转口书货。这些发往滇、黔、川、鄂、陕、甘等省分局的书籍文仪到昆明后，一路经贵阳转重庆，由汽车运载；一路以驮运至四川泸州，再水运重庆。然后分运成都、西安、兰州以及恩施、南阳等分局应销。

2月　永安大火，福州分局永安支店店屋被毁。

3月17日　南昌分局驻吉安办事处被日机炸毁。

4月10日　陆费逵函路锡三云：(一)香港分局经理由监理郑子健兼任。监理薪水原由总局支国币，现改为半由港局支港币，半由总局支国币，房租津贴全由港局开支。(二)已沦陷的汉口、安庆、九江、南京、杭州等地分局，决定暂不复业。

6月1日　西南办事处经三个月筹备，正式开始办公。地址在昆明巡津街苃瓜塘18号。主任郭农山，副主任杨世华、王伯城。

6月2日　南阳危急，分局除派人留守外，迁镇平县办公，书货疏散内乡。

是月　汕头沦陷，经理蔡名焯改任惠阳转运处主任，转运港发湘、粤各省书货。

8月7日　港厂解雇有关凹版印钞工人1162人，引起绝食。缘港厂承印中央银行辅币券，原用凹版印刷，央行以费用太高改为胶印，于是凹版工人无工可做。工人们成立了20人的非常委员会，在香港印刷工会领导下要求复工，发表《告国内外同胞书》，重庆《新华日报》转载并发表社论《保障战时劳工法援助中华书局失业工人》，还多次报道有关讯息。经半年多的谈判，其间代表朱申臣等13人被捕入狱、驱逐出境。到1940年2月达成协议，除发给解雇金薪工两个月外，资助去后方工作津贴港币72元，原自上海调来者，另给回沪川资港币20元。

8月25日　董事胡懋昭病逝于成都，由成局代送赙仪400元。

9月12日　港处发书一批运往广州湾支店，转经郁林去柳州，再由柳州将一部分运贵阳转重庆，另一部分运衡阳转邵阳等地分局。

9月13日　以陆费萱孙与液委会关系，获得批准特许进口汽油1万加仑。后由郭农山去海防洽购并办证件装运等手续。

10月17日　编辑所长舒新城复函陆费伯鸿同意再续约三年。

11月13日　邢局同人刘秉臣逝世，丧枢运费300元由分局出账，另送一年薪水。刘1923年进平局为柜友，月薪24元。

12月　港处第30次发货一批(280包)，轮运广州湾支局转郁林、柳州，再运贵阳。另有一批运西贡转昆明。

是年　出版郭沫若译托尔斯泰《战争与和平》，周宪文《世界经济学要义》第一卷，王抟今等译《世界经济机构总体系》上下册，周宋康译《新经济地理学》等。

1940年

1月　港处发西贡转滇货一批,由西处运往重庆等分局,计文具及教科书共5卡车。

2月6日　成都分局雅安支店被火焚毁,郭农山去渝协商,决定不再恢复。

4月上旬　陆费逵在渝出席国民参政会第一届第五次会议,提出改良国语教育案。向延安中山图书馆捐赠本版图书一批,由香港办事处分别在港沪两地配寄。港处配书于5月6日发运。至11月间,港沪两地配书陆续到渝,由渝局送新华日报社转去十八集团军办事处。

　　时重庆分局函港处云:奉总经理交下书单一份,并批:"此单系董必武先生交来,寄到渝局送曾家岩50号第十八集团军办事处。云在延安设图书馆,已允其作为捐赠。香港缺书,可函沪补寄渝。切勿忽略!"

4月　杭州分局经理陈光莹将沦陷时所存书货180余包及风琴20余台运回上海。

是月　派原汕局经理蔡名焯筹设曲江办事处,转运由港发往湘粤各省书货。

　　当时,港处发往后方各分局书货,或绕道海防、西贡到昆明,或由广州湾转郁林、柳州,或设法由惠阳转入。发往成、宛、许、秦、甘各分局书货,有三条路线:(1)广州湾—柳州—贵阳—重庆,(2)广州湾—柳州—衡阳—宜昌,(3)海防—昆明—贵阳—重庆。

6月　月初,徐秀成前往宜昌办理该地所存转运川、陕、豫、甘、鄂五省之书货,8日到宜,势已危急,因将全部书货2075件雇船运回衡阳。11日宜昌陷。

7月24日　汉口分局巴东办事处结束,有职员2人由西南办事处指调渝局工作。同年9月,在恩施设办事处。

是月　柳州有大批到货,西南办事处调车前往接运。时汽油奇缺,自有车辆又要到处设法请求免征军用,在滇渝、黔柳之间行驶,备见困难,因此在贵阳重庆之间,有时雇板车装运。

8月15日   衡阳分局门市房屋、书货于日机轰炸时烧毁。

9月   南阳分局经理翟仓陆请假半年,去河南贸易委员会任顾问,由郭翔佛代理。

11月   港处发货,试运澳门转肇庆去梧州,再由柳局设法转渝。
派周豫春去广元转运甘、秦、许、宛之货。从重庆水运广元约需40余日。

是年   出版新书127种,以文学史地类居多。印行清人选编的戏曲剧本集《缀白裘》全12册,严百益《郑冢古器图考》,林孟工译《成吉思汗帝国史》,卢文迪译《编年体外国史》,周谷城《中国政治史》,周振甫编《严复思想述评》等。"菊隐丛谈"开始出版,其后十余年间陆续出至25种,如《吴佩孚将军传》、《蒋百里先生传》、《六君子传》、《天亮前的孤岛》、《最后一年》等。葛绥成编《最新中外地名辞典》,附中国行政区域表、世界面积人口表、中西地名对照索引等。还有顾志坚译《日本经济地理》,王光祈译《西洋美术入门》等。

1941年

1月15日　港处派蔡同庆携带小学教科书纸型赴江西,设江西办事处(赣处)于吉安南昌分局,以分局经理李仲谋兼主任,负责办理就地印制、发运小学课本事宜。蔡与吉安新记合群印刷公司经理朱达之于1月20日签订第一批印书合同,百天内印制2250令纸225万册课本,以供应浙、闽、赣、邵、衡、常、沅、梅、曲等9处分局。8月10日签订数量相同的第二批印书合同,发往上述除邵之外的8处分局。1942年1月10日签订第三批合同,在190天内印足3720令338万册,发往浙、邵、衡、曲、渝、桂、赣等7处分局。至7月江西吃紧,合群厂准备西迁,赣处印书暂停。

1月18日　西南办事处自昆明迁贵阳,在贵阳分局办公,由项再青主持。

4月17日　原分局经理、四区监理程润之去世,送赙仪200元。

是月　郭农山去仰光,办理装运文具及添置车辆等。至11月底,将上海发交滇、筑、渝、成各分局的文具36吨运回昆明。

5月19日　1940年决算仍照前例缓办,垫发股利六厘,自6月2日起发给。并垫发同人花红奖金8万元。

7月9日　总经理陆费逵于上午8时30分在香港寓所因心脏病突发逝世。香港各界及本局留港同人于8月10日假孔圣堂开追悼会。会上由商务总经理王云五报告陆费逵生平,并称:

　　"伯鸿先生的成功,除了少年时期的奋斗以外,他的深远的眼光也是一种要素。辛亥革命爆发,他料到满清必被推翻,民国即将成立,便集合同志筹备新教科书以适合新的需要。于民国元年元旦创立中华书局,发行中华教科书,风行一时。""先生的优良性行,在这里也得提出:一、强毅——他在中华书局草创时期遭到不少困难,竟能坚持下去。二、前进——他遇事不甘后人。……三、专一——先生三十年来主持中华书局,一心一志,不他务他求,他外间应酬极少。从前外交部请他做官,也被婉谢。""商务和中华在经过剧烈的正当竞争后,彼此认识因之较深,渐转而为精诚的合作。在后几年间,我对于先生之诚恳态度的认识，也正如在以前对他所持的怀疑态度，简直是一样的程度。"

舒新城7月22日致函路锡三云："弟等十九日下午三时到港，当赴伯鸿先生寓，骤睹遗容，不禁痛哭失声。盖不独为个人痛失知己，为公司痛失领袖，且为国家社会痛失梁木也。"

国民政府于11月间明令褒扬："国民参政会参政员陆费逵，早岁倾心革命，卓然有所建树。其后从事出版事业，创立书局，编印文史，精勤擘划，对于文化界贡献殊多。近复设厂制造国防工业、教育器材，适应时代需求，裨益抗建，良非浅鲜。自被选任为参政员，远道参列，献替尤殷。兹闻因病溘逝，殊深悼惜！应予明令褒扬，用资矜式。此令。中华民国三十年十一月二十二日。"

7月23日　董事会议决："本公司陆费总经理因病出缺，总经理职务亟应遴选继任，兹决推李董事叔明兼任，并请即在港就职。"

本案由董事、监察沈陵范、高欣木、吴镜渊、汪伯奇、徐可亭五人提出。原提案云："（一）本公司总经理陆费伯鸿因病出缺，继任之人颇难其选，公司生产又重在港方，适李董事叔明在港服务官营事业，所有总经理遗缺，决推李董事兼任，就近在港接事。此后关于总公司及印刷部分之重要事件，仍由兼总经理商同本会决定。（二）总经理前后交递事宜，决推舒新城先生代为移交，并推王瑾士协同办理，仍将造就移交册籍送请监察人查核，以完手续。"

8月8日　李叔明继任本公司总经理，在驻港办事处就职。同日致舒新城函："弟因事留港，暂时不能返沪。伯鸿先生以前在上海方面之公司业务，对先生所为之各种委托，仍请继续负责代为处理。"

李叔明（1900—1973），江苏吴县人。13岁考入中华书局作练习生，两年后进编译所，勤奋进修，通英、法等语。1918年任意大利驻沪总领事梵氏秘书。后任杭州电厂总经理，兼浙江实业、四明等银行董事。1936年后任中央储蓄会经理、中国农民银行常务董事兼总经理，还兼中国银行及《申报》馆、《新闻报》馆董事。自1934年起为中华书局董事。1941年7月起兼中华书局总经理。1948年秋赴美。1949年9月被免除在本局的所有职务。

8月18日　李叔明致沪处函："二十九年（1940）度垫发花红国币8万元，总经理得一成，余九成总经理分派于各处所及分局同人，由董事会通过。伯鸿先生逝世前曾手订分派原则，贵处得10250元，除理事3人应派1250元，余请拟具派表寄下核定。"

8月19日　定李叔明总经理薪金每月法币400元，旅港生活费每月港币600元，汽车、住宅由本公司供给。并由董事会刻发牙质"中华书局有限公司总经理章"印章一颗，交总经理应用。

是日　董事会根据李叔明提议，决定对陆费逵的酬恤及纪念办法："(一)总经理之待遇继续至本年年底止。自明年起，对其遗属供给住宅及生活费，以10年为期。在期限内，如住港月支生活费港币400元；如住沪时，视当时币制情形另议。(二)其子女教育费概由公司担任至国内外大学研究院为止。其费用之付给，国内以寄宿学校、国外以官费为标准。(三)为纪念伯鸿先生起见：(1)每年由公司开支项下拨国币5000元为奖学金，(2)就现有图书馆加以扩充，改名'伯鸿图书馆'。关于奖学金及图书馆之办法，由总经理拟订之。"

11月12日　陆费平甫病逝沪寓，在局20余年，优给丧费1000元，抚恤俟董事会议定。遗职暂由方绎如兼代。

12月8日　清晨，太平洋战争爆发，港厂中弹两枚。当即决定将法币印版及已印成钞券销毁。印版销毁工作至11日上午竣事；下午敌兵占领厂房，钞券截角销毁工作已无法执行。本局在港厂房、货栈被日军侵占后，所有机器材料及账册文件等，全部落入敌手。港局因日军入侵后香港秩序混乱，完全停业。

是日　在上海，日军进占租界。翌日，本局各处、所及新厂(永宁公司)遭日军不断"视察查询"。

12月11日　路锡三电告港处："老栈房等真(11)日被封。"

12月14日　在沪董事高欣木、吴镜渊联名通告各部课："本公司总经理自1937年11月起远驻香港，上海部分公司事宜由其遥制。现在交通阻隔，彼此消息不克常达，殊感困难。兹特权宜添设经理一人，请吴叔同君担任，主持上海方面各部课事宜，以期维持一部分业务。即希本公司各部课查照为盼。"

12月19日　上海日本宪兵队会同工部局对我局进行搜查。同时被搜查的有商务、世界、大东、开明等各家。

12月22日　永宁公司挂有"美商"牌子，被日军报导部作为敌产军管。旋移交兴亚院接管后，委托华中印刷公司经营开工，由日本人主持。工厂原有的机械、车辆，以及纸张、油墨等材料，被任意拆迁取用，损失甚重。

12月24日　郭农山通函内地各分局："近者，暴日占上海，攻香港，致两地电讯隔绝，自总经理以下诸同人，亦消息毫无，至为焦虑。今后本局一切业务推进日益艰难，诸同人更应协力同心，体念时艰，支撑危局，以发扬本局30年来为文化服务之精神，此余愿与诸同人共勉者。……自即日起，交易均收现款，不得赊账，旧欠应从速索讨。"

12月26日　中华书局上海发行所及驻沪办事处，与商务、世界、大东、开明等同时被日本宪兵队封闭。

是年　图书馆购进吴兴藏书家蒋汝藻密韵楼所藏古书45366册。至此，藏书达50余万册，以方志和近代史料为主。

是年　出版书籍主要有蔡陆仙等编《中国医药汇海》全24册，编为经、史、论说、药物、方剂、医案、针灸等七部；赵师震译《药理学》；刘大杰《中国文学发展史》上卷（下卷至1949年出版）。

1942年

1月1日   杭州分局和金华支店在金华合并为杭金联合支店。

1月18日   几经交涉,被日军封闭的我局上海发行所及驻沪办事处和商务、世界、大东、开明等同时启封。被封期间,我局文具、图书等损失颇巨,存纸损失2千筒左右,存书被运走60余车,计中小学教科书及杂书共2425种12342818本,半年后发还98种90999本。

1月27日   沪局发出总字不列号通启:"兹奉董事会示:本会前经议决加聘吴叔同先生为经理,负责处理本局一切事务,所有本局各处所及附属各机关一切事务,随时秉承吴经理办理。并抄附1月20日决议三条:(一)永宁公司由本局收回自营,名称上海中华书局印刷所,原有外国人一律辞退,即责成经理吴叔同君兼办;(二)香港中华书局印刷厂及分局由吴经理相度时机,设法前往接收继续经营;(三)本局各机关对内对外,统责成吴经理禀承本会办理。"

2月24日   西南办事处主任郭农山函各分局,拟于3月10日在渝召开分局经理会议。略谓:"自港沪沦陷,总公司甚少消息……嗣后分局事务究应如何持续,农山个人未敢擅定主张。第念彼此在公司有多年服务之密切关系,值此非常之时,为公司打算,本良心着想,不能不共同筹一办法作暂时之维持。"

3月3日   总经理李叔明于2月间由港化装内行,今抵桂林,致分局电云:"叔明已脱险安抵后方,定3月20日在渝开会,共策进行。盼贵经理准时出席,并将尊处上年概况及最近情形、提案等,分别造具书面,连同12月8日后港、沪、西南三处所发通函通启及尊处复函副底,一并携来,以备讨论。"

3月29日   在重庆成立总办事处通告:"本局已成立总办事处,暂在渝局办公,嗣后一切函件账表均应寄渝。尊处积存现款,除按规定留存两个月约需开支数外,其余即日电汇来处。又截至3月底止,图书文具存货数额及秋季存添,均造具详单限4月10日寄渝。"

是月   后方各分局1941年财务概况,不完全统计(缺渝、滇、梧、闽四局数字),每局平均销货51.2万元,开支19.2万元;18处分局全年估计销货917万元,支出345万元。

4月　在渝召开后方分局经理会议。李叔明致词，说他办事的三个原则：推诚相见；合理化；实事求是。决定做几点重要变更：(一)在渝成立总办事处。以后本局一切设施均在渝办理，分局与总局之接洽账表等，均与渝总处往来。(二)对分局的书籍文具供应，不能不先为布置，择交通、印刷均便之地，分区设供应站。(三)分局同人待遇应合理提高，同时如何使公司在此经济困难期间能负担得起，留待讨论。(四)本局营业方针亦得改动：(甲)开源节流方面，可经营外版图书、文具，也可自行进货；(乙)结账制度，改为分局结红，以鼓励努力开源节流之分局。(五)风纪要整顿，不许有危害本局权益的行为。(六)培养人才，使其明了此系文化教育事业，与国家民族有甚大关系，不致随意离去。

5月1日　为在渝就地印行土纸本中小学教科书，另设重庆办事处，办理监印、校对、发运等事。办事处由重庆分局兼理。

5月13日　编辑所副所长金兆梓偕编辑章丹枫抵重庆。

5月15日　在金城江设转运站，孙家驹主其事。

5月27日　蔡同庆、张杰三、沈谷身在桂林收购华南印务局所有印刷机械及字模铅字，作价30万元，为筹建渝厂之用。此项机件及原存柳州之卷筒机、铅料，以及前在衡阳收买的印机一批，于7月间运至金城江，再用车接运去渝。

是月　港厂王瑾士就各工种选定主要技工10余人，派往重庆建渝厂工作。此外，尚有自愿内迁而经同意赴渝者，陆续结伴俟机分批离港，大多从惠阳经曲江，或由广州湾登陆。总处派孙效曾赴韶、桂两处，沈谷身在柳接待。半年内先后抵渝者40余人。

是月　另购新车4辆，批准由滇驶筑，郭农山去昆明洽办。

是月　发给西处全体工作人员特别奖金6000元，以奖励其努力办理西南运输工作。

6月1日　设立成都办事处，由陈仲英负责，办理购买纸张印制中小学教科书事。5月初，总处与西南印书局签订在成都独家承印本局教科书合约，蓉处成立后接办其事。所印书籍发往渝、宛、秦、甘、滇、黔各分局。该处于7月1日与洪雅县土纸运销合作社签订购买土报纸360万张（为期6个月）的合同。

是月   曲江疏散,曲处书货分运衡阳、桂林及坪石。

7月4日   总办事处发出第一号通启,自本年1月份起调整分局同人薪津,并以二事勖勉同人:(一)本局原为教育文化事业经营机关,以宣扬文化发展教育为职志,各处同人亦多来自教育界,至少亦曾受相当之教育,非其他各业商人可比。在此国难局难进发之际,自应认清立场,确守本位,毋若小丈夫然,以左右望而图市利。主管人员尤宜以身作则,示之楷模。(二)公司既已尽力所能及,谋同人生活之安定,深望能视公司之物如自物,视公司之事如己事。节省一分消耗,即加厚公司一分实力;增益一分收入,即缩短公司一分复兴时间。

7月10日   广州分局调广州湾支局主任邹耀华为澳门支局主任,遗缺由高民铎接充。

7月29日   编辑所编审朱文叔,目睹上海沦陷后情状,愤不欲生,在老厂办公室跳楼伤踝骨。敌伪探捕俱来查询。

8月30日   故总经理陆费夫人及其子女一行,经筑抵渝。

是月   金华兰溪战事发生,江山亦陷,杭金联店经理朱朗亭等逃往浦城、南平,江栈书货损失大半,同人行李被劫无存。

是月   派瞿炳鑫在广州湾接运港厂运进白呢,并采购印钞用刀片、油墨等物料。

10月1日   华南区监理郑子健、港厂白纯华,从广州湾经筑抵渝。

11月3日   自桂林接运印刷器械至重庆途中,有一车翻车,所载印机堕沟,车身全毁,有两人受伤。

11月27日   沪局在哈同路事务所召开"股东会",主席舒新城,通过增资案:"本公司股本原系老法币400万元,依照'功令'折作新币〔即伪中储券〕200万元。兹在准备项下拨转新币200万元补足,共为新币400万元,计每股仍为通用国币50元。……再增资新币400万元。老股1股得认新股1股,计每股随交国币50元。"增资认股期限于12月10日截止。至12月14日,计余额1600股,分派于上海在职同人认购足额。

是月   渝总处所辖各地分支局处共25处,又印刷办事处5处,兹将各局处所定简称及经

理姓名汇列如下:

　　重庆分局(渝局)　朱复初

　　成都分局(成局)　赵子艺

　　云南分局(滇局)　杨世华

　　贵阳分局(黔局)　李宗华

　　福州分局驻南平办事处(闽局南处)　荀潜

　　梧州办事处(梧处)　张汉文

　　梧州分局驻柳州办事处(梧局柳处)　张汉文

　　桂林支局(桂支局)　樊振秋

　　汕头分局驻梅县办事处(汕局梅处)　徐孟霖

　　汕头分局曲江办事处(汕局曲处)　蔡名焯

　　广州湾支局(湾支局)　高民铎

　　澳门支局(澳支局)　邹耀华

　　南昌分局驻遂川办事处(赣局遂处)　李仲谋

　　长沙分局驻邵阳办事处(湘处)　沈松茂

　　常德分办事处(常分处)　陈仲祥

　　衡阳分办事处(衡分处)　罗利臣

　　杭金联合支店　朱朗亭

　　西安分局(秦局)　赵鉴三

　　兰州分局(甘局)　谢惠桥

　　开封分局驻南阳办事处(汴局宛处)

　　许昌支局(许支局)　王云卿

　　汉口分局驻恩施办事处(汉局恩处)　徐秀成

　　南阳支局(宛支局)　郭翔佛

　　金华支局驻江山办事处(金支局江处)

　　西南办事处(西处)　郭农山

　　重庆印刷办事处(渝处)　朱复初(兼)

　　成都印刷办事处(蓉处)　陈仲英

　　桂林印刷办事处(桂处)　樊振秋(兼)

　　江西印刷办事处(赣处)　李仲谋(兼)

　　邵阳印刷办事处(邵处)　沈松茂(兼)

　　是年　在赣、蓉、桂、渝所印课本, 以用纸区分, 有土报纸本、嘉乐纸粉报纸本、白报纸本等。课本定价、加价均有不同。

是年　新加坡分局自印南洋华侨教科书12种。

是年　开始筹建重庆印刷厂。以冻结的港币存款向银行押借200万元为筹建基金。租定李子坝正街55号安庆印书馆厂房为厂址，加以修理添建。机器设备，以在桂林收购的华南印务局西南印刷厂的机件和受盘安庆厂的机件为基础，加上自港内运及在渝定制的机器，稍具规模，分铅印、凸印、加签三部。职工方面，各部主要人员，均由港陆续到达，除一部分加入中央印制处外，大多留厂工作，港厂雕刻部人员全部到渝。厂长由朱复初兼任，白纯华任副厂长兼工务。设计生产能力，月印教科书150万册、邮票12000万枚、加签钞券2000万张。至1943年秋建成，有员工300余人。论印刷技术，在国内仍属首屈一指。

1943年

1月7日　重庆分局经理朱复初调总处,其职由南京分局经理沈仲约接任;会计主任王啸涯升任副经理,仍兼原职。

1月11日　总办事处改组为总管理处,分总务部、业务部、编审部、印制部、会计部等五部。郑健庐兼总务部长,副职为谢惠侨;郭农山兼业务部长,副职为叶晓钟;金兆梓任编审部长;朱复初代理印制部长;曹诗成任会计部长。

1月31日　在重庆《大公报》刊登通告:"本公司总局于太平洋战事爆发后已迁渝办公,秉承在渝董事执行本公司业务,致与沦陷区之各机构失去联系,所有在沦陷区之董事、监察、股东及职员之一切行为,未经在渝董事部及总局之同意,概不发生任何法律上之效力。除呈请经济部备案外,合再登报通告如上。"

是月　《新中华》半月刊改为月刊在重庆复刊,以大中学生为对象,一面宣传抗日;一面借以联络作家,其主旨为"发扬民族精神,灌输现代知识,提倡学术风气,注重战后建设"。金兆梓兼《新中华》杂志社社长,撰述社论。任主编者先后有钱歌川、章丹枫、姚绍华。发行达5000份。

2月13日　通函各分局:国定本教科书即将出版。所有课本存书,设法尽量推销,以免存货损失。

2月17日　总处召开第一次局务会议,参加者有李叔明、姚戟楣、郭农山、谢惠侨、叶晓钟、金兆梓、曹诗成、郑健庐、朱复初。通过本处组织大纲、各部办事细则、各分支局办事细则、同人考绩办法、非常时期改善员工待遇办法、印制部购买纸张油墨等材料手续的规定等。

是月　编审部分为编务、出版、图书、通讯4组,共有25人,其中编审有吴廉铭、丁晓先、葛绥成、姚绍华、钱歌川、章丹枫,编校有邵恒秋、凌珊如。编审部拟定出书计划,除修改重排尚可供应之中小学教科书外,主要在重版书方面,就已出各类图书中选取重要适销者,用原书翻做石印,及时供应需要。首批13种送业务部发去赣印。

3月1日　总处设运输组,隶属总务部,由副部长谢惠侨兼组长。原设在贵阳的西南办事处撤销。

3月22日　与邮政总局首次签订承印邮票6亿枚合同,先收印价50%,计448万元。用以继续添置设备、建造专用库房等。至10月中,完成设计镌版,随即开印,每月交货在1亿枚以上。

4月1日　重庆印刷办事处撤销。其造货发货业务归总处办理。

4月6日　被封的"美商永宁公司"经吴叔同与日本军方多次交涉,正式收回,改称"中华书局永宁印刷厂"。

4月19日　"国定中小学教科书七家联合供应处"组成,设在重庆复兴路15号迁川大厦。七联处统筹印销国定本教科书,其分配比率为:中华、商务、正中各占23%,世界12%,大东8%,开明7%,文通4%。七家联营资金5000万元。依分配定额,本局应任流动资金1150万元,第一次缴1/4计287.5万元。七家推派代表组成第一届理事会,本局代表二人:李叔明参加理事会,姚戟楣任监事。

6月1日　上海方面,以商务、中华、世界、开明、大东等六家留沪机构为主,组成"中国联合出版公司",经理曹冰严,承印敌伪"国定教科书"。

6月15日　与中央银行发行局签订承印钞券签章合同,定8月16日开印。

7月3日　在渝董事孔祥熙、王志莘、李叔明举行第一次谈话会,协理姚戟楣列席,公推孔祥熙为首席董事。谈话会拟定以所有材料机器向四联处申请在生产事业贷款内准予押借2000万元,使本局经济较为稳定,事业得以继续进展。

李叔明在谈话会上报告:

(一)陆费伯鸿于1941年7月间在港病故,叔明承董事会推选暨孔董事电促继任总经理。以前任总经理暴病逝世,一切交代无从办起,只由其家属点交文件十一宗,暨往来银行之存款簿及支票簿等。所有中央银行粤行及中国、上海两银行港行之存款印鉴,当经办妥更换手续。但在外商汇丰、花旗两银行所存外币,因用陆费前总经理私人名义存储,正交由律师办理转移之时,太平洋战事突发,致至今手续未曾办妥。至于上海方面之接收事宜,格于环境,迄未能前去办理。

(二)1942年4月间,添聘姚戟楣任本公司协理。姚君为已故编辑所姚作霖部长之子,历在金融政商各界服务,与本公司有悠久之历史关系。

(三)本局向以教科书为主要业务,现为时势所限,不得不变更方针,着重出版普通书籍。除先将《新中华》杂志复刊外,并印行有裨抗战及科学、文学等书籍,预期今后可月出10余种。

(四)总处迁渝后房屋不敷分配,购进北温泉松林孔祥榕住宅一所,计6万元,作编辑所及雕刻部之用。本局目前尚无印钞能力,而设计绘图仍具专长,应中央银行发行局之嘱,着手绘制新样,现已完成两套……

(五)关于沪局情况。(1)太平洋战事爆发之后,闻常务董事吴镜渊、高欣木为应付当地环境计,聘任吴叔同为经理,并向伪政府注册。(2)沪局于1942年11月27日在沪开"股东会",董事名额由11人改为7人,并改选吴镜渊、舒新城、汪伯奇、高欣木、沈陵范、陆费铭中、吴叔同7人任董事。最近且有发还被封厂屋之说,惟尚未证实。(3)因闻本局上海方面增资及改选董事消息,为确定立场起见,不得不加以声明。爰于本年1月31日登报声明,并由在渝董事呈请经济部备案。

(六)关于财务方面。本局在后方向无经济基础,仓卒内迁后,百端待举,在在需款。自上年5月至本年6月,即总处成立以来14个月中本局财政状况:支出方面,添购机器设备437万余元,材料纸张1541万余元,七联处资金287万元,其他654万余元。收入来源,分局解款632万余元,预收邮票印费448万余元,向银行押借透支2095万余元。现有机器及所存原材料市值3966万余元。今后应缴七联处流动支金余数(826.5万元)及消耗材料之补充,印刷厂必需机件之添置,到期借款之归还等,均须预作准备。

7月9日　故总经理陆费伯鸿逝世两周年,在渝家属及本局同人举行大祥祭,分别由陆费埏、李叔明主祭。金兆梓特撰《追忆陆费伯鸿先生》一文以为纪念。翌日,重庆《大公报》并刊登纪念文章。

7月14日　通函各分局再申6月初规定,教科书印制成本增高,售价过低,备货困难,暂停批发,俟教育部批准调价后再行批销。

8月5日　编审姚绍华由沪抵渝。《新中华》主编章丹枫不久去美,由姚绍华接办。

8月23日　编审部金兆梓、吴廉铭、姚绍华、钱歌川等讨论编辑计划及新稿征集办法,每月以新书4种为度,每种10—15万字,即每月收稿40—60万字,性质不能拘泥。

9月中旬　编审部由民权路迁往李子坝印厂后面楼房,原在北碚松林部分亦归并李子坝新址办公。

10月9日　与《文史》杂志社顾颉刚谈定,《文史》月刊自第三卷起由我局印行,于18日签订合约。19日,三卷一、二期合刊发排。至1946年,《文史》随顾先生任文通书局编辑所长转由文通书局出版。

10月16日　沪局将每股票面50元改为10元,以便于在市场流通。

11月9日　福州分局永安办事处房屋被日机炸毁。

11月20日　常务董事吴镜渊在沪逝世。

是年　共出版新书47册,重版20余册。开始出版的丛书有"社会科学丛书"、"社会行政工作丛书"、"中苏文化协会丛书"、"民权政治集刊"。自行计划编辑的有"英文研究小丛书"、"数学小丛书"、"物理小丛书"、"儿童卫生小丛书"。专著有张振佩《成吉思汗评传》、杨杰《国防新论》、周梦白译《植物成分分析法》等。

1944年

1月　我局编辑出版的《中华少年》月刊创刊。以阐发宇宙奥秘,介绍科学知识和最新发明,培养基础常识为主旨。主编张梦麟。

我局编辑出版的《中华英语》半月刊(高级)创刊,钱歌川主编。1945年起分初、高级两种出版。

2月　前董事、印刷所所长俞复逝世。

3月　聘吴清友任编审。

4月21日　召开第二次局务会议,决定:(一)由于制造印书用纸利薄,槽户多转槽,纸价上涨,准备在各地预购本年用纸。在重庆进熟料纸二三千令,每令1800元;在邵阳进龙山纸1000令,每令700元;在赣县存纸尚多,再购江西纸500令,每令1200元。三地共计预购纸3500—4500令,需款490—670万元。(二)本局新书出版不多,教科书将统用国定本,营业额势将减少,分局应紧缩开支,裁汰不得力人员,用人开支不超过营业额20%为度,如在10%以下者酌提奖金。(三)扩大分局外版书寄售范围,订定统一办法。(四)派员去界首及江山进购文具,分发西北及东南区各分局,以维营业。

是月　聘李虞杰为本公司襄理。李君早岁曾服务本局9年,后留学德国归来,历任浙江省民政厅会计主任、中央大学庶务主任及管理中英庚款董事会会计处长、财务委员会委员等职。

6月17日　0时20分左右,上海发行所文仪、书栈失火。保险公司赔偿980万元,烬余归公司所有。经修缮整理后,于8月5日复业,仅以文仪、古书、工具书等应市。抗日战争胜利后始复原状。

是月　与七联处签订由渝厂承印教科书合约,总计5700令成书,用卷筒机印。

是年夏　设东南办事处于赣境,由南昌分局经理李仲谋兼主任,曲江办事处主任蔡名焯为副主任。

是年　我局在湘、桂两省分支局及金城江转运站先后沦陷。湘省长沙、常德两分局转辗移往沅陵；衡阳支局先迁零陵，寻至蓝田。桂省三处分支局均将存货运往贵阳，但交通混乱，损失颇多，惟因着手较早，抢出书货较同业为多。

是年　以国币600万元承购重庆华南印刷公司股票1/4。并由李叔明兼该公司董事长，姚戟楣兼经理，协理姚志崇主持日常工作。厂长赵俊，副厂长周馥庠。安置我局自港至渝的技工入厂。以承印中央银行钞券为主要业务。抗战胜利后，原有我局技工回港厂复工，遂将该公司股份以国币3600万元出让。

　　自1941年12月香港沦陷后，港厂熟练技工陆续到渝，以无适当工作，待遇菲薄，各有去志。这些技工，皆有多年经验，为国内不可多得之人才，不得不设法安插、维系、培养，为战后复兴之用。适有华南印刷公司部分股东退股，因承购其股票，加以改组。

是年　出版新书94种。《辞海》在江西重印发行，称"江西纸本"。仍用布面精装上下两册，约23开大小。哲学方面有余家菊《大学通解》、《论语通解》，陆世鸿《老子现代语解》等。军事书籍有陈启天《孙子兵法校释》，有《装甲防御》、《装甲步队及其他兵种之协同》、《步兵教练手册》等。经济方面有《土地经济学导论》、《自耕农扶植问题》、《中国纺织染业概论》、《战时物价管制》、《社会主义与资本主义》、《外人在华投资之过去与现在》、《中国战后农业金融政策》、《海上保险学》等。其他如《中国战后建都问题》、《西北建设论》、《第二次欧洲大战史略》(第一、二集)、《珍珠港事件后之国际政治》等。"苏联建设小丛书"有《苏联经济发展》、《苏联的农业》、《苏联的工业》、《苏联的铁路运输》、《苏联的劳动政策》等。

1945年

1月3日　上海方面在纸款项下拨出8660余万元购进海格路700号房地产一所,户名五蕴堂,暂不列公账项目。

是月　《小朋友》周刊改为半月刊在渝复刊,陈伯吹主编。

　　陈伯吹（1906—1997）,原名陈汝埙,曾用笔名夏雷。江苏宝山（今属上海）人。上海大夏大学高等师范科毕业。曾任乡村小学教师、上海幼稚师范学校教师、儿童书局编辑部主任、复旦大学教师等。1943—1952年在中华书局任编审、《小朋友》主编等。1952年底少年儿童出版社成立,任副社长。1954年调任人民教育出版社编审。1960年仍回上海任少年儿童出版社副社长。一生著、译儿童文学作品及理论近300万字百本图书。

3月30日　"国定中小学教科书七家联合供应处"合约期满,续签第二届合约一年,修正章程,规定7家代表共10人,正中、商务、中华各2人,其他4家各1人。由代表会推定7人组成理事会,正中任主席,商务、中华任常务理事。商务1人为监事会主席,中华、文通各1人为监事。供应方式:在后方各地为自印自销,在收复区各地为统印分销。

是月　重庆分局经理沈仲约辞职,派原柳州分局经理张杰三接任。

4月　金兆梓代表《新中华》杂志社参加重庆杂志界联谊会,与黄炎培、叶圣陶同被推为召集人。8月17日发表16家杂志社签字的拒绝国民党对新闻和图书杂志原稿检查的联合声明。各地随起响应,迫使国民党从10月1日起撤销检查规定。

5月　以桂林、柳州分局运出货物向中央信托局押借国币5000万元,为印制秋销教科书备货之用。

7月20日　前编辑所副所长张相（献之）逝世。

8月15日　抗日战争胜利,日本宣布无条件投降。

9月8日　派编审部主任吴廉铭携同纸型乘机飞沪。

9月11日　在沪常务董事高欣木致函吴叔同："李总经理已派吴廉铭先生来沪,代表接收现收复区本公司厂店及分支局。即请饬属造具清册,以便移交。"

9月18日　第三十一届董监会复员会议,出席者高欣木、沈陵笵、舒新城、汪伯奇(舒代)。议决:"兹决定本公司董监会即于本日遵令复员,对外代表公司,对内主持业务。"

9月20日　派华南区监理郑子健乘机飞广州转香港,成立"中华书局总管理处香港办事处",主持广州、香港、澳门、新加坡等分局及港厂复员工作,并筹划恢复华南区一切业务。

9月27日　协理姚戟楣飞南京转上海,主持收复区业务。旋即成立上海办事处,策划总管理处迁返上海事宜。

10月7日　南京分局准备复业,先设临时营业所于升州路38号美大纸行内,由吴谷声主持。在报上刊登复业启事。

是月　派白纯华、赵俊、顾敬初、唐序园于10日乘机飞广州前往香港接收港厂,18日到香港。港厂日占时期曾被改称为"香港印刷工场",大致完好。已录用员工76人,随即着手清点设备财产,整修机器房屋。

清点和追索的情况如下:

(一)查明所存主要机件物料情况。印钞部分凹版课,大电机4架,油磅压力机1架,四色机1架。彩印课,双色机1架,单色机3架,对开机2架,大小号码机1046只。照相课,各种镜头已无存。其他各课尚完好。印书部分卷筒机1架零件有缺损,又从南洋影片公司搬回1架,其他制版装订等损失浩大。现存物料:胶版墨2万余磅,凹版墨39万余磅,杂墨6万磅,日人搬来美货胶版墨2万余磅。钞票纸142令,邮票纸91筒,牛皮纸91筒,报纸56筒(损失各种油墨约16万磅,各种纸张约3万筒、2.7万令以上)。机件物料约现值港币200万元。(二)被日军搬去广东印刷厂及商务港厂现已收回的机件,有橡皮机4架,切纸机2架,小凹版机31架,对开胶版机及装订机等多架。(三)其后陆续收回在市上出现的钞票纸2000令。由港处向均益仓库收回教科书及参考书、工具书等26225包约值国币12亿元。(四)另有被日人拆往日本的大电机1架,至1947年10月才得收回。

11月22日　发行所副所长赵亮伯逝世。

是月　永宁印刷厂开始向中央印制厂承印东北9省流通券。

是年　重庆印刷厂主要人员及技工大多复员回沪，由沈谷身代理厂长，办理结束工作，至1946年10月竣事。

是年　图书馆购进郑振铎藏书5500册。

是年　在渝出版新书共92种，有《计划经济之理论》、《公司理财》、《中央研究院西北科学考察团报告》，张之毅《新疆之经济》，郝景盛《中国木本植物属志》等。

是年　查明我局分支机构在1937—1945年日本侵华期间所受损失，包括沪港两厂的机械设备在内，总值国币3.3亿元。而在运输途中书货的损失，搬迁物资之损耗难以查明者，尚不在内。

1946年

1月21日　港厂经三个月整理后正式开工,承印七联处春销书95.1万册,印工港币4.72万余元。2月间,又承印电车公司车票800万张,印工港币1.96万元。同时印制信封信纸、抄本、日记簿等文具用品,以应港粤各地销售。

是月　编辑所从老厂迁回澳门路新厂办公。

4月1日　"国定中小学教科书七家联合供应处"第二届合约期满,续签第三届合约一年。抗战胜利后,七联处移上海,有儿童书局、中国文化服务社、胜利出版公司、独立出版社4家加入,故本届分配比率变更为:正中23%,商务、中华各20.5%,世界10%,大东7%,开明6%,文通4%,儿童3%,中国文化、独立、胜利三家各2%。全国各地区均采统印分销方式。

5月2日　协理姚戟楣因病给假三个月。在总管理处尚未全部复员前,暂增协理1人,擢升业务部长郭农山为公司协理。

5月3日　物价飞涨,印刷所职工要求改善待遇,于2月26日举行怠工,旋即扩大为全公司行动。三所一处职工组成临时职工团,以倪国钧、阮渊澄等为代表,向资方提出改善企业经营管理、按生活指数计算工资等12项要求。几经谈判,社会局派人调解,成立调解笔录。自2月份起,工人工资照工人生活指数计算,底薪自48元起,原薪在48元以上部分每5元增底薪1元;职员照职员生活指数计算,底薪同工人,但原薪200元以上部分每10元加1元;工役栈司底薪自37元起,超过数每5元加1元。

5月27日　在渝董事举行第二次谈话会。

(一) 李叔明报告总处迁渝以来主要借款及财务状况:1942年3月向四行透支500万元,1943年向四行押借1700万元,1945年向中央信托局押借5400万元,又向中央银行借款1.38亿元。截至本年3月底止,存现4800余万元,与透支及短期借款足敷相抵,盘存书货与印制材料1亿余元,与长期借款1.2亿元相差无多,财务状况尚称稳健。

(二) 抗战期间在后方购置之房地产、机件、车辆及其他一切财产、投资等项,授权总经理办理。

(三) 为集中人力财力计,收复区分支机构无恢复必要者,固从缓复业,在后方因战时需要而增设之分支机构亦予收歇,使人货移至较重要地区,增厚供应力量。目前总分支局照常营业或已复业者32处:上海、南京、杭州、金华、南昌、长沙、衡阳、成都、重庆、贵阳、昆明、汉口、厦门、福州、汕头、广州、香港、澳门、新加坡、梧州、柳州、桂林、北平、天津、保定、邢台、张家口、太原、青岛、西安、兰州、开封。因战事停业,迄在休止状态中者10处:许昌、南阳、常德、九江、芜湖、安庆、徐州、沙市、运城、广州湾。其中许昌、南阳两分局,前年疏散书货于僻乡,现在整理中。曲江虽一度复业,以粤省府迁返广州,业务范围狭小,已于4月底结束。

5月28日　召开复员后第一次董监联席会议,出席董事孔祥熙、沈陵范、李叔明、王志莘、路锡三、陆费叔辰、王瑾士、汪伯奇、舒新城、高欣木,监察徐可亭。原董事吴镜渊、陆费逵、唐绍仪、胡懋昭4人先后逝世,由次多数路锡三、陆费叔辰、毛纯卿、王瑾士递补。添聘原任襄理李虞杰为本公司协理。总经理李叔明辞职,董监联席会议一致挽留。

　　为依照法令恢复战前股额并补办股权登记,董事会公推王志莘、汪伯奇、高欣木、李叔明、王瑾士、陈子康为董监事代表,主持服务整理之事,李叔明为召集人。聘请陈霆锐、徐士浩为本公司常年法律顾问,立信会计师事务所潘序伦为常年会计顾问。

是月　成立独立的中华书局产业工会筹备会,至8月正式成立工会,第一届理事长为沈卓午。翌年5月阮渊澄任第二届理事长。

是月　汕局经理蔡名焯到任,由监理郑子健前往监督交接。

6月1日　总管理处由渝迁沪,成立驻渝办事处办理结束事宜。同时撤销上海办事处。

8月7日　董事毛纯卿辞职,以次多数丁辅之递补;协理姚戟楣因病辞职,致送医药费国币100万元。

8月9日　出纳部长陈仲英仍回成都分局经理原任,遗缺调组长刘松洲接任。

9月2日　总经理提请拟聘顾树森为本公司副总经理,董监会议以公司章程无副总经理名额之规定,在章程未修改前,暂以协理名义聘任。李总经理因公离沪不克执行职务时,由李总经理委托代行局务。

　　顾树森(1886—1967),又名顾荫亭。江苏嘉定(今属上海)人。上海苏松太道立龙门师范学校毕业后，在南洋公学附属高等小学等校任教。1912年入中华书局任编辑员，编辑新中华小学算术及理科教科书，任《中华教育界》杂志主编。1914年任教育部编辑员，编辑小学修身国文教科书。1915年下半年仍回书局，为中华职业学校首任校长。1941年出任国民教育司司长。后曾短期任书局总协理、代总经理。1952年任江苏师范学院教育学教授。曾当选苏州市人民代表、江苏省政协委员。

是日　本局创办人沈颐病故，除已付棺殓费300万元外，再送安葬费200万元。夫人恤金自9月份起定底额40万元，照生活指数计给。

9月5日　香港办事处函报，南洋华侨小学教科书有国语、常识、算术、公民、历史、地理、自然等各级课本12种，照新加坡分局1942年上学期备货数，拟印100万册。

9月28日　总协理顾树森为谋各部门增强联系，建立局务会议制度，定期召集各部门主要职员共同商讨局务之措施，每星期六下午5时举行。按：此项会议开过16次，至1947年11月止。

第一次局务会议讨论两事：

(一)调整组织机构。总经理协理下设秘书一人或数人。总协理下设三处三所：(1)总务处，设文书、股务、采购、庶务、出纳、保管、人事七课。(2)业务处，设造货、供应、栈务、分局、广告、图版、纸栈七课。(3)会计处，设岁计、综计、账务、稽核四课。(4)编辑所，设总编辑部、普通图书部、教科书部、杂志部、图书馆、生物理化实验室，附设函授学校。(5)印刷所，辖上海总厂、香港分厂。总厂设事务、工务、营业、承印、文书、会计六课。(6)发行所，设文书、收发、清账、推广、庶务、门市、批发、函购、文仪、进货、分栈十一课。

(二)除出纳、书栈两部分外，10月5日起迁澳门路集中办公。

10月5日　董事会以抗战胜利后，沪局账务尚未办理移交手续，曾函原经理吴叔同来沪办理，而吴君复信谓已移交清楚。乃函询前协理姚戟楣当时接收情况，姚君于本日来信云："查自去年抗战胜利后，戟楣奉命来沪，于10月11日正式处理局务，当时除出纳现金部分曾办理清点手续外，吴君并未办理其他移交。中间因原经管人请假、辞职及种种原因，直至1月12日始行接收保管组各项重要单件。1月31日接收股务组簿籍单据。至于其他部分，均未另有正式移交手续。"

10月26日　《世界政治》半月刊决定由本局印行，所有盈亏向联合国中国同志会结算。

是月   抗战时期,沪港两厂立据解雇工人约200余人,自5月起一再来局请求复工。至本月12日,复有代表人前来要求复工及补发欠薪。由顾树森会同周开甲等与工人代表谈判多次,复经社会局调解,成立笔录:(一)发给未领足的各种费用及工资每人国币23万元,以后不得再有要求。(二)于12月5日前分批雇用30名进厂工作,以后视业务需要时再行招雇。

11月18日   调整会计部分组织,成立会计处,照前定设岁计、账务、稽核、综计四课。原有重庆时之会计部、沪局会计处及秘书室之稽核组,同时撤销。

12月7日   议定春销教科书备数,共印13900令,沪厂印5300令,港厂印5600令,设法外印3000令。

是年   原在渝印行的期刊五种:《新中华》恢复半月刊、《中华少年》月刊、《小朋友》半月刊、《中华英语》半月刊(分高级、初级两种),迁回上海继续印行。《新中华》移沪后,改由卢文迪主编,撰稿者多进步人士,面目一新,宦乡"半月时事"尤为读者瞩目。

是年   聘圣约翰大学教授加拿大人文幼章(James G.Endicott)为特约编审。

是年   出版书籍有符定一《联绵字典》(十册),马瑞图译《穆罕默德的默示》。"大学用书"有刘真《教育行政》,沈有乾《实验设计与统计方法》,石鸿燾《平面解析几何》、《立体解析几何》等。"历史丛书"有徐松石《傣族壮族粤族考》,陈里特编《中国海外移民史》,《中国对日战事损失之估计(1937—1943)》,《第二次世界大战纪》等。

1947年

1月9日   聘姚志崇为港厂监理,会同厂长处理一切对内对外事宜。

1月20日   董事李叔明出国,请辞兼总经理职务,董监联席会议一致慰留。协理李虞杰出国进修考察,准予给假。本公司在国外如有调查接洽等事务,即可委托李协理办理。高级职员王瑾士、薛季安、周开甲、沈鲁玉在本公司服务多年,辛劳卓著,所请辞职,均予慰留。

是月   《中华教育界》月刊复刊,姚绍华主编。至1950年12月停刊。

3月27日   李叔明与中央银行签订港厂承印钞券合同。4月14日开印,6月份前交2000万张,7月起每月交5000万张,至1948年1月期满。

3月31日   "教科书七家联合供应处"第三届联合供应合约期满,教育部通知不再续订供应合约,七联处业务即行着手结束。自本年秋季起,中小学教科书由各家自行印销。

是月   《辞海》合订本出版。除订正文字外,放大版口,缩小字号,减少页数,便于读者携带检查。

4月1日   准备秋销教科书。初高中教科书决定印1.5—1.7万令;小学书印1.5万令,其中1万令发港厂印。

是月   监察黄景范去世,由次多数陈子康递补。

5月20日   董监联席会议决定设立台湾分局。派许达年、姚绍文分任经理、会计,许逎贤任营业主任。经两个月筹备,于7月21日在台北重庆南路360—362号正式开始营业,共有职工7人。

是月   经理、协理薪津及公费调整为:月薪总经理700元,总协理顾树森600元,协理郭农山、李虞杰各500元;公费一律60元。自1946年1月份起实行。

6月2日   5月份生活指数解冻,骤高至2.35万倍,流动资金筹措困难。局务会议决定,先发5月份工资差额,6月份工资暂缓发,延至15日为度。并宜积极加紧生产以应付骤增之开支,组织生产设计委员会,由郭农山、李虞杰、舒新城、王瑾士任委员,研讨办法促其实行。

6月25日 前故总经理在港约道六号住屋,经港处装修后,用作港厂雕刻课办公及技术人员宿舍。

6月26日 总协理顾树森辞职照准,一次致送国币1000万元,作补助调养之需。

是月 我局图书馆应联合国文教委员会之请,在馆举办基本教育展览会,陈列近代基本教育图书数万册。观众认为集国内近代教育史料之大成。

7月14日 港厂决定添建三层楼高的大电机房,估计造价需港币31万元。

7月17日 与港厂战前解雇的部分工人达成协议。港厂在战前解雇的印钞工人中,约有280名于近一二个月内选来要求录用,商谈迄无结果。自5月15日晚起有百余人入住新厂,事态严重。20日董监联席会议决定,可视沪厂需要择优选用,其余酌给回乡川资。经要求社会局调解,始签订协议:(一)就现住厂中者选用20名;(二)其余每人发给40万元回籍川资,7月20日前离厂;(三)抗战胜利后已领解雇金的工人,不得再提任何要求;(四)未录用工人发给服务证书。

是月 港厂函报:(一)印钞情况,3月底签定承印央行钞券合同后,4月14日开印(万元券),5月交900万张,6月交1100万张,7月交4600万张,8月起可印5200万张,至1948年1月27日合同期满,依限赶清。因期限迫促,大电机4架已开齐,并加夜班。决定放弃承印邮票。(二)4—7月印书138万余册,用纸4353令。余存印书用卷筒纸2043筒,平版纸1708令,书面纸2346令。

12月15日 聘请徐永祚会计师为常年会计顾问。

是年 编辑所设立电化教育实验室,购置电化教育器材及美国百科全书影片公司的教育影片,更自制注音符号及识字幻灯片与识字动画片,供编辑参考及向学校开放供教学之用。

是年 分支局共有34处,职员398人,学生104人,共计500余人。

是年　"中华文库"开始出版,舒新城等主编,开始发行小学第一集(全300册),初中第一集(全200册),民众教育第一集(全175册),均于次年出齐。其他有李四光《地质力学之基础与方法》,张一凡《苏联的计划配给》,汪馥荪等《中国国民所得》(上下册),徐贤恭等译李约瑟《战时中国之科学》,以及《第二次世界大战史论》、《太平洋宪章》、《人生价值论》等。

1948年

1月12日 董事会再次讨论股务整理及账务移交案。

抗战胜利后,根据经济部"收复区各种公司登记处理办法"规定,本公司应恢复战前股额国币400万元。1942年,沪局曾增资为伪中储券800万元。1946年8月7日,立信会计师事务所的股务整理报告称:尚缺部分凭证记录。查见未经增资的老股票应予保留者约占1/4,共19121股,合新股票95605股;同时,提出账务方面应查询的若干问题。董事会派舒新城、汪伯奇两董事偕主办服务及会计人员吴铁声、曹诗成于上年12月15日赴港,与吴叔同当面解决,携回吴愿意出让的股份新股12000股。吴对会计师提出各点未有具体答复,只谓将来返沪时再向董事会详细说明。又,董事高欣木交出27370股。两者合计尚缺新股56235股。最后议定,在即将增资的股份中给予未经增资的老股补足,以结束历时两年多的整理股务纠纷案。

3月6日 召开复员后第十四次董监联席会议,总经理报告有关保安实业股份有限公司整理情况。本公司投资占保安股金总额之半数弱。抗战胜利后,派原任工务主任毛锐赴港接收整理:(一) 本局曾先后垫借款项合国币720余万元,又垫付经理胡庭梅200万元。(二) 收购该公司在龙华的地皮九亩五分三厘九,计2000万元。(三) 现收回该公司在香港的各项房地产约值港币47.5万元,机器约值港币50.5万余元,1947年新置机件约值港币2.3万余元。

是日 中华教育用具制造厂筹备复业。该厂原为两合公司,本局投资占70%,"八一三"战事发生即被敌占,抗战胜利后,为石油公司占用,近始发还,已加修葺。前曾召开董事会数次商议复业,现由胡庭梅拟订计划中。

3月28日 召开抗战胜利后第一次股东会。董事会提出《十年来之报告 (1937—1946)》,调整公司股本。本公司股本,战前为国币400万元,上海沦陷期间,曾增资为伪币800万元。现依照有关规定折算,连同重估资产增值,合成80亿元,加各股东认缴股金20亿元,股本总额为国币100亿元。

自上届股东会至今,即1937—1946年10年间,公司营业总额为839900余万元,盈余368000余万元。战后,纸张原材料价格继续增高,市面不振,新书销路有限,营业前途更多艰难。

自1937年以来，未能办理决算，只在特别公积项下借拨款项垫发股利，历年垫发数如下：

1937—1939年每年每股国币1.5元

1940年每股国币3元

1941年每股伪币3元

1942年每股伪币1.5元（以上每股票面50元）

1943—1944年每年每股伪币1元（每股票面10元）

股东会决议1937—1946年盈余分派案：提1/10为法定公积，1/20为职员奖励。余数分作十成，股东八成，扣提2/10为特别公积及历年垫发之数外，尚余20亿余元，此次再派红利每股2500元，职工花红二成计62600余万元。

股东会选举董事15人：孔祥熙、王志莘、高欣木、陆费叔辰、王瑾士、汪伯奇、沈陵范、徐士浩、舒新城、杜月笙、李叔明、路锡三、陈霆锐、陆费铭中、吴叔同。监察5人：陈子康、徐可亭、丁辅之、吴明然、李昌允。

4月24日　董事会议推选孔祥熙为董事长，杜月笙、高欣木、王志莘、吴叔同为常务董事。选任汪伯奇为副总经理。

是日　监察徐可亭逝世。董事会决议：（一）徐故监察历任本公司监察30年之久，曾于本公司困难时期维护良多，特致赙仪国币1亿元，去函慰唁；（二）遗缺以次多数徐玉书递补。

是日　筹发全体同人特别酬劳共计国币200亿元，上海同人和分局厂同人各100亿元。

6月1日　聘任原《东南日报》主编廖湖今为编审。

6月26日　协理李虞杰请假出国进修，借调中国农民银行秘书邓易园为本公司主任秘书。

7月　重庆、成都、云南、贵阳、西安、兰州各分局秋供教科书，由重庆分局承办印运任务。

8月31日　近以停印钞券，收入锐减，董事会讨论以开源节流为原则，一切从紧缩着手，授权总经理分别轻重缓急逐渐整理。

是月　编审朱稣典病逝，照7月份下期生活指数计给特别抚恤金6个月。发行所推广课副主任沈鼎亨病逝，同样计给特别抚恤金6个月。

10月24日　上海利群书报联合发行所因发行进步书刊,被国民党特务查封,人员被捕。其中有周宝训等6人被判处徒刑3年,后于1949年5月7日上海解放前夕被秘密杀害。

　　周宝训烈士为中共党员,原在我局总务部工作,1945年12月调发行所账务课,至1948年8月因革命工作需要辞职。先后去知行夜校、益友补习学校、立信会计学校工作,进行革命活动,牺牲时年仅28岁。

是月　在中共地下党组织领导下,印刷所成立工人协会,成员有阮渊澄、唐培生、朱锦高、孙庆瑞、沈赛英、沈赛琴等。

是年　继续出版"中华文库",《小学教师用书》第一集全50册全为本年所出。哲学方面有赵纪彬《哲学要论》、《中国哲学思想》,曹谦《韩非法治论》等。经济方面有张则尧《经济学原理》(大学用书),周宪文《经济学术论纲》、《比较经济学总论》,严中平《清代云南铜政考》,朱国璋《成本会计之理论与实务》,陶大镛《战后东欧的经济改造》,徐盈《当代中国实业人物志》。另有"经济部成立十周年纪念丛刊"、现代经济研究所编的"商品丛书"各多种。教育方面有《教育通论》、《中国大教育家》、《中华基本教育小字典》等。文学方面有洪深《抗战十年来中国的戏剧运动与教育》,顾毓琇《中国的文艺复兴》,喻守真《唐诗三百首详析》,陈志宪《西厢记笺证》。历史方面有胡鄂公《辛亥革命北方实录》,李震明《台湾史》,夏光南《中印缅道交通史》,龙章译《印度文化史》,郑鹤声《郑和遗事汇编》等。

1949年

1月　业务部对各分局发出密字第一、二号通启：（一）今春因新课程标准及时局等问题，要求出清全部中小学书；（二）春销全部收现，回佣30元外，另给现款津贴以10元为原则。

2月25日　总经理李叔明函称，其胃肠间有生癌疑点，赴港诊治，恐一时不能返沪。董事会决议：请舒新城代为全权处理公司上海方面事务，并代为主持局务会议（此次董事会主席王志莘提议恢复局务会议），至李总经理返沪时为止。

3月11日　工会举行茶话会欢迎舒新城代总经理，勉以为解放上海、保护工厂和文化遗产多做些工作。舒态度明朗，表示一定要保护好编辑所图书馆珍藏的50万册图书资料，并经常主动向中共党组织汇报局内情况。

3月15日　召开第一次劳资座谈会，定每月第二个周六下午在新厂二楼举行一次。

4月20日　李叔明函称，年来时世多艰，本公司已有多年未发股利，提议先行垫发若干。董事会决议垫发1947、1948年股东红利金圆券259200万元，每1250新股实得3240元。领取时以当日门售杂书倍数计付，至7月底止，以后即按7月31日售书倍数提存候领。

　　筹发同人特别奖励金，照垫发股利数额259200万元发给全体职工，上海方面及各地分局厂同人各得1/2。

5月9日　舒新城代总经理向董事会报告发给同人特别奖励金及配售实物（煤油、银洋及金戒，以备上海解放过程中职工生活需用）、配给食米与产业工会接洽经过。舒新城坚请辞去代理总公司上海方面事务之职。董事会决议：时局动荡，公司上海方面各事需人主持，仍请舒先生继续照常负责。

是日　本公司战前收受的同人寿险储蓄存款，比照"银行业战前存款清偿条例"规定，并按上海市本年4月30日生活指数235846倍计算，自5月3日起陆续清偿。至同人战前普通存款，照一般客户存款清偿办法办理。

5月27日　中国人民解放军进入市区，上海解放。

6月8日　董事会考虑到本公司董事长 (孔祥熙) 侨居国外业已多年，自经推举后迄未返沪，各常务董事亦都分居各地，此后代表本公司之负责人是否略加确定，以资应付，决议：以现居住本公司本店所在地之常务董事为本公司代表。

6月11日　举行第五次劳资协商会议。劳方要求资方自动检举豪门资本。

7月8日　董事会以职工对公司财政颇不明了，拟将必要账目交职工会代表查阅。在劳资两利原则下，寻求合理方法发展生产，使公司得以维持。决定组织类似商务印书馆的"业务推进委员会"，将必要账目及各项重要问题，坦白提交该会讨论，以便通盘筹划。

是月　舒新城两次致函董事会，先是请假，继而请辞代总经理兼职，以便专心编辑工作。董事会坚挽无效，勉予同意。

汪伯奇自被选任副总经理后，以身体欠佳，迄未到职，复经迭次请辞，获董事会准许。

董事会推请董事沈陵范兼代总经理执行公司业务；李昌允为副总经理，辞其监察职，以次多数傅相臣递补。

印刷所监理周开甲函请辞职。董事会未准。

编辑所副所长金兆梓致函舒新城请求援例退休。董事会未准。

是月　武昌、许昌、南阳三处支店收歇。保定、邢台两处，试办一时期再定。

是月　我局参加公私合营的联合出版社：(一) 华北联合出版社在北平成立，出版中小学教科书。由新华书店、三联书店与商务印书馆、中华书局、大东书局、北新书局等15家私营书店合营，新华、三联投资占26.4%，私营占73.6%。董事长史育才，经理薛迪畅。(二) 在上海同时成立联合出版社，为上海各家联合供应教科书组织。由62家公私书店合营，新华、三联投资占20.75%，私营占79.25%。董事长王益，经理万国钧。

8月12日　根据董事汪伯奇提案，孔庸之 (祥熙) 自被推选为本公司董事长后，久居国外，迄未返沪，最近因政治关系，其全部股份已由本公司遵令呈报在案。董事会议决：(一) 原选次多数俞明岳递补为董事。(二) 常务董事由汪伯奇继任。(三) 改推常务董事吴叔同为董事长。

监察丁辅之逝世。董事会决议：(一) 丁辅之创制聚珍仿宋字体，使公司专利经营，其功甚伟。不幸逝世，除致赙仪40万元外，追酬160万元，共人民币200万元，一次拨给其遗属，薪给同时停止。(二) 所遗监察一席由次多数严庆禧递补。

8月17日　聘任林汉达为董事会顾问。

8月23日　董事会鉴于现下交通阻隔，所有海外及西南各地厂店无法兼顾，推董事长吴叔同在港主持一切。根据此项决定，由吴董事长委请丁榕律师向英领事馆办理授权书，经汪伯奇、舒新城两董事代表董事会签证。嗣于10月10日，董事会再次授权吴董事长，在维护公司利益的前提下，对海外及西南各地厂店资金倘被移转隐藏，可随时在美国或其他各国追索或进行诉讼，仍由汪、舒两董事代表向美国或其他各国领事馆办理签证手续。

9月5日　代总经理沈陵范、副总经理李昌允函请辞职，董事会议一致挽留。

9月23日　吴叔同自港来电："全体董监大鉴：叔明先生以总经理名义在台组织总管理处，令港、星以及西南各局将现金移往；并据厂中人报告，已准备将厂中重要机件等运台。究应如何处理，请电示方针。再，港厂密账由李虞杰、叶晓钟保管，闻李、叶将转道赴台。请董事会对李、叶离沪问题就近处理。"

9月26日　董事会对吴叔同电告港厂密账由李虞杰、叶晓钟保管等问题予询问，李、叶两君声称："绝无保管港厂密账之事，应请彻查。不知台总处要本人赴台，本人亦无赴台之意。"据情电复吴董事长。董事会为避免各方误会起见，决定在《新闻日报》(28日)、《解放日报》(29日)、《大公报》(30日)刊登声明启事，全文如下：

　　中华书局股份有限公司董事会紧要启事：(一)本公司章程规定，总公司设于上海，总管理处为总公司执行机关，非经本会决议，不得迁移。现在本会及总管理处均在上海照常行使职权及处理事务。(二)原有董事长孔祥熙被列为战犯后，已由本会改选吴董事叔同为董事长，并着手整理。(三)原有总经理李叔明自本年2月间赴美后，即由本会改选舒董事新城、沈董事陵范先后代总经理以迄于今。(四)顷接吴董事长由香港来电，获悉李叔明以总经理名义，擅自在台湾设立总管理处，调动资金及准备搬运港厂机器等件，实属违反本公司章程，损害本公司利益。兹经9月26日董监联席会议决议，自即日起，李叔明应免除总经理及在本公司其他兼职职务；其擅自在台湾设立之非法总管理处一切行为，本公司概不承认。倘本公司因此受有损害，应依法向其追究。以上各点，深恐外界不明，特此郑重声明。

此声明并于28日电发港处主任郑健庐、港厂监理姚志崇，并分转吴叔同董事长、李叔明、曹允善律师，暨西南各分支局。

10月17日　收到吴叔同14日自港来电,告知已进港厂,厂长赵俊已向律师声明尊重董事会命令,即开始清点工作。监理姚志崇态度已好转。希望能派董事王志莘亲来解决,以免再夜长梦多。

11月3日　卢文迪、蔡同庆参加上海出版界参观团,前往东北、华北各地访问,参观解放区政治、文化、经济建设等各方面的新气象。12月12日返沪后,卢、蔡二人分别向本局全体干部和在劳资座谈会上报告了参观情况,并提出本局应积极供应老解放区图书、仪器的意见。

是月　本月举行劳资协商会议四次,讨论的问题:(一)劳方同意派卢文迪、蔡同庆参加出版协会东北、华北参观团。(二)同意解放日报社借调本局《中华少年》主编廖湖今。(三)裁并现有机构。(四)继续动员科室人员下厂支援生产,已签名者10人先行进厂。(五)各地分局无法维持问题。(六)组织各项财产整理委员会。(七)同意出售废书约70吨。

是年　6—12月出书120种218册,共1278万字。出版介绍社会主义和马列主义的书有"新时代小丛书":李少甫译《苏联是多民族社会主义国家的模范》、《共产主义理论家列宁》,宁静《社会主义与道德》等;"大众文化丛书":《苏联集体农庄的基本原则》、《苏联的农业组织》、《苏联的工业管理》、《苏联的货币与银行》、《唯物论与法律学》、《中国的农民运动》、《旧教育批判》等;"苏联知识小丛书";"人民民主国家介绍小丛书"。专著有郭大力《西洋经济思想》,启扬《新经济学纲要》,王亚南《政治经济学史大纲》(大学用书)、《中国社会经济改造问题研究》,石兆棠《科学的方法论》,吴清友《战时及战后苏联经济》,胡今《计划经济通论》,阿真译《资本主义与社会主义条件下技术的发展》,盛叙功《世界经济地理》等。

1950年

1月 中华全国戏剧工作者协会编《人民戏剧》由我局印行。

是月 南阳支店正式收歇,经理郭翔佛留办结束。

2月11日 董事会顾问林汉达去燕京大学任教,改聘陆高谊继任。

是日 中华教育用具制造厂拟由两合公司(胡庭梅30%股份,本公司70%股份)改为股份有限公司,所有厂房生财器械原料及半成品,照三七比例共有。俟清点详确,再依比例分发股票,改为股份有限公司。董事会派陆费铭中负责联系清点,清点改组完成后,即出任该厂厂长。

2月22日 中国人民银行通知,原由中华书局上海印刷厂代印钞券即日停印。以前由各部门调往印钞部门工作的人员,先行复员。

3月8日 聘潘达人为董事会秘书长,设立董事会秘书室。另聘钟吉宇为董事会秘书。

4月7日 董事会议对公司的处境进行分析并通过了一个业务计划:(一)整理行政系统,包括废除经理制,改组机构,修订制度等。(二)处理财产,增加收入,包括房地产、原物料、投资等项。(三)发行所、分局、印刷所独立经营,以求自给自足;编辑所整理旧出版物,分别重印、停印。(四)节约物料消耗;整编人员,实行定员、退休、学习、编余,并重定薪给标准等。

废除经理制,改由董事会集中管理。设9人委员会,一切行政管理及应行兴革事项,经委员会讨论决定后,交董事会秘书室执行。9人委员会由吴叔同、汪伯奇、舒新城、王瑾士、潘达人、钟吉宇、李昌允、郭农山、薛季安组成,主席吴叔同,主席离沪时由汪伯奇代为主席。24日开第一次9人委员会会议,定名"中华书局董事会行政管理委员会"(简称行管会),每周一、三、五各开会一次。

5月3日 行管会重新审议出版书刊,决定:(一)英文教材、俄文书、"新时代丛书"、"工农便览"、"工农手册"、"大众文化"等丛书照常进行,字数不超过100万,稿费以8000个折实单位为限;其余古书、目录学等全停。(二)挂图及医药书可暂为准备,适当时再积极进行。(三)收受其他稿件,必须提交行管会讨论。(四)期刊先停《人民诗歌》、《中华英语》两种。

李昌允委员报告收支相差过巨及向银行借款困难情形等。

5月10日　行管会会议谈及财政调度时,谓向分局催款,沈阳、重庆、成都、贵阳等均电复无款可汇。以后对各银行借款到期不能归还,势必影响公司信誉,不能再向银行商借。会议决定请舒新城委员与新闻日报社接洽出售卷筒报纸,暂资周转;一面请吴叔同董事长设法筹款汇沪接济。

6月14日　邢台支店由当地主管机关批准歇业。

6月19日　对上海联合出版社投资增为1400股。该社为上海各家联合供应教科书组织,本公司原投资250股,每股折实单位500份。1949年应得股利14100余折实单位转作增资,每股改为100单位。本公司增至1400股,尚不足860余单位,以现金补缴。

6月24日　参加群众联合出版社,投资200股,即全张白报纸200令,以潘达人为本公司代表。

6月27日　经上海市劳动局进行三次调处,公司与工会签订普遍减薪协议。自7月份起实行七五折减薪。减薪后最高以300个折实单位为限,最低以105个折实单位为度,低于105单位者仍支原薪。同时,公司应进行整顿,建立预算、清查整理、造货发货、购料及规章起草等五个委员会,工会分别派员列席各委员会议。

　　当时公司的组织和人员概况:董事会选任总经理1人,秉承董事会执行业务;另设协理2人,辅助总经理处理业务。公司设编辑所、印刷所、发行所、总管理处、秘书室,分别办理编辑、印刷、上海发行及总公司事务等。各处所下设部课,分层负责。上海部分时有职工660人。编辑所人员分为所长、编审、编辑、助理编辑、校对员、学习员、练习生等七级。印刷所分为所长、厂长、工务长、课长、课员、技工(上手、二手、三手)、练习生勤杂等七级。发行所分为所长、课长、柜长、课员、练习生勤杂等五级。总管理处分为处长、部长、课长、课员、练习生勤杂等五级。分支机构:有分支局33处,分厂1所;在北京、广州、成都、杭州四地各设置监理1人;在香港有驻港办事处及董事长办公室。

是月　特约俄语编辑杨永辞职。聘陆钦颐为特约俄语编审,后改专任编审。

7月5日　为准备举行劳资临时协商会议,双方各自派定代表。工会方面有韩尚德、阮渊澄、陆金度等22人；资方有潘达人、钟吉宇、李昌允等11人。

7月7日　南京分局经理沈仲约病假，由范瑞华代理。

8月2日　推派潘达人、舒新城代表本公司出席华东新闻出版局及上海市新闻出版处召开的公私营出版业座谈会。

是月　开封分局经理翟仓陆久离职守，予以停职处分，由副经理宁子愚暂代。至11月1日调南阳支局经理郭翔佛继任经理。

9月2日　常务董事杜月笙身体衰弱留港，不能执行职务，改推陆费铭中为常务董事。常务董事汪伯奇留港工作，所兼行政管理委员会委员，改推常务董事陆费铭中兼任。

是日　参加通联书店，投资50股，合5000个折实单位，以潘达人、钟吉宇为本公司代表。该店于1953年3月与联联、童联两家正式合并经营。

9月15—25日　第一届全国出版会议在北京召开。代表我局参加者有潘达人、舒新城、王瑾士3人；又有金兆梓为特邀代表，卢文迪以《新中华》主编也参加了会议。分局方面西安分局经理谢惠侨代表西北区私营出版业，汉口分局职员顾恒昌为中南区出版业工会代表出席。舒新城被推为大会主席团成员，金兆梓为提案审查委员会委员，卢文迪为文件起草委员会委员。潘达人、谢惠侨、顾恒昌在大会上发了言。

会议明确了今后人民出版事业，必须遵守人民政协《共同纲领》规定的政策和方针，在出版总署的领导下，为人民大众服务。在工作的改进与发展上，逐步实行出版与发行、印刷分工；在国家统筹下，逐步做到出版专业化。初定本局以出版医药卫生及农业书为主要专业方向。

我局在向会议提交的报告中，谈到现有力量：有编辑61人，凡政经、哲学、教育、俄语、文艺、美术、儿童文学、史地、数理、化工、农业、生物等科，均有多年工作经验的编辑人员。由于过去偏重编辑教科书的关系，他们特别长于中国语文及通俗读物的编写。已聘有精通俄文者5人，并有10余人已学完1年的俄语课程。

在书籍出版方面，过去历年出书14000余种，除不能再印及停售者外，可用者尚有5000余种，部分须加修改补充。解放一年来出版新书300余种，在排印者300余种。

现有期刊6种：《新中华》月刊、《中华教育界》月刊、《中华少年》月刊、《小朋友》半月刊、《中华俄语》月刊、《人民戏剧》月刊。

有图书馆1所，藏书52万册，并富有特色。

印刷方面，有规模宏大的上海、香港两个印刷厂，设备先进，技术优良。除平版机外，有滚筒机3台，每日8小时工作可月印9000令。排字设备齐全，月可一千几百万字，各式字体有大小铜模36副。上海厂有员工345人，大多为精良熟练技工。

是月　在出版总署领导下，三联、中华、开明、商务、联营五家出版社就发行机构联合经营，组成中国图书发行公司进行商讨，组成筹备小组 (本局郭农山为小组成员)，起草了基本方案。

10月10日　"永宁印刷厂"名义取消，改称"中华书局上海印刷厂"，资本划还总公司，自14日起实行。正副厂长仍为沈鲁玉、王凌汉。原监理周开甲改任印刷所所长。

10月15日　召开解放后第一次股东常会。高欣木、吴叔同、沈陵范、王瑾士、陆费铭中组成主席团。选出董事15人：陆费铭中、舒新城、汪伯奇、杜月笙、李叔明、陆费叔辰、俞明岳、高欣木、李昌允、吴叔同、潘达人、王瑾士、王志莘、沈陵范、徐士浩。监察5人：路锡三、严庆禧、吴明然、陈子康、徐玉书。

本局资本总额按政府有关规定由旧法币100亿元调整为人民币200亿元。分10亿股，每股20元。

10月18日　董事会推选高欣木、王志莘、陆费铭中、吴叔同、潘达人5人为常务董事，吴叔同为董事长。根据新修改的公司章程，原"行政管理委员会"改称"业务管理委员会" (简称业管会)，秉承董事会议定公司业务，交董事会秘书室执行。

10月30日　《中华教育界》出至本年底停刊。原负责人姚绍华调派为图书馆副馆长。

11月1日　成立北京办事处，调派蔡同庆暂兼主任。

11月10日　北京办事处推定蔡同庆、王木天、平凤桐、于梦武4人参加三联、中华、开明、商务、联营五单位全国干部会议筹备会。

11月11日　出版总署办公厅于发布《关于三联、中华、商务、开明、联营书店组织联合发行机构的通报》。

11月16—19日　为参加五单位联合在京召开的全国干部会议,与商务共同在沪召集华东、中南、西南、西北四区的干部开准备会议。其后于27日本局总公司及各地分支局代表50余人参加了北京会议。与会者对成立联合发行机构中国图书发行公司,基本上统一了思想认识。

11月22日　聘赵师震为特约编审(赵在学生时期曾受我局资助),主持医药卫生书籍的出版事宜。

12月15日　聘吴阶平为特约编审,任北京方面医药卫生书稿的联系及审稿工作。

12月22日　为配合统一发行与商务采取协调步骤,决定撤销桂林、太原、保定、厦门4处分局。保定职工除经理外,全部调张家口分局工作。至此,本公司所设分支局尚有:北京、沈阳、天津、张家口、青岛、南京、杭州、福州、开封、汉口、南昌、长沙、衡阳、广州、汕头、柳州、梧州、南宁、西安、兰州、重庆、成都、贵阳、昆明、台湾、香港、新加坡等27处。

12月30日　中央文化部科普局编《从猿到人》挂图1套,计5组28幅,交我局印行。合约规定1951年2月交稿,6月印成。后因原稿问题较多,一再修改,延至1953年初发行。

是年　营业收入446.8亿余元,其中销货390亿余元,印刷56.6亿余元。毛利84亿元,与成本及开支相抵净亏28.7亿余元。如无海外资金挹注,已无法周转。主要原因为旧教科书可用者甚少,其他出版物可售者亦大为减少,新书不及大量出版。停印钞券后,印厂收入锐减,印刷能力未能充分利用。

　　1950年港厂主要设备和生产能力:
　　一、印书部分
　　铅印:卷筒机2架,月印3000令;全张密勒机8架,月印1800令。工人39人。
　　浇版:浇版机2架,月浇3500页。工人7人。
　　落石:二三号机3架,打样机1架,落铅皮机1架,月产200方至250方。工人15人。
　　晒版:照相自动晒版机1架,月产150方。工人3人。
　　彩印:德制全张胶印机4架,对开2架,美制全张3架,双色1架,月产9350单色令。工人78人。
　　装订:胜家机16架,穿线订机4架,月产7500万页。工人115人。
　　二、印钞部分

电镀制版全套, 月产25万方英寸。工人75人。

凸版: 四色机1架, 鲁麟12架, 美式18架, 月产375万中张; 三号脚踏120架, 月产3750万小张。工人160人。

凹版: 25″×28″大电机5架, 月产100万大张, 20″×22″美式电机1架, 月产20万中张; 14″×22″小电机80架, 月产200万小张。工人754人。

1951年

1月1日　由三联书店、中华书局、开明书店、商务印书馆、联营书店五单位联合组成的公私合营性质的有限责任公司——中国图书发行公司（以下简称中图公司）在北京成立。我局潘达人、李昌允、郭农山、蔡同庆参加公司管理委员会，潘达人被推为副主席，郭农山兼副总经理。我局发行机构的业务及人事领导权移交中图公司，原业务部所属供应、书栈、分局三课即行撤销，总公司及发行所转中图人员共135人。

中图资金总额定人民币30亿元，本局投资7亿元。经营的第一阶段，资金暂不统一，仍按各单位分别结算盈亏，自负经济责任；至第二阶段，资金统一。

1月15日　原中共中华书局支部书记刘炳贤辞职，致送退职金两个月薪金。

2月23日　调派业务部分局课主任陈世觉为北京办事处专员，刘礼为会计。派潘公望为中图公司上海分公司副经理。

3月23日　董事会讨论《大公报》刊登港厂承印《今日美国》问题。2月间，香港《大公报》报道本公司香港印刷厂承印《今日美国》杂志，经查询始悉港厂于去年5月承印，订约至本年底。因视为日常业务，未向总公司报告备案，故迄今亦不悉其内容。董事会责成吴叔同董事长督促港厂解约，中止承印。港厂自4月4日起中止承印。

4月初　中图公司第二次管委会议决定增资至60亿元，我局增认至14亿元。

4月22日　发行所及各地分支机构兼营的文仪业务，在进入中图公司当地分公司前，全部结束。

是日　市劳动局批准本公司上海印刷厂职工自5月份起，依法实施劳动保险待遇。其他部门不适用劳保条例者，由业委会与工会协商，比照条例订立集体合同。资方代理人的劳保待遇援照条例办理。

是月　上海出版界抗美援朝保家卫国运动委员会在业内募集图书捐赠志愿军，我局捐书3400册。

5月5日　工会为开展肃清反革命运动及通过肃反委员会名单召开大会，新厂成员全体参加，老厂及发行所派代表参加，各部门主管列席大会。

6月3日　工会在美琪戏院举办庆祝实施劳保条例暨表模敬老大会。表彰上海印刷厂技工程永福、周盘明、陆伯勋三人创制电镀平凹版成功，使印数超过平版530%；中排课创月排435万字的新纪录。

6月14日　派姚绍华去北京，代表编辑所接洽出版事务。

是月　拟将香港印刷厂内迁。于5、6月间去港商讨，吴叔同董事长对迁厂原则表示完全同意，拟采取分期搬迁办法。因全部搬迁，费用难以负担，且港府对外运物资至为注意，必须谨慎从事，免生意外。

7月13日　遵照中央人民政府出版总署指示，"中华书局、商务印书馆海外课本联合编刊社"正式成立，以供应海外华侨学校需用课本。总社设上海，办理编辑及与主管各机关联系等；业务机构设香港，办理印、发、运等。第一期资金暂定港币10万元，本局6万元，商务4万元。社务委员10人，推商务谢仁冰为主任，吴叔同、潘达人、戴孝侯 (商务) 为副主任。

　　此前，两家于5月间成立联合编辑组，设在澳门路中华编辑所内，编辑南洋华侨教科书，金兆梓为负责人。6月，组成出版委员会，金兆梓、叶晓钟作为本局代表出席。编刊社嗣后编印了中小学课本3套，即印缅版、新马版和港澳版。

7月27日　在劳资协商会议上，工会同意资方彻底清售剩余物资、处理废置不动产以盘活公司资金的意见。

　　秉此协议，年内处理房地产及剩余物资数目较大者：(一) 铜仁路老厂全部房屋31幢，连同室内设备，以86亿元售与市卫生局，于11月28日成契。其中包括安达纺织厂租用期内添建部分，后于1952年7月14日与安达协议，付给该厂131597.3万元清结。(二) 出售旧汽车6辆，合9236万元；各种纸张2800余令，合132460万余元；各种废书4800余担，合76460万余元。(三) 先后出租平凉路基地30余亩。

8月1日　中华书局北京模型制造所成立，设于西四块玉胡同19号。北京办事处主任蔡同庆兼该所主任职务。

该所与农业部华北农业科学研究所模型室合作经营,以技术及业务为公私合作范围。前于4月间签订了为期两年的技术合作契约,规定该室将研制之原型,交由本局制造发行,并提取售价的10%,以其5%作研究造型费用,另5%为著作费。本公司陆续投入资金8亿元。

9月13日 我局上海印刷厂承印《毛泽东选集》,组织工作委员会,由上海厂主持召集。业委会推荐舒新城委员参加。

9月27日 已届退休的资方代理人,自11月份起办理退休。聘办理退休的金兆梓、薛季安、沈鲁玉分别为编辑所、业委会、印刷所名誉顾问,均不支报酬。

是日 常务董事潘达人在京出席中图公司管委会第三次会议时,与出版总署接洽出版印刷等问题,总署表示:(一)中华书局出版重点由医农改为俄文和翻译,逐渐走向外文。因向总署反映目前尚有困难,希望将农业重点保留,总署允予研究。(二)编辑所出版部门与俄文及翻译有关部分须先迁京。印厂西文排版及中文排版一部分亦须迁京。

上年全国出版会议时,总署规定医、农两项为本局专业方向。当时编辑所没有医卫人员,农业只有半个,引起了编辑所内部不安,怀疑强调专业,意在排挤旧人,高级编审纷纷有离去之意。部分人员要求增加文史专业,以适应十分之六七为文史编辑的情况;并要求改以外文及苏联介绍为专业,建议与中苏友协合作,则大部分人都可以工作。到本年11月间,总署同意改以外文、苏联介绍及农业为专业方向。

是月底 中国图书发行公司第三次管委会议决定再增资至150亿元,其中45亿元由总署投资,本局增认至24.5亿元。

10月4日 编辑所副所长金兆梓退休后,由卢文迪代理。

编辑所主任秘书吴廉铭退休后,由姚绍华继任。医药重点书稿一时无人料理,聘吴廉铭为编辑所名誉顾问。

编辑所《俄语月刊》、《新中华》、《中华少年》和外文编辑,并配合一部分事务人员将迁北京。派姚绍华、朱基俊先行赴京筹备。

印刷厂西文排版及中文排版一部分亦将迁京。派杨荫林、朱锦高前往准备。至12月已有技工36人到京,成立北京排版部,由周开甲负责。

10月8日　上海印刷厂厂长沈鲁玉退休，由李昌允兼代厂长。

10月29日　决定《中华少年》月刊出至本年底停刊。

11月9日　正式聘卢文迪为编辑所副所长。聘施其南为俄文编审，朱基俊为编审。

是月　主要向海外发行的《新中华画报》月刊在香港创刊。编辑部设在广州，马国亮主编，编辑有司马文森、李青等；后以李青为副主编。印数曾至18000册，1958年停刊。

12月12日　为将中华教育用具厂由两合公司改为股份有限公司，董事会推定吴叔同、陆费铭中、李昌允、舒新城、潘达人、钟吉宇、李虞杰、吴明然、俞明岳、薛季安、蔡同庆、邓易园12人为本公司投资该厂股权代表人，会同对方（胡庭梅）股权代表筹备改组。

12月17日　董事长吴叔同自港函称，香港印刷厂厂长赵俊辞职。自12月1日起，暂由董事汪伯奇代理。

12月27日　编辑所因重定专业方向，不再发展医药卫生书稿，原特约编审吴阶平、赵师震1952年2月起不再续聘。

是日　图书馆将所藏舒新城收藏"少年中国学会改组委员会调查表"中毛泽东、恽代英登记表各一份，捐献给上海市文化局。

是月　我局《新中华》月刊经多方研究改进，终以销路问题，出至本年底停刊。

是年　至本年底，本公司重估财产，经上海市评审委员会审查通过，总计为人民币558.7亿余元。其中上海总管理处357.57亿余元；上海印刷厂159.99亿余元；上海发行所2.65亿余元；各地分局13亿余元；港局港处25.49亿余元。

是年　组织全体职工进行政治学习。上半年学社会发展史，下半年学政治经济学。编辑所自行组织，总处及印刷厂则由董事会秘书室及工会分别组织，每日在上班前或下班后学习1小时。政治经济学聘请杨荫溥教授编印讲义进行系统讲授；时事政策方面的学习包括土地改革、镇压反革命、抗美援朝、政协共同纲领等。

是年   为准备迁京人员宿舍及办公用房屋，在北京购买的房地产有：北柳巷42号30余间，5号40余间；西四块玉胡同19号51间；北京分局后院1所；永光寺中街南3号26间半。

是年   本局京津沈沪四分局全部归并于7月间成立的该四地中图分公司。其余各地分支机构及其负责人多有调整：（一）升任杨培增为兰州分局经理。（二）福州分局经理李旭升调中图总处，由李汉松继任。（三）昆明分局经理项再青病逝，派钱正化继任。（四）调桂林支局主任李砺垣为衡阳支局主任。（五）杭州分局经理朱朗亭辞职，派吴子范继任；9月间调福州分局经理李汉松为杭局经理，吴子范回总公司原职。（六）贵阳分局业务不振，办理结束。（七）结束与济南教育图书社的特约关系，其未了事项至1953年12月获致协议。（八）北京区监理周支山病逝，北京区监理处于5月1日起撤销。（九）成都区监理胡浚泉逝世，原成渝监理处于7月中旬撤销。（十）杭州监理处于9月底撤销。监理陈光莹及原厦门分局经理严慎之，均自10月份起回总公司办理退休。（十一）衡阳支局主任李砺垣于12月初携款潜逃，由广州公安局追获。遗缺派张庭秋暂代。（十二）广州分局高民铎于12月下旬自杀身亡。

是年   编辑所为实现专业方向，自4月起，分别与有关单位订立出版合约：华北农业科学研究所的"苏联农业科学丛书"、"农业科学通讯丛刊"、"植物病害丛刊"、"农业生产技术连环图画"、"农业生产技术浅说"等；农业部的"农业生产丛刊"、"农业经济丛书"、"农业干部丛书"；中苏友好协会总会的《中苏友好报》；中共中央俄文编译局、北京俄文专修学校编《俄文教学》双月刊；华东纺织管理局的"纺织丛书"；中国人民银行、中国银行编"国际经济丛书"、"中国进出口商品丛书"；大众医药卫生丛刊社编"大众医药卫生丛刊"；文化部的"古典文艺丛书"；电影局的"电影剧本丛书"；戏改局的"新中国文艺丛书"等。

是年   出版初、重版书包括期刊共796种，用纸15150令。初版占43.13%，重版占56.87%。每种平均用纸19令，平均印数5750册。

整理出停售作废书890种，特价书396种，凭证发售书16种，分别编印三类书的目录。作废纸出售的停售书4800余担，合人民币76465万余元。

是年   总公司员工移转中图135人，办理退休20人，至年底实有人员495人，其中业管会委员7人，总办事处69人，编辑所73人，上海厂346人。

是年   营业收入511.18亿余元。其中销货收入445.43亿余元，印制收入65.75亿余元。与成本及费用相抵，净亏57.669亿余元。

1952年

1月1日 编辑所移设北京，自16日起正式开始办公。上海暂留部分人员，设留沪工作组，负责排校印订，以秘书吴一心为主任。原属业务部之造货、图版，总务部之广告、纸栈四课，改属编辑所。广告课改名推广课。

1月7日 《中国经济地理》、《中国地理概观》、《怎样学习地理》三书有原则性错误，停售作废，编辑所及作者葛绥成均进行检讨。编辑所认为过去出书未经严谨审查，自本年度起，组织专业编审委员会，审慎收稿。重点以外新书不再进行。

1月14日 北京办事处主任蔡同庆调中华教育用具制造厂，董事俞明岳继任京办主任，并暂兼北京模型制造所主任及海外课本联合编刊社驻京代表。蔡同庆原任中图公司管理委员职务，改推舒新城充任。

是日 中华教育用具制造厂改组为股份有限公司，经重估财产确定资本为人民币16亿元。在该公司第一次股东会上，推定本公司股权代表潘达人、吴明然、李昌允、薛季安、舒新城、蔡同庆、陆费铭中为董事，钟吉宇为监察。陆费铭中、蔡同庆任正、副经理。

是日 成立本公司劳资协商会议组织，以替代1949年3月以来的劳资座谈会及临时劳资协商会议。业管会推定潘达人、钟吉宇、舒新城、李昌允、王凌汉、陆费铭中6人为资方代表，李虞杰、邓易园为预备代表。劳方由工会普选韩尚德、唐培生、吴一心、奚兆燊、周少南、陆金度为代表，葛绥成、俞文奎、华道泉为预备代表。第一次协商会议于2月1日举行。

是日 同意接受董事长吴叔同在香港清理本公司投资的保安实业公司方案，以该公司胜利道房屋抵欠我局港币10万元及售余机器抵欠港币58420元结束。

1月17日 调派上海印刷厂秘书沈谷身兼任北京排版部主任。

1月26日 与青岛分局（同记）经理刘锡九订立撤股协议。该局已于1951年底结束营业。

是月 《中苏友好》半月刊由我局印行。

是月　购买北京东四大淹通胡同11号屋23间作宿舍用，屋价市布485匹。又典进北孝顺胡同40号屋31间，作排版部家属宿舍，典期二年，典金9000个北京单位。

2月13日　驻港办事处主任郑健庐因病请假，于1951年底将账目结束，承办业务分别移交董事长办公室及香港分局接办。

前成都分局经理李秋帆自1月份起办理退休。

是日　为配合国家"三反"、"五反"运动，工会组成"增产节约检查委员会"，领导学习和运动。由党支部2人、行政2人、工会3人、团委2人共9人组成，吴一心为主任委员，行政代表为潘达人、钟吉宇。

3月17日　业务部正副主任均已另调工作，今后业务部事务由李虞杰负责主持。

3月22日　上海印刷厂续印《毛泽东选集》第二卷5万册，与华东人民出版社签订印装合同补充文件。此项任务于7月间结算时计亏一亿数千万元。

3月27日　上海市书业公会通知：新闻出版处转来《文汇报》读者要求对以前出版图书如"中华文库"等，是否尚可阅读，审查列表公布。并将审查情况向该会汇报。中图总处亦来函要求早日分清旧存书可售与否。

是月　发行所进货课徐某，亏空侵吞款项4笔，计6035.4万元，停职停薪，反省检讨。亏款由所长负责追回。

4月7日　《光明日报》刊登署名"方针"的文章《评〈居延海〉》，文章指出，解放近3年，出版观点反动的书籍，应深刻检讨云云。（按：《居延海》一书系1950年5月收稿。）

4月10日　《中国近代经济史教程》一书，经《学习》杂志、《人民日报》刊登批评文章后，作者函复，不同意作停售处理。编辑所向出版总署请示，认为确实存在一些问题，改为凭证发售。

5月19日　"中华文库"小学第一集、初中第一集、民众教育用书第一集，解放后停售作废者甚多，预约未取的存书停止发付，按书价折算退还现款。

5月25日　工会召开"三反"、"五反"运动总结大会。谓本局资方对运动态度相当认真,坦白交代尚能彻底,对生产亦具信心。

是月　特约编审沈仲九以修订《辞海》工作结束停聘。

向北京农业大学商聘薛培元、周明烊为特约编审。

向河北省政府调石础任编审,主管农业经济书。年底到职,月薪250个单位。

6月1日　调整总公司机构,撤销原总管理处及印刷所,改在董事会秘书室下设4处:设计处,主任潘达人兼,副主任周开甲、叶晓钟,下设统计、研究计划2科;人事处,主任钟吉宇兼,副主任奚兆燊,下设职工、福利2科;事务处,主任李虞杰,副主任邓易园、吴子范,下设股务、出纳、庶务、文书、产业、业务6科;会计处,主任曹诗成,副主任张逊言,下设账务、稽核2科。

加聘李昌允兼董事会秘书。

本公司投资中华教育用具厂股权代表舒新城、吴明然、钟吉宇因本职工作繁忙,改推沈陵笵、陆费叔辰、路锡三担任。通知该厂,3月22日由香港董事长办公室汇去人民币2亿元,作股东垫款处理,定期六个月,按人民银行利率计息。

是月　本年1至6月,由香港发往新加坡分局秋季中小学课本987383册;发往香港分局春季本112478册,秋季本188065册。

7月　出版总署指定我局为中央一级出版机构,并对我局的领导关系和专业分工范围作了规定。编辑所人员6、7月间陆续参加了总署召集的四次中央一级公私出版社座谈会。

出版总署7月15日《关于中央一级各出版社的专业分工及其领导关系的规定(草案)》对中华书局规定如下:

中华书局编辑所的任务是:

(1) 出版农业经济和农业技术的书刊(包括通俗读物);

(2) 出版农业学校及农学院的课本和参考书;

(3) 出版外国语文及语文教学的书刊(包括中国人学习外国语和外国人学习中国语的课本、辅助读物、字典等);

(4) 出版中苏友好协会委托编印的书刊;

(5) 出版中国文史旧书(与商务印书馆编审部合作)。

中华书局编辑所由中央人民政府农业部在编辑工作上指导和协助,出版总署在出版业务上指导和协助。(按:中共中央宣传部就此草案复出版总署函中指出:"中华书局除受农业部的指导外,还应受中苏友好协会的指导。")

8月8日　董事会就常务董事高欣木病故事决议:高欣木于公司开办时进局,历任董监,并曾任编辑所副所长,主持古书部及美术部等工作,在公司几度艰危期间,擘划支持。于7月14日病故,补助生前医药费500万元,抚恤2000万元。公推舒新城继其常务董事位。

是日　上海市增产节约运动委员会通知定本公司为"守法户",依法应缴所得18392998元,连同各地分支局核定总数为928620259元。至1953年11月底按计划分期缴清。

是月　聘苏联人波波夫为俄文特约编审。每周来所4天,月薪100万元。

9月10日　开第五次劳资协商会议,讨论民主改革问题。工会决定成立"民主改革委员会",每日下午5时半起集中厂部展开学习,假日照常进行。资方完全拥护,推李昌允参加民主改革委员会。资方代理人全体参加学习。

9月15日　前邢台支局经理邢小峰病逝。

是月　抗日战争前发售预约的洋装《四部备要》所缺第八期书决定出版,由留沪工作组派张润之、孙荦人主持。

10月6日　董事会因董事高欣木、杜月笙、王瑾士3人出缺,吴叔同、汪伯奇经常在港工作,徐士浩、李叔明寓居海外,以原选次多数刘靖基、郭农山、李虞杰递补。

10月26日　决定停止港厂机器内运,已运京者分别出租价让。

　　上年8、9月间在北京商定,由新华印刷厂主持,中华、商务等私营厂参加,筹建较大规模的彩印、铅印两厂。出版总署于12月29日召开印刷委员会会议,成立筹委会。本公司由俞明岳、郭农山代表参加筹委会,并将港厂机器陆续运京。至本年7月止,共运至密勒机4架、胶印机3架、对开胶印机1架、胜家装订机3架,均寄存新华一厂。旋以建厂条件未备,迁运又极困难,商请政府同意停运。已运机器,除装订机3架售给新华厂外,其余分别租给新华及美术厂使用。

11月1日　成立中华书局广州办事处(位于广州市德政北路30号),以开展海外出版发行工作。马国亮兼主任,聘司马文森、欧外鸥、廖冰兄、冯剑南、李青等组成编审委员会,马国亮任主任委员。除《新中华》画报外,计划出版《小朋友》半月刊海外版,及中小学课外补充读物等。

是月　编辑所吴一心辞职。其留沪工作组主任职务,由编审杨复耀代理。

12月5日　调王木天为北京排版部副主任。

12月8日　总公司全部自河南路迁至澳门路477号新厂办公。

12月11日　董事会决定,向出版总署建议,准将中图公司并入新华书店,抽回本局在该公司的资金。联合商务印书馆协同进行。

　　中图公司1951年结亏24.6亿余元,本局分担5.74亿元。自本年1月份起进入经营的第二阶段,统一资金、独立经营,可有盈余,同时解除了资方代理人身份。董事会认为将中图并入新华,促进发行一元化,在当前实属必要。另外,本公司目前资金周转困难,明年出版计划扩大,所需资金甚巨,收回发行部分投资,包括投入中图的资金、可销旧存书及不动产等,可以适当运用。

是月　郭农山长期留京工作,辞去业务管理委员兼职。潘达人辞去设计处主任兼职。蔡同庆辞去海外课本联合编刊社社务委员职务。聘陆高谊为业管会委员,兼设计处主任,并代表本局为海外课本联合编刊社社务委员。

是年　继续办理股权登记,至10月8日止,已登记771276250股 (内27383750股为公股),占股份总额77%强。

是年　出书共538种,用纸13488令。初版占49.21%,重版占50.79%。每种平均用纸25令,平均印数11283册,初版平均印数为4278册。自本年起书籍印数由发行机构决定并包销。

是年　为充裕资金,处理不需用财物,主要有:(一) 出售各种纸张约2800令,合106280余万元。(二) 废书3990担,合61727万余元。(三) 出售平凉路基地三笔 (售给市卫生局、建设中学、电线厂),合48180余万元。(四) 各地分局移转中图公司生财器具抵缴资金者,除成都、昆明两处尚未报到外,计20处,合98270余万元。

是年　营业收入491.35亿元,其中销货收入334.8亿元,印制收入156.54亿元。与成本费用相抵,净亏147.488亿元。

1953年

1月15日　编审葛绥成辞职。

是月　广州办事处编《小朋友》半月刊海外版在香港创刊。

2月11日　香港印刷厂志愿转北京工作的工友18人到沪。前已由上海印刷厂工会主席唐培生与北京新华、美术等厂商定，可于3月6日去京工作。根据上年9月间所定"港厂工友回国转厂工作待遇办法"规定，由本局发给家具、服装津贴每人有眷属者220元，单身减半。其在港厂所发两个月薪金，不再扣还。

2月20日　为服从专业出版方向，编辑所原有电化教育业务停止进行。所存器材与上海科学教育电影制片厂联系价让。

是日　参加少年儿童出版社。在该社首次董监会议上，本公司股权代表潘达人、舒新城被推为私股董事，舒并任副董事长。该社于1952年10月由华东新闻出版处主持筹备，资金最后定为22亿元，公方认13亿元，私方中华、商务、大东各3亿元。本局编辑所原有少儿读物及有关编校人员，连同《小朋友》半月刊一并移转该社。本局编审陈伯吹参加该社的筹备工作。

2月23日　上海印刷厂原有厂事务部门改组，分设三部办事：业务部，主任由厂长李昌允兼，副主任沈谷身；事务部，主任由副厂长王凌汉兼，副主任徐志千；工务部，主任仍为周文彬，副主任张仲商。又北京排版部主任，由副主任王木天暂代。

是月　本公司上海部分除印刷厂外，职工的劳保待遇，原依劳资双方所订集体合同办理。自2月份起，经市劳动局核准改照劳保条例实施。资方代理人改为比照劳保条例的规定办理，其费用仍由公司在福利费内支付。

3月5日　董事会决定将本公司图书馆移转有关政府机关，公诸社会。推舒新城、潘达人、陆费铭中成立小组，研究有关的具体问题，并由舒新城代表本会与政府机关接洽。不久，又议定移转的几项原则，包括何者计价、何者无偿等等。但在公私合营前未能实现。

本公司图书馆藏书近60万册。近代史料及地方志，尤为各图书馆所少有。1941年8月，为纪念本公司创办人陆费伯鸿，曾决定就现有图书馆扩充，更名为"伯鸿图书馆"而公诸社会。因时势变迁以及财力、人力所限，未能实行。

1952年初编辑所迁京时，为保留上海本公司图书馆原有藏书的完整，仅选择部分藏书一万余册，中外文杂志七八千册带京。

3月20日 我局出版专业方向，关于苏联介绍方面，原与中苏友协总会签定合同至1952年底止。适苏联政府以时代出版社移赠我国，归中苏友协总会领导，今年起，该会书稿及《中苏友好报》，均由时代出版。我局今后出版专业经批准增加地图及文史两类。

4月18日 与新中国地图社签订出版协议。

4月30日 与中图公司签订退股协议书，6月底撤回资金，并与原转去中图的职工480余人结束劳资关系，给予两个半月薪金，分别签订协议。

5月14日 我局在中图的股份退出后，原代表我局参加中图公司工作的郭农山调我局北京办事处，专办旧存书与发行单位的联系、协助推销事务。

6月 张相遗著《诗词曲语辞汇释》出版。

7月1日 编辑所所长职由副所长卢文迪代理（原编辑所所长兼图书馆馆长舒新城自7月6日起办理退休）。劳资协商会议代表由李虞杰改任，吴子范为预备代表；书业公会代表，除前定钟吉宇、李昌允两人外，由业管会加推陆高谊为代表。

7月13日 编辑所李鋆培研究改变一些纸张开切法，大大提高纸张利用率。总公司分函京沪两地工会表扬。

7月23日 中华教育用具制造厂于2月间决定增资29亿元，连同原有16亿元，合45亿元。本公司认增26.56亿元，其中3亿余元为实物投资。

7月27日 新农出版社为配合国家政策，自愿结束业务，将部分编辑、校对、技工等19人，以及图版、书稿移转本局，其中农业编辑人员有邵霖生、沈炳熊、诸葛群、刘明勋、张光达5人。

　　新农出版社由郑广华、余松烈、邵霖生3人于1947年3月创设，出版农业技术书籍，并印行《新农双月刊》1种。附有排字房等简单印刷机械。1949年10月，郑广华、余松烈离去，社务由邵霖生主持。

是月　编辑所招考校对人员，录用许蓣南、关培贞、张佩中3人，月薪80—90单位折实。

8月　公股公产清理总结报告列全局职工人数共888人。计：

　　董事会秘书室　　3人
　　设计处　　6人
　　人事处　　5人
　　事务处　　42人
　　会计处　　11人
　　北京办事处　　12人
　　广州办事处　　8人
　　编辑所　　33人
　　编辑所沪组　　39人
　　上海印刷厂　　344人
　　北京排版部　　51人
　　香港印刷厂　　287人
　　香港分局　　20人
　　新加坡分局　　20人
　　董事长办公室　　7人

9月10日　北京美术印刷厂去年租用本局内运对开及全张胶印机各1架，到期不再续租，由上海印刷厂派员前往验收运沪。

9月30日　沈陵笵董事私事去港未回，所兼业管会顾问一职，自本月起解聘。

是日　决定南区监理处年底撤销。

10月9日　举行第十二次劳资协商会议，工会根据上级开展增产节约运动的指示，决定成立领导运动的委员会，定委员15人：工会选定唐培生、华道泉等11人，资方推潘达人、李昌允、陆高谊、钟吉宇4人。决定在京成立劳资协商会议，以俞明岳、郭农山为资方代表。重要或涉及全面的问题, 资方代表应得总公司同意, 其协议方为有效。

10月19日　姚绍华辞去图书馆副馆长职务。

11月25日　在京购买东总布胡同57号房屋22间, 连地评价6550万元。

12月7日　工会第一部门(人事、设计、事务、会计四处)所定增产节约计划可调14人往直接生产部门, 计调往上海印刷厂11人、沪组3人。

12月14日　中共中央宣传部拟将本局图书馆送去党史资料书籍40种72册、地图1幅、杂志29种409册, 长期留用, 协商作价。这些资料很多为无价可估的珍品, 公司曾决定以整个图书馆移转政府, 已进行联系, 而革命史料为重要收藏之一, 不便作价转让分割处理。请文化局转请中宣部必须归还。如一时不能归还, 应负责妥为保管。

12月17日　董事会决议申请全面公私合营。12月21日致函中央人民政府出版总署报批。

是月　中国图书发行公司于本年底结束, 此后我局的发行改由新华书店办理。

是年　出书641种, 用纸26155令, 较上年增94%。其中初版占51.11%, 重版占48.89%。俄语占23.2%, 农业占21.28%, 两项重点书发展较快。中学英语课本占26.98%。本年初版书平均印数5709册。

由广州办事处编辑在香港出版的《小朋友》半月刊海外版, 印销渐增至1万以上; "中华通俗文库"以高小及初中一二年级学生为对象, 亦准备就绪, 开始发稿。

是年　由于开展增产节约运动, 进行技术革新, 发挥生产潜力, 上海印刷厂业务收入73.6亿元, 比1952年的54亿元增加36%。革新项目如: 铅印实行交叉装版法, 缩短装版时间; 用纸从25开改为26开, 及封面纸的新开切法, 已在上海印刷界广泛推广; 打纸型机、衬纸机的发明。

是年　售出房地产: (一) 平凉路基地1.49亩, 由市房地产局征用, 以每亩700万元计价; (二) 华山路1448号宅售与华东戏曲研究院, 计12.8亿元, 负担佣金1400万元; (三) 北京北柳巷房屋两所价让中图公司, 5号一所18117万元, 42号一所12383万元。

　　全年处理呆滞物资收入，包括房地产、存纸、文具仪器等计40余亿元，印刷厂机器材料等6.1余亿元，共计46.95余亿元。

　　是年　营业收入378.75余亿元，其中销货收入288.7余亿元，印制收入90亿余元。与成本及费用相抵，净亏66.31余亿元。

1954年（上）

1月15日、28日 出版总署两次邀集中华书局董事会代表举行会议，双方形成一份《关于中华书局实行全面公私合营改组为财政经济出版社的会谈纪要》，根据规定设立北京"财政经济出版社筹备处"，由公方黄洛峰（出版总署办公厅主任）、金灿然（出版总署出版管理局副局长）、沈静芷（出版总署计划财务司副司长）、常紫钟（出版总署出版管理局副局长）和私方舒新城、王志莘、潘达人、李昌允8人组成，黄洛峰为主任，金灿然、潘达人为副主任。

胡愈之署长在1月15日出版总署、中华书局董事会"关于中华书局全面公私合营问题"会议上代表出版总署提出五点意见：

一、机构及名称：同意将中华书局改组为公私合营的出版社，仍兼营印刷业及海外发行，为了出版书籍的方便并便于应付海外环境，仍保留中华书局牌号，但应加挂"财政经济出版社"牌号，凡财政经济图书均以"财政经济出版社"名义出版。合营以后，总机构设在北京，上海、香港可设办事处，北京、上海均用财政经济出版社及中华书局两个牌号。上海、北京二处印厂及香港、新加坡现有机构，虽由新机构统一管理，但仍沿用原来名称，不加改变。

二、合营以后，逐步专业地出版各种财经书籍，由中央财政经济委员会若干部门抽调人员充实编辑机构，出版总署亦抽调人员加强企业经营。中华书局已往的出版物可酌量重印出版，在版权页上仍用中华书局名义。一部分不适宜用财经出版社和中华书局名义出版的图书可转给其他出版社出版，其他出版社如有适宜用财经出版社和中华书局名义出版的书籍，也可与有关各方商酌后转移一部分过来。

三、资金方面，原则上将中华书局原有资产中已经清核清楚的部分提出，作为新机构资金，以后每清核一批即归入新机构账本一批，再按清理公股公产所核定的公股成分，划分公私所占比例，其原由交通银行代管的公股和代管股，作为公股。此外，按照年度生产计划，视资金数额多寡，由公股逐步增加投资。香港及海外资产可考虑另立账册处理。

四、合营后董事会应增公股董事若干人。董事长由原董事长留任为好。公股方面可抽调人员担任副董事长、社长及总编辑。经理及副社长、副总编辑希望私股方面亦能推出人员来担任。中华书局原有实职职工原则上应一律留用，已届或接近退休年龄的非实职人员，除过去有功者外，可按其具体情况，酌量令其退休，发给一定的退休金。职工福利待遇有过高与不合理者，合营以后逐步调整。

五、如以上原则经双方协商同意后，即可由政府方面与中华书局董事会双方推人组织筹备处,筹建新机构。筹备处成立后,应于最近时期派遣人员去上海进行查点资产,了解情况,计划迁京及其他筹备工作。

2月6日 召开董事会议,一致同意接受全面公私合营,并于次日函复出版总署。

1月14日,中央出版总署(54)厅机字第10号函、1月29日(54)厅机字第26号函,批复本公司实行全面公私合营的要求,附有《关于中华书局实行全面公私合营改组为财政经济出版社的会谈纪要》、《财政经济出版社筹备处简则》等。出版总署1月29日函中说:"你局原已有若干公股,并早已为国家担任加工订货任务,事实上已具有国家资本主义性质。目前实行全面公私合营的条件业已成熟,我署同意你局公私合营,并决定改组为财政经济出版社。"

2月11日,出版总署致函华东行政委员会新闻出版局,提出关于处理商务、中华改组工作的一些意见,派沈静芷、唐泽霖、华昌泗、蔡世纬、周积涵、张新元6人到上海协助工作。函中转述了中央指示:"鉴于商务印书馆和中华书局历史悠久,在我国文化界有相当影响,因此,这次在对它们实行进一步改造时,必须郑重将事,只准办好,不准搞坏。"

筹备工作正式开始进行。在北京成立筹备处作为领导机构,下设京沪两个工作组。北京工作组已成立,公司由卢文迪、凌珊如参加为副组长。上海工作组由华东新闻出版处和总署派人参加,公司参加人员待定。筹备工作重心在上海。上海方面的主要工作:(一)资产负债的处理。各项资产,逐步清理逐笔转入新机构,不需要的以处理所得逐笔转账。负债由中华清理,清理不完者新机构继续清理。海外资产有条件时再办。(二)股权清理,由上海工作组会同主管机关核实,确定处理办法、公私比例等。

是日 中华教育用具制造厂申请公私合营。该厂董事会推派董事胡庭梅、陆费铭中、潘达人、蔡同庆4人为代表,通过本公司公私合营筹备处上海工作组向有关主管部门申请。

中华教育用具制造厂创设于1929年1月,抗日战争时期厂房机器损毁,解放后重行恢复,改两合公司为股份有限公司,资本增至45亿元,职工228人。上年产值53.7亿余元。专业制造物理仪器、模型及标本,供应学校及文化科研机构。

是日 中华北京模型制造所配合总公司的发展,向华北农业科学研究所请求公私合营。

2月9日 北京工作组在北京办事处开第一次工作会议,出席者:常紫钟、王寅生、李国钧、张北辰、卢文迪、姚绍华、凌珊如、朱锦高、郭农山、俞明岳。议定：（一）分设行政工作小组及编辑出版小组进行工作；（二）确定各项具体工作及完成日期。

2月19日　决定我局参加公私合营筹备处上海工作组代表：潘达人、钟吉宇、李昌允、陆费铭中、陆高谊、孙庆瑞、唐培生。推定副主任：李昌允、孙庆瑞。推定小组正副主任：秘书组正钟吉宇，副李虞杰；清估组副曹诗成、杨复耀；工厂组副王凌汉、唐培生。董事会同意衡阳分局房屋连地以800万元出售。

2月20日　上海工作组在新闻出版处成立。

2月22日　上午召开上海工作组全体工作人员动员大会，下午进局，开始工作。

2月29日　筹发1949年度股息每股一元二角。解放后未发股息已五年，1949年有盈余，以后各年均亏损。董事会决定1949年股息即行筹发，所需款项于3月15日前由港设法分期汇沪港币30万元。

3月18日　在上海延长路筹建工人宿舍三层6幢，每幢12个房间，连水电卫生共需24.6亿元。除工会集资外，同意增拨7亿元，连前准拨12亿元共拨款19亿元。

是日　公司同意董事郭农山申请自本月份起退休。

3月20日　举行股东常会，议题有以下四个：

（一）1950年10月以后，因重估资产、清理公股等，已三年未开股东会。现在准备就绪即将进入公私合营阶段。1950—1953年，国内部分盈亏情况如下：

1950年净亏人民币二十八亿七千七百八十八万四千九百二十元七角六分；

1951年净亏人民币五十七亿六千六百九十二万四千六百五十五元零二分；

1952年净亏人民币一百四十七亿四千八百八十九万零六十九元六角四分；

1953年净亏人民币六十六亿三千一百三十五万零六百三十三元四角九分。

（二）股东会同意董事会关于公私合营问题的进行，并授权下届董事会继续办理，于下届股东会提出报告备案。

（三）由私股股东选出王志莘、俞明岳、李昌允、潘达人、刘靖基、徐永祚、舒新城、吴明然、陆费铭中、吴叔同、陆费叔辰、郭农山等12人为私股董事。

（四）公私合营后，公方将派代表参加管理，直接领导，因此不再选监察人。

3月24日 上午，新旧同人百余人，在北京西总布胡同北京办事处开联欢大会。金灿然代表公方参加并讲话，王志莘代表董事会讲话。

3月25日 北京筹备处全体集中办公，在新机构成立前临时处理日常事务。公方有狄超白、常紫钟、王寅生、李国钧4人，私方有卢文迪、俞明岳2人参加。

4月11日 在京购买房屋，先后成契三处：（一）孝顺胡同40号典屋改为购买，连前付典价，总值19800万元。（二）东单西观音寺甲10号屋16间连地11500万元。（三）东观音寺70、71号两所22间，评价7900万元。

4月16日 董事会决议，业务管理委员会原拟3月底停止工作，因新机构延期成立，决定继续处理日常工作，但因过渡期间，应随时商承公方办理。自4月20日起，多数委员赴京，会议停止召开，推定钟吉宇委员主持召集各处、厂、沪组负责人，并商请工作组及工会推派代表，组成联席会议，处理公司日常事务，将决议事项交由秘书室执行。

根据《关于中华书局实行全面公私合营改组为财政经济出版社的会议纪要》，董事会议仍推吴叔同为董事长；推选潘达人任副社长，卢文迪任副总编辑，经理由潘达人兼，副经理李昌允；提名陆高谊任出版部主任或副主任，上海办事处主任李昌允兼，副主任钟吉宇，上海印刷厂副厂长王凌汉。

股份清理至3月31日止情况是：

公股5.88%；

未登记股17.68%；

公私合营企业股0.81%；

冻结股0.32%；

已登记私股73.97%；

公司持有股1.34%。

据上海工作组，原机构资产清估汇总表移转上海部分：房地产、机器工具、生财家具、纸张、原物料、事务用品等项，共计现值人民币34634502049元。

据财政经济出版社1955年工作总结：到1954年12月底最后完成的中华书局资产总额清估数字为新人民币668.94万元。其中公股资金85.73万元，私股资金325.53万元，代管股资金83.37万元，三项合计494.63万元。

下 编

1954.5—2011.12

1954年（下）

5月1日　中华书局实行公私合营，组建成立财政经济出版社。董事会由17人组成，其中公方5人：黄洛峰、金灿然、沈静芷、汤季宏、狄超白；私方12人：吴叔同、舒新城、潘达人、王志莘、刘靖基、陆费叔辰、陆费铭中、李昌允、郭农山、徐永祚、俞明岳、吴明然。董事长吴叔同，副董事长黄洛峰。

中华书局总公司从上海迁北京西总布胡同7号，与财政经济出版社一个机构两块牌子，分别以财政经济出版社和中华书局名义出版财经、农业、文史、俄语等书籍。中华书局在上海澳门路的旧址改为"财政经济出版社上海办事处"和"中华书局上海办事处"，同样是一个机构两块牌子。原有中华书局上海印刷厂的名称照旧使用。

财政经济出版社设社长、总编辑一人，副社长、副总编辑若干人。下设机构：

经理部：下设秘书、人事、计划财务、总务四科，并辖北京排版所和上海印刷厂；

出版部：下设印制设计、业务计划、校对三科；

编辑部：分为五个编辑室，第一编辑室：一般经济；第二编辑室：农业；第三编辑室：财政金融；第四编辑室：文史；第五编辑室：外语书刊。

上海办事处：下设秘书、编辑、出版、会计、总务、清理六科和图书馆。

出版总署副署长叶圣陶在财政经济出版社成立大会上的讲话中说："中华书局实行全面公私合营改组为财政经济出版社，不仅是多了一块招牌，扩大了业务范围……从今以后，中华书局的性质根本改变了，是一个半社会主义的出版企业了；在中华书局工作的职工，所处的地位也根本改变了，主要是为国家工作了……就国家说，这是增加了一个重要的出版机构……这个出版机构今后将完全受国家的领导……出版配合国家经济建设和文化建设的书籍。"

财政经济出版社在编辑出版方针上受中共中央宣传部领导；在行政、出版业务和企业管理上受出版总署领导；财经、农业类书稿的选题、组织、审阅则分别接受中央政府相关部、委的指导。

根据出版总署指示，财政经济出版社的方针任务为：遵照党在过渡时期的总路线，配合国家经济建设需要，组织与培养社会著作翻译力量，以具有中等文化程度以上的财政经济工作干部为主要读者对象，进行财政经济书刊的编译出版，以加强马克思列宁主义的财政经济理论、政策与业务知识、农业生产技术的教育宣传。同时担负中华书局原有文史、地图、外语等部门的编辑业务。出书范围: (一) 有关一般经济、财政、金融、贸易、合作、农业方面的马克思列宁主义的理论书籍; (二) 有关上述各方面的政策法令书籍; (三) 有关上述各方面的先进经验和业务知识书籍; (四) 有关农业生产技术和气象的书籍; (五) 有关上述各方面的高等和中等学校的部分教科书; (六) 在力所能及范围内出版有关上述各方面的期刊; (七) 文史类, 主要是中国古籍和关于中国古籍的整理研究成果的书籍; (八) 各种地图; (九) 以中国读者为对象的外语书刊。

5月6日　财政经济出版社召开第一次社务会议, 一致同意出版总署决定, 狄超白任社长兼总编辑, 常紫钟、王志莘任副社长, 王寅生、李国钧、卢文迪任副总编辑; 经理潘达人, 副经理李昌允; 出版部主任陆高谊, 副主任华昌泗; 第一编辑室副主任刘及辰、严健羽; 第二编辑室主任张赛周, 副主任吕平、秦伟; 第三编辑室副主任孔通海、罗涵先; 第四编辑室副主任张梦麟、姚绍华; 第五编辑室副主任朱谱萱。上海办事处主任李昌允 (兼), 副主任路丁、钟吉宇; 上海印刷厂厂长朱文尧, 副厂长彭林、王凌汉。

　　王志莘 (1896—1957), 上海市人。曾就读南洋公学, 国立东南大学 (今南京大学) 附设上海商科大学 (今上海财经大学) 毕业, 后赴美国留学, 1925年获哥伦比亚大学银行学硕士。同年回国, 执教上海商科大学, 并参与中华职业教育社, 担任《生活》主编, 兼教中华职业学校。1926年投身银行界, 先后任江苏省农民银行总经理、新华信托储蓄银行总经理。创办中国国货联营公司、中国棉麻公司等企业。1946年发起成立上海证券交易所, 出任首任总经理。曾任新华物产保险公司董事长等职。被推选为上海银行学会理事长。1949年后, 曾任上海市金融业同业公会副主任、中国银行常务董事。自1934年起先后任中华书局董事、常务董事、董事会主席。1954年我局实行公私合营, 改组为财政经济出版社, 出任私股董事和副社长。

6月4日　召开社务会议, 决定聘请已退休的原中华书局编辑所副所长金兆梓为特约编审。

是月　中华、商务海外课本联合编刊工作结束, 有关业务由广州办事处负责。

8月12日　社常务会议推定吴叔同、常紫钟、王寅生、潘达人、陆高谊5人为社务委员; 任命汪伯奇为香港印刷厂厂长。

是月　改组后首批招录的大学毕业生卫水山、张凤宝、刘光业、李松年、吴佩林、冼秀珍、奚立英、陈斌、程义华、曹久山等10人分配到各部门工作。

9月15—28日　副总编辑李国钧出席一届全国人大一次会议。

12月21—25日　副总编辑王寅生出席全国政协二届一次会议。

是年　截至年底，社本部共有干部164人，其中由原机构移转的69人，从出版总署和各业务指导部门（中共中央农村工作部、中央财委、农业部、财政部、商业部、外贸部、中国人民银行总行、中华全国合作总社和国家统计局等）调集的、大学毕业分配来的共95人。北京排版所有干部和工人53人。上海办事处有干部89人。上海印刷厂有干部和工人389人。

社内有共产党员22人；民主党派成员44人，其中民主同盟14人、民主促进会15人、农工民主党4人、九三学社9人、民主建国会2人。

是年　据统计，财政经济出版社一般图书（每十万字）的出版时间，从发排到出书，平均为85天，最短40天，最长106天。

是年　总计出书590种，其中新书326种。文史类有：《助字辨略》、《古书疑义举例》、《马氏文通校注》、《古汉语语法资料汇编》、《中国文字改革问题》、《全国主要方言区方音对照表》、《中国现代语法》、《古书虚字集释》、《词诠》、《古书句读释例》、《论汉语》、《拼音文字和汉字的比较》、《汉字的整理和简化》、《国内少数民族语言文字的概况》、《联绵字典》、国学整理社辑《诸子集成》、王先谦《庄子集解》、孙诒让《墨子间诂》、皮锡瑞《经学通论》、俞樾《诸子平议》、邓之诚《中华五千年史》、《星槎胜览校注》、郑天挺等编《明末农民起义史料》和《宋景诗起义史料》、梁启超《戊戌政变记》和《清代学术概论》等；张静庐辑注《中国现代出版史料》开始出版；译著有《蒲寿庚考》、《马可波罗行记》等等。

1955年

2月10日　文化部党组给中央的报告称："中华书局香港印刷厂现有工人、职员280人，过去主要业务为承印国民党政府的钞票，书版印刷比重很少，自1950年停印钞票后，生产几近停顿……而香港印刷厂规模甚大，设备齐全，正逐步争取转变其业务方向，使其自给自足。……该局港厂滞存美制钞票纸约5万令……价格约值港币198万元。……为使该局早日偿还1954年秋冬先后向香港新华银行抵押借款175万元，拟请转知人民银行考虑采用该项钞票纸，以期呆滞物资可以利用，同时也初步解决我们对中华书局海外部分的经济负担。"

5月　财政经济出版社撤销第五编辑室——外语书刊编辑室，其外语书刊的编辑业务连同编辑人员全部转移到新成立的时代出版社。

7月23日　董事潘达人、沈静芷出席文化部出版局召开的高等教育出版社 (商务印书馆)、财政经济出版社 (中华书局) 两社董事会座谈会。

会上有关财政经济出版社 (中华书局) 的讨论和决定有：(一) 总结报告内容太详，技术性较强，向董事会报告，应着重谈对企业和对人的改造，使资方感到半社会主义企业的优越性，退回修改。(二) 原私方资产清核结果，海外资产暂不计算，国内资产600万元 (新币，下同)。已提其他准备金20万元，原拟提公积金100万元，可按银行意见不必提出。(三) 关于盈余分配，原拟红利额占盈余的25%，调为23%，以增加公积金比例；酬劳金分配，董事长、副董事长每人500元，董事、总编辑、副总编辑每人300元。(四) 股金每股定为10元，原股份不满10元的奇零数，由私股自行协调补并。(六) 为减少新华书店的存货损失，修订再版的书，旧版尚有存货者即可协商退还出版社。(七) 董事会定于8月3日召开。

8月　中宣部发文通知，经审批可向国外华侨发行的地方出版社所出图书，由中华书局、商务印书馆广州联合办事处办理出口。

11月　财政经济出版社有关统计书籍的编辑出版业务移交给新成立的统计出版社。

是年　年度财务决算，社本部利润47.79万元，上海印刷厂利润16.39万元，北京排版所利润5.16万元，总利润69.34万元。完成计划的150.7%。

是年   出书798种,其中新书461种,译自俄文的翻译书约占60%,农业书约占出书总数的一半。文史类有:《通鉴纪事本末》、《春秋会要》、《西汉会要》、《东汉会要》、《唐会要》、《二十五史补编》、《宋朝事实》、《元史纪事本末》、《瀛涯胜览校注》、《读史方舆纪要》、赵泉澄《清代地理沿革表》、冯承钧编《西域地名》、马坚《回历纲要》、金毓黻等编《太平天国史料》、罗尔纲《太平天国史稿》、汤用彤《汉魏两晋南北朝佛教史》、梁启超《古书真伪及其年代》等;译著有《西辽史》、《中国西部考古记》、《交广印度西道考》、《郑和下西洋考》等;哲学方面有魏源《老子本义》、周予同《经今古文学》;语言文字方面有金兆梓《国文法之研究》、陈光尧《常用简字谱》、林汉达等《汉语的词和拼写法》、何重、王力等《汉语的词类问题》、易熙吾等编著《简体字原》、《中国语文研究资料选辑》等。

是年   中华书局在香港继续保持原有的期刊和一般通俗读物的编辑出版业务,出版发行《新中华画报》月刊12期、《小朋友》半月刊24期、《中华通俗文库》43种。在教科书方面,将已经编辑出版和正在编写中的教科书分为港澳版、印缅版和新马版三个版本。印行港澳版小学教科书16种,销售2.9万册,另有教学法4种;印缅版小学教科书74种,销售64.5万册。

中华书局香港分局和新加坡分局在广州办事处的协助下,积极组织和供应货源,营业情况大有好转。香港分局1955年1—11月营业额达港币261万元,超过上一年400%以上。

1956年

6月16日、7月2日 文化部党组写信向国务院副总理陈云汇报对中华、商务两社实行公私合营后的情况和改进工作的想法。

信中谈到存在问题：一、两社数十年中出版各种书籍约3万种，其中不少为学术研究所需要，这一部分历史遗产没有很好地接受和利用；二、两社在香港和南洋都有庞大的出版发行阵地，没有充分地利用和发挥其力量；三、对两社原有人员虽作了安排，但上层人员不能真正有职有权；合营时承诺职工工资保留不动，但还是动了（指降低）；四、董事会没有定时召开，1955年的盈利没有分配。

信中说，在听了陈云和周总理的指示后，准备改进对中华、商务两社的工作，拟分为两步：第一步，加强对两社过去出版的书籍的整理重印工作，并更多地用中华、商务的名义组织学术书稿和工具书的出版，使两社在业界发挥更大作用。同时，积极开展其在海外的出版发行工作。第二步，将中华、商务独立出来。

6月 中华书局成立海外部，陆高谊任主任，在中央华侨事务委员会领导下，专门处理海外业务。上海办事处设海外组，以配合这一工作。

8月25日 财政经济出版社副总编辑王寅生病故。生前为全国政协委员、中国科学院哲学社会科学部经济研究所学术委员。

12月 文化部党组就中华书局、商务印书馆独立经营向中央的请示报告中称，根据周恩来总理和陈云副总理的指示，拟加强中华、商务的出版工作，逐步将财政经济出版社、高等教育出版社从中华、商务分出，中华、商务按其原有传统，独立经营，担负某些学术性书稿和工具书的出版任务。

报告中称，中华书局独立经营的步骤是：先分别架起农业出版社和中华书局两个编辑部的架子，即一面准备将财政经济出版社改组为农业出版社，在内部建立农业出版社编辑部；一面将古籍出版社并入中华书局，与原有的一些编辑组成中华书局的编辑部。然后待条件成熟时，将农业出版社划归农业部领导。今后中华书局的出书范围，以出版各种文史哲书籍为主，包括古籍和有关著作等。同时，加强和扩展中华书局在香港的出版业务。

是年　开始将财政、金融等经济类书籍出版业务分别移转到年内新成立的中国财政经济出版社和中国金融出版社。

是年　共计出书422种，其中课本38种。文史类图书中古籍主要有：《三国会要》、《明会要》、《建炎以来系年要录》、《七国考》、《古书疑义举例五种》、任继愈《老子今译》、梁启雄《荀子简释》、冯承钧《诸蕃志校注》、《齐民要术》、《农政全书》，另有古代农书十种等；译著有《蒙古秘史》、《东蒙古辽代旧城探考记》、《西域南海史地考证译丛》等；学术著作有《闻一多全集选刊》、王力《汉语音韵学》，以及《二十五史人名索引》、《经传释词》、《经词衍释》等。

1957年

3月 古籍出版社并入中华书局。我局社址迁至东总布胡同10号，编辑部设古代史、近代史、古典文学、哲学等四个编辑组，组长分别由姚绍华、张静庐、徐调孚、傅彬然担（兼）任。

　　古籍出版社成立于1954年6月，是出版总署直属社，社长由出版总署副署长叶圣陶兼任，编辑不足10人，有张静庐、徐调孚、章锡琛、陈乃乾等。

4月27日 中共中央发出《关于整风运动的指示》，实行大鸣大放的开门整风，号召人民对党提出批评意见。我局整风运动开始。

6月 开展反右派斗争，我局卢文迪、章锡琛、陆高谊、丁晓先、方承谟、石础、李勉、李鋆培、王文靖、王子卿、熊尤今、侯岱麟、房志迅、吴佩林、卫水山、黄仁清共16人被错划为"右派分子"（1978年全部平反改正）。

12月10日 齐燕铭向聂荣臻任主任的国务院科学规划委员会提交《关于成立古籍整理出版规划小组的报告》，称该小组的主要任务是：一、确定整理出版的方针；二、领导制定整理出版古籍的长远计划和年度计划，并且检查这些计划的执行情况；三、拟定培养古籍整理人才的方案。该报告当即获得批准。

是月 文化部动员精简机构、下放干部、支援农业，财政经济出版社办理了一批人员退休和部分青年职工调往工厂当学徒。

是年 年初1月，社本部在册人员145人，其中编辑54人，业务人员33人，行政人员58人；年终，在册人员193人（增加了古籍社合并、外单位调入和大学毕业分配来人员），编辑84人，业务人员44人，行政人员65人。上海办事处年终在册人员80人。

是年 出书188种，包括古籍类：《毛诗正义》、《楚辞补注》、《古诗源》、《唐诗三百首详析》、《李太白全集》、《杜工部诗集》、《续资治通鉴》、《续通鉴纪事本末》、《宋太宗实录》、《宋会要辑稿》、《庆元条法事类》、《新校正梦溪笔谈》、《元典章》、《广阳杂记》、《明夷待访录》、陈垣《元典章校补释例》、王崇武校点《小腆纪年附考》、王伯祥《春秋左传读本》、《十三经注疏》（附索引）、高亨《周易古经今注》、马叙伦《老子校诂》、王启湘《周秦名家三子校诠》、《四书集注》、《中国农学遗产选集》等；研究论著类：严中平《清代云南铜政考》、罗尔纲《太平天国史稿》增订本、张静庐辑注《中国近代出版史料》、《文史哲丛刊》等；译著有《吐火罗语考》、《昆仑及南海古代航行考》等。

是年　我局海外工作在"积极发展，稳步前进"方针指导下，也取得进展。本年海外出版发行华侨学校用课本112种，一般书籍187种。

1958年

1月21日　齐燕铭向周扬和中宣部写报告,提出对古籍整理出版工作加强领导、全面规划的建议和具体实施方案。

是月　华昌泗、俞筱尧率28名干部分赴江苏六合和吉林通化劳动锻炼。

2月9—11日　国务院科学规划委员会在北京召开古籍整理出版规划小组(简称古籍小组)成立大会。齐燕铭在会上就古籍整理出版工作的情况和今后的方针、计划要点作了报告。会上公布了小组成员名单,并指定中华书局为小组办事机构。

　　小组组长:齐燕铭;小组成员:叶圣陶、齐燕铭、何其芳、吴晗、杜国庠、陈垣、陈寅恪、罗常培、范文澜、郑振铎、金兆梓、金灿然、赵万里、徐森玉、张元济、冯友兰、黄松龄、潘梓年、翦伯赞;小组办公室主任:金灿然兼。

　　小组下设文学、历史、哲学三个组,文学组召集人郑振铎、何其芳,历史组召集人翦伯赞,哲学组召集人潘梓年、冯友兰。三组成员共81人,几乎囊括了当时文史研究领域的全部顶级学者专家。

　　会上确定了整理出版古籍的六个重点:一、整理出版中国古代名著基本读物;二、出版重要的古籍集解;三、整理出版总集和丛书;四、出版古籍的今译本;五、重印影印古籍;六、整理出版阅读和研究古籍的工具书。

　　小组将整理出版"二十四史"列为重点规划项目,责成中华书局制定整理出版的具体方案,开始进行工作。

3月7日　文化部下发经中央批准的关于中华、商务改组的报告。其中有关中华书局的决定是:将财政经济出版社改组为中华书局和农业出版社两个单位;中华书局属文化部领导,为整理出版古籍和当代文史哲研究著作的专业出版社;中华书局董事会原私方董事12人不动,公方董事5人中,狄超白改换为刘子章;金灿然任中华书局总经理兼总编辑;傅彬然任副总经理兼副总编辑,刘子章任副总经理,金兆梓任副总编辑。中华书局编审委员会主任舒新城,副主任金灿然、傅彬然、金兆梓,委员章锡琛、卢文迪、徐调孚、姚绍华、曾次亮、张静庐、陈乃乾、张北辰。

4月8日　财政经济出版社(中华书局)召开全体职工大会,常紫钟副社长宣布:财政经济出版社撤销,中华书局独立经营,农业出版社成立。

农业出版社归农业部领导,原财政经济出版社副社长常紫钟、副总编辑李国钧调该社,配备人员60人;原财政经济出版社承担的农业书籍和中华书局承担的古代农书的出版业务移交该社;原财政经济出版社(中华书局)社址西总部胡同7号和部分职工宿舍、办公家具并流动资金60万元拨给该社。

是月　金灿然等局领导相继到职。时我局总部有工作人员128人。

是月　中华书局上海办事处改组为两个编辑所:一为中华书局《辞海》编辑所,专事修订中华书局旧版《辞海》,舒新城为主任,杭苇为副主任。一为中华书局上海编辑所(与古典文学出版社合并组成),负责中华书局在上海印制书籍及联络作者的工作,同时也承担一些文史古籍的出版项目,主要侧重于古典文学方面,金兆梓任主任,李俊民任副主任,由上海市出版局和中华书局总公司双重领导。

古典文学出版社成立于1956年11月,社长李俊民。1958年4月并入中华书局上海编辑所。

李俊民(1905—1993),江苏南通人。毕业于武昌大学国文系。1925年加入中国共产党。早期曾任中共湖北省委组织部秘书,武昌市委宣传部副部长。抗日战争时期,先后任新四军"联抗"部队副司令兼《联抗报》社社长等职。解放战争时期,先后任华中一地委宣传部长兼文联主席,华中九分区专员兼地委宣传部长,苏北行省文教处长兼支前司令部政治部主任等职。新中国成立后,先后任苏北行省文化局局长,新文艺出版社社长,古典文学出版社社长。1958年任中华书局上海编辑所副主任、总编辑,中华书局《辞海》编辑所副主任、《辞海》副主编兼文学分科主编。1977年,中华书局上海编辑所独立为上海古籍书版社,任总编辑。是国务院古籍整理出版规划小组成员。主持整理出版了多种文学古籍和古代文史知识普及型读物,如《中国古典文学丛书》、《中国古典文学基本知识丛书》、《古典文学作品选读》,创办了《中华文史论丛》、《中华活叶文选》等刊物。长期从事小说、散文、诗歌创作,有《李俊民文集》。

4—6月　古籍小组文、史、哲三个分组分别制定了规划草案,共收入古籍6791种,其中文学部分3383种,历史部分2095种,哲学部分1313种,基本囊括了我国重要古籍。

6月2日　萧项平自全国总工会调任我局副总编辑。

7月12日　齐燕铭在古籍发行人员训练班上讲话，题目是"谈谈厚今薄古"。

是月　副总经理王乃夫调甘肃省文化局工作。

是月　李侃从高等教育出版社调我局工作。

8月　宋云彬自浙江省政协调我局古代史编辑组工作。

9月13日　吴晗、范文澜主持召开"标点前四史及改绘杨守敬地图工作会议"，研究"前四史"点校的具体方案，并决定其他二十史及《清史稿》的标点工作，亦即着手组织人力，由中华书局订出规划。

　　本年7月，毛泽东主席指示吴晗、范文澜组织标点"前四史"，于是有此会的召开。会后，吴晗以吴晗、范文澜两人名义写信向毛主席汇报会议情况，不久得到毛主席复信，信中称："计划很好，望照此实行。"随后，在中华书局组织下，由顾颉刚、聂崇岐、齐思和、宋云彬、傅彬然、陈乃乾、章锡琛、王伯祥等参与，制定了《"二十四史"整理计划》，后列入国家《三至八年（1960—1967）整理和出版古籍的重点规划》。

　　"前四史"的整理和出版情况是：《史记》，顾颉刚点校，贺次君参与标点，宋云彬做全面加工，1959年9月出版；《汉书》，西北大学历史系点校，傅东华整理加工并撰写校勘记，1962年出版；《后汉书》，宋云彬点校，孙毓棠等审定，1965年5月出版；《三国志》，陈乃乾点校，1959年12月出版。

9月　中华书局《辞海》编辑所与中华书局上海编辑所合署办公，分设古籍和《辞海》两个编辑部。所址迁至绍兴路7号。对外仍挂两个编辑所牌子，内部则是一套管理班子。舒新城任主任，李俊民、金兆梓、陈向平、戚铭渠任副主任，李俊民兼总编辑，李昌允任经理。

10月　我局随着文化部所属机构下放归属北京市出版局领导。

12月　我局创办《古籍整理出版情况简报》。

　　该《简报》由古籍小组办公室编发，为内部刊物，内容主要反映古籍整理出版的有关政策、计划、工作经验、工作成果以及相关学术活动情况。该刊原名《古籍整理出版动态》,1958年12月1日以中华书局的名义编印了第一期。1959年11月25日改称《古籍整理出版情况简报》。齐燕铭亲自题写刊名。至1966年"文化大革命"开始时停刊。"文革"后1979年复刊。至2011年底已编发至490期。

是月　副总经理刘子章调北京电影洗印厂工作。

是月　赵守俨从商务印书馆调我局工作。

是年　金灿然和齐燕铭、翦伯赞与高等教育部联系,拟在北京大学中文系设置古典文献专业,由魏建功担任主持,培养古籍整理出版的专门人才。

是年　金灿然为了中华书局的业务开展,竭力网罗人才,向有关领导提出"人弃我取,乘时进用"的意见。自本年下半年始,陆续调进一批确有真才实学而当时被错划为"右派分子"或被错定为"内控对象"的专家学者,如宋云彬、马非百、傅振伦、杨伯峻、李赓序、傅璇琮、沈玉成、褚斌杰,加上原已在局的章锡琛、卢文迪、童第德、郝光炎、吴翀如等,组成了一支富有学术积累及出版经验的专家队伍。另外,还聘用了失去公职的王仲闻、戴文葆、石继昌、王文锦等做临时工,参加古籍整理出版工作。

是年　文献学家、词学家孙人和调来我局工作。

孙人和(1894—1966),字蜀丞。江苏盐城人。北京大学文学系毕业。曾在中国大学、辅仁大学、河北大学、暨南大学、北京师范大学、北京大学等任教,北京古学院文学研究会研究员。1922年与陈垣、杨树达、吴承仕、高步瀛、尹炎武等组成思辨学社。1952年被聘为中央文史研究馆馆员。1958年到我局古代史组从事编辑工作。曾为局内员工业务学习班讲授音韵学、校勘学等。第一届古籍整理出版规划小组哲学组成员。著作有《墨子举正》、《韩非子举正》、《吕氏春秋举正》、《鹖冠子举正》、《论衡举正》、《三国志辨证》、《抱朴子校补》、《阳春集校证》、《人物志举正》、《宁崝斋读书志》、《左宦漫录》、《唐宋词选》、《花外集》(孙人和校本)等。

是年　出版的图书主要有:《汉语论丛》、《汉语文言语法》、《康熙字典》、《中华大字典(新一版)》、方孝岳《尚书今语》、翦伯赞等编《历代各族传记汇编》、岑仲勉《突厥集史》和《西突厥史料补阙及考证》、张亮采编《补辽史交聘表》,《国榷》、《刻碑姓名录》、

《光绪朝东华录》、《中亚古国史》、《戊戌变法档案史料》、《戊戌变法六十周年纪念论文集》、《美国迫害华工史料》、《革命军》、《孔子改制考》、《伊斯兰哲学史》、《周易古今通说》、《管子地员篇校释》、《全上古三代秦汉三国六朝文》、《元曲选》、《六十种曲》、《朝野新声太平乐府》、《梨园按试乐府新声》、《盛明杂剧》、《封氏闻见记校注》、《甲午中日战争文学集》、《词名索引》、《颜氏学记》、《六十四卦经解》、《论语译注》、《老子译话》、《墨子城守各篇简注》、《胡氏治家略·农事编》、《补农书研究》、《农业遗产研究集刊》、《中国古代版画丛刊》等。

我局上海编辑所出版《钱注杜诗》等书；《辞海》编辑所出版《学文化词典》等。

1959年

1月　吴晗主编的"中国历史小丛书"开始出版，至1966年"文革"开始前出版了147种。该丛书由于作者多为历史研究领域学养深厚的专家学者，内容深入浅出，颇得学界和读者的欢迎与好评。

> 吴晗（1909—1969），字辰伯。浙江义乌人。历史学家。1934年清华大学史学系毕业并留校任教。后曾在云南大学、西南联大执教。1943年加入中国民主同盟。1949年参加接管北大、清华的工作，任清华大学校务委员会副主任、文学院长、历史系主任等职。1949年11月起任北京市副市长。第一至三届全国人大代表；第一至三届全国政协委员，第二、三届全国政协常委；民盟中央副主席。中科院哲学社会科学部委员。古籍小组成员。对我局编辑业务给予颇多支持和帮助，是我局许多书稿的审定者和一些新印古籍的序作者，"中国历史小丛书"、"历史丛书"、"元明史料笔记丛刊"等丛书的主编，《朝鲜李朝实录中的中国史料》的整理者。著作有《胡应麟年谱》、《十六世纪前期之中国与南洋》、《明史简述》、《明太祖》、《朱元璋传》、《历史的镜子》、《史事与人物》、《皇权与神权》、《读史札记》、《三家村札记》（合作）、《江浙藏书家史略》、剧本《海瑞罢官》等。有《吴晗全集》10卷。

3月3日　中华书局总公司和中华书局上海编辑所商定出版分工办法。

> 初步确定以下几点原则：（一）古典文学方面：总集和大型的资料书、类书，由总公司出版；单本的古典戏剧、小说、散曲等以及有关古代民间文学的资料，由上海编辑所出版；总公司基本上不出选注本和选译本；关于古典文学基本丛书的整理出版，要和人民文学出版社分担。原则上总公司以唐宋人别集为主，上海编辑所以元明清人别集为主。（二）哲学和历史方面：古典哲学和历史古籍主要由总公司出版，唯关于宋末、明末、晚清的部分历史资料和有关辛亥革命初期的若干历史文献和专著，由上海编辑所出版。上海编辑所如愿意出版其他哲学和历史古籍，可提出选题与总公司协商。（三）凡属影印版画、手迹类图书，由上海编辑所出版。

是月　齐燕铭主持召开古籍小组第二次会议，讨论1959—1962年古籍整理出版计划要点。会议决定与高等教育部协商，委请北京大学中文系设置古典文献专业，培养古籍整理和编辑干部。

是月　我局上海编辑所和《辞海》编辑所分开，《辞海》编辑所迁至陕西北路457号。

4月17—19日　我局副总编辑傅彬然、编辑宋云彬出席全国政协三届一次会议。

5月22日　我局与商务印书馆议定《商务印书馆、中华书局出版分工的协议事项》。

　　协议内容：（一）商务印书馆不再出版古籍（古医书除外），以及今人的古籍整理著作和关于中国古代文史哲的研究著作。商务解放前后已出上述书籍的重版，由中华处理。（二）中华书局不再出版哲学、社会科学翻译书籍，以及用外文编写的关于中国古代文化的研究著作译本。中华解放前后已出上述书籍的重版，由商务处理。（三）中国历史地理著作及有关外国历史地理的中国古籍，由中华出版；外国历史地理著作及关于中国历史地理的外文著作译本，由商务出版。（四）语文书稿：古汉语部分（包括今人对古汉语的研究著作）由中华出版，现代汉语部分由商务出版。（五）商务资料室现有古籍（包括线装书和排印本），如有复本，以一份转移中华；中华资料室现有外国哲学社会科学著作的译本，如有复本，以一份转移商务。中华资料室的外国哲学社会科学外文书，如商务有需要的，转移商务。

5月26日　我局总公司和上海编辑所就出版分工原则协商，作了补充规定。

　　补充的要点是：（一）凡属有关古典文学的总集、类书，原则上由总公司出版，上海编辑所如有条件、有必要时亦可出版，但应事先与总公司联系。（二）诗文集旧注及诗词纪事均由上海编辑所出版，总公司计划整理出版时，应事先与上海编辑所联系。（三）中国古典文学基本丛书，总公司和上海编辑所均可整理出版，但不以朝代划分，具体书目，每年制定统一选题，协商确定。统一选题外可随时协商补充。（四）历代笔记均由总公司出版，上海编辑所拟整理出版时，应事先与总公司联系。

6月　中华书局总公司编辑部门设总编室、历史一组（古代史组）、历史二组（近代史组）、哲学组、文学组，编辑室实行编校合一；行政部门设经理部，包括人事、出版、总务、财务等部门。

8月5日　金灿然在《人民日报》发表《谈谈古典文献整理与出版的问题》一文，从理论和实践上就如何批判地继承文化遗产、整理古典文献的必要性和重要性、古籍整理的现状和前景等问题作了论述。

是日　我局与中国科学院文学研究所签定《关于编辑出版工作的协议书》。双方签署联系人为我局徐调孚，文学所罗大冈、吴晓铃。

《协议书》中有关近年内文学所书稿范围拟有七类：1.中国古典文学作品之整理本（包括经过标点、汇编、辑佚等类加工过的总集、别集、选集、全集和其他作品，不包括新的选注和选译）；2.古典作家作品评述汇编（包括有关文艺批评的资料性书籍）；3.古典文学论著汇编（包括解放前和解放后的）；4.某一专题资料或某一专家撰著的汇编或丛书，5.古本戏曲丛刊（包括散曲、曲话、曲目等）；6.古本小说丛刊；7.其他。

是年秋　由齐燕铭、金灿然报中宣部、高教部批准在北京大学中文系设置的古典文献专业（魏建功任该专业教研室主任）开始招生，至1966年先后有三个班毕业，共三十余人分配到中华书局工作。

9月　为迎接中华人民共和国成立十周年大庆，中华书局总公司和上海编辑所分别撰写了《中华书局概况》和《中华书局上海编辑所概况》等，作为对外宣传的基本材料。

其中一份较简略的《概况》内容是：

中华书局是个公私合营企业，设有董事会。董事会是一个协商机构，由公方董事5人，私方董事12人共同组成。现任董事长为吴叔同。总公司和编辑部都设在北京，在北京并设有排版所。在上海另设有上海编辑所和辞海编辑所，分别编辑图书和修订《辞海》。另设上海印刷厂。在香港设有海外办事处，负责领导香港分局、香港印刷厂和星加坡分局。海外办事处并编辑出版当地适用的教科书、教学参考书、工具书和《新中华画报》等。香港分局和星加坡分局都是发行机构，经销本公司和其他出版社的出版物以及文化用品。

中华书局现任总经理和总编辑为金灿然，副总编辑为傅彬然、金兆梓（兼上海编辑所主任），《辞海》编辑所主任为舒新城，董事长吴叔同兼海外办事处主任的职务，到目前为止，中华书局共有工作人员1800人。

10月　向17级以上中共党员干部传达庐山会议精神，反右倾运动开始。我局华昌泗受不公正处分。1978年获平反。

11月26日　文化部转发《关于调整和加强北京和上海若干出版社出书任务的报告》,同意人民出版社、人民文学出版社、人民美术出版社、中华书局等和上海相应的出版社建立总社与分社的关系。

是年　历史学家、博物馆学家傅振伦调来我局工作。

傅振伦(1906—1999),河北新河人。历史学家,文物博物馆学专家。毕业于北京大学史学系。曾任教北京大学、东北大学等高校,曾在故宫博物院、国史馆、东北博物院筹委会工作。新中国成立后任中国历史博物馆保管部主任,兼北京市文物调查研究组组长、故宫博物院学术委员。1959年调我局古代史组从事编辑工作。1979年重回历史博物馆任研究员,兼南开大学历史系博物馆专业教授。著有《汉语世界语词典》、《新河县志》、《中国方志学》、《中国史志论丛》、《中国史学概要》、《刘知几之史学》、《刘知几年谱》、《博物馆学概论》、《明代陶瓷工艺》、《中国伟大的发明——瓷器》、《朱琰陶说译注》、《景德镇陶录详注》、《中国古陶瓷论丛》、《中国古科技与技艺文选注》、《七十年所见所闻》等。

是年　出版新书180种,其中历史类113种,哲学类25种,文学类23种,类书、工具书等19种。主要的有点校本《史记》、《三国志》、仿制本《永乐大典》、《秦会要补订》修订本、《明通鉴》、《国榷》、《藏书》、《续藏书》、《四存编》、《札朴》、《观堂集林》、《湘西土司辑略》、《明清史论著集刊》;康有为《新学伪经考》和《大同书》、徐世昌编《清儒学案》、《中国大同思想资料》、《老子哲学讨论集》、《春秋历学三种》、《历代人物年里碑传综表》、《清季重要职官年表》、《全汉三国晋南北朝诗》、《元曲选外编》、《顾亭林诗文集》、《清代碑传文通检》、《北京图书馆善本书目》、《黄书·噩梦》、《张子正蒙注》、《论衡集解》、《经学历史》、《清代地震档案史料》、《夷氛闻记》、《漏网喁鱼集　海角续编》、《弢园尺牍》、《弢园文录外编》、《曾国藩未刊信稿》、《风赋及其他》、《七发》等。

此外,吴晗主编"中国历史小丛书"、"元明史料笔记丛刊",郑天挺主编"清代史料笔记丛刊",邵循正主编"近代史料笔记丛刊",以及《中国哲学史资料选辑》都开始出版。

我局上海编辑所出版上海图书馆编《中国图书综录》。

1960年

1月　在周恩来总理关怀下,全国政协文史资料编辑委员会搜集编辑的《文史资料选辑》本月起由中华书局出版。到1966年5月"文化大革命"开始为止,共出版五十五辑。1978年恢复出版,到1980年出至七十二辑。后转至全国政协新建的文史资料出版社出版。

2月26日　北京市文教卫生先进工作者代表会议在人民大会堂召开,我局傅彬然、俞筱尧、魏子杰作为代表出席。

是月　高等教育出版社副社长梁涛然调来我局任副总经理。

是月　我局上海编辑所开始出版《中华活叶文选》。

4月　第三批下放干部傅惠时、沈芝盈、洪文涛等11人赴昌平大台参加文化工作队工作。

5月14日　人民文学出版社、中华书局、中华书局上海编辑所就文学古籍的整理出版分工原则进行会谈。人文社许觉民、王士菁,中华总部金灿然、徐调孚,中华上海编辑所陈向平参加。

在《会谈纪要》中记录分工原则为:
一、历代文学大家的全集、文集的新注本,三年内计划出版16家(此略),主要由人文社负责,但其中李白、白居易、王安石、陆游、龚自珍等5家由中华上编负责。
二、古典文学的选注本"中国古典文学读本丛书"由人文社负责;普及性的选注本"古典文学普及读物"由中华上编负责。两套选注本均于三年内出齐。两套以外的其他形式的选注本,经协商各家均可出版。
三、古典文学总集的整理、作家与作品资料汇编,由中华负责。古典文学别集的整理,唐以前的由中华负责,自唐代以后的由中华上编负责。"中国古典文学理论批评专著选辑"、"中国历代文论选"由人文社负责。
四、有关作家作品研究的专著,各家均可出版,但尽可能避免重复。中华、中华上编出版的这类著作,凡水平较高的,出至一定时期,人文社可以选拔。古典文学讨论集及研究论文集,由中华负责。

五、工具书，除《古典文学作家简明辞典》、《小说戏曲辞语汇释》已分别在人文社和中华上编进行外，还有许多工作要进行，要做一个通盘规划，这个问题留待以后研究。

六、如以后情况发展，须有补充事项，经协商同意后增补之。

《纪要》还记录了会上一致同意采取几项措施，以加强分工协作的计划性：

（1）以中华为中心，统一规划，共同协作。建立经常联系，每年集会两次，共同研究选题、组稿工作，每月相互交换组稿、发稿、出书的情况，遇有重复，随时协商调整。会议的召集及调整工作均由中华负责。（2）联合组稿。每年第三季内共同拟定下一年度的组稿计划，进行联合组稿。组到稿件，按分工范围分配。在日常组稿工作中，亦应相互协商，并可互相委托代办组稿。（3）检查一次已组、已发稿件。已组稿件，有必要调整的，按分工原则调整，已发稿的也再检查一次。此工作在7月份第一次交换发稿组稿出书情况时合并进行。

10月　杨伯峻从甘肃师范学院调来我局工作。

10—11月　教育部和中国科学院哲学社会科学部分别向全国有关高校和科研单位发出"协助整理古籍的通知"。

11月16日　我局重又划归中央文化部直接领导。

11月28日　第一、二届全国人大代表、中华书局董事、原中华书局编辑所所长、中华书局《辞海》编辑所主任舒新城在上海逝世，享年67岁。（其简历见本书1930年1月记事）

是年　在齐燕铭主持下，我局草拟了《三至八年（1960—1967）整理和出版古籍的重点规划（草案）》，提交古籍小组。10月间，古籍小组经过讨论作了修订。《规划》中包括各种古籍1450种。

是年　"五十年代印刷厂"与本局排印所合并，成立中华书局排版厂。

是年　出版的新书主要有《册府元龟》、《太平御览》、《全唐诗》、《太平经合校》、《清诗铎》、《诸葛亮集》、《人境庐集外诗辑》、《适可斋记言》、《纲鉴易知录》、《左氏百川学海》（乙种）、《汲冢书考》、《李鸿章致潘鼎新书札》、《盛宣怀未刊信稿》、《戊戌变法简史》、《孟子译注》、《韩子浅解》、《何心隐集》、《印度哲学史略》、《广韵校本》等。阿英主编的《晚清文学丛钞》开始出版。

1961年

3月　上海《解放日报》副总编辑丁树奇调我局任副总编辑。

是月　我局在双桥农场开辟菜地30亩，在大兴安定开荒种粮100亩，组织干部参加劳动，秋季收获蔬菜和粮食分给职工和补贴食堂。

4月14日　文化部出版局批复我局"关于新出古籍的发行办法"。

"关于新出古籍的发行办法"旨在对新出版的古籍和有关文史哲著作实行"计划分配，合理供应"，使出版、发行、读者的关系得以协调。办法主要是按书的内容性质和整理编写情况分类分级供应，如大部头的、加工较少的书籍，一般印数很少，采取计划分配供应；少数资料书，或带有保密性质，或涉及政治问题，不宜公开流传的，如《清代地震档案史料》、《中国国民党史稿》、《文史资料选辑》等，采取内部发行办法，主要供给一定机关、团体参考；供一般研究者和有较高文化修养的干部阅读的整理本古籍和相关研究著作，对发行数量作一定控制；一般的古籍选本、今译本等，读者面宽，应作普通书籍发行。

6月　我局代北京历史学会出版吴晗编的《历史剧拟目》。

7月　中华书局排版厂由北京市西城区工业部领导反右倾整风，赵维奎、何宏明受不公正处分。1978年平反。

4—9月　我局响应国家"干部下放"号召，吴乃昌、房志迅等十名干部分别下放到湖北、江苏、江西、广东、内蒙古、宁夏等地。

10月　我局从东城东总布胡同10号迁到西郊翠微路2号大院办公。

12月24日　中华书局董事郭农山病逝，享年67岁。

郭农山（1894—1961），河南襄城人。齐鲁大学毕业。1920年入中华书局，先后任天津、南昌、沈阳、汉口、开封、成都、昆明等分局副经理、经理，兼东三省、长江流域及西北区监理，汉口办事处、西南办事处主任，发行所分局部主任等，对分局的建设和管理贡献较大。抗战初期，主持将大批课本、书籍、纸张、文教用品等由沪、港绕道越南、缅甸转运到国内西南、西北、湘鄂等地。太平洋战争爆发后，沪、港方面一时联络不上，临时担负起全国分局指挥中心的职责。后兼任在渝总管理处业务部部长。1946—1950年任总公司协理兼业务处处长。1951—1953年任中国图书发行公司总管理处副总经理。1954年退休。

是年　朱德、董必武分别为我局出版的《辛亥革命回忆录》题诗。该书到1963年共出六集。1980年转至文史资料出版社出版。

是年　出版的新书主要有《读杜心解》、《焚书》、《续焚书》、《史通》、《汉唐地理书钞》、《文史通义》、《陶渊明诗文汇评》、《陶渊明讨论集》、《影刊宋金元明本词》、《景汲古阁钞宋金词七种》、《明代黄册制度》、《太平广记》、《叶适集》、《忠王李秀成自述校补本》、《义和团运动六十周年纪念论文集》、《戊戌变法人物传稿》、《辛亥革命回忆录》第一集、《庄子集释》、《孟子字义疏证》、冯友兰《中国哲学史》、钱实甫《清季新设职官年表》、《敦煌资料》第一辑等。"中外交通史籍丛刊"、"古典文学研究资料汇编"开始出版。

1962年

1月4日　中华书局举行成立50周年纪念会，胡愈之、陈叔通、叶圣陶、翦伯赞、吴晗、魏建功、黄洛峰、陈翰伯、陈原等出席。文化部副部长、古籍整理出版规划小组组长齐燕铭在大会上讲话。郭沫若、齐燕铭等分别题诗祝贺。

　　齐燕铭肯定了中华书局几年来的成绩，也指出了不足，他希望中华书局不仅是一个出版社，还要把整理古籍的力量团结起来，要把眼光放远些，团结全国对古籍有素养的人们，形成一个全国整理古籍的中心。有了这个中心，一方面整理一些专著，供学者研究；一方面使古代文化通俗化，使广大人民作为营养去采择、吸收。

是月　中华书局上海编辑所、中华书局辞海编辑所、中华书局上海印刷厂联合举行纪念中华书局50周年活动。

是月　文字学家马宗霍调来我局工作。

　　马宗霍（1897—1976），湖南衡阳人。湖南南路师范学堂毕业。曾任暨南大学、金陵女子大学、上海中国公学、中央大学、湖南大学、湖南师范学院教授。中央文史研究馆馆员。1962年调我局从事编辑工作，参与“二十四史”点校。著有《国学撷谭》、《文学概论》、《中国经学史》、《音韵学通论》、《文字学发凡》、《说文解字引经考》、《说文解字引群书考》、《说文解字引通人说考》、《说文解字引方言考》、《淮南子旧注参正·墨子间诂参正》、《论衡校读笺识》、《群经论略》、《汉四史校读记》、《船山遗书校记四种》等多种。

3月　中宣部部长陆定一指示童大林、包之静、金灿然组织出版《魏徵传》。由此我局组织出版了一套“历代政治人物传记译注”丛书。

是月　我局制定《关于书籍稿酬的暂行规定》。自本年5月1日起实行。

7月30日　文化部任命张政烺为中华书局副总编辑。

张政烺 (1912—2005)，字苑峰，山东荣成人。1936年北京大学历史系毕业，即入中央研究院历史语言研究所工作。1946—1960年任北京大学历史系教授，1954年兼任中国科学院哲学社会科学部历史研究所研究员。国务院古籍整理出版规划小组成员、顾问。1962年调中华书局任副总编辑 (实际并未到职)。1966年起，调任中科院哲学社会科学部历史研究所研究员。古籍小组成员、顾问。在中国古代史、考古学、古文字学、古器物学、版本目录学、通俗小说等诸多学术领域有开拓性研究，解决了诸多疑难问题，承担过出土文献整理、《金史》点校等多项学术工作。著有《张政烺文史论集》、《张政烺论易丛稿》等。

10月　大型学术刊物《文史》第一辑出版。

《文史》专门刊发研究我国古代和近代历史、哲学、文学、语言文字等方面的学术论著，提倡"崇尚实学，去绝浮言"，重实证，除空论的学风。文章包括以史事、考据或资料为主的专题研究，古籍的笺释训诂，稀见资料的辑集整理，有关版本、目录、校勘、训诂等方面的研究等。编辑委员会由吴晗、冯定、何其芳、金灿然、吉伟青五人组成，吴晗负责召集。其一至四辑由我局与《新建设》杂志编辑部合作编辑，我局出版。至1965年停刊。1978年复刊后由我局编辑出版。初为不定期出刊，1998年改为季刊。现任主编裘锡圭。

是月　我局成立整理出版"二十四史"三人小组，成员为：萧项平、王春、赵守俨，萧项平负责全面工作。

12月27日　中共中华书局支部选举新一届委员，支部书记兼宣传委员梁涛然，副书记兼组织委员王春，统战工作委员丁树奇，工会工作委员华昌泗，青年工作委员魏子杰。

是年　《近代史资料》开始由我局出版。该刊由中国科学院近代史研究所编辑，1954年创刊。"文革"开始后停刊，1978年复刊。

是年　"中国历史小丛书"出满一百种。10月在人民大会堂召开该丛书编委扩大会议。主编吴晗在发言中说："编印这一套通俗历史读物，一方面是为广大青少年普及历史知识，一方面通过历史人物和历史事件，进行爱国主义和历史唯物主义教育。"《人民日报》、《光明日报》和其他报刊发表了一系列报道和评论文章。

是年　郭沫若为我局题写局名，为"二十四史"待出各史等题写书名签。

　　此前出版的《史记》等书名已由郭沫若题写。郭老还曾为我局《永乐大典》、《凡将斋丛稿》等书写序，审读《曹操集》等书稿，并为我局多种图书题签。

是年　出版图书97种，主要有点校本《汉书》、《周易外传》、《尚书引义》、《初学记》、《宋大诏令集》、《柳宗元评传》、《元朝秘史注》、《蒙兀儿史记》、《元朝名臣事略》、《王船山诗文集》、《孔尚任诗文集》、《明经世文编》、《万历武功录》、《汉魏六朝诗三百首》、《世说新语》、《辛亥革命烈士诗选》、《杜甫研究论文集》、《中国古代音乐史料辑要》第一辑、《韵学源流》、《切韵指掌图》、《中国运河史料选辑》、《通鉴胡注表微》、《殷周文字释丛》、《读金器刻辞》、《双剑誃诸子新证》、《晏子春秋集释》、《蛮书校注》、《先秦两汉经济史稿》、《国史旧闻》、《明季滇黔佛教考》、《积微居读书记》、《多桑蒙古史》、《林则徐集》、《古代汉语》等。"知识丛书"、"历史译丛"、"历代政治人物传记译注"等普及读物开始出版。

　　我局上海编辑所出版《中华文史论丛》第一辑等书。

1963年

6月　总经理兼总编辑金灿然患脑肿瘤住院治疗。

9月　文化部任命丁树奇兼中华书局副总经理。

10月　我局报请中宣部调集南开大学、武汉大学、山东大学、中山大学等院校承担点校"二十四史"的专家郑天挺、唐长孺、王仲荦、刘节、王永兴、罗继祖、陈仲安、卢振华、张维华、傅乐焕、冯家昇、翁独健、刘乃和、柴德赓、汪绍楹、王毓铨等来我局工作,以确保点校质量,加快出版进度。

　　当时各史的点校承担者:《晋书》:吴则虞;南朝五史《宋书》、《南齐书》、《梁书》、《陈书》、《南史》:山东大学历史系,王仲荦负责;北朝四史《魏书》、《北齐书》、《周书》、《北史》:武汉大学历史系,唐长孺负责;《隋书》:汪绍楹;两《唐书》:中山大学历史系,《旧唐书》:刘节负责,《新唐书》:董家遵负责;两《五代史》:北京师范大学,陈垣负责,刘乃和、柴德赓协助;《宋史》:先是聂崇岐,后为罗继祖,其中十一种《志》由邓广铭承担;《辽史》:冯家昇;《金史》:傅乐焕;《元史》:翁独健;《明史》:南开大学明清史研究室,郑天挺负责。

11月　齐燕铭邀请参加整理"二十四史"的全体人员在人民大会堂举行座谈会。周扬、杨秀峰、齐燕铭在会上讲话。范文澜、陈垣、邓广铭等出席座谈会。

是年　副总经理梁涛然调文化部出版局工作。

是年　出版图书主要有:《包拯集》、张舜徽《广校雠略》、《余嘉锡论学杂著》、《廖仲恺集》、《中国近代铁路史料》、《事林广记》、陈垣《中西回史日历》、《楚辞集注》、《洛阳伽蓝记校释》、《经行记笺注》、《吉金文录》、《廿二史札记》、《古代战纪选》、《上古神话》、《曲韵易通》、周一良《魏晋南北朝史论集》、李剑农《魏晋南北朝隋唐经济史稿》、顾颉刚《史林杂识》初编、冯君实《晋书孙恩卢循传笺证》和《新唐书南诏传笺证》、程树德《九朝律考》、傅振伦《刘知几年谱》、张舜徽《顾亭林学记》、《徐光启纪念论文集》、《算经十书》、《陔余丛考》、《越缦堂读书记》、翦伯赞主编《中外历史年表》、余嘉锡《目录学发微》、范希曾编《书目答问补正》、张舜徽《清人文集别录》等。"中国资本主义工商业史料丛刊"开始出版。

1964年

1月　我局魏子杰等5人到北京市怀柔县参加"四清"运动。本年5月返回。

是年　我局编辑出版了《编辑须知》和《出版须知》，供内部使用。以规范工作流程，提高工作效率。

是月　中国科学院任命金灿然为哲学社会科学部委员。

5月　中共中华书局支部改选，王春当选支部书记，王代文任副书记兼宣传委员，魏子杰任组织委员，华昌泗任工会委员，丁树奇任统战委员。10月补选赵维奎为支部委员。

8月　北京大学中文系古典文献专业首届毕业生冯惠民、马蓉、梁运华、刘尚荣、包遵信、魏连科、张忱石、沈锡麟、楼志伟、黄先义（葵）、孟庆锡及历史系毕业生张岛瀛（烈）等12人分配到我局工作。

9月　丁树奇带领我局一批干部到山西昔阳县城关公社参加"四清"运动。次年7月返回。

10月　文化部进行整风，派联络员王又宸到我局参加17级以上干部的学习。

是月　齐燕铭调离文化部，任济南市副市长。古籍小组的日常工作陷于停顿。

12月　三届全国人大一次会议在京召开，傅彬然代表出席。

是年　出版的图书主要有《通鉴纪事本末》、《全元散曲》、《筹办夷务始末·道光朝》、《忠王李秀成自述》影印本、《唐诗别裁集》、《历代乐志律志校释》第一分册、《李白研究论文集》、《尚书正读》、《帝王世纪辑存》、《义和团运动史料丛编》、《中国近代货币史资料》、《墨辩发微》、《庄子解》、《诗广传》、《宋论》、《中国近代改良主义思想》、《中国近代经济思想史》、陈垣《释氏疑年录》等。

1965年

3—8月　北京大学、中国人民大学、中山大学1964年毕业的研究生邓经元、卢启勋、孙树霖、陈铮、孙以楷相继分配来我局，分别到古代史组、近代史组、哲学组工作。

8月　北京大学中文系古典文献专业第二届毕业生于世明、杨辉君、吴树平、罗毅、黄筠、杨锦海、王宝堃、俞曾元、关立勋、董校昌、黄占山等11人分配来我局工作。

8—9月　章锡琛、张静庐、曾次亮、孙人和、童第德等老编辑退休。

11月　王春带领我局一批干部到河南林县和安阳参加"四清"运动。次年6月返回。

11月10日　姚文元《评新编历史剧〈海瑞罢官〉》发表，该文同时指名批判中华书局出版的《海瑞的故事》，并涉及我局出版的《海瑞集》。

12月9日　根据文化部政治部要求，建立中共中华书局党委会，金灿然任党委书记，丁树奇、王春、萧项平、华昌泗、魏子杰为党委委员。

是年　中华书局排版厂与京华印书局、商务印书馆西排车间合并，成立京华印刷厂（1967年改称北京第二新华印刷厂），厂址在北京西郊翠微路。

是年　出版的图书主要有：点校本《后汉书》、《古史新探》、《全宋词》、《文言虚词》、《王廷相哲学选集》、《王船山学术讨论集》、《四民月令校注》、《沧州集》、《清人考订笔记》、《唐明律》、《甲骨文编》、《戊戌以后三十年中国政治史》、《清代各地将军都统大臣等年表（1796—1911）》及《湘报》（影印版）等。

1966年

5月16日　中共中央政治局扩大会议讨论通过《中国共产党中央委员会通知》（即《五一六通知》）。"文化大革命"全面爆发。

是月　我局党委传达文化部的指示精神，宣布中华书局停止业务工作，进行政治学习，集中搞运动，揭发书局的问题。原编外人员一律停聘。借调来我局参加点校"二十四史"的专家陆续返回原单位。

6月13日　接文化部通知，丁树奇、王春、李侃、浦一之、俞筱尧去中央社会主义学院参加集训班。8月11日返回。

6月16日　由孟涛为政委、刘国宪为队长的工作队进驻我局，领导开展"文化大革命"运动。

8月4—6日　工作队召开我局群众大会，选举成立本社"文化革命委员会"（简称"革委会"），主任赵维奎，副主任王代文，另有委员5人（至月底增为7人）。

8月16日　工作队宣布撤离。

8月18日　文化部任命孟涛为我局代副总经理，苏中为代办公室主任。

是年　"文化大革命"开始后，局内原有管理体制被破坏，生产停滞，人心大乱，群众中出现"革命造反团"、"红旗兵团"等名目不同的诸多派别组织。

是年　出版的图书主要有：《问学集》、《诗经与周代社会研究》、《后汉书选》、《辛亥以后十七年职官年表》等。

1967年

1月12日　"革委会"贴出大字报，声明即日起"革委会"自动解散。

2月1日　群众组织"革命造反团"召开夺权大会，由5人组成的执行小组掌权。在此期间，中华书局曾改称为"人民文化出版社"。

2月15日　我局（时称人民文化出版社）与北京造纸总厂、中国书店、新华书店、中国科学院考古研究所、文化部图博文物局、北京图书馆、故宫博物院、中国历史博物馆等12个单位造反派联合印发《关于保护古旧书刊、字画的倡议书》。

　　倡议加强对古旧书刊、字画、文献史料的保护工作；全国大中城市原古旧书刊的收购部门，应该恢复收购，限制流通；全国各地图书馆、文化馆以及机关、团体、学校等单位所存古旧书刊、字画、文献史料，在未鉴别前，暂行封存，不得随意处理；各造纸厂收到的古旧书刊、字画、文献史料，要暂行封存，妥善保管，与当地有关部门革命造反派共同鉴别处理；个人所藏古旧书刊、字画、文献史料亦不得随意销毁。个人交售、捐献的古旧书刊、字画、文献史料，各有关部门应该欢迎、收购。

是月　我局退休编辑、天文历算专家曾次亮逝世，享年71岁。

　　曾次亮（1896—1967），原名纪堂，以字行。河南太康人。1932年北平高等师范学堂（今北京师范大学）毕业。此后一直从教。曾任河南省通志编审。1948年起先后在中南区教科书编审出版委员会和华北教科书编审出版委员会编写中学地理教材。1950年任职出版总署，后任古籍出版社、中华书局编辑，中华书局编审委员会委员，负责审定"二十四史"中天文、律历部分。其《汉语拼音新方案》、《曾氏速记术》、《十三月新历法》，人称"三小发明"。他从事古天文历法研究，首创治历捷算法，著有《四千年气朔交时连算法》、《历代历法的数据及计算公式》、《殷周秦汉历谱》等。

5月　戚本禹（时任中共中央办公厅代主任）要求我局继续点校"二十四史"，并表示可用原参加点校工作的"旧人"。但原任点校工作的学者只有一部分能借调来，于是从中国科学院哲学社会科学部系统和北京地区高校补充了部分力量，加上本局编辑部人员，按朝代分为北朝各史组、南朝各史组、两《唐书》组、《五代史》和《宋史》组、辽金元史组、《明史》组六个组，另设秘书组、序言组。但此项工作仅维持了一年多便结束，进展不大。

8月26日　经各群众组织协商，推举魏子杰等7人组成"人民文化出版社革命联合指挥部"。

9月　在香港的中华书局董事长吴叔同离港赴澳大利亚等地。文化部出版局宁起枷找华昌泗、魏子杰商办：由傅彬然以常务董事、总经理名义，通知香港律师廖瑶珠撤销对吴叔同的授权，另授权给唐泽霖、张丰顺。

1968年

4月18日　"革命联合指挥部"决定对金灿然、丁树奇、萧项平等实行抄家，并扣发工资，每人每月仅发生活费18元（后根据有关文件做了改正）。

7月　北京大学中文系古典文献专业第三批（1966届）毕业生王国轩、王秀梅、安冠英、任雪芳、许逸民、何英芳、李元凯、杨牧之、姚景安、凌毅、崔文印、熊国祯等12人分配来局工作。次年1月，这批新来的大学生按上级安排去山东胶县解放军某部农场劳动锻炼。

12月23日　首都工人、人民解放军毛泽东思想宣传队（简称工军宣队）进驻翠微路2号大院，统一领导驻于大院内的中华书局、商务印书馆、印刷技术研究所的"斗、批、改"。

1969年

1月23日   召开全体职工大会,由工军宣队负责人作"关于学习政策的动员报告"。此后几个月,全体干部进行学习和落实政策解放干部的工作。

6月   中华书局原副总编辑、退休职工章锡琛在京逝世,享年80岁。

　　章锡琛 (1889—1969),别名雪村。浙江绍兴人。中国民主同盟盟员。1909年绍兴山会初级师范学堂毕业后任教小学及师范学堂。1912年入商务印书馆,曾任《东方杂志》编辑、《妇女杂志》主编、国文部编辑。1925年创办《新女性》杂志社,任主编。1926年参与创办开明书店,先后任协理、经理、常务董事。抗战胜利后,去台湾协助接收印刷厂,并在台湾筹设开明书店分店。新中国成立后,历任出版总署调研处处长、专员,古籍出版社副总编辑,中华书局编审委员会委员、副总编辑。1958年被错划为"右派分子",1978年恢复名誉。曾参加《资治通鉴》、《续资治通鉴》等古籍的整理工作。校注了《文史通义》、《马氏文通》、《助字辨略》等古书。有译著《文学概论》(日译)。

是月   我局关立勋、马绪传等参加文化部先遣队赴湖北咸宁筹办"五七"干校。

9月4日   召开全体职工大会,工军宣队负责人作干部去"五七"干校的动员报告。

9月17日   我局退休编辑,原近代史组组长张静庐在上海病逝,享年71岁。

　　张静庐 (1898—1969),浙江镇海人。中国民主同盟盟员。1911年龙山演进国民学校毕业。1915年任天津《公民日报》副刊编辑。1920年任上海泰东图书局编辑、出版部主任。此后,创建或与人合办光华书局、上海联合书店现代书局。1934年创建上海杂志公司,任总经理,经营出版多种进步期刊。1944年参与创办联营书店并任总经理。新中国成立后,先后任出版总署计划处副处长、私企管理处处长、专员,古籍出版社编辑,中华书局编审委员会委员、近代史组组长。主要著述有《革命外史》、《在出版界二十年》,编有《中国近代出版史料》、《中国现代出版史料》、《中国出版史料补编》等。

9月23日   宣布成立我局"革命委员会",工军宣队朱明璋(解放军某部连长)任主任,王春任副主任，另有沈锡麟等5名委员。

9月26日　全局干部，除在部队农场锻炼和在北京留守者外，共计132人到位于湖北咸宁的文化部"五七"干校。在干校，我局与印刷技术研究所合编为第四大队十六连，驻咸宁县王六嘴向阳湖畔围湖造田，生产劳动，并进行"斗、批、改"运动。吴树平、俞曾元、沈锡麟、何宏明、魏子杰、王春、王代文等先后担任正、副指导员和正、副连长。

10月　魏子杰回京办理中华书局香港分局授权事宜。经请示上级，决定以王春为总经理的名义办理。

是年　我局退休编辑童第德病逝，享年76岁。

　　童第德 (1894—1969)，字藻孙。浙江鄞县人。校勘和训诂学家，书法家。1917年毕业于北京大学文科文学门。曾在宁波执教中学多年，并受业于章炳麟、黄侃、马一浮等。曾任民国政府交通部、邮电部秘书。新中国成立后，任中华书局编辑。著有《韩集校诠》、《韩愈文选》、《论衡补正》、《贾子新书校正》等。

1970年

1月   中华书局副总编辑萧项平因患脑溢血在北京逝世，享年70岁。

　　萧项平（1900—1970），原名萧炳实。江西萍乡人。1924年毕业于杭州之江大学。1926年秋考入燕京大学国学研究院，同年加入中国共产党。1927年秋由党组织派遣到北京艺文中学做地下工作，公开职务为教务主任。1928年任中共北京市委秘书长。此后曾任大夏大学、厦门大学教授。1931年因福建党组织遭破坏，失掉组织关系，即赴上海，经共产国际联系参加苏联红军总参谋部情报工作。1943年回家乡从教。新中国成立后，曾任中国教育工会全国委员会副主席。1960年调任中华书局副总编辑。

3月10日   我局职工罗毅在咸宁文化部"五七"干校劳动中突发心脏病，抢救无效去世，年仅28岁。

4月11日   王国轩等人结束在解放军农场的劳动锻炼，转到咸宁文化部"五七"干校。

9月17日   周恩来总理在《恢复文教科技部门的正常工作》（同文化教育部门负责人的谈话）中说："中华书局、商务印书馆就不能要了？那样做，不叫为群众服务。青年一代着急没有书看，他们没有好书看，就看坏书。""《新华字典》也是从《康熙字典》发展来的嘛！编字典可以创造，但创造也要有基础。要古为今用，推陈出新。新的不出来，旧的又不能用，怎么办？"

　　是月   文化部"五七"干校进行整党，开展"斗私批修"，党员恢复组织生活，重建党支部。十六连首任党支部书记王春，继为丁树奇。

　　是月   工军宣队撤离我局。

1971年

2月   周恩来总理针对江青、张春桥等施行的文化专制主义,向出版口提出恢复出书的要求,指示恢复"二十四史"点校工作,并针对当时对书稿的审查、修改特别指出:《资治通鉴》还用审查吗?"二十四史"还要修改吗?

是月   我局和商务印书馆一批干部从湖北咸宁文化部"五七"干校调回北京,准备恢复中华书局和商务印书馆的部分出版业务。由汝晓钟主持中华、商务领导工作,文化部政治部谢广仁调中华、商务参加领导工作。我局赵守俨、吴树平、何双生、沈锡麟、包遵信等调回。

是月   我局退休编辑、著名版本目录学家陈乃乾病逝于浙江天台,享年75岁。

陈乃乾 (1896—1971),浙江海宁人。1916年毕业于东吴大学国文系。先后任进步书局、中华书局编辑,南阳中学图书馆主任,横社出版部干事,中国书店经理,大东书局编辑,中国学会干事,开明书店编辑,同济大学副教授,上海市通志馆及文献委员会编纂。1956年调古籍出版社,次年并于中华书局,任编辑、编审委员会委员、影印组组长。是我局影印古书的重要顾问和编辑,从影印书目的确定,版本的选择,到出版说明或序言的撰写,多由他担当。经他整理、影印的古籍有《永乐大典》、《全上古三代秦汉三国六朝文》、《文苑英华》、《楚辞集注》、《影刊宋金元明本词》、《经典集林》、《三国志集解》、《史通》、《清人考订笔记丛刊》等数十种。是《三国志》点校者,《旧唐书》点校者之一。编著有《四库全书总目提要索引》、《室名别号索引》、《清代碑传文通检》、《黄梨洲文集》、《谭嗣同年谱》、《上海地方志综录》、《禁书总录》等。发表过许多版本目录学、历史掌故等方面的学术文章。

3月15日—7月22日   国务院出版口在北京召开全国出版工作座谈会,沈锡麟代表中华书局参加。

4月2日   周恩来总理在姚文元建议组织一些老知识分子继续进行"二十四史"点校工作的信上批示恢复"二十四史"点校工作,指出:"二十四史"中除已标点者外,再加《清史稿》,都请中华书局负责加以组织,请人标点,由顾颉刚总其成。究竟如何为好,请吴庆彤同志提出版会议一议。

4月7日　国务院办公室主任吴庆彤与国务院出版口领导、中华书局领导并学部留守组军代表等，前往顾颉刚家，传达周总理关于点校"二十四史"的批示。此后不久，顾颉刚写出《整理国史计划书》，较为系统地谈了自己的想法。

4月12日　周恩来总理在接见全国出版工作座谈会领导小组成员时说：你们管出版的，要印一些历史书。我们要讲历史，没有一点历史知识不行。你们的出版计划中有没有历史书籍？现在书店里中国和外国历史书都没有。不出历史、地理书籍，是个大缺点。

5月初　国务院出版口领导小组根据我局上报的"二十四史"整理情况报告，撰写了《整理出版"二十四史"及〈清史稿〉的请示报告》，就"二十四史"校点情况、人员的组织和分工、整理校点工作的办法、《清史稿》的整理办法、工作的大致进度等，向中央作了汇报。周总理亲自审阅、修改，并得到毛泽东主席批示"同意"。

6月21日　中华、商务从湖北咸宁文化部"五七"干校第二批调回二十余人，其中我局有冯惠民、梁运华、熊国祯等。

是月　中华书局与商务印书馆合并为一个单位，两块牌子，一个班子，办公地点从翠微路2号迁至王府井大街36号原中国文联大楼。汝晓钟、谢广仁等任领导。中华、商务仍各自用原名义出书。原中华书局编辑部缩小为第二编辑室，原古代史组成为"二十四史"点校组，属二编室，组长白寿彝，副组长吴树平、赵守俨。

是月　"二十四史"点校整理工作重新启动。我局借调白寿彝、刘大年、张政烺、翁独健、唐长孺、陈仲安、王仲荦、孙毓棠、王锺翰、阴法鲁、陈述、王毓铨、周振甫、启功等专家来我局参加"二十四史"和《清史稿》的点校整理工作。

　　《晋书》由杨伯峻覆阅修改；北朝四史由唐长孺、陈仲安分别负责，南朝五史仍由王仲荦负责。《隋书》因汪绍楹去世，改由阴法鲁继续点校。《旧唐书》、《旧五代史》由复旦大学承担。《新唐书》、《新五代史》由华东师大承担。《宋史》由上海师院和上海社科院历史所承担。《辽史》、《金史》因冯家昇、傅乐焕去世，改由陈述、张政烺分别继续点校。《元史》仍由翁独健负责，邵循正和内蒙古大学蒙古史研究室林沉、周清澍等参加。《明史》因当时郑天挺尚未"解放"，改由王毓铨、周振甫继续点校。新增的《清史稿》，由罗尔纲、启功、王锺翰、孙毓棠分任点校。
　　改由上海地区高校和科研单位承担的《旧唐书》、《新唐书》、《旧五代史》、《新五代史》、《宋史》，已完成的初稿及全部资料也随之转去，体例的调整和确定仍由我局负责，具体编辑工作交由上海人民出版社承担。

此后，各史陆续出版，至1978年春全部出齐。

是月　中华书局上海编辑所并入上海人民出版社，成为该社的古籍读物编辑室，但仍用中华书局名义出书。

是月　原中华书局上海印刷厂厂长、退休职工沈鲁玉在苏州逝世，享年80岁。

沈鲁玉 (1891—1971)，1912年中华书局创办时即进入，先后任沈阳分局经理，文明书局经理，汉口分局经理，分局课主任，总局印刷所副所长、所长，永宁公司 (即中华书局印刷厂) 副总经理，中华书局印刷厂厂长等职。在中华书局工作40年，1951年退休。

是年　出版点校本《周书》、邹容《革命军》、章士钊《柳文指要》、历史知识读物《鸦片战争》等。

1972年

2月 我局张斯富、杨牧之等6人第三批从咸宁文化部"五七"干校调回。

6月 原文化部出版局副局长陈原调中华、商务担任领导工作。

7月10日 金灿然、傅彬然、宋云彬、陈驰、杨伯峻从文化部"五七"干校丹江休养所调回北京。

12月12日 中华书局原总经理兼总编辑金灿然在北京病逝,享年59岁。

　　金灿然 (1913—1972),原名金心声。山东鱼台人。在济宁山东省立七中就读时,受党的影响,积极参加学生运动。1936年考入北京大学历史系。1938年到延安,不久加入中国共产党。曾在抗日军政大学、马列学院学习,后任马列学院历史研究室研究员,并作为范文澜的助手参与编写《中国通史简编》,还撰有《苏维埃运动史》等著作。解放战争时期,任晋绥解放区绥南地委宣传部长、绥蒙区党委宣传科长等职。1948年在中共中央宣传部工作。1949—1957年,先后在华北人民政府教科书编审委员会、人民教育出版社、中央人民政府出版总署编审局、文化部出版局等单位工作,历任秘书主任、副司(局)长、局长等职。曾主编《人民日报》副刊《图书评论》。1958年中华书局改组为整理出版古籍和当代学者文史哲研究著作的专业出版社时,任中华书局总经理兼总编辑、国务院科学规划委员会古籍整理出版规划小组成员兼办公室主任。他不拘一格广聚英才,从全国相关科研机构和大专院校等抽调来一大批知名学者、专家,使得中华书局一时群英汇聚,陆续整理出版了点校本"二十四史"、《册府元龟》、《永乐大典》、《全唐诗》、《全宋词》、《全上古三代秦汉三国六朝文》、冯友兰《中国哲学史》、《余嘉锡论学杂著》等一大批基本古籍和一批现代学者的重要论著,在国内外学术界、出版界产生重大影响。1959年,在金灿然等的积极倡议和推动下,经高教部批准,在北京大学中文系创办了古典文献专业,培养了一大批古籍整理专门人才,充实了我局编辑队伍。

12月 丁树奇、王春、李侃、程毅中、刘起釪等35人从咸宁文化部"五七"干校调回。丁树奇返京后任中华、商务总经理兼总编辑、党委书记。

是年 出版点校本《南齐书》、《北齐书》、《陈书》和影印本《文苑英华》。《中国哲学史资料简编》恢复继续出版。

1973年

2月12日　我局傅璇琮、褚斌杰、魏子杰等8人从咸宁文化部"五七"干校调回。

5月15日　金沙调来中华、商务担任副总编辑。

11月27日　"反回潮,反复旧"斗争开始,办公大楼内有人贴出大字报。

12月29日　传达国务院办公室核心小组吴庆彤讲话,指名批评范用、丁树奇的回潮复旧问题。

是年　上半年,丁树奇主持召开关于中华书局方针任务的座谈讨论会;组织全体员工进行图书质量检查;并着手开展相应规章制度的建设。

是年　出版点校本《隋书》和《梁书》,以及《词综》、《骆宾王文集》、《遏云阁曲谱》、《民国通俗演义》和多种古代诗选等。《中华民国史资料丛稿》开始陆续出版。

1974年

1月1日　党委扩大会议讨论"批克己复礼，反回潮复旧"，中华、商务"批林批孔"运动开始。

1月5日　汝晓钟主持中华、商务全体职工大会，金沙作报告动员批判回潮、复旧问题。丁树奇此时已被责令反省自己的问题。

10月13日　中华书局上海编辑所副主任兼副总编辑陈向平在上海病逝，享年65岁。

陈向平（1909—1974），上海人。曾就读上海中国公学，投身学生爱国运动，主编《民众之路》周刊，后加入中国农村经济研究会。1938年加入中国共产党，被派到《东南日报》主编《笔垒》副刊，并从事党的地下工作。解放战争时期，曾参与策动国民党空军人员起义，争取了多架国民党飞机起义飞向解放区。新中国成立后，任上海市教育局研究室主任、市文教委员会办公室主任。1956年后，任上海新知识出版社副社长、上海古典文学出版社副社长。1958年起任中华书局上海编辑所副主任、副总编辑。曾主持整理出版《中国丛书综录》、《陈寅恪文集》、《汤显祖集》、《会评会校会注本聊斋志异》、《唐诗一百首》、《宋词一百首》等。

12月23日　湖北咸宁文化部"五七"干校将撤销，我局最后一批人员卢文迪、潘达人、姚绍华、俞明岳等29人全部回京。

1969年9月至1974年12月，"五七"干校期间，我局人员调往其他单位者29人，亡故者2人。

是年　部分干部开始轮流到河北静海出版口"五七"干校劳动锻炼，后又转到石家庄国务院办公室"五七"干校。

是年　全国开展"评法批儒"，中华书局奉命出版了一批所谓"法家著作"。

是年　出版点校本《晋书》、《宋书》、《北史》、《魏书》、《新五代史》、《辽史》、《明史》以及《曹操集》、《陈亮集》、《春秋繁露》、《商君书注译》、《藏书》、《续藏书》、《焚书》、《续焚书》、《初潭集》、《史纲评要》、《读通鉴论》、《法家著作选读》、《〈论语〉批注》、《读〈封建论〉》等书。

1975年

1月9日　国家出版局派都仍（现役军人）到中华、商务担任领导（主管政治思想），后任党委副书记。

1月13—17日　四届全国人大一次会议在京召开，我局杨牧之作为增选的人大代表出席。

6月15日　中华书局原副总编辑金兆梓逝世，享年86岁。（其简历见本书1922年4月记事）

7月　王春调音乐出版社工作，后转《诗刊》社。

8月8日　丁树奇调国务院政策研究室工作。

8月28日　周振甫正式调来我局工作。

是月　国家出版局党组决定金沙担任中华、商务党委书记。

9月3日　我局编辑周妙中写信给邓小平，建议加强规划，组织老中青专家，出版学术著作、工具书和古籍。邓小平于9月11日将此信报毛主席批示。按胡乔木的要求，即将出任国家出版局局长的石西民多次召开会议，进行研究和贯彻。

11月10日　中华书局新加坡分局经理施寅佐到访，金沙接待。

11月15日　中华、商务原党委书记汝晓钟逝世。

是年　出版点校本《南史》、《金史》、《旧唐书》、《新唐书》以及《诸葛亮集》、《明代的军屯》、《关于江宁织造曹家档案史料》、《读四书大全说》、《第五才子书施耐庵水浒传》等书。《历代天文律历等志汇编》、《农民战争史资料选注》开始出版。

1976年

1月8日　周恩来总理逝世,我局职工心情悲痛,自发制作和佩戴白花。15日在办公楼礼堂举行追悼活动。

9月9日　毛泽东主席逝世。18日,中华、商务在礼堂举行追悼活动。

10月　"四人帮"被打倒,"文化大革命"结束。全体职工欢欣鼓舞,游行庆祝。

是年　点校本《元史》、《旧五代史》出版,《陆游集》、《魏源集》、《洪秀全选集》、《两宋农民战争史料汇编》、《李煦奏折》、《〈田家五行〉选释》、《〈孟子〉批注》、《〈大学〉〈中庸〉批注》等书出版。点校本《清史稿》开始出版。

1977年

2月14日   徐苓调中华、商务参加领导工作。

8月初   王栋调中华、商务参加领导工作。

8月中旬   张先畴调中华、商务参加领导工作。

是月   国家出版局党组批准由陈原任中华、商务党委书记,王栋任副书记,委员若干人。

是月   国家出版局任命陈原为中华、商务出版社社长兼总编辑,王栋、徐君曼为副社长,吴文焘、徐苓、张先畴、金尧如为副总编辑。

10月5日   金尧如到职,参加中华、商务领导工作。

12月26日   国家出版事业管理局正式宣布中华书局上海编辑所独立为上海古籍出版社,社长李俊民。

此前,上海市出版局决定将中华书局上海编辑所改名为上海古籍出版社。

12月底   人民文学出版社、中华书局、上海古籍出版社,就古籍整理出版分工和规划问题召开协商会,我局赵守俨、李侃、程毅中、熊国祯等参加。

是年   出版点校本《宋史》以及《宋史纪事本末》、《明史纪事本末》、《李太白全集》、《凡将斋金石丛稿》、《诗文声律论稿》、《诗词格律》、《水浒资料汇编》、《孙子兵法新注》、《校刊史记集解索隐正义札记》、《章太炎政论选集》、《中国近代史资料选编》、《习学记言序目》、《我的前半生》等书。《中西交通史料汇编》、点校本"二十四史"人名索引开始陆续出版。

1978年

1月1日　中华书局辞海编辑所独立为上海辞书出版社。至此,我局在上海的两个编辑所都变为独立的出版社,不再使用"中华书局"版权。

2月　根据上级指示,成立落实干部政策办公室,复查历次政治运动中对有关人员的处理,凡属冤假错案,即予平反改正。此工作至1979年3月基本结束。

3月7日　国家出版局发函,就中共中华书局、商务印书馆临时委员会2月21日《关于中华书局、商务印书馆出版方针任务的请示报告》作出回复:"同意你们关于方针任务的报告。"

《报告》说:"从当前实际情况出发,我们暂时保持一个机构,用两块招牌出书。"《报告》中有关中华书局的部分是:"中华书局是整理出版中国古籍的专业出版社,具体任务是:(一)整理出版中国文学(包括语言文字)、历史、哲学方面的古籍,影印某些珍本、善本或重要古籍。出版有关资料汇编和专业工具书。(二)组织出版今人关于中国古代和近代文、史、哲方面的研究著作。近人在这方面的研究著作,也有选择地出版。适当出版外国人研究中国文史哲问题的有价值的著作。(三)适当出版一些选本、译注本和知识读物。"

春季　点校本"二十四史"和《清史稿》全部出齐。

4、5月份,新华社、中国新闻社分别发表"二十四史"点校本全部出齐的电讯;《人民日报》、《光明日报》刊登了我局编辑部撰写的《用科学的态度对待历史遗产——"二十四史"整理工作的一点体会》;《人民日报》刊登顾颉刚写的《努力做好古籍整理出版工作》。6月,《光明日报》和香港《大公报》先后刊出关于"二十四史"整理工作的笔谈。

5月26日　中华书局原副总编辑、副总经理傅彬然在京逝世,享年80岁。

傅彬然 (1899—1978),浙江萧山人。毕业于浙江第一师范学校。早年曾参与创办浙江第一个宣传社会主义思潮的刊物《浙江新潮》。1927年加入中国共产党,任中共萧山县委书记。1930年进上海开明书店,任编辑部主任、《中学生》杂志主编、《文汇报》主笔。

新中国成立后，历任华北人民政府教育部教科书编审委员会委员、出版总署图书期刊司副司长、文化部出版局副局长、古籍出版社副总编辑、中华书局副总编辑兼副总经理。曾任第二、三、五届全国政协委员，第三届全国人大代表，中国民主促进会第四、五届中央委员。

8月8日　王栋主持全社职工大会，宣布调整机构和干部任命。我局方面，古代史编辑室副主任赵守俨、吴树平，古典文学编辑室副主任程毅中、方南生，近代史编辑室副主任李侃，哲学编辑室主任熊国祯，历史小丛书编辑室副主任浦一之。

8月13日　金沙调五机部教育司工作。

9月30日　都仍调回解放军部队。

10月21日　古籍小组原组长齐燕铭逝世，享年71岁。

齐燕铭（1907—1978），北京市人。蒙古族。1930年毕业于中国大学国语系。先后在几所中学、大学任教，撰写《中国通史》、《中国文学史》，参与创办《文史》双月刊，主编《盍旦》、《时代文化》杂志。1938年加入中国共产党，后任鲁西北《抗战日报》主编、政治干部学校教务长、冀南行署太行办事处主任。1940年后任延安中央研究院研究员，并在鲁艺、陕北公学兼课，参与创作评剧《逼上梁山》、《三打祝家庄》。1945年后任中共赴重庆、南京代表团秘书长，中共中央城市工作部、统战部秘书长。新中国成立后，历任中共中央统战部副部长、中央人民政府办公厅主任，政务院副秘书长，总理办公室主任，国务院专家局局长，文化部副部长。"文革"中遭受打击和迫害，1974年复出，任中国（社会）科学院顾问、全国政协秘书长。是第一、二、三届全国人大代表，第五届全国政协常委。他非常重视保护和拯救中华民族的传统文化，在古籍整理出版方面，于规划的制定与实施、人员的配备、人才的培养上做了很多工作，对中华书局的业务发展提供了极大支持和帮助。

11月　《甲骨文合集》开始出版。

《甲骨文合集》是一部大型甲骨文资料书，主编郭沫若，中国社会科学院历史研究所先秦史研究室甲骨文合集编辑工作组集体编纂，总编辑胡厚宣。其图版部分影印出版，8开本精装十三册，至1983年全部出齐。

12月18日　副总编辑金尧如调国务院港澳办工作。

是年 《近代史资料》复刊。《文史》自第五辑开始复刊，由我局编辑部编辑。

是年 中华书局开办古代汉语培训班，培训本局员工。

是年 出版图书78种，其中新书36种。主要有：《屈赋新编》、《周易探源》、《古典文学研究资料汇编·黄庭坚和江西诗派卷》、《清代档案史料丛编》、《太平天国时期广西农民起义资料》、《洪仁玕选集》、《庚子纪事》、《民国人物传》、《前后汉故事新编》、《红楼梦戏曲集》、《太平天国诗歌浅谈》、《辛亥革命时期的诗歌》、《张载集》、《中国历史纪年表》等。

1979年

3月2日　王春由《诗刊》社调回我局，领导筹备恢复中华书局原建制的工作。

4月10日　在人民大会堂台湾厅举行中华、商务老职工座谈会，两单位解放前后在京沪等地的部分老职工63人出席。胡愈之主持座谈会，并回顾了中华、商务对我国科学文化事业做出的贡献。沈雁冰、陈翰伯、陈原、卢文迪、戴孝侯、姚绍华、吴泽炎等发言。会上倡议与台湾同业建立业务联系。

4月17日　全国政协委员、中华书局退休编辑宋云彬在京逝世，享年82岁。

　　宋云彬（1897—1979），浙江海宁人。1912年入杭州中学。1921年起，先后任《杭州报》、《浙江民报》、《新浙江报》编辑、主笔。1926年任上海国民通讯社社长。后到黄埔军校政治部编辑《黄埔日报》。1927年任《民国日报》编辑，不久后入开明书店，整理校订朱起凤的《辞通》，主编《国文讲义》、《中学生杂志》和《开明活页文选》。抗战时期在桂林文化供应社工作，编辑《野草》杂志，兼教桂林师范学院。1945年入中国民主同盟，任重庆进修出版社编辑，并主编《民主生活》周刊。1947年赴香港任文化供应社总编辑，并主编《文汇报》的《青年周刊》，同时任教达德学院，并编写南洋华侨中学语文教科书。1949年任华北人民政府教育部教科书编审委员会委员。新中国成立后任国家出版总署编审局一处处长，人民教育出版社副总编辑。1951年后任浙江省人民政府委员、省政协副主席、体委主任、文联主席等职。1957年被划为右派（1979年获平反）。次年调入我局，参与点校"二十四史"中的《史记》、《后汉书》、《南齐书》、《梁书》，并兼教北京大学古典文献专业。是第一届全国人大代表，第一、三、四、五届全国政协委员，民盟中央委员。著有《明文学史》、《中国文学史简编》、《东汉宗教史》、《中国近百年史》、《宋云彬杂文集》、《红尘冷眼——一个文化名人笔下的中国三十年》等。

6月16日　中央组织部批准卢文迪、李侃、赵守俨任中华书局副总编辑，王春任中华书局副总经理。

7月10日　陈之向调来我局担任领导工作。

7月18日 意大利威尼斯大学中文系主任、罗马中东学院副院长、意大利文本《中国文学史》作者兰乔迪约请中华书局编辑部在中国社科院外宾接待室举行座谈，赵守俨、傅璇琮、程毅中、许逸民参加。

是月 于1966年停刊的《古籍整理出版情况简报》复刊（仍为内部刊物）。

8月11日 召开全体职工大会，陈翰伯代表国家出版局党组宣布从1979年8月起，商务、中华恢复两个单位原建制，在未选举成立党委前，建立领导小组。中华书局领导小组组长陈之向，副组长张先畴、王春，成员李侃、魏子杰。行政方面陈之向职务待报批，王春任副总经理，张先畴、李侃、卢文迪、赵守俨任副总编辑。恢复建制后，设编辑部、经理部、出版部。编辑部分设古典文学、古代史、近代史、哲学、历史丛书、《文史》六个编辑室。

8月24日 召开全局大会，宣布机构和人事安排：俞明岳任总编办公室主任；傅璇琮、魏连科任古代史编辑室副主任；刘德麟、何双生任近代史编辑室副主任；程毅中任文学编辑室主任；熊国祯任哲学编辑室主任，陈金生任副主任；浦一之、李赓序任历史小丛书编辑室副主任；吴树平任《文史》编辑室主任；华昌泗任出版部主任；赵维奎、魏子杰任经理部副主任；姚绍华任图书馆主任，方南生任副主任；张斯富任人事科主任；傅惠时任财务科主任；邰德金任总务科主任。11月15日，国家出版局就以上人事任命下发文件。

是月 原由吴晗主编的"中国历史小丛书"恢复出版。几年之内新出一百多种，加上"文化大革命"以前出的，累计达到二百几十种。

是月 我局与中国古文字研究会合编的专业性不定期学术刊物《古文字研究》创刊。

11月12日 从社会上公开招考一批校对人员，尹宁、董廉、高莹、洪思律、余喆、王秋生、李捷、陈端、刘利光等9人被录用。

12月 中国出版工作者协会在长沙成立，中华书局为团体会员，周振甫、华昌泗被选为第一届理事会理事。

是年 《清史论丛》创刊，是为清史研究学术论文集刊，不定期出版。

是年 我局有编辑人员52人，出版印制和校对人员30人。

是年　出版图书125种，其中新书90种。主要有《左传纪事本末》、《元史纪事本末》、《陶渊明集》、《白居易集》、《全金元词》、《管锥编》、《戏曲小说丛考》、《宋诗话考》、《月轮山词论集》、《瞿髯论词绝句》、《中国佛学源流略讲》、《乐府诗集》、《曹操集译注》、《杜诗详注》、《柳宗元集》、《辛弃疾词选》、《梅尧臣传》、《魏源诗文系年》、《契丹史略》、《中国古代韵书》、《词诠》、《明史考证》、《杜诗注解商榷》、《龚自珍的诗文》、《荀子新注》、《列子集释》、《无何集》、《尉缭子注释》、《朱执信集》、《章太炎年谱长编》、《公孙龙子研究（附今译）》等。《续资治通鉴长编》、"中外交通史籍丛刊"、"唐宋史料笔记丛刊"、"中国少数民族简史丛书"、"古小说丛刊"、《古文字研究》等开始或恢复出版。

1980年

2月9日　国家出版局任命陈之向为国家出版局党组成员兼中华书局总经理。

2月11日　我局在政协礼堂举行迎春茶话会，有关部门负责人和学术界人士陈翰笙、李一氓、陈翰伯、王子野、许力以、陈原、刘大年、黎澍、翁独健、夏鼐、李新、林甘泉、邓广铭、王力、夏承焘、胡厚宣、启功、周祖谟、张岱年等100人出席。总经理陈之向向到会人士祝贺新春，对他们多年来给予书局的支持和帮助表示感谢。

3月26日　我局向国家出版局呈送《关于恢复古籍整理出版规划小组的请示报告》。

4月21日　总编办公室召开会议，讨论制定我局古籍整理出版工作十年规划事宜，决定成立规划制定小组，由赵守俨、潘达人、程毅中、傅璇琮、陈金生、刘德麟、杨牧之7人组成，赵守俨为小组召集人。

5月4日　全国出版工作座谈会在北京召开，我局副总经理王春参加。

6月2日　李侃主持召开总编办公会议，讨论：（一）关于人民、商务、社会科学、中华四家出版社联合创办《联合书讯》事宜；（二）根据国家相关规定，拟定中华书局稿酬办法。

是月　《文学遗产》复刊后第一期出版。此刊由中国社会科学院文学研究所编辑，中华书局出版。

是月　我局编辑出版的不定期学术性随笔《学林漫录》初集出版。此书陆续编辑出版，至2011年底出至第十八集。

7月1日　由人民出版社、中国社会科学出版社、商务印书馆、中华书局四家联合编辑出版的《联合书讯》创刊。同日，我局开始实行新的稿酬办法。

是月　李侃提出创办《文史知识》的建议和设想，随后经局领导小组讨论同意，正式拟定办刊方案报请上级审批。9月26日，得到国家出版局批复同意。

是年　我局开始陆续在全国各省市建立特约经销店。本年建立了北京中国书店、长春古籍书店、南京古旧书店、西安古旧书店、天津古籍书店、上海古籍书店、沈阳古籍书店等7家特约经销店。

是年　我局有正式编制人员139人，其中编辑人员62人。

是年　销售总码洋1190.97万元；实现利润158.91万元。

是年　出书198种，其中新书137种，重印书61种。主要有：《陈垣学术论文集》、《探微集》、《庾子山集注》、《杨炯集　卢照邻集》、《西昆酬唱集》、《新校元刊杂剧三十种》、《陆九渊集》、《戴震文集》、《群音类选》、《宋诗话辑佚》、《离骚纂义》、《王粲集》、《何逊集》、《龚自珍己亥杂诗注》、《韩诗外传集解》、《三曹资料汇编》、《话本小说概论》、《诗词曲语辞例释》、《玉轮轩曲论》、《唐代诗人丛考》、《文心雕龙选译》、《经典释文汇校》、《汉语史稿》、《龙虫并雕斋文集》、《汉简缀述》、《古文字类编》、《唐集叙录》、《史通笺记》、《初学记索引》、《魏晋南北朝农民战争史料汇编》、《隋末农民战争史料汇编》、《宋史丛考》、《金史纪事本末》、《元代社会阶级制度》、《明史简述》、《东华录》、《朝鲜李朝实录中的中国史料》、《沙俄对中国西藏的侵略》、《孙中山年谱》、《蔡元培年谱》、《辛亥革命史丛刊》、《中国近代史知识手册》、《周易尚氏学》、《王弼集校释》、《抱朴子内篇校释》、《泰州学派》、《四库提要辨证》、《中国哲学史》等。"中国古代地理总志丛刊"、"二十四史研究资料丛刊"、《琴曲集成》、"中国文学史知识丛书"等开始陆续出版。

1981年

1月　《文史知识》创刊号出版。

　　《文史知识》初为双月刊，一年后改为月刊。该刊以大专家写小文章为特色，深入浅出，雅俗共赏，知识性、系统性、可读性强，广受欢迎和好评。该刊多次与地方政府和学术机构合作编辑地域文化或主题文化专号，产生广泛影响。李侃为首任主编。现任主编李岩。

3月3—5日　我局邀请上海古籍出版社、人民文学出版社古典文学编辑室，就古籍整理出版工作举行座谈。上海古籍出版社戚铭渠、包敬弟，人民文学出版社杜维沫、孟庆锡，我局李侃、赵守俨、程毅中、傅璇琮出席。国家出版局副局长许力以出席。

　　座谈会形成的主要意见：（一）古籍的出版，必须经过严格的选择和整理，区别对待，一些内容不够健康而仅供少数研究人员参考的小说，不宜公开大量地印行。（二）建议筹备成立全国性的"古籍整理出版规划小组"（或称"委员会"），以制定古籍出版十年重点规划，组织安排有关出版单位的分工协作。（三）起草古籍整理出版十年重点规划的初稿，今年6月底前，三家各根据自己的设想提出书目，由中华书局综合整理后，于8月底前完成初稿。（四）希望全国各大图书馆大力支持，在借阅和复制善本图书方面予以方便。此事拟请国家出版局与有关领导部门协商解决。

3月13日　召开总编办公会议，议题：（一）关于起草古籍整理出版十年重点规划初稿，决定由赵守俨总其成。（二）关于本局70周年纪念学术论文集，决定由赵守俨定稿，明年初出版。（三）香港分局拟于1982年2月举办中华书局70周年纪念展，希望总局将历年出版物运港展出。会议决定由华昌泗、俞明岳负责此事。（四）安排5位北大古典文献专业本届毕业生王瑞来、张力伟、吴杰、吴仁华、胡友鸣分别到古代史、文学、近代史、哲学、《文史知识》编辑室实习。

是月　举行本版图书装帧设计评选，《中华学术论文集》、《琴曲集成》、《慈禧光绪医方选议》获封面设计奖，《文史知识》、《琴曲集成》、《慈禧光绪医方选议》获版面设计奖，《甲骨文合集》、《居延汉简》获印装质量奖。

该项评选此后成为常例，每年一次，一般在春季进行，并逐渐改为不限于设计和印装，而是包括选题策划、编辑加工、校对质量等方面的全面评选。

5月9日　我局退休编辑、原古典文学组组长徐调孚在四川江油病逝，享年81岁。

徐调孚（1901—1981），浙江平湖人。中国民主促进会会员，中国共产党党员。1921年入商务印书馆，曾任《小说月报》、《东方杂志》编辑，并加入文学研究会，任该会《文学周报》编辑。后转开明书店，历任出版部、编审部、推广部主任，广交作家学者，茅盾、巴金、夏衍等的著名小说大多由他约稿和编辑出版。他翻译出版了《木偶奇遇记》、高尔基《母亲》等，还整理刊行了《六十种曲》、《辞通》、《二十五史》、《艺概》、《白雨斋词话》等古籍。新中国成立后随开明书店迁京并入中国青年出版社；旋调古籍出版社。1957年随该社入中华书局，任编审委员会委员、文学组组长，主持出版《全上古三代秦汉三国六朝文》、《全唐诗》、《全宋词》、《全元散曲》、《文苑英华》等重要文学古籍。"文革"中出版《柳文指要》，作者章士钊指名要他负责。著有《中国文学名著讲话》、《现存元人杂剧书录》、《校注人间词话》等。

5月22日、7月7日　陈云同志先后两次指示：古籍整理是关系子孙后代的大事情，要把古籍整理出版工作抓紧、搞好。指出：趁许多老人还在的时候多标点出一些；古书如果不加标点整理，很难读，如果老一代不在了，后代人根本看不懂，损失很大。他认为对古籍单是作标点、校勘、注释还不够，要做到使后人都能看懂，还要把一些重要古籍译成现代语言。要求制定一个长远规划，组织人力，形成一个几十年不间断的骨干队伍，分期分批进行。

7月2日　李侃、赵守俨召集文学、古代史、近代史、哲学四个编辑室的负责人就制定文史哲古籍十年规划问题座谈。会上决定各编辑室近期分别开出拟列入规划的草目，供讨论修改。

8月2日　我局邀请文史哲方面的专家学者任继愈、王力、王起、朱东润、萧涤非、郑天挺、邓广铭、吴泽、徐中舒、谭其骧等，座谈陈云同志最近的指示，听取专家们对古籍整理、今译的意见。

8月7日　李侃主持召开总编办公会议，核心议题是贯彻执行陈云指示。

会议决定：由王春、李侃、赵守俨组成一个小组，负责有关贯彻执行陈云指示的工作，借调沈锡麟、沈芝盈协助办理日常事务；古籍整理十年规划（草案）和正在编辑的1976年以来全国古籍整理出版目录抓紧进行。

李侃传达了胡乔木"同意"重印1936年版《辞海》的批示。

8月12日　我局邀请商务印书馆吴泽炎、刘叶秋，人民文学出版社戴鸿森、王思宇，本局各编辑室负责人就古籍今译及已经拟出的十年规划（草案）进行座谈。

8月19日　我局邀请北京大学中文系古典文献专业教研室阴法鲁、金开诚、裘锡圭、向仍旦、严绍璗、安平秋等，就培养古籍整理专门人才问题进行座谈。

8月23日　我局领导小组召开扩大会议，讨论古籍整理队伍的建设问题，提出三条设想和建议：（一）中华书局现有编辑人员50余人，人力远远不足，初步设想在三年内扩充到150—200人左右，形成一支比较整齐的专业队伍。采取由老专家带徒弟的办法，担负若干重点项目，在实践中提高业务能力，把古籍整理、今译与编辑人才培养结合起来；（二）北大古典文献专业考虑扩大招生名额；（三）建议领导机关通盘筹划，把地方出版社出版古籍的力量纳入古籍整理出版规划之内，明确分工，通力合作。

9月14日　王春主持局务会，李侃介绍落实陈云指示情况、胡耀邦有关批示、中央指定李一氓主持古籍整理工作等。关于我局内部工作刊物，决定保留《业务情况》，取消《内部通讯》，由总编室试编一份《中华书局半月情况》，以利各部室间情况沟通和工作配合。

9月15日　我局派人到北师大历史系听取对古籍整理和今译的意见，应邀参加座谈的有白寿彝、何兹全、赵光贤、刘乃和、龚书铎、瞿林东、杨钊、朱仲玉等。

9月17日　中共中央发出《关于整理我国古籍的指示》，指出："把祖国的宝贵文化遗产继承下来，是一项十分重要的、关系到子孙后代的工作。""当前要认真抓一下，先把领导班子组织起来，把规划搞出来，把措施落实下来。"文件下达后，李一氓向国务院写了报告，提请批准召开"古籍整理出版规划会议"。

是月　我局与石景山区劳动服务公司签订协议，筹办一个照相排版、胶版印书的专业印刷厂，计划生产规模是年排版3000万字，印装2—3万令纸。筹办工作由我局肖莘明负责。

9—11月　近代史编辑室举办了六期清史讲座，邀请戴逸、王思治、马汝珩、李华、王道成、王俊义来我局讲课。

10月5日　王春、李侃等向李一氓汇报我局近期工作，李一氓作了以下指示：(一) 中华书局仍旧是"古籍整理出版规划小组"的办事机构。(二) 今年古籍经费预算项目包括：1.专业印刷厂的筹建预算；2.重点书的整理费用(图书资料费、必要的差旅费等等)；3.中华书局扩展预算；4.两次学科分组会所需费用。(三) 本月中旬，邀请文、史、哲方面少数人员座谈，酝酿"古籍小组"名单。

10月21日　国家出版局任命程毅中、傅璇琮为中华书局副总编辑，许逸民为文学编辑室副主任，赵诚为语言文字编辑室副主任，杨牧之为《文史知识》编辑室副主任。

12月2日　古籍小组委托我局拟定全国古籍整理出版规划 (1982—1990) 草案，作为古籍小组制定规划的基础；编辑出版《1949—1981古籍整理编目》，按年编排，便于了解新中国成立以来古籍整理出版情况。

12月3日　在我局召开北京中华印刷厂指导委员会第一次扩大会议，会上，我局出版科长肖荦明汇报了工厂筹建情况；研究了工程进度等问题，预计1982年二季度试产；商定由肖荦明、乔玉衡 (石景山劳动服务公司) 任中华印刷厂正、副厂长。肖荦明等于12月10日进厂工作。

12月10日　国务院发布《关于恢复古籍整理出版规划小组的通知》，古籍整理出版规划小组至此正式恢复，小组直属国务院，全称"国务院古籍整理出版规划小组"，组长李一氓，副组长周林、王子野。中华书局仍为小组办事机构。

　　小组成员：王玉清、王仲荦、王明、王春、邓广铭、邓绍基、石西民、叶圣陶、田余庆、史念海、白寿彝、冯友兰、任继愈、刘季平、阴法鲁、孙毓棠、杨廷福、李俊民、严北溟、严敦杰、余冠英、启功、林甘泉、季镇淮、张政烺、张岱年、周一良、周祖谟、庞朴、胡道静、荣孟源、夏鼐、屠岸、钱仲联、徐苹芳、徐震堮、翁独健、唐长孺、章培恒、韩儒林、傅璇琮、傅熹年、楼宇烈、裘锡圭、詹锳、虞愚、谭其骧、缪钺、冀淑英、瞿同祖。

　　小组顾问：于省吾、王力、王季思、方国瑜、吕澂、朱士嘉、朱东润、朱德熙、牟润孙、陈乐素、陈述、季羡林、周谷城、周绍良、杨伯峻、郑天挺、郑德坤、胡曲园、顾廷龙、俞平伯、饶宗颐、钱锺书、徐中舒、郭绍虞、唐圭璋、容庚、容肇祖、萧涤非、常任侠、商承祚、程千帆、廖沫沙、谢国桢、蔡尚思。

　　我局组建古籍小组办公室，办公室日常事务主要由沈锡麟承担。

12月24、25日　为庆祝我局成立70周年，中央电视台文化生活组在我局录制了"书林学海千秋业——访中华书局"的专题节目。

12月26日　国家出版局召开"新长征突击手、先进团支部命名表彰大会"，我局余喆、陈雅、唐进科被命名为新长征突击手。

是月　纪念中华书局成立70周年的各项出版物：《纪念中华书局七十周年纪念册》、《中华学术论文集》、《1949—1981中华书局图书目录》、《回忆中华书局》、《学林漫录》纪念专刊等，均已出版。《联合书讯》本期编为"中华书局成立70周年专刊"。

是年　我局招收4名"文革"以后首届毕业的硕士研究生：北京大学中文系盛冬铃、哲学系刘笑敢，北京师范大学中文系柴剑虹，中山大学中文系陈抗，分别被分到《文史》、哲学、文学、古代史编辑室工作。

是年　我局建立广州古籍书店、长沙古旧书店、南方古旧书店、济南古籍书店、重庆古籍书店、昆明古旧书店、杭州古旧书店等7家特约经销店。

是年　全局在编人员共计175人。

是年　据出版部统计，1981年我局出书周期（从收稿到出书）平均每种400天以上。编辑部发的稿子，在出版部、印刷厂排队的时间很长。

是年　生产用纸137251令；利润总额211.14万元。

是年　出书307种，其中新书184种。主要有：《小屯南地甲骨》（上册第一、二分册）、《居延汉简甲乙编》、《云梦秦简研究》、《春秋左传注》、《左传译文》、《汉书西域传地理校释》、《金史纪事本末》、《大唐西域记古本三种》、《清代职官年表》、《华工出国史料》、《康有为政论集》、《谭嗣同全集》、《孙中山全集》第一卷、《黄兴集》、《宋教仁集》、《洪业论学集》、《历代诗话》、《中国文学名著讲话》、《风俗通义校注》、《中国史探微》、《宋代钞盐制度研究》、《明清史讲义》、《康有为政论集》、《二程集》、《因明述要》、《中国美学史资料选编》、《中国佛教思想资料选编》第一册、《中国历代年号表》、《江浙藏书家史略》、《古小说简目》、《古代汉语》修订本、《古文字类编》、《孙中山思想研究》、《中华民国史》（第一编第一卷）、《革命逸史》等。"中国古典文学基本丛书"、"古小说丛刊"、"中外交通史籍丛刊"等丛书各有新书出版。

1982年

1月3日　历史小丛书编辑室决定出版中国历史小丛书合集，把古代史部分的选题按内容分类，编成十五个合集。

1月4日　加拿大电视联播公司驻京记者丹尼斯·麦金托什来我局访问总经理陈之向、副总编辑李侃，了解中华书局创业70年来的历史。

1月8日　副总经理王春就古籍小组会议议程的设想，筹建印刷厂、扩建办公楼的计划，古籍小组的预算等问题向李一氓作汇报。

1月12日　我局在人民大会堂举行中华书局成立70周年庆祝大会，许德珩、周扬、李一氓、张友渔、王玉清、林默涵、楚图南、周而复、胡绳、边春光、陈翰伯、王子野、许力以、王益等学术界、文化界、出版界知名人士，三联·中华·商务香港总管理处负责人，我局在上海的部分老职工以及在京的全体职工出席。许德珩、周扬、李一氓、张友渔、王子野在会上讲话。书画家李苦禅、吴作人、张伯驹、潘素、周怀民、孙菊生等即兴题字作画祝贺。当晚中央电视台新闻联播节目播放了此次活动的新闻片；次日，多家报纸做了新闻报道。

是日　"中华书局读者服务部"开始营业。门市部位于王府井大街36号办公楼前。

1月18日　局领导小组扩大会议决定由王春、傅璇琮负责古籍小组办事机构的工作。

2月1日　我局副总编辑张先畴、总编室主任俞明岳等专程到上海看望和慰问在沪的中华书局老同人。2月5日，在上海衡山宾馆与在沪老职工举行茶话会。

是月　中华书局香港分局举办中华书局70周年纪念展览，总局将历年出版物运港展出。16日，商务印书馆香港分馆、中华书局香港分局联合在香港大会堂酒楼举行建馆85周年、建局70周年庆祝酒会，各界人士七百多人出席。我局副总经理王春、副总编辑李侃应邀前往参加庆祝活动。在港期间，李侃应香港中文大学邀请，到该校作《中国古籍整理出版的现状和方法》的学术讲座。

是月　北京大学应届本科毕业生10人分配来我局，其中王瑞来、张力伟、吴杰、胡友鸣、郑仁甲、戴燕、隽雪艳、江宝章、吴仁华等9人系古典文献专业，梁静波系图书馆专业。这是"文革"结束后恢复高考的首届大学本科毕业生。

3月2日　在我局会议室召开整理《宋会要辑稿》征求意见会，由中国社科院历史所郦家驹主持，梁寒冰、翁独健、邓广铭、张政烺、谢国桢、阴法鲁、刘乃和、杨殿珣、冀淑英等学者和我局赵守俨、邓经元、崔文印、王瑞来出席。

3月13日　商务印书馆香港分馆、中华书局香港分局总编辑李祖泽，商务印书馆香港分馆出版经理梁仲豪，商务印书馆香港分馆编辑陈万雄，中华书局香港分局古籍字画组主任王修龄来我局与副总经理王春和副总编辑李侃、赵守俨洽谈业务。

3月17—24日　全国第二次古籍整理出版规划会议在北京京西宾馆召开。李一氓代表古籍小组提出《关于古籍整理出版的意见》。会议就古籍整理出版规划的具体范围和一般进程展开讨论。规划小组委托中华书局筹建两个印刷厂：一个为古籍影印厂，主要搞线装书，兼出平装书；一个以繁体字为主，设备先进的大型印刷厂。我局王春、李侃、赵守俨负责组成大会秘书处。

是月　我局根据全国古籍整理出版规划会上讨论的意见，对规划作了修订。参加修订工作的有：赵守俨、程毅中、傅璇琮、熊国祯、陈金生、许逸民、赵诚、刘德麟、魏连科、邓经元等。

5月4日　国家出版局为本局重印点校本"二十四史"，特拨流动资金40万元。

5月20日　李一氓召集座谈编印《古逸丛书三编》事，张政烺、冀淑英、傅熹年、郭松年、李侃、赵守俨参加。

5月21日　古籍小组向国务院建议影印汉文佛教大藏经，定名为《中华大藏经（汉文部分）》。国务院领导很快批示"同意"。

是月　上海古籍出版社将点校本《旧唐书》、《新唐书》、《旧五代史》、《新五代史》、《宋史》等五部书的纸型及文书档案等移交我局。

6月10日　《古籍整理出版情况简报》自第90期起改为古籍小组的机关刊物，仍为内部刊物。

6月12日　副总编辑李侃、赵守俨设宴招待自美回国观光的曾在我局工作多年的钱歌川先生及其家属。

6月14日　李侃、赵守俨、华昌泗等到李一氓处，参加讨论古籍小组给国务院的报告草稿。与会的有小组副组长周林、王子野及小组成员刘季平、石西民。

6月25日　我局拟就《中华书局印刷厂及有关机构基本建设计划任务书》，提出要建立一个专为出版古籍服务的印刷厂，能排繁体字版。

7月1日　李一氓约请文化部文学艺术研究院张庚、俞琳，我局赵守俨、程毅中、许逸民等座谈《明清传奇丛刊》的编辑工作。

7月12日　北京市政协委员、中华书局原副总编辑卢文迪在京逝世，享年72岁。

　　卢文迪（1910—1982），浙江临海人。1935年毕业于中国公学大学部文史系。1936年入中华书局任编辑。抗战时期回家乡工作，1945年9月返沪重入我局，任《新中华》杂志主编。1951年后，历任中华书局编辑所副所长、所长，编审委员会委员，副总编辑。1954年加入中国民主促进会。著有《中国近代史》、《国际政治形势图解》等，参与编纂《华工出国史资料汇编》及多种历史读物、历史教材等。

8月12日　李一氓和我局编辑室主任以上的干部座谈，详细了解一些重点书的安排情况，特别强调要抓紧《古逸丛书三编》、《古本小说丛刊》的印制工作。

8月23日　国务院下发《关于古籍整理出版规划有关问题的批复》：原则同意古籍小组提出的《古籍整理出版规划（1982—1990）》；同意建设一个专为古籍出版服务的印刷厂；同意从1983年起每年拨给教育部250万元、古籍小组120万元、中华书局50万元，用于古籍人才培养和有关古籍出版的经费补贴。

　　该九年规划共计项目3119种，其中文学924种、语言文字219种、历史814种、哲学400种、综合参考677种、今译20种、专著65种。

是日 我局邀请汤志钧、金冲及、龚书铎、王庆成、曾业英、王好立、梁从诫等,就编辑整理《梁启超集》进行座谈。李侃主持,近代史室刘德麟、何双生、陈铮等参加会议。

8月25日 文化部出版局下发《关于中华书局古籍整理出版业务楼基本建设计划任务的批复》。

要点是:(一)根据所承担的任务,中华书局初步定编400人;(二)土建工程同意建设10000平方米,其中编译工作用房6500平方米,学术交流报告用房400平方米,档案、纸型、版本样书用房1100平方米,食堂等附属用房1400平方米,人防工程600平方米;(三)各类业务用房不超过一般办公室标准,全部投资暂定300万元(不包括征地、拆迁费);(四)抓紧前期的定点、征地、三通工程等项准备工作。请北京市规划局等有关部门给予协助。

8月26日 我局评定编辑干部业务职称工作开始进行。

9月15日 我局为提高青年职工业务素质而举办的古汉语学习班正式开学。本期学员63人,盛冬铃、柴剑虹、陈抗任教。每周固定两个半日上课,持续约两年时间。

9月25日 李一氓约见古籍小组顾问、香港中文大学教授饶宗颐,香港中文大学许礼平及我局有关人员参加。商定饶宗颐编纂的《全明词》在1983年9月定稿,交中华书局出版。

9月28日 我局向文化部提交报告,提出筹建一个年排字量15000万字、印装能力25万令纸的全能印刷厂,总投资(包括宿舍、中华书局业务楼及附属设施)共计3300多万元。

是月 根据古籍小组拟定的1982—1990年《古籍整理出版规划》,结合我局实际工作情况,拟定了我局1982—1990年《古籍整理出版选题计划》。该计划中包括选题七类1600种,其中文学类约320种,语言文字类170种,历史类558种,哲学类346种,综合参考类145种,今译6种,"古逸丛书三编"约40种。

10月24日、11月7日 李一氓先后两次对我局工作提出要求:(一)除完成古籍小组交办的任务外,还要注意出版一些广大读者欢迎的普及读物;(二)要注意重版书和新版书的比例,重版书一定要有学术价值;(三)要抓紧九年规划中小项目的落实。

10月 经有关部门批准,石景山印刷厂定名"北京石景山区中华书局印刷厂",并领取营业执照。至年底,已投产并完成了其第一本影印书《瑶华集》的印制。

11月6日　程毅中与文学编辑室有关人员拜访翁独健,商谈《全元诗》编纂工作。

12月16日　文化部出版局派于廉来我局参加领导工作。

12月22日　李一氓约见任继愈和我局王春、李侃、赵守俨、华昌泗、熊国祯等,商量整理影印《中华大藏经》方案,决定先试印三十卷(附校勘记)。

是年　建立特约经销店9家,即北京王府井新华书店、成都古籍书店、南昌古旧书店、苏州古旧书店、兰州古旧书店、贵阳古籍书店、太原新华书店、武汉古籍书店、福州古旧书店。

是年　实现利润113.1万元。

是年　出书205种,其中新书129种。主要有:文学类《全唐诗外编》、《全辽文》、《陆机集》、《元稹集》、《苏轼诗集》、《陈与义集》、《诗林广记》、《唐人绝句选》、《全清词钞》、《瑶华集》、《六十种曲》、《玄怪录　续玄怪录》、《天问纂义》、《玉轮轩古典文学论集》、《泽螺居诗经新证》、《两小山斋论文集》等;语言文字类《音学五书》、《古韵标准》、《韵镜校证》、《经籍籑诂》等;历史类《国初群雄事略》、《史记汉书诸表订补十种》、《龙川略志　龙川别志》、《戒庵老人漫笔》、《池北偶谈》、《不下带编　巾箱说》、《清秘述闻三种》、《明督抚年表》、《隋唐史》、《中国政治史》、《史学丛考》、《敦煌吐鲁番文献研究论文集》、《万历十五年》、《历史学理论辑要》、《明史食货志校注》、《竹简帛书论文集》、《秦汉史》、《秦汉农民战争史料汇编》、《清史稿艺文志及补编(附索引)》、《清代地租剥削形态》、《孔府档案选编》、《西洋朝贡典录》、《东印度航海记》、《改良与革命——辛亥革命在两湖》、《清帝逊位与列强(1908—1912)——第一次世界大战前的一段插曲》、《辛亥武昌首义人物传》等;哲学类《明夷待访录》、《经学通论》、《庄子浅注》、《周秦道论发微》、《朱熹及其哲学》、《魏晋南北朝佛教论丛》、《中国近代经济思想资料选编》、《中国哲学史教学资料选辑》等;还有《中国文史工具资料书举要》等。

1983年

1月7日　李一氓约请南京大学程千帆来京商谈《全清词》编纂工作,我局程毅中等与会。

是日　我局邀请王庆成、汤志钧、章开沅、龚书铎等商谈有关"中国近代史资料丛刊续编"计划中《太平天国》和《辛亥革命》两书的选材和编辑体例等问题,李侃、刘德麟、何双生、陈铮、吴广义等参加商谈。

1月9日　在我局工作一生的张尚达在上海病故,魏子杰等3人前往上海办理丧事并慰问家属。

2月4日　我局和中国出版工作者协会举行庆祝周振甫从事出版工作50年茶话会。文化界、学术界、出版界代表一百二十多人出席。钱锺书、叶至善、我局文学编辑室代表黄克等作了发言;中宣部出版局局长许力以、文化部出版局局长边春光、我局副总经理王春等出席并讲话。

2月12日　由我局《文史知识》杂志、中央电视台、共青团北京市委、劳动人民文化宫联合主办的新春征联活动在中央电视台"文化生活"节目中播出。该活动在次年2月又举行了一次。

3月15日　文化部任命于廉、魏子杰为中华书局副总经理,赵守俨、程毅中、傅璇琮为中华书局副总编辑。

3月21日　国家计委正式批准我局在大兴县黄村镇建印刷厂。基建面积为5万平方米,总投资2700万元。

5月9—11日　中国社科院文学所召开《古本小说丛刊》、《古本戏曲丛刊》工作会议,我局程毅中、华昌泗、许逸民与会。李一氓到会讲话,并与有关人员面谈编辑出版工作。

此前1982年6月17日、7月15日,李一氓先后召集《古本小说丛刊》工作会和座谈会,我局程毅中等参加。

5月12日 王春、赵守俨、于廉、魏子杰会见中华书局新加坡分局经理施寅佐及夫人施杨卓卿。这是"文革"结束后，新加坡分局人员首次来访，此后双方交流渐多。

7月1日 以朝鲜民主主义人民共和国出版指导局副局长金正革为团长的朝鲜出版代表团来我局参观访问。

7月13日 李一氓约见张璋、廖芳及我局赵守俨、傅璇琮、许逸民、赵伯陶等，商谈改编饶宗颐所编《全明词》一事。

　　是年5月，古籍小组办公室收到饶宗颐《全明词》初稿。李一氓看了凡例、目录及部分词家作品，考虑到饶先生在香港受客观条件限制，难免有缺漏，古籍小组研究决定由张璋组成编纂组承担修订补辑工作。

7月28日 李一氓约见我局王春、李侃、赵守俨三人，就我局队伍建设、经营管理、推进出书进度等工作，提出意见和建议。

8月8日 受文化部出版局委托，我局召开有关古籍整理稿酬标准调整问题座谈会，人民文学出版社、中国青年出版社、北京古籍出版社、中医古籍出版社等相关人员出席。与会者依据出版局提出的原则，结合各社情况，对现行标准提出调整意见。

9月2日 我局领导会见并宴请顾维钧的女儿顾菊珍、女婿钱家琪夫妇。顾女士对我局迅速着手出版《顾维钧回忆录》表示感谢。

　　《顾维钧回忆录》是著名中国外交家顾维钧的一部长篇回忆录，用英文写成，译为中文五百多万字，记述了其自北洋政府时期到20世纪60年代从海牙国际法庭退休，计五十余年的外交生涯，记述了许多外交事件的内幕，是研究中国近现代史、中外关系史的重要资料。中译本共十三册，1994年出齐。

10月6日 李一氓与我局王春、李侃、于廉、华昌泗等谈话，讲了几点意见：（一）要找一个人专门做广告，利用中华书局自己出的书籍和期刊，书籍封三、期刊封三封四都可以利用。要根据不同的书刊刊登不同的广告。（二）一些书最好排书眉，读起来方便；页码排在下面不好看，能不能排在上面？排版的事，也要找一个人把把关。（三）装帧也要讲究，如最近出版的《魏晋南北朝史论拾遗》就不太好看。（四）编辑还要想得周到一些，如《室名别号索引》，密密麻麻，查起来很不方便，不要把室名、别号合在一起。

是日　我局通过《文史知识》编辑室召开普及文史知识，进行爱国主义教育问题座谈会，首都学术界五十多位专家学者出席，宋振庭、王力、陈翰笙、陈翰伯、廖沫沙、白寿彝、黎澍、许力以、季羡林、余冠英、周祖谟、阴法鲁、唐弢、李学勤等先后发言。

10月上旬　李一氓两次约见我局主要负责人和有关人员，希望抓紧繁体字印刷厂的建设，建议引进国外先进设备，使用先进印刷技术。

10月9日　王春会见日本凸版印刷株式会社取缔役社长铃木和夫，并听取其介绍日本电脑排字技术方面的情况。

10月18日　李一氓约见我局负责人和相关人员，提出尽快编辑出版一套供老干部阅读的文、史、哲名著选编本。

10月21日　李侃主持召开总编辑办公会议，讨论落实李一氓近期对我局的几点指示。（一）关于编辑出版老干部读物，决定命名为"中华文史哲名著选读"，分批出版，首批选题22种。（二）关于利用本版书作广告，决定：《文学遗产》、《文史知识》、《文史》、《学林漫录》各刊的封三、封四，刊登本版图书的综合性广告；丛书在每种书的封四或加页上刊登该丛书已出和即出书目。（三）关于书眉，决定学术著作、论文集横排的加书眉，竖排的加版心。（四）关于提高装帧质量，决定出版部指定专人负责书籍整体装帧的总检查。（五）关于署名，规定版权页或封四上方书口处要有题签和封面设计的署名；著作稿作者在封面署名；古籍整理稿点校者在内封署名。

11月10日　我局举行"祝贺王季康从事编务工作50年"座谈会，局领导、各部门代表及部分在京的中华书局老同人共五十多人出席致贺。会上，王季康回顾了自己在中华书局从事编务工作50年的经历；陈之向、王春、李侃、于廉、张先畴、潘达人、翟耀珍（商务印书馆）、许宝生（农业出版社）等先后讲话。

11月18日　国务院任命王春为中华书局总经理，李侃为中华书局总编辑。

11月23日　李一氓召集任继愈（时任中国社科院宗教所所长）和我局李侃、傅璇琮、熊国祯、洪文涛等商谈影印《中华大藏经（汉文部分）》的有关事宜。

11月29日　邀请南京紫金山天文台李天赐来我局讲解他发明的"页标检索法"。我局李侃、傅璇琮及部分编辑、中国社科院宗教所部分学者到会。

12月7—16日　王春、李侃及许宏一行应三联书店·中华书局·商务印书馆香港总管理处邀请赴港，与该管理处和中华书局香港分局商谈分局编辑部的设立及方针任务等事宜。

是年　依照国务院颁发的《编辑干部业务职称暂行规定》及其他有关文件，我局于2月24日评定出编辑60名，助理编辑30名。于4月2日从编辑中进一步评出编审、副编审人选上报。7月7日，经文化部编辑干部业务职称评定委员会评定，授予我局张先畴、李侃、赵守俨、程毅中、傅璇琮、周振甫、杨伯峻等7人编审职称；周妙中、冀勤、黄克、赵诚、魏连科、邓经元、吴树平、刘德麟、何双生、段昌同、陈驰、谢方、王文锦、陈铮、陈金生、严健羽、胡宜柔等17人副编审职称。经文化部出版局会计、统计人员技术职称评定小组评定，授予傅惠时会计师职称。

这是我局首次业务技术职称评定，此后这项工作逐渐制度化。

是年　《文史》编辑室主任吴树平调中国社科院历史所工作。

是年　本年新增特约经销店7家，即开封古旧书店、呼和浩特新华书店、镇江古旧书店、绍兴古旧书店、青岛古旧书店、哈尔滨古旧书店等。

是年　实现利润186.4万元。

是年　出版图书264种，其中初版152种。主要有：文学类：《先秦汉魏晋南北朝诗》、《楚辞补注》、《王梵志诗辑校》、《山中白云词》、《陈与义集》、《徐渭集》、《顾亭林诗文集》、《韩愈资料汇编》、阿英编《晚清文学丛钞》、朱东润《中国古典文学论集》、夏承焘《瞿髯论词绝句》（增订本）、白敦仁《陈与义年谱》等，《古典文学基本丛书》已出至25种；语言文字类：《甲骨文合集》十三册全部出齐，《古钱大辞典》、《积微居小学述林》、《积微居金石论丛》等；历史类：开始出版"二十四史研究资料丛刊"，影印卢弼《三国志集解》，"历代史料笔记丛刊"累计出版30种，影印线装古籍"古逸丛书三编"已出《忘忧清乐集》、宋本《金石录》，"中国古代地理总志丛刊"已出《括地志辑校》、《元和郡县图志》，"中外交通史籍丛刊"、"中国近代人物文集丛书"出版多种，《顾维钧回忆录》开始出版；哲学类：《十三经索引》（重订本）、《韩非子索引》，"十三经清人注疏"出了《大戴礼记解诂》，"新编诸子集成"出了《庄子集解》、《晏子春秋》,"中国佛教典籍选刊"出了《华严金师子章校释》、《坛经校释》,"理学丛书"出了《北溪字义》,研究著作有《汤用彤论著集》等。"中国历史小丛书"单行本已出版一百六十多种,合订本出了《中国历史的童年》、《古代著名战役》、《古代名将传》、《五岳史话》、《古代经济专题史话》;供离退休老干部阅读的《中华文史哲名著选读》开始编辑出版;《永乐大典》七百九十五卷影印精装十册本出版。

1984年

1月7日　原总经理兼总编辑陈之向及历史丛书编辑室主任浦一之离休。

3月29日　古典文学编辑室会同《全元诗》编委会陆峻岭、贾敬颜等7人召开第三次工作会议（前两次分别于上年12月和本年1月在我局召开）。编辑室方面具体谈了对样稿的审查意见。会后，李一氓在中联部接见全体与会者。

4月2日　召开局领导小组扩大会议，讨论历史丛书编辑室今后的工作方向和业务范围，决定将历史丛书编辑室改名为综合编辑室。该室除继续完成"中国历史小丛书"未完部分外，还要承担古籍整理的任务，其业务范围：（一）"古逸丛书三编"和善本书；（二）"年谱丛刊"；（三）"学术笔记丛刊"；（四）类书；（五）综合工具书。

4月17日　王春总经理、李侃总编辑等邀请中国书店周岩、郑宝瑞等商谈合作影印古籍，达成协议。

　　协议内容：（一）建立密切联系，及时互通情况。中华书局根据《规划》向中国书店提供需要影印的书目及书的学术价值等信息；中国书店随时把读者的需要和意见、供应情况等告知中华书局。（二）中国书店影印《1982—1990古籍整理出版规划》项目时凡用中华书局名义出版的，如有亏损，亏损部分由中华书局负担；如有盈余，盈余部分视各书具体情况协商分成。（三）1984年中国书店承担用中华书局名义出版的项目有：《清实录》、《太平御览》、《全上古三代秦汉三国六朝文》、《明经世文编》等。

是月　古典文学编辑室《中国文学家大辞典》编纂工作启动，分为先秦汉魏晋南北朝卷、唐五代卷、宋代卷、辽金元卷、明代卷、清代卷、近代卷，分别约请不同的班子编写，分册出版。

5月5日　中央电视台播放我局与中央电视台、共青团北京市委联合举办的"知中华，爱中华——庆祝五四运动65周年"专题节目。

5月31日　离休干部、原近代史编辑室副编审陈驰病逝，享年65岁。

陈驰 (1919—1984)，湖北武汉人。1938年起，先后任五战区文化工作委员会报社和重庆民族革命通讯社校对、译电员，重庆读书生活出版社编校，重庆《新华日报》社校对、编辑，《晋察冀日报》社、晋察冀广播电台编辑，新华社总社资料组长。新中国成立后，任华北人民政府教科书编委会编辑，《人民日报》"图书评论"编辑，中宣部出版处干部，参与草拟出版方面的政策文件。1961年到我局工作，负责审读中国近代经济史方面的书稿。审处的书稿包括《清代矿业史》、《清代地租剥削形态》、《东北垦殖史料》、《福建华侨投资史料》、《满铁史料》等。著有《苏联经济建设概论》、《论农业合作化》等书，参加过《列宁全集》中译本的校阅。他身为聋哑人，自1959年起，担任中国盲人聋哑人协会副主任、常务委员。

6月1日　李一氓约见中国艺术研究院周汝昌、冯其庸、陶德基和我局李侃，商谈将苏联列宁格勒图书馆所藏《石头记》抄本引回国内影印出版事。

6月5日　李侃主持召开总编办公会议，研究引进和影印港、台版图书问题，决定选择几种学术价值高、又无明显牵涉政治问题的图书出版，以应学术界需要。

6月12日　石景山区中华书局印刷厂指导委员会召开第二次会议，听取肖莘明的工作汇报。经协商决定，将指导委员会改为管理委员会。我局魏子杰、华昌泗、张宇、肖莘明为管理委员会成员。

6月14日　全国第一次爱国主义优秀通俗历史读物颁奖大会在北京举行。我局《满族简史》、《中国历史的童年》、《古代经济专题史话》获奖。

6月18日　东城区换届选举人民代表大会代表投票日，我局全体职工211人参加投票。邓经元当选东城区人大代表。

是月　为保证出书质量，规范编辑出版工作，制定了《中华书局编辑出版工作基本规定》。

7月2日　经与中国社科院近代史所协商，由我局提供机器设备，该所提供房屋办公用品的复印室开始工作，两家共同派人承担两单位复印照相业务。

7月5日　为解决我局书库分散，发行工作效率不高等问题，副总经理魏子杰、发行部主任张振相与中国书店负责人周岩、郑宝瑞协商，原则同意由中国书店代办我局发往各特约经销店图书业务。

7月6日　我局邀请有关方面座谈改进《中华大藏经（汉文部分）》原稿照片质量问题。北京图书馆副馆长谭祥金率善本部、复制部相关人员，中国社科院世界宗教所所长任继愈率大藏经编辑局有关人员，上海印刷公司、上海装订厂、上海印刷七厂领导及技术人员，我局李侃、傅璇琮及总编室、哲学室、出版部相关人员出席。

7月20日　中共中华书局委员会经文化部党组批准成立。党委书记王春，副书记李侃、于廉，委员魏子杰、何双生、熊国祯、崔高维、赵维奎、李明琪。同时成立中共中华书局纪律检查委员会，魏子杰为书记，何双生、姚景安、柴剑虹为委员。

8月20日　我局与顺义县北小营农工商联合公司签订协议，合作筹建一个以排繁体字为主，生产能力年排字3000万、印刷用纸3万令的乡镇印刷厂。

　　具体合作办法是：由北小营解决厂址、资金，选派管理干部，中华书局负责厂房设计、机器设备代购、技术工人培训和职工组织工作，并派我局干部何宏明帮助筹建。

8月23日　旅美台湾学者《庄子今注今译》、《老子注译及评介》作者陈鼓应偕夫人及子女来我局访问，李侃、熊国祯接待。

9月13—20日　财务科傅惠时前往上海，处理中华书局被美国冻结存款解冻事宜。

10月10日　我局举办为期两年的古汉语学习班圆满结业，23人取得结业证书。

10月21日　我局退休职工陆高谊在上海病逝，享年86岁。

　　陆高谊（1899—1984），浙江绍兴人。毕业于杭州之江大学文学系。曾任河南第一女子师范校长、河南中山大学教务长、之江大学教务长兼附中校长。1933年进世界书局，先后任管理处秘书、经理，1934年继沈知方任总经理至1945年。后任上海佑宁药厂代总经理、董事长。上海解放后，曾任华东纺织工业部办公室副主任。1952年进我局，先后任业务管理委员会委员兼设计处主任、出版部主任、海外部主任。1957年被错划为右派，此后在影印部从事具体工作，参与出版《册府元龟》、《文苑英华》、《太平御览》、《四库全书总目提要》、《永乐大典》等重要图书。1966年退休。

11月5日　罗马尼亚共产党中央委员会历史社会政治研究院代表团亚克斯等一行3人来访，副总编辑赵守俨等接待。

11月22、29日　三联书店·中华书局·商务印书馆香港总管理处副经理、编辑委员会主任李祖泽来我局，与王春、李侃、傅璇琮等商谈中华书局香港分局编辑部的编辑出版方针、部分选题计划及其他有关事宜。

11月26日　日本东方书店社长安井正幸、出版部马场公彦来访，李侃、赵守俨接待。此后，我局与日本东方书店交往频繁，建立和保持图书贸易关系。

11月28日　出版部主任华昌泗结合《清实录》的影印工作给我局影印科及中国书店有关人员讲解影印书籍的有关常识。

12月8日　哲学编辑室熊国祯、王季康应中国社科院宗教所邀请，给参加编辑整理《中华大藏经》的人员讲解古籍校勘的基本常识，并结合实际工作情况，谈了改进校勘记、提高质量的几点建议。

12月10日　我局离休干部、原哲学编辑室编辑、历史学家马非百在北京病逝，享年88岁。

> 马非百（1896—1984），字若村，号非百。湖南隆回人。毕业于北京大学，先后在北京大学、黄埔军校、山西大学、河南大学、中山大学、陕西政治学院、山西大学、西北大学等校任教。新中国成立后，任中国历史博物馆设计员兼办公室主任。曾为毛泽东讲秦史。1957年被错划为右派，调入我局哲学组任编辑，"文革"结束后获平反。一生致力于秦史和中国经济思想史研究。主要著作有《秦汉史》、《秦始皇帝集传》、《秦史纲要》、《管子轻重篇新诠》、《周秦诸子经济思想之研究》、《秦汉经济史资料》、《桑弘羊年谱》、《盐铁论浅注》、《徐福传》等。

12月19日　局务会决定我局机构设置作如下调整：（一）成立党委办公室；（二）撤销经理部，将原经理部下属的人事科、财务科、文书科、总务科，改为一级管理，分设为人事处、财务处、秘书处、总务处；（三）将原出版部下属的影印科、服务科从出版部划出，分设为影印部、发行部，出版部增设材料科。

12月16—24日　由李一氓亲自安排，我局李侃及文化部艺术研究院冯其庸、周汝昌三人应苏联东方研究所邀请，赴莫斯科、列宁格勒与苏方商谈合作出版东方研究所列宁格勒分所藏《石头记》抄本事。

12月20日　我局王春、魏子杰等与商务印书馆林尔蔚、陈锋等协商决定，将西郊翠微路库房及六户职工全部拆迁，合建宿舍楼一栋，建成后两家各分50%。

12月20—29日　我局文学编辑室在厦门组织召开编纂《中国文学家大辞典》工作会议，讨论先秦两汉魏晋南北朝部分、隋唐五代部分、清代部分的样稿，商订编纂方针及撰写体例，与会者有中国社科院文学所沈玉成、厦门大学周祖谟、苏州大学钱仲联等有关专家学者。

是月　原出版部主任华昌泗离休。

是年　古代史编辑室副主任魏连科调河北社科院历史所工作。

是年　应读者要求，《文史知识》将1981—1983年各期重印发行。

是年　建立特约经销店5家，即大庆新华书店、兰州张掖路新华书店、洛阳新华书店、石家庄新华书店、扬州古旧书店。至此，我局特约经销店已增至36家。

是年　古籍整理出版规划中的重点项目《中华大藏经（汉文部分）》按计划出版了第一至第五册。其中第一册出了少量羊皮封面滚金书口特装本。

是年　实现利润178.50万元。

是年　出书276种，其中新书161种，重印书115种。其中文学类有《世说新语校笺》、《江文通集汇注》、《曾巩集》、《竹庄诗话》、《李清照资料汇编》、《谈艺录》补订本、《敦煌遗书论文集》、《许政扬文存》、《迦陵论诗丛稿》、《李清照研究论文集》等；语言文字类有《殷周金文集成》、《说文通训定声》、《经典释文序录疏证》、《字诂义府合按》、《训诂学概论》、《汉文字学要籍概述》等；史学类有《后汉书三国志补表三十种》、《康熙起居注》、

《圣武记》、《北宋经抚年表　南宋经抚年表》、《元史本证》、《战国策考辨》、《大唐西域记史地研究丛稿》、《三国志选注》、《南齐书校议》、《汉代考古学概说》、《通典》、《宋刑统》、《登科记考》、《大唐新语》、《今言》、《郎潜纪闻初笔　二笔　三笔》、《冷庐杂识》、《水窗春呓》、《清稗类钞》、《廿二史札记校证》、《元丰九域志》、《历代宅京记》、《清代科举制度研究》、《绿营兵志》、《湘军兵志》、《中日关系史资料汇编》、《义和团运动史论文选》、《北洋政府时期的政治制度》、《康有为与戊戌变法》、《英国蓝皮书有关辛亥革命资料选译》、《护国运动资料选编》、《一五五〇年前的中国基督教史》、《樊锥集》、《蔡元培全集》、《王国维集·书信》等，《清代人物传稿》（上编）开始出版；哲学类有《老子注译及评介》、《徂徕石先生文集》、《香草校书》、《周易古经今注》重订本、《春秋前审美观念的发展》、《儒家辩证法研究》、《墨经分类译注》、《论语注》、《五灯会元》等。

1985年

1月14日　上海市出版局顾问吉少甫来我局与王春、魏子杰商谈重建上海福州路文化街的有关问题。

1月15日　党委书记王春主持局党委、纪委联席会议，部署我局整党工作，决定由王春、李侃、于廉、魏子杰、程毅中、傅璇琮组成整党领导小组。

是年3—8月，我局开展了整党工作，并通过了上级组织检查验收。

1月17日　根据局党委会安排，李侃召集各编辑室及影印部、出版部、发行部负责人会议，讨论我局体制改革后如何搞好经营管理的有关问题。要求影印部、出版部落实本年出书计划，并研究调整定价，预测利润；要求发行部提出本年扩展业务、增加盈利的方案。于廉、魏子杰、程毅中、傅璇琮等出席。

1月25日　英国出版协会编辑主任费嘉乐女士来访，了解我局历史和近年业务情况。

3月11日　文化部出版局指定我局和人民出版社负责起草编辑、校对工作准则。

3月13日　李侃主持召开总编办公会议，讨论编辑部实行岗位责任制和定额管理的有关规定。

是月　本年第三期《出版工作》刊载我局制定的《编辑出版工作基本规定》。

该刊编者按说："在出版改革中，如何进一步明确编辑、出版各个环节的工作责任和基本程序，使工作有章可循，是很重要的。中华书局制定的《编辑出版工作基本规定》，可供参考。"

4月1日　李一氓约见李侃、赵守俨等，了解我局1985年出书计划、工作进展情况和存在问题，强调抓好《中华大藏经（汉文部分）》、"古逸丛书三编"、列宁格勒藏抄本《石头记》等重点书。

4月27日　古籍小组召开在京成员座谈会，我局王春、李侃、赵守俨、傅璇琮参加。李一氓通报了1982年以来全国古籍整理出版工作的情况，并提出今后工作的设想。

是月　古代史编辑室编审杨伯峻离休。

5月6日　《文史知识》召开首次编委会。编委会组成：主编：李侃；副主编：杨牧之；编委：田居俭、白化文、李侃、杨牧之、金开诚、陈仲奇、张习孔、胡友鸣、徐公持、龚书铎、黄克、臧嵘。

是月　根据北京市的有关规定，前门大街中华书局、商务印书馆招待所必须开办商业门市。经协商，决定招待所停办，由商务安排使用。商务印书馆在王府井大街36号和翠微路共拨出71平方米使用面积补偿给中华书局。

6月5日　巴蜀书社副社长王德高、副总编辑黄葵来我局商谈联合影印出版我局1935年版《古今图书集成》，双方达成合作协议。

6月7日　召开总编办公会议，讨论通过了《中华书局编辑部改革方案 (试行草案)》。

6月8日　《北京晚报》公布该报开展的"最佳杂志大家评"活动评选结果，我局《文史知识》被评选为最佳杂志。

7月6日　召开全体职工大会，王春传达中央领导同志关于工资改革的讲话，并就中央机关组织教师培训团 (即讲师团) 支援地方教育事业一事进行动员。

会后有多人报名参加教师培训团。经领导研究，批准综合编辑室朱振华、图书馆谢俊峰参加首批培训团。此后，1986年近代史编辑室吴杰、古代史编辑室陈大宇为第二批；1987年古代史编辑室瞿剑、近代史编辑室沈致金为第三批；1988年文学编辑室顾青、综合编辑室杨梦东为第四批；1989年《文史知识》编辑室厚艳芬为第五批。

是月　我局1985年秋季大专院校文科教材29种全部出齐。

是月　首届古籍书市在武汉举办，我局提供图书98种，销售码洋21974元。据统计，书市期间畅销图书19种中，有我局版《左传译文》、《老子注译及评介》、《元和郡县图志》等

10种；读者目前急需图书14种中，有我局版《诸子集成》、《十三经注疏》、《经典释文》、《史记》、《资治通鉴》、《全唐诗》、《全宋词》、《康熙字典》、《四库全书总目》等9种。

8月7日　《文史知识》编辑室编辑的《与青年朋友谈治学》一书，被北京市职工读书指导委员会定为1985年推荐书。

8月17日　李侃与《红楼梦》研究所冯其庸会见苏联出版委员会国际联络局副局长巴诺夫率领的苏联出版界代表团，就《石头记》抄本的合作出版交换意见。

是日　总编室召开离退休及在职老职工座谈会，动员大家为迎接我局成立75周年撰写回忆文章。

老职工们积极响应，撰写了数十篇文章，集为《回忆中华书局》一书。

9月10日　中宣部出版局召集国家出版局、中宣部理论局、中国社会科学院、中华书局有关人员开会，决定出版"历代思想家评传丛书"，由中华书局负责编辑出版。

此后，我局两次召开编务会议，研究确定编辑出版"历代思想家评传丛书"的宗旨、具体选题、人事配备、财务预算等，提交中宣部出版局。

10月22日　《文史知识》编辑部举办"80年代我们怎样治学"讨论会。北京大学、北京师范大学、中国人民大学、清华大学等高校学生、中国社科院研究生等30人参加讨论，李侃、李泽厚、金开诚等专家学者也发了言，《光明日报》、《中国青年报》记者到会采访，并于次日刊发报道。

10月24日　《文史知识》编辑部举行创刊5周年纪念会，茅以升、李一氓、廖沫沙、臧克家、邓广铭、钟敬文、胡厚宣、启功、唐弢、金克木、周一良、林甘泉、何兹全、阴法鲁、金开诚等百位文史专家和中青年学者出席。中宣部出版局许力以、国家出版局刘杲到会祝贺。许德珩、周谷城、王力等20位老学者送来祝贺题词。

10月26日　王春、魏子杰、华昌泗等参观顺义北小营冠中印刷厂。

该厂在我局协助下，经过一年的筹备，于本年5月1日开始试生产，10月1日建成正式投产。厂名"北京冠中印刷厂"。该厂有4300平方米生产车间和部分具有80年代先进水平的对开、全开印刷机等设备。计划1986年排字2000万,印刷1万令纸。该厂是当时"本市乡镇企业中唯一一家繁体汉字排版印刷厂"(1986年7月14日《北京日报》)。

12月27日　我局董事、原总编室主任俞明岳在北京病逝,享年75岁。

　　俞明岳(1911—1985),浙江镇海人。幼时曾受十年多私塾教育,后毕业于上海南洋高级商业学校经济系。曾先后任上海几所证券交易所职员、经纪人和两所医院总务主任。1939年任上海兴业证券公司副经理。1952年进入我局,先后任北京办事处主任、经理部秘书、办公室副主任、出版部副主任、总编室主任。中华书局董事会董事、中国银行董事会董事。民进中央联络委员会副主任委员,民进中央文教基金委员会副主任委员,民进北京市委委员。

12月　中国出版工作者协会、三联书店·中华书局·商务印书馆香港总管理处联合在香港举办"中国书展",我局参展图书236种。副总经理魏子杰前往参加,并与分局同人商谈合作事宜,参观分局门市部和中华商务联合印刷厂。

是月　原副总编辑张先畴办理离休手续。

是年　我局图书馆有藏书32万册,其中线装书16万册,平装书10万册,刊物6万册。

是年　建立特约经销店4家,即武昌新华书店、上海南京路新华书店、日本东方书店、日本内山书店。

是年　利润总额163.75万元。

是年　出书232种,其中新版书145种,重印书87种。新书中文学类有《玉台新咏笺注》、《增订湖山类稿》、孙楷第《沧州后集》等;语言文字类有《殷周金文集成》第一册、《类篇》、《广韵声系》、《汉简古文四声韵》等;历史类有《永乐大典》续印本67卷,《大唐西域记校注》、《中国地方志联合目录》、《光绪朝东华录》、《胡适日记》、《孙中山全集》第二、三卷,《顾维钧回忆录》第二、三分册等,《清实录》开始出版;哲学类有《中华大藏经(汉文部分)》续出14册,《老子校释》、《盐铁论简注》等。综合类出了"古逸丛书三编"9种、《丛书集成初编》多种。

1986年

2月12日　副编审、原哲学组组长严健羽在京病逝，享年70岁。

　　严健羽（1916—1986），河北乐亭人。北京大学经济系研究生。曾任中法大学经济系副教授。1950年后历任中央财经委员会计划局统计处专员、劳资组组长，国家统计局工业统计处研究员，财政经济出版社第一编辑室副主任。1958年转为中华书局哲学组副组长。曾组织了《荀子》、《论衡》、《春秋繁露》的集释稿，宋代理学家周敦颐、张载、二程、朱熹、陆九渊，唯物主义思想家叶适、陈亮，以及明清时期王廷相、朱舜水、陈确、颜元、王夫之之著作的点校稿，策划了《中国佛教典籍选刊》的编辑出版，担任《陈确集》、《朱舜水集》、《周敦颐集》、《华严金师子章校释》、《坛经校释》等多部书稿的责任编辑。曾发表过人口统计学和中国古代哲学思想方面的论文和译著。

　　是月　经与石景山区工业公司研究商定，由石景山区中华书局印刷厂管委会聘任马玉为该厂厂长。

2月20日　李一氓召集我局编辑部干部开会，就古籍整理的方法和重点等问题提出四点意见。

　　李一氓提出：（一）整理古籍，要搞些新东西，单纯标点是不够的。这几年是有些新东西的，可以看出古籍整理的学术价值。如湖南的《走向世界丛书》，整理方法是个典型，有一篇比较详细深刻的作者评传，每个段落有个提要，书后有人名地名索引，是花了功夫的。《曾国藩全集》"家书"部分每封信都有简单提要。《熊希龄集》对材料加了标题，把日期全部注了公历。《湖山类稿》把原来本子打乱，重新编年，把新收材料都放进去。（二）从社会需求和效果来看，近代的东西更显得重要，如《郭嵩焘日记》、《曾国藩全集》、《李鸿章全集》、《熊希龄集》、《左宗棠全集》。是不是把近代的乃至清代的东西多搞一些。（三）把现在已经打出牌子的几套丛书重新研究一下，如《理学丛书》、《中国佛教典籍选刊》，要多花些力气，当成一项文化事业办。（四）有些从前没有出版的东西，拿来出版，意义更大，如广东的《潮州戏文五种》，有用。

3月14日　王春主持局务会议，布置我局1986年国库券认购工作；讨论通过"中华书局职工月奖试行办法"。

3月17日　编辑崔高维应上级选派赴朝鲜民主主义人民共和国参加金日成著作中文版校阅工作。

　　崔高维此次赴朝近两年，1988年初圆满完成任务，被朝鲜政府授予二级友谊勋章。

4月1日　我局根据中央港澳工作委员会和国家出版局的有关文件，为中华书局香港分局办理了授权书。由总经理王春授予李祖泽、黄毅为中华书局香港分局合法代理人。授权书先后经北京市公证处、外交部、英国驻华使馆予以公证。

4月3日　制定出《中华书局在二三年内改进古籍整理工作试行方案》报送李一氓，各编辑室开始试行。

4月28日　上海古籍出版社副总编辑魏同贤、李国章等一行4人来我局与编辑部进行工作会谈，以互通情况，加强合作。李侃、赵守俨、程毅中、傅璇琮、黄克、许逸民接待。

5月13日　离休干部、原出版部主任潘达人在京病逝，享年80岁。

　　潘达人（1906—1986），又名潘大年，江苏宜兴人。江苏省立第三师范学校毕业，曾在江苏、上海等地任教。1926年加入共青团，曾参加宜兴革命大暴动。抗日战争期间，从事财经商贸，兼上海《大美报》、《正言报》编辑，曾协助中共地下党组织营救革命同志。1947年加入中国共产党。1949年春奉派到华东联络局。1950年到中华书局，任董事会秘书长、董事、常务董事。1954年后任经理部经理、出版部主任等职。1955年因受潘汉年冤案牵连遭受处分，1980年获平反。

5月15日　由总编室编辑的《书品》创刊。

　　《书品》是一个学术性书评刊物，初为季刊，以评论本版图书为主要内容。1998年改双月刊，并增加了对外版书的评介。首任主编赵守俨。

5月27日　国家出版局对我局申报成立出版专业职务评审委员会批复同意。

我局编辑专业职务评审委员会人员组成：

主任委员：李侃。副主任委员：赵守俨、傅璇琮。委员：程毅中、陈金生、谢方、陈铮、黄克、何双生。

技术编辑、校对专业职务评审委员会人员组成：

主任委员：李侃。副主任委员：魏子杰、傅璇琮。委员：黄克、冯惠民、张宇、肖苹明、李明琪、刘光业。

6月13日　根据国家出版局本月10日会议精神，我局决定成立进一步落实政策小组，其主要任务是：(一) 对平反冤假错案工作进行一次清理，妥善解决遗留问题；(二) 清退"文化大革命"中查抄的财物；(三) 落实私房政策。王春负责领导此项工作，小组由魏子杰、赵维奎、李茜、李雅莲、李明琪、李英祥组成。

7月下旬—8月上旬　我局职工分两批到山东烟台长岛暑期休养。

此后，我局每年都组织员工分批到海滨或郊外避暑休假。

8月21日　召开局务扩大会议，宣布文化部有关我局人事任免：任命熊国桢、邓经元为副总经理，任命陈金生、何双生为副总编辑；免去王春总经理，于廉副总经理，赵守俨、程毅中副总编辑职务。国家出版局刘杲、卢玉忆到会并讲话。

8月18—28日　我局读者服务部与北京棋院、北京晚报等单位联合举办"忘忧清乐杯"围棋赛。

8月26日　李侃主持召开局务扩大会议，会上通报了领导班子成员分工情况；决定总编室与秘书处合并，作为局领导班子的办事机构；决定由谢方负责古代史编辑室工作，梁运华负责哲学编辑室工作。

9月4日　局领导办公会议决定将基建办公室改为基建处，下设事务科、工程科、工艺设备科、计财科、生产准备科。

9月5—11日　由中国图书进出口总公司举办的首届北京国际图书博览会在北京展览馆举行。我局180种近700册图书参展。

该博览会原每两年举办一届，现改为每年一届，我局均参加，并逐渐扩大了本版图书的出口和版权交易的范围与数量。

9月8日　我局成立职称改革领导小组，由李侃、傅璇琮、魏子杰、陈金生、何双生组成，组长为李侃。

是日　上海古籍出版社总编辑钱伯城来访，李侃、傅璇琮、邓经元、许逸民、张忱石、黄克等接谈。

9月15日　设在北京琉璃厂文化街的"中华书局门市部"挂牌开业。该店牌匾由李一氓题写。开业一周内实行九折优惠售书。

10月19日　陈云同志为中华书局成立75周年题辞："做好古籍整理工作，继承民族文化遗产。"

10月25日　《文汇读书周报》第84期刊登题为《炎黄子孙加强学术交流，一批港台和海外华人的学术著作出版》的文章，介绍我局近年出版海外学者专著的情况。

1981—1986年我局出版的海外华人及外国学者有关中国文、史、哲的专著有：叶嘉莹《迦陵论诗稿》，罗忼烈《两小山斋论文集》，郑良树《竹简帛书论文集》，黄仁宇《万历十五年》，黄宇和《两广总督叶名琛》，王德昭《清代科举制度研究》，周锡瑞《改良与革命》，李约翰《清帝逊位与列强》，《顾维钧回忆录》，《洪业论学集》，范寿康《朱子及其哲学》，陈鼓应《庄子今注今译》、《老子注译及评介》，黄宗智《华北的小农经济与社会变迁》，钱穆《先秦诸子系年》、《中国近三百年学术史》，张纯、王小波《韩非思想的历史研究》等。

是月　文化部召开党史资料征集工作座谈会，会上要求中华书局编写局史。会后，我局领导商议决定由魏子杰、何双生负责此项工作，先进行材料整理工作，然后组织编写。

11月12日　是日为孙中山诞辰120周年纪念日。我局出版了《孙中山全集》(全十一卷)、《回顾与展望——国内外孙中山研究述评》、《孙中山藏档选编(辛亥革命前后)》等书。

11月16日　我局读者服务部门市经过重新整修预展售书，各界知名人士前来参观祝贺。中共中央总书记胡耀邦专为我局题字"中华书局读者服务部"，以示对古籍整理出版事业的重视和支持。18日，读者服务部门市正式重张。第一位顾客——国务院侨办干部隋学芳为之剪彩，第二位顾客——82岁高龄的钱迟老先生为之作贺词一首。

11月18日　我局以中华书局总公司董事会名义致电中华书局新加坡分局，祝贺该分局经理施寅佐参加中华书局工作60周年。

11月27日　李侃主持召开局务扩大会议，传达胡耀邦总书记在全国哲学、社会科学"七五"规划会议部分专家、学者座谈会上的讲话，并宣布我局有关人事任命：任命谢方为古代史编辑室主任，杨牧之为《文史知识》编辑室主任，沈锡麟为古籍小组办公室主任，梁运华为哲学编辑室副主任，张忱石为古代史编辑室副主任，安继尧为中华书局基建顾问（享受副司局级待遇）。

12月16日　在中国出版工作者协会和中国美术家协会联合举办的全国第三次书籍装帧艺术展览优秀作品评选中，我局《中华大藏经》获二等奖，《清实录》、《谈艺录》获三等奖。

是月　原总经理王春，原经理部主任、基建办公室主任赵维奎离休。

是年　建立特约经销店两家，即乌鲁木齐西域书画社、郑州市新华书店。至此，我局除西藏自治区、台湾省外，在全国各省、自治区、直辖市均设立了特约经销店。

是年　用纸89971令；实现利润164.68万元。

是年　出版图书242种。其中文学类主要有《诗经原始》、《苏轼文集》、《湛然居士文集》、《戴名世集》、《船山诗草》、《清词综补》、《续夷坚志　湖海新闻夷坚续志》；语言文字类主要有《历代钟鼎彝器款识》、《隶释　隶续》、《隶辨》、《经籍旧音序录　经籍旧音辨证》、《说文古籀三补》、《铁云藏货》、《傅大卣手拓印章集存》；历史类主要有《大金国志校证》、《文献通考》、《史记探源》、《宋宰抚编年录校补》、《西周金文官制研究》、《汉书食货志集解》、《古代南海地名汇释》、《中国古籍中有关柬埔寨资料汇编》、《明清史论著集刊续编》、《唐五代赋役史草》、《唐朝仓廪制度初探》、《顾颉刚先生学述》、《永乐大典》（16开精装全十册）、《重广会史》、《嘉庆重修一统志》、《孙中山藏档选编（辛亥革命前后）》、《孙中山全集》、《回顾与展望——国内外孙中山研究述评》、《严复集》、《刘光第集》、《陶成章集》、《中国近代政治思想论著选集》、《华北的小农经济与社会变迁》；哲学类主要有《朱子语类》、《中国近三百年学术史》。

1987年

1月6日 中共国家出版局党组批准中华书局新一届党委、纪检委组成。党委成员：魏子杰、何双生、陈金生、邓经元、姚景安、熊国祯、李明琪，书记魏子杰，副书记何双生；纪检委成员：何双生、李英祥、赵明，书记何双生。

1月10日 中华书局新加坡分局经理施寅佐病逝，我局发唁电向施寅佐夫人和新加坡分局表示哀悼和慰问。

1月17、21日 文学编辑室邀请北京大学、北京师范大学、中国社科院文学所、人民文学出版社等二十余位学者专家分别举行了两次座谈会，就《中国古典文学基本丛书》的编辑宗旨及近期出书如何兼顾社会效益和经济效益，开辟新的选题等问题征询意见。

2月13日 我局与中国书店就出版发行《清实录》联合举行记者招待会，《人民日报》、《光明日报》、新华社、中国新闻社、《中国日报》、香港《文汇报》、香港《大公报》、《北京晚报》等新闻单位的记者出席。

　　《清实录》由我局和中国书店合作印制，16开精装六十册，自1985年6月开始出版，至本年初全部出齐。

2月21日 李侃、邓经元、张忱石、许宏等一行4人赴港参加香港中华书局为纪念中华书局成立75周年举办的"中华文化在中华"活动。

2月25日 《联合书讯》"纪念中华书局成立75周年特刊"出版。刊出陈云、周谷城、楚图南、王子野、启功、顾廷龙为我局成立75周年的题辞，周振甫的回忆文章，《中华书局图书要目》等。

是月 本年第五期《瞭望》周刊刊登李侃为纪念中华书局成立75周年撰写的文章《书林学海，漫说"中华"》。

3月6日 《人民日报》文化版刊登李侃文章《继承和发扬中华民族优秀传统——中华

书局成立75周年随想》。

3月18日　我局在北京饭店举行中华书局成立75周年纪念会。李侃首先致辞,李一氓、宋木文、李祖泽、任继愈等先后讲话。

　　　　邓力群、周谷城、楚图南、刘靖基、杜星垣、朱穆之、王蒙、房维中、李彦、杨慎、张百发等领导,邓广铭、吕叔湘、启功、张岱年、张政烺、李新、李学勤、周一良、季羡林、金冲及、林甘泉、胡厚宣、唐弢、戴逸、黎澍等专家学者,三联·中华·商务香港总管理处、中华书局香港分局、中华书局新加坡分局、上海古籍出版社的负责人,上级机关、兄弟出版社、文教部门的有关人员,我局离退休干部和在职全体人员共六百多人出席纪念会。十几家新闻单位的记者与会。

　　　　中央电视台当晚新闻联播节目对纪念会作了报道。《人民日报》、《光明日报》、《文汇报》、《北京日报》等也在次日发了专题报道。

3月30日　魏子杰、傅惠时、朱关祥代表我局在上海举行中华书局成立75周年纪念会,曾在中华书局工作过的在沪老职工,上海文化界、出版界有关领导,上海古籍出版社、上海中华书局印刷厂等单位的代表等八十多人出席,上海出版局局长袁是德、我局副总经理魏子杰、老职工代表李昌允在会上讲话。

是月　本年第三期《出版工作》为纪念中华书局成立75周年,在"出版社巡礼"栏发表《书林学海访中华》的报道;"总编辑谈"栏发表李侃《卅年甘苦,四点感受》一文;刊发俞筱尧怀念金灿然的文章《为出版事业奋斗终生的忠诚战士》;封底介绍中华书局出版的几部重点图书。

4月14日　文化部琉璃厂改建工程筹建处沈士英来我局办理中华书局门市部固定资产移交手续,邓经元、魏子杰接待。

4月30日　李侃主持召开局务扩大会议,全体中层干部出席。会上宣布人事任命:李复波任古典文学编辑室副主任;盛冬铃任语言文字编辑室副主任;吴杰任近代史编辑室副主任;柴剑虹任文史知识编辑室副主任;阎晋鲁任党委办公室副主任;邵蕴珠任琉璃厂门市部副经理。

是月　杨牧之调新闻出版署图书局工作。黄克调文化艺术出版社工作。

6月13日　新闻出版署召开先进集体、先进工作者表彰大会。我局《文史知识》编辑室被评为先进集体，张忱石、刘光业、王敬仁被评为先进工作者。

6月24日　新闻出版署发文，同意中华书局新一届董事会组成名单。

　　　　新一届中华书局董事会名誉董事长：刘靖基；董事长：李侃；副董事长：王春、李祖泽；董事：李昌允、周振甫、赵守俨、姚绍华、黄毅、蓝真、魏子杰。

是月　原副总经理于廉离休。

7月6日　新闻出版署召开先进党支部、优秀党员表彰大会。我局魏子杰、吴杰被评为1987年度优秀党员。

9月9日　中国出版工作者协会在政协礼堂召开首届韬奋出版奖颁奖大会。我局周振甫获奖。韬奋出版奖是出版界的最高荣誉奖，首届获奖者十人。

是日　古代史编辑室谢方作为《大唐西域记校注》、《大唐西域记今译》的责任编辑，获韩素音、陆文星"中印友谊奖"。

9月10日　我局与全国高等院校古籍整理研究工作委员会签订关于出版《古籍整理与研究》刊物的协议书。《古籍整理与研究》为该委员会主办的学术刊物，自第四期起由我局出版。

9月18—26日　副总经理熊国祯应邀赴新加坡参加中华书局新加坡分局举行的庆祝中华书局成立75周年活动。

10月4日　召开局务扩大会议，任命傅惠时为财务处主任；尹新鉴为影印部副主任。

10月10日　《人民日报》报道了首届"吴玉章奖"评选结果，我局出版的《甲骨文合集》获特等奖，《诗词曲语辞例释》（增订本）获优秀奖。

10月20日　召开局务扩大会，决定：（一）进一步加强发行工作，明年在发行部试行承包制；（二）进一步加强影印工作，各编辑室搞一个三至五年内的影印书计划；（三）增强全局职工的经营意识，各提出二至三个社会效益、经济效益较好的选题，近几年出版一批畅销书；
（四）加强宣传工作，充分利用《书品》、《文史知识》等加强本版书、新书的介绍和预告。

11月29—30日　李一氓在北京万寿路宾馆召集我局领导班子成员及各部处室负责人座谈，李侃等就中华书局古籍整理出版工作情况作了汇报，李一氓对一些问题提出了解决办法，还就影印工作提出了意见。

12月3日　召开局务会议，决定设立经理办公会议制度。

12月30日　位于大兴县黄村镇的中华书局古籍印刷厂办公楼基本建成。

是月　我局出版的《原始社会史》和《唐律疏议》分获北京市哲学社会科学和政策研究优秀成果一等奖、二等奖。

是年　至本年底，我局共有特约经销店39处，代销店20处，发行网点在省会和自治区首府以及重点文化古城已基本普及。

是年　利润总额164.61万元。

是年　出版图书285种，其中新书201种，重印书84种，影印书69种。影印书重点是《明文海》、《全唐文》、《明经世文编》、《全上古三代秦汉三国六朝文》、《古本小说丛刊》第一辑等几部大书。其他图书中，文学类有《诗三家义集疏》、苏联列宁格勒藏本《石头记》、《说苑校证》、《阮籍集校注》等；语言文字类有《说文解字义证》、《大广益会玉篇》、《考古图 续考古图　考古图释文》、《宋本韵补》等；历史类有《通志》、《唐语林校证》、《突厥与回纥历史论文选集（1919—1981）》、萧一山《清代通史》，"中国近代人物日记丛书"有《李兴锐日记》、《王韬日记》，"中国近代人物文集丛书"有《秦力山集》，《淮军志》、《艺林散叶续编》等；哲学类有"理学丛书"中的《胡宏集》、《陈献章集》、《关学编》、《颜元集》，"康有为学术著作选"等；"学术笔记丛刊"中的《野客丛书》、《义门读书记》、《思益堂日札》、《双砚斋笔记》等。

1988年

1月8日　我局派王振铭任石景山中华书局印刷厂厂长。原厂长马玉离休，返聘为该厂顾问。

2月1日　北京市九届人大一次会议选举我局原副总编辑赵守俨为第七届全国人民代表大会代表。

3月19日　李侃致电台湾中华书局，对该局总经理熊钝生病逝表示哀悼。

3月31日　局务会研究决定如下人事任命：崔高维任总编辑办公室主任；许逸民任古典文学编辑室主任；赵诚任语言文字编辑室主任；陈铮任近代史编辑室主任；冯惠民任综合编辑室主任；南丽华任图书馆副主任；张振相任发行部主任；阎晋鲁任发行部副主任，免去其党委办公室副主任职务；李明琪任党委办公室副主任；许宏任对外图书贸易部副主任，免去其总编辑办公室副主任职务；曹煜峙任总务处主任；尹宁任劳动服务公司经理。

4月17日　新闻出版署团委召开共青团基层工作会议，我局团支部被评为1987—1988年度先进团支部，张荷被评为优秀团干部，杨春玲被评为优秀团员。

4月25日　北京电视台"大观园"栏目组在李一氓住处就"出版界巡礼"专题中有关中华书局的内容进行采访摄像，李一氓、季羡林、任继愈、胡厚宣、冀淑英、李侃、赵守俨等分别接受采访，介绍了我局编辑出版业务和重点出版物。

6月5—19日　李侃应日本内山书店社长内山篱邀请访日，商谈《中国丛书》的编辑等事宜。此后，我局与日本内山书店交往频繁，建立和保持图书贸易关系。

是月　我局对外图书贸易部开始办理图书出口业务。

　　是年1月23日，国家对外经济贸易部致函新闻出版署，同意我局开展有关对外图书贸易业务。4月13日，新闻出版署发文，批准我局成立对外图书贸易部。5月，北京市新闻出版局批准发给我局外贸部书刊发行营业许可证，北京市工商局核准登记并颁发"营业执照"。由此，我局取得图书直接对外出口权。

是月　综合编辑室主任冯惠民调书目文献出版社工作。

7月13日　台湾中华书局股份有限公司经理熊杰从美国芝加哥写信给我局总编辑李侃，表示将借回国探亲机会与我局交流业务运营情况，了解合作的可能性。李侃于16日复信，表示欢迎熊杰来访，期待海峡两岸的中华书局携手合作。

8月2日　美国康奈尔大学东亚图书馆馆长周明元及夫人来访，与李侃及外贸部人员商谈该馆与我局建立直接图书贸易关系事宜。

8月9日　三联·中华·商务香港总管理处副总经理黄毅来访，会见李侃、邓经元，通报该管理处将改为香港联合出版集团有限公司的相关情况。

是月　台湾《国文天地》杂志社社长林庆彰一行四人借赴大陆探亲之便来访，与《文史知识》编辑部柴剑虹、冯宝志、余喆等会谈。双方就两个刊物间的学术交流与合作，诸如交换刊物、转载文章、购买版权及共同举办"台湾专号"等达成协议。

9月2日　我局与台湾中华书局在北京举行会谈。参加会谈的台湾方面有常务董事、执行副总经理熊杰，常务董事李瑞麟、副总编辑孙时敏、营业部经理房自强；我局方面有李侃、魏子杰、傅璇琮、邓经元、陈金生、何双生、熊国祯、赵守俨、崔高维、许宏等。双方就合作的基本原则及具体事宜进行商谈，形成会谈纪要。

9月3日　我局与台湾中华书局、香港中华书局、新加坡中华书局举行四方会晤。台湾中华书局熊杰、李瑞麟、孙时敏、房自强，香港中华书局高孝湛、钟洁雄，新加坡中华书局林平发，我局领导班子成员及相关部门负责人出席。

9月7日　我局李侃、邓经元、张振相、许宏等就代理图书出口业务事与文物出版社、上海古籍出版社、巴蜀书社、中国书店等十一家出版社发行业务负责人举行洽谈。

9月14日　1987年度"中国图书奖"揭晓。我局《中华民国史》第二编第一、二卷获荣誉奖。

9月22日　我局高知宿舍楼在六里桥破土兴建，普通宿舍楼已于此前部分开工。高知楼于1989年10月竣工。

是月 局务会决定任命李肇翔为综合编辑室副主任。

10月15日 我局在中国社科院近代史所报告厅召开《文史》座谈会。李一氓、许力以、朱德熙、张政烺、周绍良、陈高华、王庆成、徐苹芳、李学勤、王煦华、吴树平、沈玉成、李祖德、张泽咸、金开诚、田余庆、朱瑞熙等领导和专家学者应邀出席，我局李侃、傅璇琮、魏子杰、陈金生、何双生、邓经元、赵守俨、程毅中等与会。中央电视台、《人民日报》等分别于当晚和次日作了报道。

11月4日 我局副总编辑陈金生、语言文字编辑室副主任盛冬铃出席在上海举行的中华书局、复旦大学、日本东京外国语学院合作出版《汉语方言大辞典》一书的签字仪式。

11月14日 台湾商务印书馆总经理张连生来访，傅璇琮、陈金生、邓经元等接待。

12月23日 1988年北京地区精装书籍、本册装帧全优奖发奖大会召开。我局《古本小说丛刊》和《殷墟甲骨刻辞摹释总集》分别获得二、三等奖。

是月 局务会决定李茜调任出版部副主任，免去其人事处副主任职务；任命李明琪为人事处副主任。

是年 我局出版的几种教材分别获得全国高校优秀教材奖（国家级奖）和教委高校优秀教材奖（部委级奖）。其中获全国高校优秀教材奖的是《古代汉语》（特等奖）、《原始社会》、《近代经济思想史》；获教委高校优秀教材奖的是《目录学概论》、《中国通史参考资料（古代部分）》、《中国哲学史教学资料选辑》（以上一等奖）、《中国近代史》（二等奖）。

是年 出版图书中，文学类主要有《陆云集》、《李商隐诗歌集解》、《明清传奇选刊》五册十种；语言文字类主要有《说文解字句读》、《说文古籀补》、《助语辞集注》、《马氏文通校注》；历史类主要有顾颉刚《中国上古史研究讲义》、杨廷福《玄奘年谱》、"清代笔记丛刊"数种、《清代珠江韩江洪涝档案史料》、《清代土地占有关系与佃农抗租斗争》、《俄国外交文书选译（有关中国部分1911.5—1912.5）》、《梅丘生死摩耶梦——张大千传奇》、《通典》；哲学类主要有"中国佛教典籍选刊"中的《童蒙止观校释》、《中国无神论史资料选编》（魏晋南北朝编）、（隋唐编）；综合类主要有《记纂渊海》、《李塨年谱》、《黄丕烈年谱》等。

1989年

1月　我局副总编辑傅璇琮当选九三学社第八届中央委员会委员。

3月6日　全局中共党员选举出席新闻出版署第二届党代会代表,何双生、吴杰、崔高维、李明琪当选。

是月　局务会决定同意谢方辞去古代史编辑室主任职务,任命陈抗为古代史编辑室副主任。

4月22日　台湾作家高阳(许晏骈)来访,李侃、邓经元、近代史编辑室主任陈铮、编辑陈东林等接待。

5月16日　局务会决定任命张忱石为古代史编辑室主任,梁运华为哲学编辑室主任,许宏为对外图书贸易部主任,李海森为基建处主任兼古籍印刷厂筹建处主任,张宇为出版部主任,谢宝光为出版部副主任,李解民为《文史》编辑部副主任,尹宁为劳动服务公司经理,卢瑛为财务处副主任。

5月17日　离休干部、原近代史编辑室副编审段昌同在北京病逝,享年68岁。

　　段昌同(1921—1989),北京市人。1944年毕业于燕京大学历史系,后任中学教师等职。1949年4月入华北大学二部学习。此后在中国史学会研究室和中国科学院近代史研究所任助理研究员。1961年调我局近代史编辑室任编辑、副编审,至1987年离休。参加了《近代史资料丛刊》中《洋务运动》、《中日战争》、《戊戌变法》、《北洋军阀》等书的资料收集、编辑整理工作。曾编纂处理了多种书稿约2000万字。

4—6月　北京发生学潮,直至发生"六四事件"。书局领导先后多次召集各种形式的会议,传达党中央、国务院和北京市委、市政府领导的相关指示,要求职工顾全大局,坚守工作岗位,在政治上、思想上、行动上与党中央保持一致。

6月　新闻出版署和中国出版工作者协会向长期在出版战线上工作的老同志颁发荣誉

证书。我局有80多位在出版战线工作满30年（离退休满25年）的同人获得荣誉证书。

7月15—29日　李侃、崔高维、许宏赴香港出席北京、台湾、香港、新加坡四方中华书局第二次业务会谈。四方就合作出版、联合庆祝中华书局成立80周年等事项达成一致意见，形成会谈纪要。

10月17日　《文史知识》编辑部在民革中央礼堂举行茶话会，庆祝出刊百期。四十多位学者专家及读者代表出席。主编李侃向与会者对《文史知识》的支持表示感谢。季羡林、许力以、唐弢、臧克家等十几人在会上发言。会上还就"我与《文史知识》"征文北京地区的获奖读者颁发荣誉证书和奖品。

是年　我局具有专业技术职务者145人，其中高级职务38人，中级职务44人，初级职务63人。

是年　《丛书集成初编》3467册全部重印出版。出版的其他图书中，文学类有《毛诗传笺通释》、《魏晋文举要》、《唐才子传校笺》第二册、"明清传奇选刊"两册三种、《游国恩学术论文集》、《天问研究》等；语言文字类有《殷墟甲骨刻辞类纂》、《乾隆四鉴综理表》、《古籀拾遗　古籀余论》、《宋刻集韵》、《战国文字通论》、《虚字说》、《中文形音义综合大字典》等；历史类有《尚书学史》、《敦煌吐鲁番唐代法制文书考释》、《大唐西域求法高僧传校注》、《宋本册府元龟》、《鄂国金佗粹编续编校注》、《明会典》、《玉镜新谭》、《涑水记闻》、《四朝闻见录》、《明代内阁制度史》、《梁方仲经济史论文集》、《山居存稿》、《晚清钱庄和票号研究》、《翁同龢日记》、《饮冰室合集》、"中华民国史资料丛稿"中的《长城抗战资料选辑》、《台儿庄战役资料选辑》，"日本帝国主义侵华档案资料选编"中的《细菌战与毒气战》、《东北历次大惨案》等；哲学类有《礼记集解》、《浙东学派溯源》、《道教概论》、《佛学研究十八篇》等；综合类有《事物纪原》、《札迻》、《王夫之年谱》等。

1990年

1月5—9日　新闻出版署朱益增、信希华、程宇等来我局对6位局级干部、26位处级干部进行考察。

1月20日　召开局党委扩大会,讨论新闻出版署直属机关党委部署的党员重新登记工作,决定成立我局党员重新登记领导小组,由李侃、魏子杰、何双生、傅璇琮、邓经元、熊国祯、李明琪七人组成,魏子杰任组长,何双生任副组长。

是年2—7月,局党委组织各支部全体党员进行了党员重新登记工作。

1月25日　新闻出版署副署长刘杲、图书管理司司长杨牧之来我局视察工作。李侃等领导班子全体成员及总编辑助理盛冬铃参加座谈。

3月8日　我局与中国社科院文学所签订《古本小说丛刊》编辑出版协议。

《古本小说丛刊》是《古籍整理出版规划(1982—1990)》重点项目,第一辑已于1987年出版,自第二辑起改为中国社会科学院与法国国家科学院的合作项目,并聘请日、美、法、英、苏联、荷兰、澳大利亚、加拿大以及台湾的知名学者加入编委会,搜集海外收藏的珍本、善本,编至四十一辑,交我局出版。

3月14日　全国政协七届常委会第九次会议决定增补李侃为七届全国政协委员。

3月22日　新闻出版署发文同意我局陈铮、赵诚、何双生聘为编审。

4月2日　新闻出版署外事司专员龙文善陪同香港联合出版(集团)有限公司董事长、总经理李祖泽,副董事长、副总经理黄毅来我局商谈处理中华书局海外资产及股东股票问题。我局李侃、邓经元、熊国祯、傅惠时、崔高维等参加商谈。傅惠时介绍了公私合营时中华书局海外资产的有关情况。李祖泽等提出海外资产遗留问题的处理设想,我局表示对解决这一问题尽量给以协助。

是日　经中华书局董事会决议，再次指定李祖泽、黄毅为香港分公司合法代理人，发给授权书。

4月21日　中华商务联合印刷（香港）有限公司总经理须汉兴来访，李侃、傅璇琮、邓经元、熊国祯等接待。当晚，李侃前往宾馆看望自美国回来观光的著名铜版雕刻家、前中华书局香港印刷厂厂长赵俊。

是月　由我局《文史知识》编辑部与台湾《国文天地》杂志联合举办的"台湾专号"，在北京、台北同时出版发行。台湾《联合报》、《新生报》、《自由时报》相继报道此事，称"这是海峡两岸四十年来杂志界首度携手合作，建立文化与学术的相互交流"。《人民日报》（海外版）、《光明日报》等也做了报道。

5月底—6月初　李侃、崔高维赴新加坡参加四方中华书局第三次会谈。会谈主要内容是关于四方、双边合作项目以及共同庆祝中华书局成立80周年活动的筹备。

6月30日　根据新闻出版署党委要求，经研究，我局成立共青团员教育评议工作领导小组。组长：熊国祯，副组长：吴育鹏，成员：杨春玲、沈致金、李明琪。

是年7—10月，开展了团员教育评议工作，经署团委检查验收合格。

7月2日　新闻出版署直属机关党委召开表彰先进会，我局人事处杨春华获评优秀共产党员。

7月10日　局务会决定任命李肇翔为综合编辑室主任；华晓林为《文史知识》编辑室副主任；李明琪为人事处主任，杨春华为副主任；余喆为总务处副主任；萨支钢为对外图书贸易部副主任。

7月31日　离休干部、原出版部主任华昌泗在北京病逝，享年68岁。

华昌泗（1921—1990），江苏无锡人。曾就读无锡师范高中，抗日战争爆发后流亡到武汉等地，1939年到桂林，先后在农村经济研究会任办事员、就学美术专科学校。1943年加入新知书店，从事出版工作。后随新知书店加入三联书店。1948年加入中国共产党。1952年调任中央人民政府印刷事业管理局办公室主任，1954年受总署派遣参加我局公私合营筹备工作,并留任出版部副主任、主任,至1984年离休。除了出版印刷业务精深和成就不凡外,在美术方面也颇有造诣,设计或参与设计了《新知丛书》、《中国通史简编》、《鲁迅传》、《孙中山全集》、《琴曲集成》、《中华大藏经》等书,为《西周铜器断代》一书摹写全部金文字样并设计铜模。

8月21日　中国比较文学学会举办首届比较文学图书评奖活动。我局出版的钱锺书著《管锥编》、《谈艺录》名列荣誉奖榜首。

9月6日　台湾学者严灵峰、陈鼓应来访,李侃、何双生、邓经元、熊国祯等接谈。严灵峰拟将其著作《先秦诸子知见书目》授权中华书局出版,其他著作也将开列书目、提供样书及授权书,供中华书局选择出版。

10月4日　局务会决定任命尹新鉴为影印部主任。

10月31日　苏联国家文学出版社社长安德扎巴里捷来我局进行工作访问,傅璇琮、邓经元接待,双方就加强联系增进彼此了解,开展合作等交换意见,达成了意向。

次年4月,该社总编辑莫特斯托夫等一行三人来访,与我局就合作出版及人员互访事宜签订了补充意见书。

是月　为纪念中华书局成立80周年,我局与台湾、香港、新加坡拟联合编辑出版论文集《中华文化的过去、现在与未来》,各方分头组稿,作者名单已初步确定。

12月4日　中共中央顾问委员会常委、国务院古籍整理出版规划小组组长李一氓在北京逝世,享年87岁。

　　李一氓（1903—1990）,生于四川彭州。早年赴法国勤工俭学。1925年加入中国共产党。曾任国民革命军总政治部宣传部科长,南昌起义参谋团秘书长。参加过红军二万五千里长征。此后历任陕甘宁省委宣传部长、新四军秘书长、中共苏北区党委书记、中共华中分局宣传部长、大连大学校长等职。新中国成立后,曾任中国驻缅甸大使、国务院外事办副主任、中联部副部长、中纪委副书记、中顾委常委、国务院古籍整理出版规划小组组长、中国国际交流协会会长。是第一届全国人大代表;中共八大、十二大、十三大代表。擅书法和作诗,晚年对收集、整理和出版古籍倾注了极大心血。在主持古籍小组工作的十年中,制定规划, 团结和组织全国的有关专家学者, 高质量地整理和出版了一大批重要古籍。对我局的工作给予了极大关注、支持和诸多指导, 使我局的编辑出版业务得以顺利开展, 取得可观成就。

12月4—12日　古代史编辑室主任张忱石、出版部主任张宇, 应日本河合文化教育研究所邀请, 赴日本签订《日本学者研究中国史论著选译》出版协议。该书共十卷, 于1991—1992年陆续出版。

12月17日　古代史编辑室编审王文锦离休。

12月26日　我局在政协礼堂召开《文史知识》创刊十周年、《书品》创刊五周年座谈会。季羡林、邓广铭、张岱年、张政烺、任继愈、周绍良、启功等七十多位在京专家学者出席。我局李侃、赵守俨、魏子杰及两刊编辑人员出席。

12月27日　我局邀请高校古籍整理研究工作委员会、北京大学古文献研究所安平秋、孙钦善、严绍璗等前来商议进一步办好《古籍整理与研究》刊物, 我局傅璇琮、邓经元、张忱石、张宇、李解民参加会议。

是年　我局对外图书贸易部本年销售额约83万元外汇人民币, 比上年翻了一番, 实现利润22.6万元。全年共收订单118万元, 发货83万元。订单中本版书占51.4%, 外版书占48.6%。

是年　生产用纸23089令; 利润87.93万元。

是年　图书出版完成情况为: 出书总数176种, 其中排印新书73种, 影印新书23种, 重印书80种; 完成字数4000万, 印数66.26万册。

是年　出版的图书中, 文学类有《金文最》、《晚晴簃诗汇》、《刘禹锡集》、《苏辙集》、《张耒集》、《曲品校注》、《唐才子传校笺》第三册和第四册等; 语言文字类有《古陶文汇编》、《隶韵》、《文选类诂》等; 历史类有《今文尚书考证》、《战国策注释》、《满文老档》、《汉官六种》、《类编长安志》、《抱经堂文集》、《司马光年谱》、《宋元方志丛刊》等; 哲学类有《六十四卦经解》、《论语正义》, "理学丛书"两种, "康有为学术著作选"两种, "道教典籍选刊"两种等; 综合类有《事类赋注》、《掌故丛编》、《广古书疑义举例》、《清人书目题跋丛刊》一至五册等。

1991年

1月15日　局务会决定任命南丽华为图书馆主任；李解民为语言文字编辑室副主任；徐俊为文学编辑室副主任；孙启鹤为影印部副主任。

4月26日　香港中华商务联合印刷厂顾问须汉兴来访，与李侃、魏子杰、熊国祯等商谈陆费逵夫人骨灰在香港与陆费逵合葬及立墓碑一事。

5月15日　魏子杰邀请部分在京中华书局老职工就局史的资料整理和编写工作进行座谈。常紫钟、蔡世纬、俞筱尧、刘杰等出席。与会人员对做好局史资料工作发表了意见和建议，特别对公私合营后一段局史资料整理工作，提出了具体设想，认定各自撰写的内容。

5月25—29日　我局与南京师大联合举办的首届唐宋诗词国际学术讨论会在南京举行，傅璇琮、许逸民代表我局出席。

5月30日　中国第一历史档案馆代馆长徐艺圃、编辑研究部主任戈斌前来与我局商议光绪朝朱批奏折影印出版事。光绪朝朱批奏折共15万件，影印后计划分装200册，16开本，精装。

6月10日　新闻出版署刘杲、卢玉忆、朱益增等三人在我局中层干部会上宣布邓经元等人行政职务的任免通知：任命邓经元为中华书局总经理，傅璇琮为中华书局总编辑，免去李侃总编辑职务。副总编辑陈金生、何双生留任，副总经理熊国祯留任，副总经理魏子杰再工作一段。我局新一届领导班子组成。

6月11日　邓经元主持召开新领导班子首次局务会，讨论领导班子成员的工作分工、全局职称评定工作和《著作权法》学习的安排，议定每周一上午九点召开局务例会。

6月20日　古代史编辑室邀请北京大学刘俊文来我局作"日本学者研究中国史现状"的学术报告。

6月22日　总编辑助理、语言文字编辑室副主任盛冬铃病逝，享年47岁。

　　盛冬铃(1944—1991)，上海人。1962年入读北京大学中文系古典文献专业。毕业后在中学任教。1978年考入北大古典文献专业读研究生，获硕士学位。1981年到我局工作，先后任《文史》编辑、语言文字编辑室副主任、总编辑助理。联系组织了《敦煌汉简》、《居延新简》等书稿，参加了《汉语方言大辞典》等的审稿，点校整理了《松窗梦语》等古籍，参与了《汉语大词典》、《中国历史大辞典》、《中国文化史》、《史记译注》等书的编写，著有《六韬校注今译》、《纳兰性德词选》，发表过《西周青铜器铭文中的人名及其对断代的意义》等多篇学术论文。

　　8月15日　邓经元、傅璇琮、熊国祯、沈锡麟、崔高维到江苏省驻京办事处看望新任国务院古籍整理出版规划小组组长匡亚明，作了简短工作汇报。

　　8月26日　局务会决定任命徐守牛为发行部副主任。

　　8月28日　新闻出版署任命崔高维、沈锡麟为中华书局副总经理。

　　9月3日　古籍小组组长匡亚明来我局，与我局领导班子成员、各部门负责人见面、座谈。匡亚明讲了近期工作打算：制定"八五"计划和十年规划；充实古籍办公室人员；理顺上下左右工作关系。我局也汇报了有关情况。

　　9月7日　匡亚明在万寿路宾馆召开古籍小组在京成员、顾问座谈会，讨论"八五"计划和十年规划的初步设想。我局邓经元、傅璇琮、陈金生、何双生、赵守俨、程毅中、沈锡麟、崔高维与会。

　　9月9日　局务会决定任命李岩为总编室副主任，骈宇骞为综合编辑室副主任。

　　9月11日　召开局务会，根据匡亚明委托我局制订全国古籍整理出版"八五"计划和十年规划的情况，决定成立规划起草小组，组长傅璇琮、副组长沈锡麟，小组成员有邓经元、李侃、赵守俨、陈金生、何双生等。

　　9月25日　魏子杰主持召开全体党员大会，选举新一届党委、纪委。崔高维、何双生、熊国祯、李明琪、姚景安、张宇、李岩七人当选党委委员，何双生、杨春华、赵明三人当选纪委委员。此后的党委、纪委委员会议决定崔高维任党委书记，副书记何双生，统战委员熊国祯，组织委员李明琪，宣传委员李岩，治安保卫委员姚景安，青年委员张宇。纪委书记何双生。

10月31日　新闻出版署任命马欣来为古籍小组办公室副主任。

11月20日　新闻出版署举行颁发政府特殊津贴证书仪式，李侃、赵守俨、傅璇琮首批获得政府特殊津贴。

12月25日　局务会议定最后一榜职工分房方案，分房工作基本结束。

　　此次分配调整住房大面积改善了本局干部职工住房状况，共解决147户，其中六里桥新建宿舍56户，腾出二手楼房解决43户，腾出平房解决39户，安排了集体宿舍13名职工住房。

12月30日　李侃、赵守俨、邓经元、傅璇琮、陈金生、沈锡麟与古籍小组秘书长张岂之讨论全国古籍出版"八五"计划和十年规划的修订工作。

是年　生产用纸22777令；销售码洋1362.20万元；实现利润147.93万元。

是年　出版的新书，文学类有《古本小说丛刊》（出齐，共四十一辑，每辑五册）、《说苑校证》、《诗经注析》、《先秦文举要》、《文学二十家传》、《〈三国演义〉研究论文集》；语言文字类有《殷周金文集成》第九、十册，《古陶文字征》，《敦煌汉简》，《宋本金石录》，《词林韵准》，《金瓶梅词典》；历史类有《宋本大唐六典》、《清会典》、《清会典事例》、《清会典图》、《山西通志》（光绪年间修）、《谭嗣同全集》、《太平天国史》、《中日战争》、《孙中山年谱长编》、《黄兴年谱长编》、《民国军事史略稿》第二、三卷，"日本帝国主义侵华档案资料选编"两种：《东北经济掠夺》和《东北大讨伐》；哲学类有《中华大藏经（汉文部分）》第三十八至四十四册、《周易译注》、《悟真篇浅解》、《周叔迦佛学论著集》、《中国伦理学史略》；综合与普及类有"中华人民共和国地方志丛书"三种、"文史知识文库"六种、《韩愈年谱》等。

1992年

1月15日　傅璇琮、柴剑虹、谢方邀约法国驻华使馆文化参赞郁白和中国社科院历史所副译审耿昇来我局,就"法国西域敦煌名著译丛"(暂拟名)的编译出版事宜进行商谈。

1月29、31日　邓经元、傅璇琮及总编办、出版、发行、财务等部门负责人与华夏文化史研究所沈志华、李红旗就通鉴系列古籍今译的出版发行进行磋商,议定该所主持编纂的《资治通鉴》、《续通鉴》、《明通鉴》、《通鉴纪事本末》四种古籍的白话译本交由我局出版。

3月10日　新闻出版署在人民大会堂安徽厅举行首次全国古籍图书评奖颁奖大会。我局共有26种图书获奖。其中特别奖三种:《甲骨文合集》、《古逸丛书三编》、《永乐大典》;一等奖六种:《先秦汉魏晋南北朝诗》、《通典》、《中华大藏经(汉文部分)》、《大唐西域记校注》、《殷周金文集成》、《春秋左传注》;二等奖四种:《唐才子传校笺》、《唐语林校证》、《清实录》、《金文编》;三等奖十四种(此略)。

3月14—25日　傅璇琮、沈锡麟、李明琪、萨支钢、李岩一行五人赴香港参加中华书局成立80周年纪念活动和"中华古籍节"的参展活动。

4月21日　我局在北京饭店西楼宴会厅举办建局80周年纪念茶话会,新闻出版署刘杲、卢玉忆、谢宏及各司局领导,各兄弟出版社及有关单位负责人,香港和新加坡来宾,在京学术界文化界的专家学者及本局职工近六百人与会。

茶话会由傅璇琮主持,邓经元致词,新闻出版署副署长刘杲、中宣部出版局局长刘国雄、香港中华书局总经理何沛棠、新加坡中华书局副经理何子兰、北京大学教授季羡林、裘锡圭、中国社科院历史所研究员李学勤以及老出版家陈原先后讲话。当晚中央电视台新闻联播、北京电视台晚间新闻节目报道了大会实况。《人民日报》、《人民日报》(海外版)、《光明日报》、《中国新闻》、《新闻出版报》、《中国文化报》、《团结报》、《北京晚报》等报刊先后做了报道。

陈云为中华书局成立80周年题辞:"整理古籍,为社会主义建设服务。"

4月22日　在我局举行三方中华书局会谈,香港中华书局何沛棠、钟洁雄、林峰,新加坡中华书局林平发、何子兰,我局邓经元、陈金生、何双生、沈锡麟、许逸民、柴剑虹、许宏、李岩等参加。

4月25—30日　何双生、魏子杰、李岩等赴上海慰问中华书局老职工,并去华东医院看望刘靖基老人。

5月13日　古代史编辑室退休编审杨伯峻在北京病逝,享年83岁。

　　杨伯峻(1909—1992),原名杨德崇。湖南长沙人。著名语言学家。国务院古籍整理出版规划小组顾问。1932年毕业于北京大学中文系。曾任中学教师、冯玉祥研究室成员、中山大学讲师、湖南《民主报》社社长、湖南省政协秘书处处长、中共湖南省委统战部办公室主任,北京大学、兰州大学和甘肃师范学院中文系副教授,北京大学历史系教授。1960年调入我局,任历史编辑室编辑。他在语言文字领域的贡献主要体现在古汉语语法和虚词的研究以及古籍的整理和译注方面。大学时代即在其叔父杨树达指导下撰写了《列子集释》。著有《中国文法语文通解》、《文言语法》、《古汉语虚词》、《论语译注》、《孟子译注》、《春秋左传注》、《春秋左传词典》(合作)等,还有《杨伯峻学术论文集》、《杨伯峻治学论稿》出版。

5月15—23日　何双生、尹新鉴赴新加坡参加新加坡分局举办的庆祝中华书局成立80周年活动。

5月25—31日　第三次全国古籍整理出版规划会议在北京香山饭店召开,新一届小组成员、顾问及有关人员一百余人出席。会议审议修订了《中国古籍整理出版十年规划和"八五"计划》。国务委员李铁映、财政部长王丙乾、中宣部长王忍之等到会祝贺。江泽民、李鹏为大会题词。我局邓经元、傅璇琮、赵守俨、周振甫等出席,我局抽调二十余人从事会议的会务、秘书和简报工作。

　　第三届古籍整理出版规划小组组长:匡亚明;副组长:周林、王子野、刘杲;秘书长傅璇琮;成员47人:王元化、王运熙、石峻、弘征、刘起釪、田余庆、邓绍基、安平秋、许嘉璐、李学勤、余瀛鳌、多杰才旦、任继愈、陈贻焮、陈从周、陈鼓应、张岂之、林沄、林甘泉、庞朴、杨牧之、宗福邦、周勋初、项楚、赵守俨、郁贤皓、夏自强、徐放、徐苹芳、徐朔方、袁世硕、袁行霈、席泽宗、钱伯城、章培恒、黄天骥、黄永年、董治安、傅璇琮、傅熹年、葛兆光、潘吉星、楼宇烈、裘锡圭、詹锳、冀淑英、戴逸；顾问44人：王明、王玉清、王季思、史念海、白寿彝、邓广铭、安子介、吕叔湘、朱德熙、启功、李俊民、李国豪、杨伯峻、余冠英、阴法鲁、张政烺、张岱年、金景芳、周一良、周谷城、周绍良、周祖谟、周振甫、季羡林、季镇淮、郑德坤、胡曲园、胡道静、姜亮夫、饶宗颐、容肇祖、耿鉴庭、顾学颉、顾廷龙、唐长孺、钱仲联、钱锺书、常任侠、程千帆、谭其骧、蔡尚思、缪钺、缪启愉、瞿同祖。

6月9日　赵守俨、傅璇琮、陈金生、何双生、刘宗汉等受北京市新闻出版局委托，参加1991年度北京地区优秀图书(古籍类)的评审工作。

　　历年我局都有数位专家受邀参加新闻出版总署、北京市出版局、中国出版工作者协会、古籍小组办公室等部门组织的古籍类图书质量检查、评审，文史类高级专业技术职称评审等工作。

6月18日　新闻出版署副署长于永湛率技术发展司、计财司等部门负责人来我局，就中华书局古籍印刷厂的有关问题及中华书局业务楼建设等传达了6月8日署务会议的决定，并与我局领导交换意见。

6月25日　《中国古籍整理出版十年规划和"八五"计划(1991—1995—2000年)》颁布实施。其中"八五"规划项目1004种，包括文学196种、历史245种、出土文献20种、哲学118种、宗教23种、语言文字59种、科技289种、综合54种。

是日　张忱石、张烈、梁运华、许逸民获得编审任职资格。

7月1日　新闻出版署党委召开表彰先进大会，我局离休干部于廉被授予"优秀共产党员"称号。

8月24日　局务例会讨论通过人事处拟定的《中华书局考勤及奖惩试行办法》。

8月26日　召开总编办公会议，研究我局承担的国家"八五"计划重点图书完成情况，讨论通过了《中华书局书稿档案管理实施办法》。

8月28日　新闻出版署任命傅璇琮为古籍小组秘书长。

8月30日　我局举办《日本学者研究中国史论著选译》出版座谈会,邀请东方文化研究学会会长韩天石,中国出版协会主席王子野,著名学者季羡林、邓广铭、周一良、张政烺以及该书主编刘俊文,日本学者池田温等日方来宾参加,新华社、人民日报社、《瞭望》杂志社、日本每日新闻社等媒体记者出席。我局邓经元、傅璇琮、张忱石、柳宪、张宇、许宏、李岩等出席。

9月5日　新闻出版署任命许逸民为古籍小组办公室主任。

9月14—24日　熊国祯、李岩赴长沙参加十八家专业古籍出版社联谊会和优秀图书评奖活动。我局《殷墟甲骨刻辞摹释总集》、《敦煌汉简》、《尚书学史》、《古本小说丛刊》、《周易译注》、《诗经注析》等6种书获一等奖,《古陶文字征》、《清人书目题跋丛刊》、《敦煌吐鲁番唐代法制文书考释》、《大唐西域求法高僧传校注》、《山居存稿》、《曲品校注》、《建安七子集》、《清代江河洪涝档案史料丛书》、《中国婚姻史稿》等9种书获二等奖,18种书获三等奖(此略)。

10月5日　局务会决定任命杨春华为党委办公室副主任。

10月19日　局务会讨论通过《编辑工作准则》,并建议近期内重新拟定美术编辑工作条例和编辑室秘书工作条例;出版发行部门也要制定有关的工作程序,明确职责,协调各个环节。

11月12日　孙中山基金会在广州举行"1949—1992年中国大陆孙中山学术研究与文艺创作优秀成果颁奖大会"。我局出版的《孙中山年谱长编》和《中华民国史》(第一、二编)获学术著作一等奖;《孙中山全集》获资料汇编一等奖;《孙中山藏档选编(辛亥革命前后)》获资料汇编二等奖。

11月25日　新闻出版署召开署机关暨直属单位先进集体、先进工作者表彰大会,我局陈铮、张宇被评为先进工作者。

12月4日　在北京市建委招标办、建设银行东四支行有关人员的主持下,中华书局业务楼招标会在我局会议室举行。新闻出版署计财司基建处处长文叶荣,我局邓经元、熊国祯、安继尧、李海森等出席。

有三家施工单位参加投标。会后经评议小组审核确定京易建筑公司为中标单位,承担我局业务楼工程。12月23日该工程正式破土动工。

12月17日　我局举行版权知识讲座,请国家版权局版权处副处长王自强解答有关版权的问题。

是月　原副总编辑程毅中退休。

是年　生产用纸23353令;销售码洋1748.73万元;实现利润126.73万元。

是年　出版的新书,文学类有《全唐诗补编》、《宋文鉴》、《冥报记　广异记》、《中国文学家大辞典 (唐五代卷)》、《全唐诗索引·李贺卷》、《全唐诗索引·李商隐卷》、《全宋词作者词调索引》;语言文字类有《英国所藏甲骨集》下编、《读书杂志》、《方言笺疏》、《校订五音集韵》、《清代古音学》、《古文字研究》第十八和十九辑、裘锡圭《古文字论集》;历史类有《文史》第三十四至三十六辑、《续资治通鉴长编》(26—30)、《唐六典》、《唐尚书省郎官石柱题名考》、《宋史翼》、《明中都》、《中国漫记》、《道里邦国志》、《日本学者研究中国史论著选译》、《唐五代五十二种笔记小说人名索引》、《建国以来中国史学论文集篇目索引初编》、《集成报》、《实学报》、《清议报》、《强学报　时务报》、《昌言报》、《长江三角洲小农家庭与乡村发展》、《中国海关密档——赫德、金登干函电汇编 (1874—1907)》第三、四卷;哲学类有《公孙龙子悬解》、《盐铁论校注》、《抱朴子外篇校笺》、《康南海自编年谱 (外二种)》、《中国军事辩证法史 (先秦)》、《大乘起信论校释》、《中国佛教思想资料选编》第二至四卷;综合与普及类有“古逸丛书三编”两种、“学术笔记丛刊”三种、“年谱丛刊”三种、《清经世文编》、《中华书局收藏现代名人书信手迹》、《影印善本书目录 (1911—1984)》、《古籍整理图书目录 (1949—1991)》、“文史知识文库”十几种。

1993年

1月4日　局务会决定任命姚景安为古代史编辑室副主任。

1月7日　局务会决定语言文字编辑室副主任李解民调任古代史编辑室副主任；任命刘宗汉为语言文字编辑室副主任，主持工作；综合编辑室副主任骈宇骞调任语言文字编辑室副主任。

是月　经国务院批准，我局周振甫、程毅中、陈金生、谢方、邓经元、何双生、陈铮、杨华如、许逸民、梁运华、张忱石等11人自1992年10月起享受政府特殊津贴。

是月　政协北京市第七届常委会第三十七次会议决定，我局谢方为北京市第八届政协委员。

2月1日　局务会决定任命冯宝志为《文史知识》编辑室副主任。

2月10日　新闻出版署召开首届直属出版社优秀图书奖发奖大会，我局出版的《中国婚姻史稿》获选题一等奖，《孙中山年谱长编》获编辑一等奖、设计二等奖，《敦煌汉简》获选题二等奖，《金石丛话》获编辑二等奖，《古本小说丛刊》获设计二等奖，《太平天国史》获校对二等奖。

2月26日　邓经元取得编审任职资格。

是月　经新闻出版署党组研究决定，我局党组由邓经元、傅璇琮、陈金生、何双生、熊国祯、崔高维、沈锡麟七人组成，邓经元任党组书记。

是月　经第七届全国人大常委会第三十次会议通过，赵守俨为第八届全国人民代表大会代表；经全国政协第七届常委会第二十二次会议通过，李侃、傅璇琮为第八届全国政协委员。

3月8日　局务会通报古籍小组任命张力伟为小组办公室副主任的决定；决定任命余喆为总编室副主任，免去其总务处副主任职务；决定凡本局职工在社外报刊上发表本版书的书评文章，均可在本局领取与原发表单位所付稿酬数额相同的宣传推广费。

8月2日 局务会决定调尹宁到出版部工作，免去其服务公司经理职务；任命谢宝光为服务公司经理，免去其出版部副主任职务。

9月14日 法国国家科学院研究员陈庆浩、中国社科院文学所刘世德、石昌渝来我局商谈《古本小说丛刊》续编的编辑出版事宜，邓经元、傅璇琮、徐俊、孙启鹤参加会谈。

12月7日 我局完成《中国图书大辞典》由我局承担的部分，共计辞条1020余条。

12月20日 局务会决定任命顾青为古典文学编辑室副主任，沈致金为近代史编辑室副主任。

是年 生产用纸28168令；实现利润141.20万元。

是年 出书147种，其中新书114种。文学类有《名家精译古文观止》、《词集考》、《蒋士铨戏曲集》、《怀古录校注》、《型世言》、《中国文学史》、《中国的神话传说与古小说》、《全唐诗索引·王维卷》等共七卷；语言文字类有《殷周金文集成》（第十一、十四、十七册）、《殷周金文录遗》、《西周青铜器铭文分代史征器影集》、《长沙楚帛书文字编》、《音学十书》、《方言校笺（附索引）》；历史类有《罜经室集》、《清国史》、《舆地纪胜》、《殊域周咨录》、《丝绸之路——中国、波斯文化交流史》、《春秋大事表》、《白话资治通鉴》、《白话续资治通鉴》、田余庆《秦汉魏晋史探微》、《碑传集》、《雍正朝起居注册》、《清代中琉关系档案选编》、《海国四说》、《伍廷芳集》、《文廷式集》、《宋恕集》、《胡适学术文集》、《蒋介石传稿》；哲学类有《老子道德经河上公章句》、《春秋繁露义证》、《法言注》、《泾野子内篇》、《高僧传》、《百喻经今译》，《中华大藏经（汉文部分）》出至第五十四册；综合与普及类有"古逸丛书三编"之三十八至四十三、《清人书目题跋丛刊》之六至九、《续修四库全书总目提要·经部》、《藏园订补郘亭知见传本书目》、《山堂考索》、《札朴》、"年谱丛刊"三种、《中国典籍与文化论丛》（第一辑）、《中华书局图书目录（1949—1991）》、"文史知识文库"六种。

1994年

1月11日 我局编辑部和中国钱币学会联合召开《中国钱币丛书》编委会成立会议,中国钱币学会秘书长戴志强、副秘书长姚朔民,钱币博物馆黄锡全,《中国钱币》杂志金德平,我局傅璇琮、陈金生、刘宗汉、骈宇骞等出席。

1月30日 在人民大会堂三楼小礼堂举行第一届国家图书奖颁奖会,我局共有5种书获奖:《甲骨文合集》获国家图书奖荣誉奖,《管锥编》、《永乐大典》、《大唐西域记校注》获国家图书奖,《先秦汉魏晋南北朝诗》获国家图书奖提名奖。

是月 经国务院批准,我局熊国祯、崔高维、沈锡麟、柴剑虹、李肇翔、刘宗汉、汪圣铎等自1993年10月起享受政府特殊津贴。

3月1日 局务会决定任命卢瑛为财务处主任;徐俊为古典文学编辑室主任;刘宗汉为语言文字编辑室主任;李岩为总编室主任。

4月13日 原副总编辑赵守俨病逝,享年68岁。

　　赵守俨(1926—1994),黑龙江齐齐哈尔人,满族。1947年毕业于辅仁大学经济系。1951年起从事出版工作,先后在高等教育出版社、商务印书馆任编辑。1958年调入中华书局,历任古代史编辑组编辑、副组长,古代史编辑室主任,中华书局副总编辑。中华书局董事。第七、八届全国人大代表,国家古籍整理出版规划小组成员。多次负责该小组古籍整理出版规划的制定。作为"二十四史"及《清史稿》点校工作的实际主持者,对古籍整理现代范式和标准的形成多有贡献。曾编辑出版清人读书札记著作多种,担任《唐大诏令集》、《初学记》、《东京梦华录》等书的责任编辑;承担"二十四史研究资料丛刊"、"史料笔记丛刊"、"中国古代地理总志丛刊"、"历代都城资料选刊"等丛书的策划拟目和编辑审定;任《书品》杂志主编。整理点校的古籍有《汉书·艺文志》、《隋书·经籍志》、《朝野金载》、《登科记考》等。工作之余从事隋唐史研究,所撰《唐代婚姻礼俗考略》、《实封制度考略》等论著结集为《赵守俨文存》。

4月18日 香港中华书局总经理陈国辉、编辑许卓遂来访,商谈为陆费逵先生立碑及京港书局交流互访等事。

5月27日 我局被评为新闻出版署直属单位1993年度精神文明先进单位。

6月28、29日 顾维钧之女顾菊珍携女儿钱英英从美国来京，两次与我局有关人员会晤，对《顾维钧回忆录》中文译本13册500万字全部出版表示祝贺和感谢。

7月1日 中共新闻出版署机关党委召开表彰大会，我局陈铮、许宏、李岩、李明琪被评为优秀共产党员。

8月23日 中国社科院历史所研究员谢桂华、中国文物研究所研究员李均明、刘军、甘肃省文物考古所研究院何双全等，陪同台湾兰台出版公司马先醒一行三人，来我局商谈《居延新简》及已出土汉简的整理出版事宜，邓经元、李解民、李岩接待。

10月16—24日 傅璇琮、沈锡麟、余喆赴安徽黄山参加全国古籍出版社出版座谈会和优秀图书评奖活动。此次，我局有21种书分获全国优秀古籍图书奖的一、二、三等奖。其中一等奖3种：《英国所藏甲骨集》、《全唐诗补编》、《续修四库总目全书提要·经部》；二等奖4种：《中国文学家大辞典（唐五代卷）》、《高僧传校释》、《怎样学习古文》、《雍正朝起居注》；三等奖14种（此略）。

是月 我局《唐律疏议》一书荣获"泛达杯"全国优秀法律图书二等奖。

12月18日 新闻出版署批复同意李岩担任中华书局总经理助理职务。

12月27日 新闻出版署批复同意我局关于免去熊国祯副总经理职务，改任副总编辑的意见。

是年 生产用纸16141令；销售码洋1919.10万元；实现利润128.50万元。

是年 出书129种，其中新书81种。文学类有《全清词·顺康卷》（第一、二册）、《张凤翼戏曲集》、《观世音应验记（三种）》、《说八股》、《诗赋与律调》、《刘知远诸宫调校注》、《李白资料汇编（金元明清之部）》、《苏轼资料汇编》；语言文字类有《居延新简·甲渠候官》、《殷周金文集成》（第十二、十五册）、《甲骨文虚词词典》、《两周金文虚词集释》、《流沙坠简》、《汉字古今音表》、《中华字海》、《李新魁语言学论集》；历史类有《元和姓纂》、《明皇杂录　东观奏记》、《清波杂志校注》、《西溪丛语　家世旧闻》、《西域行程记　西域番国志》、《蒙古与教廷》、《卡尔梅克史评注》、《法国学者敦煌学论著选萃》、《乾隆朝惩办贪污档案选编》、《清代中琉关系档案续编》、《郑孝胥日记》、《伪满傀儡政权》、《文史》第三十八至四十辑；哲学类有《白虎通疏证》、《墨子校注》、《颜氏家训集解》（增补本）、《周易集解纂修》、《老子指归》、《墨子校注》、《崇正辩　斐然集》、《蓝田吕氏遗著辑校》、《古尊宿语录》、《体用论》；综合、普及类有"年谱丛刊"四种、"文史知识文库"七种。

1995年

1月12日、26日　我局分别召开《中华大字典》修订论证会、讨论会。

2月20日　局务会决定任命王小平为党委办公室副主任；马宇震为基建处副主任。

2月28日　柴剑虹、刘尚荣、刘宗汉取得编审任职资格。

3月20日　新闻出版署召开直属单位第二届优秀图书评奖颁奖大会。我局图书《全唐诗补编》获编辑一等奖；《汉字古今音表》、《顾维钧回忆录》获选题二等奖；《清国史》获设计二等奖；《颜氏家训集解》获校对二等奖。

4月　我局图书《日本帝国主义侵华档案资料选编》被中宣部、新闻出版署确定为纪念中国人民抗日战争暨世界反法西斯战争胜利50周年全国18种重点图书之一。

5月14日　离休干部、原副总编辑张先畴病逝，享年78岁。

　　张先畴 (1917—1995)，安徽当涂人。1936年考入南京中央大学地理系，后因参加抗日救亡运动离校。1937年在长沙参加《民族呼声》、《火线下》联合旬刊编撰工作。后在中共湖南省委机关报《观察日报》，湖南《开明日报》，桂林《力报》、《青年生活》，重庆《新民报》，成都《西方日报》等报刊任编辑、记者、主笔、总编辑。新中国成立后，任中宣部《学习》杂志副主编，《红旗》杂志编委，中共中央政治研究室编辑组长。1977年调任中华书局、商务印书馆副总编辑。1978年任中华书局副总编辑，主管文学、语言文字、哲学等编辑室工作，组织了《甲骨文合集》等重点书稿的编纂出版工作。

是日　中华书局足球队正式成立。球队组成后参加了署工会组织的直属单位足球比赛，进入前六名。

是月　编审赵诚自1994年10月起享受政府特殊津贴。

7月14日　中华书局工会委员会由会员代表大会选举产生。委员会由沈锡麟、张宇、李玉仙、余喆、郭兵、王振铭、陈雅、黄松、张鸿敏九人组成，沈锡麟任主席，张宇任副主席。

8月4日　中央电视台新闻联播节目播出我局出版《日本帝国主义侵华档案资料选编》的新闻报道。

8月16日　台湾政治大学历史系教授王寿南前来收集有关陆费逵的资料，邓经元、傅璇琮、李岩接待，并提供相关资料。

8月21日　局务会决定任命李玉仙为工会办公室副主任。

8月29日　何双生、崔高维、沈锡麟、杨春华等对我局参加过抗战的老同志予以慰问。

8月30日　离休干部陈之向、王春等出席新闻出版署为纪念抗日战争胜利50周年而召开的参加过抗战的老同志座谈会。

9月18日　新闻出版署组织纪念抗战胜利、世界反法西斯战争胜利50周年歌咏比赛，我局十名职工表演的女声小合唱获二等奖。

10月12日　新加坡中华书局董事总经理朱启明来访，邓经元、熊国祯、李岩、许宏等接待。

10月25日　邓经元、李岩、谢宝光与北京古典艺术公司马未都、田涛商议琉璃厂门市部出租及合作出版等事宜。

11月18日　北京师范大学举行启功《汉语现象论丛》学术讨论会，我局程毅中、赵诚、柴剑虹、刘宗汉、陈抗、刘石、戴燕等应邀参加。

12月20—21日　第九届中国图书奖颁奖大会在北京举行，我局《居延新简》获奖。

12月29日—次年1月5日　熊国祯、李岩赴香港出席为中华书局创始人陆费逵先生修墓立碑纪念仪式并参加四方中华书局业务会谈。

是年　我局出版的《殷周金文集成》获第二届国家图书奖荣誉奖，第二届夏鼐考古学研究成果奖一等奖。

《殷周金文集成》，8开本，精装18册。中国社科院考古所编纂。收集宋代以来著录、中外博物馆收藏及历年各地出土的商周铜器铭文，收器近12000件。该选题1956年经郭沫若提出并列入国家"十二年哲学社会科学发展远景规划"；"文革"期间工作停顿，1979年恢复；1984年开始出版，至1994年底出齐。

是年　生产用纸29690令；销售码洋1954.30万元；销售利润139.45万元。

是年　出书137种，其中新书64种。文学类有《乐章集校注》、《后山诗注补笺》、《全唐诗索引·高适卷》、《大历诗人研究》、《江湖诗派研究》、《李贺资料汇编》、《欧阳修资料汇编》、《艺林散叶荟编》、《宋代文学思想史》；语言文字类有《望山楚简》、《朱德熙古文字论集》、《张颔学术文集》、《原始汉语与汉藏语》；历史类有《续资治通鉴长编》（第一册）、《续编两朝纲目备要》、《往五天竺国传笺释》、《安南志略》、《在华耶稣会士列传及书目补编》、《古代高昌王国物质文明史》、《两宋财政史》、《孙毓棠学术论文集》、《光绪朝朱批奏折》（第一至四十册）、《中日战争》（第八至九册）、《梁启超未刊书信手迹》、《陈黻宸集》、《近代经学与政治》、《文化怪杰辜鸿铭》、《文化古城旧事》、《我在蒋介石父子身边的日子》、《南京大屠杀》等《日本帝国主义侵华档案资料选编》四种、《中国工商行会史料集》；哲学类有《周易评注》、《中华大藏经（汉文部分）》（第七十一至九十册）、《榕村语录　榕村续语录》；综合类有"学术笔记丛刊"三种、《1911—1984影印善本书序跋集录》、《中国典籍与文化论丛》（第一辑）、《敦煌史话》、《白鹿洞书院古志五种》、《潞州志》（明弘治年）；新编方志有《宁波市志》、《山东省志·孔子故里志》、《山西通志》（第八卷农业志）。

1996年

1月5日　新闻出版署计财司批复同意我局从1996年1月1日起实行计算机完全替代手工记账。

1月8日　《新闻出版报》头版登载傅璇琮《出版社应具有文化学术意识——96年新打算》一文。

1月29日　局务会决定免去骈宇骞语言文字编辑室副主任职务,调综合编辑室做编辑工作;陈抗调语言文字编辑室任副主任。

3月3—13日　傅璇琮参加全国政协八届四次会议,与袁行霈、傅熹年、徐苹芳等委员共同提出议案,建议有关领导部门对像中华书局这样的国家级专业出版社采取重点扶持政策,以保证高质量的学术著作能持续出版。

是月　我局图书《中国近代史》获国家教委第三届高校优秀教材一等奖。

4月21日　我局董事、原图书馆馆长姚绍华在京病逝,享年91岁。

姚绍华(1906—1996),浙江金华人。毕业于上海大夏大学高师科史地系。曾任教诸暨县立中学。1930年入中华书局编辑所,先后任编辑、史料整理组编辑主任、编审部部长、《新中华》杂志主编、《中华教育界》杂志主编、编辑所主任秘书、编审委员会委员、古代史编辑室主任、图书馆馆长等职。编著有《崔东壁年谱》、《中华本国历史》、《新中华语林本国史详解》等。

4月28—30日　傅璇琮主持召开古籍整理出版规划小组学术委员会会议,讨论"九五"古籍规划。

4月29日　经征得新闻出版署人教司、计财司同意,局务会决定任命王嘉美为财务处副主任。

6月28日　原文学编辑室副编审周妙中在京病逝，享年73岁。

　　周妙中（1923—1996），浙江绍兴人。1952年清华大学中文系研究院毕业，分配至外国语学院任教。1953年进入中科院哲学社会科学部文学所工作。1961年调入我局古典文学编辑室。曾参加《话本选》的选注；协助郑振铎作《古本戏曲丛刊》编目和编辑出版工作；责编影印了《遏云阁曲谱》、《群音类选》，编辑出版了《话本小说概论》、《新校元刊杂剧三十种》、《永乐大典戏文三种校释》、《蒋士铨戏曲集》等，撰有《清代戏曲史》等专著和多篇戏曲研究论文。

7月10日　我局总编室暨《书品》编辑部召开《书品》创刊10周年座谈会。张岱年、方立天、陈祖武、王庆成、龚书铎、张振兴、黄克、蒋寅等十几位专家学者，我局傅璇琮、熊国祯、沈锡麟、李岩和《书品》编辑人员等出席。

8月29日　邓经元、傅璇琮、李岩、张宇、徐俊、顾青与来访的香港中华书局总经理陈国辉、出版部副经理张国瑞商谈合作出版《中华文学通览》一书及其他合作交流事宜。

是日　邓经元、张忱石、李岩、许宏等与来访的大英图书馆中文组组长吴芳思及陪同来访的北京大学教授荣新江商议我局张忱石去英国及爱尔兰搜集查访《永乐大典》残卷事宜。

10月21日　新闻出版署工会为纪念中国共产党成立75周年、长征胜利60周年及迎接党的十四届六中全会召开，举办"署直系统书法绘画展"，我局离退休干部陈之向、卫水山及在职员工刘宗汉、徐俊、朱振华、刘石等六人的书法作品参展。

11月11日　局务会对我局房改工作作了具体安排，决定自1996年起出售我局产权职工住房，并制定具体实施方案；决定从1996年起建立职工住房公积金。

11月25日　美国哈佛大学图书馆沈津前来商谈出版哈佛大学图书馆藏中国古籍善本书提要事宜。邓经元、沈锡麟、李岩、余喆等接谈。

是月　李岩、徐俊获中共中央国家机关工委授予的1995年度"中央国家机关优秀青年"荣誉称号。

12月10日　第十届中国图书奖颁奖大会在中宣部礼堂举行，我局《中国古典文学研究史》获奖。

12月12日　局务会决定任命谢宝光为发行部主任；马宇震为总务处副主任，主持日常工作。

12月16日　古籍小组组长匡亚明逝世，享年91岁。我局发唁电表示哀悼。我局总编辑、古籍小组秘书长傅璇琮专程前往南京办理匡老治丧事宜。

　　匡亚明（1906—1996），江苏丹阳人。曾就读上海大学。1926年加入中国共产党。曾先后任上海沪东、沪西、闸北等区共青团区委书记及中共区委常委；共青团无锡中心县委书记及共青团江苏省委巡视员；中共江苏省委徐海蚌特委宣传部长；上海总工会秘书长兼宣传部长。抗日战争和解放战争时期，历任中共中央社会部政治研究室副主任；中共中央华东局宣传部副部长兼华东局机关报《大众日报》社长、总编辑；中共中央山东分局宣传部长兼政策研究室主任。新中国成立后，历任华东政治研究院党委书记兼院长、中共华东局宣传部常务副部长、东北人民大学（即今吉林大学）党委常务书记兼校长、南京大学党委书记兼校长等职。第三届全国人大代表，江苏省第五、六届人大常委会副主任。1991年被任命为国务院古籍整理出版规划小组组长。晚年主持编写《中国思想家评传丛书》。著有《孔子评传》、《求索集》、《匡亚明教育文选》等。

是月　在新闻出版署直属机关党委、工会、团委举办的《我与出版》征文活动中，我局崔文印撰写的《求知与立德》获二等奖；刘宗汉撰写的《出版工作使我接受了著作权概念》获三等奖；我局获组织工作奖。

是年　生产用纸44642令；销售码洋2884万元；实现利润164万元。

是年　出书177种，其中新书78种。文学类有《屈原集校注》、《刘长卿诗编年笺注》、《稽神录　括异志》、《异苑　谈薮》、"古本小说读本丛刊"六种、《古体小说钞·宋元卷》、《鸳镜记　醉菩提》、《中国古典文学研究史》、《汉学研究之回顾与前瞻》、《民俗文化学：梗概与兴起》、《太平广记索引》；语言文字类有《甲骨文字诂林》、《篆隶万象名义》、《中国钱币大辞典·先秦编》、《新订北宋符合泉志》、《新疆红钱大全图说》、《音韵学讲义》、《古今成语词典》；历史类有《通志二十略》、《元朝名臣事略》、《云麓漫钞》、《问字堂集　岱南阁集》、《寒松堂全集》、《在华耶稣会士列传及书目》、《二十五史精选精译》、《夏文化研究论集》、《古代交通地理丛考》、《古代交通与地理文献研究》、《光绪朝朱批奏折》（第四十一至七十册）、《中法战争》、《清代中琉关系档案三编》、《清末教案》第一册、《清代漕运》、《民国职官年表》、《中国海关密档——赫德、金登干函电汇编（1874—1907）》第六至九卷、《李烈钧集》、《中国近代史文献必备书目（1840—1919）》；哲学类有《帛书老子校注》、《礼记训纂》、《孝经译注》、《二曲集》、《中华大藏经（汉文部分）》（第九十一至九十七册）、《出三藏记集》、《化书》；综合、普及类有《天禄琳琅书目等五种》（清人书目题跋丛刊之十）、《新编天一阁书目》、《阮元年谱》、《鄞县志》、《古代科学家传记》、《晚清小说理论》。

1997年

1月30日　中共中央政治局委员、国务委员兼国家体改委主任李铁映在新闻出版署署长于友先、副署长杨牧之陪同下视察我局,听取我局总经理邓经元的汇报,并为我局题词:"中华文化灿烂辉煌,聚纂传世光照后人。"当日,李铁映出席新闻出版署召集的直属社负责人座谈会,我局邓经元、傅璇琮与会。

4月2日　新闻出版署召开第三届直署出版社优秀图书奖颁奖大会。我局图书《十九世纪的香港》获选题一等奖,《居延新简》获编辑一等奖,《中国钱币大辞典·先秦编》、《居延新简》获设计二等奖。

4月10日　陈抗、王国轩取得编审任职资格。

5月　李玉仙被评为新闻出版署直属单位工会工作积极分子。

是日　我局全体在职与离退休职工进行全面体检。

　　此后,全局员工每一、两年一次全面体检,已婚女职工每年一次妇科防癌检查,成为我局定制。

8月4日　韩国教育部所属韩国民族文化推进会(系专门从事整理韩国汉文古籍的机构)一行19人,由会长李佑成率领,来我局参观访问,交流古籍整理出版的经验。李岩、陈抗、许宏、郑仁甲等接待。

8月7日　召开全局中层干部会,新闻出版署副署长桂晓风、杨牧之,人教司副司长阎国庆来我局宣布署党组调整我局领导班子的决定:任命宋一夫为中华书局总经理,李岩为副总经理兼副总编辑;原总经理邓经元退休;总编辑傅璇琮卸任;副总编辑何双生退休;副总编辑熊国祯,副总经理沈锡麟、崔高维职务不变。同时还决定:撤销中华书局党组,中华书局机关党委改为起政治核心作用的党委;任命宋一夫为党委委员、书记,崔高维为党委副书记兼纪委书记。

8月18日　召开全体中层干部会，宋一夫布置我局近期筹办"中华书局三年发展战略研讨会"、"新华书店发行业务研讨会"、"全国图书馆馆藏图书研讨订货会"和搬迁新址的工作安排；宣布建立每周局务例会及生产工作例会制度。

8月29—30日　全体员工赴房山龙门山庄参加"中华书局三年发展战略研讨会"。

9月6日　新闻出版署召开第三届国家图书奖颁奖大会。我局图书《中华大藏经（汉文部分）》获荣誉奖。

　　　　大藏经为佛教经典总集。1982年，时任中国社科院世界宗教所所长的任继愈建议整理出版《中华大藏经》汉文部分。同年8月，古籍小组决定委托任继愈负责，开始《中华大藏经》汉文部分的编辑出版工作。历经13年，约160人参与编校，终于1994年底完成编纂，1997年全部出齐。这部书以《赵城金藏》为基础，会勘了包括《房山石经》在内的8种有代表性的藏经，汇集历代大藏经有"千字文"帙号部分，收经籍1939种。全书106册，精装16开本。另有总目1册。

9月16日　我局职工56人参加新闻出版署联合工会筹委会组织的第八套广播体操表演比赛，获优秀奖。

9月23日　召开中华书局三年发展战略老干部座谈会，王春、周振甫、陈金生等40位老干部到会，对我局的发展提出意见和建议。

9月26日　我局女声小合唱《浅水湾的倩影》在新闻出版署联合工会筹委会为庆祝香港回归、党的十五大召开、迎国庆组织的歌舞汇演中获表演二等奖。

10月6—8日　我局在京郊大觉寺召开"庆祝中华书局成立85周年暨图书发行研讨订货会"。全国各地新华书店、古籍书店及民营书店共一百多家出席。

10月21—23日　我局在北京西山饭店召开"全国图书馆馆藏图书研讨订货会"。各地大专院校图书馆、省市级公共图书馆、各科研单位图书馆等159家出席。中宣部出版局副局长宋镇铃、新闻出版署发行司司长王俊国出席并讲话，北京图书馆业务处处长、研究馆员李致忠，北京大学图书馆古籍部主任、研究馆员张玉范，北京大学信息管理系教授刘兹恒等专家在会上作学术报告。

11月3日　召开局务会议，研究成立汉学编辑室、设立中华书局分局等事宜；决定将《书品》归并到《文史知识》编辑部；决定《文史》从1998年第3辑始改为季刊，隶属于历史编辑室。

11月7日　召开局务会议，决定机构和人事调整。

调整后的机构设置和干部任职情况：

总经理总编辑办公室（下设编务、文秘两科）：主任徐俊，副主任李占领、金英；

经营管理办公室（下设审计、材料、质管、库管四科）：主任许宏，副主任张荷；

语言文学编辑室（原文学编辑室与语言文字编辑室合并而成）：主任陈抗，副主任孙通海；

历史编辑室（原古代史编辑室和近代史编辑室合并而成）：主任张忱石，副主任李解民、柳宪；

哲学文化编辑室（原哲学编辑室与综合编辑室合并而成）：主任李肇翔，副主任毛双民；

期刊编辑室（包括《中华活页文选》、《文史知识》、《书品》、《文学遗产》）：主任顾青，副主任冯宝志、胡友鸣；

辞书编辑室：主任张力伟，副主任侯明；

汉学编辑室：主任柴剑虹；

地方志编辑室：主任华晓林，副主任仇正伟；

美术编辑室：副主任谈冰玉；

影印编辑室：主任尹新鉴，副主任骈宇骞、孙启鹤；

编审室：主任梁运华，副主任崔文印；

古籍小组办公室：主任许逸民，副主任张力伟（兼）；

图书馆：馆长南丽华，副馆长梁静波；

信息中心：主任阎晋鲁；

出版部（下设出版、校对两科）：主任张宇，副主任徐守牛；

发行部（下设发行业务、统计结算两科）：主任谢宝光，副主任黄松；

销售中心：副主任沈致金；

对外图书贸易部：副主任萨支钢；

图书直销部：主任余喆，副主任谢俊峰；

人事处（下设党委、工会两办公室）：处长李明琪，副处长杨春华；

财务处：副处长王嘉美；

总务处 (下设车管、房管、服务三科) : 处长马宇震。

12月15—26日　我局从王府井大街36号搬迁至丰台区太平桥西里38号新址。

12月30日　召开"中华书局1998年改革发展动员大会"。崔高维作关于全员岗位聘任、分配制度初步调整与改革的报告；沈锡麟对业务楼搬迁工作作了总结；熊国祯布置近期工作；李岩作春季订货会动员报告；宋一夫作总结发言。

是日　中国社科院近代史所耿云志、严如平、汪朝光来我局，介绍《中华民国史》、《民国人物传》的编写情况。宋一夫、李岩、熊国祯、崔高维、陈铮、柳宪等与会。双方就有关书稿的撰写与出版日程安排交换了意见。

是年　生产用纸30201令；销售码洋3349万元；实现利润180万元。

是年　出书总计137种，其中初版书76种，重印书61种。文学类有《吟窗杂录》、《文心雕龙辞典》、《魏晋南北朝文学史料述略》、《魏晋南北朝文学思想史》、《理学文化与文学思潮》、《中华文学通览》十卷；语言文字类有《尹湾汉墓简牍》、《长沙古物闻见记　续记》、《石刻篆文编》、《秦汉钱币研究》、《敦煌变文校注》、《汉语现象论丛》、《古汉语知识详解辞典》；历史类有《资治通鉴》缩印本、《唐御史台精舍题名考》、《唐律疏议笺解》、《五代十国方镇年表》、《宋代官制辞典》、《诸蕃志校释》、《滋溪文稿》、《东西洋考每月统记传》、《晚清兵志》第一卷淮军志、《陈炽集》、《顾维钧回忆录》缩编本、《新疆各族历史文化辞典》、《古典文献与文化论丛》、《太平县古志三种》；哲学类有《春秋穀梁经传补注》、《吴孙子发微》、《庄子鬳斋口义校注》、《十力语要》、《二十二种大藏经通检》、《景刊唐开成石经》；综合、普及类有《读书杂释》、《订讹类编　续补》、《读书偶记　消暑录》、《中国书画篆刻品鉴》、《通鉴故事百篇》、《古代民族英雄》(中国历史小丛书合订本)、《称谓录　亲属记》、《中国伊斯兰文化》等。

1998年

1月10日　在海淀图书城国林风图书销售中心举行中华书局图书全品种展销月开幕式暨"弘扬传统，服务学术，文化传承，继往开来"主题座谈会。著名学者季羡林、任继愈、周绍良、裘锡圭、李学勤、张传玺、田余庆等出席并讲话，宋一夫、熊国祯代表我局致辞。

1月13日　召开全局大会，宋一夫作1997年工作总结和1998年工作部署的报告；实施全员聘任，颁发聘书。

2月5日　在新办公楼销售大厅举办本版图书订货会，同时召开我局特约经销店座谈会。

2月6—11日　全国春季图书订货会在北京举办，我局推出刚刚恢复出版的《中华活页文选》，引起各界关注。

> 恢复后的《中华活页文选》，分为成人版、高中版、初中版、小学版四种版本，初为周刊，现为月刊。成人版主要选录古今名家名作，于2007年改刊为适应中小学教师需求的"教师版"。学生版刊发各种精彩短文，主要配合中小学语文教育教学，拓展学生阅读的广度与深度，为学生提供各种阅读方法的指导。1999年，国家教育部将《中华活页文选》列入全国中小学图书馆推荐书目。
>
> 《中华活页文选》的发行有自办发行、邮局发行、书店发行等多种形式。

2月19日　中宣部出版局副局长宋镇铃来我局了解《中华活页文选》出版、发行情况，对复刊后的《中华活页文选》给予肯定，表示要在宣传等方面给予支持。

是日　熊国祯取得编审任职资格，王增寅取得美术编审任职资格。

是日　汉学编辑室举行座谈会，邀请冯其庸、李学勤等17位专家学者，就国际汉学研究动态及汉学编辑室选题规划等进行研讨。

2月中、下旬　《人民日报》、《人民日报》（海外版）、《光明日报》、《中华读书报》分别在读书版发表金开诚、戴逸、龚书铎、瞿林东等纪念《文史知识》出刊200期的文章。

3月3日　召开局务扩大会议，决定1998年为中华书局管理效益年，将颁布一系列新规章制度，包括行政事务、编辑管理、财务审批制度，编辑工作条例、样书管理条例、档案管理条例，以及出版、发行、财务管理流程等。

3月10—12日　召开我局编辑工作会议。宋一夫就编辑工作的解放思想与指导思想等问题作了主题报告；李岩作《关于编辑工作制度和中国出版业未来走向的思考》的报告；熊国祯宣讲了新闻出版署颁布的《图书质量保障体系》。

是月　我局原文学编辑室被评为1997年度新闻出版署机关和直属单位先进集体，陈铮被评为先进个人。

是月　陈抗自1997年10月起享受政府特殊津贴。

4月1日　在梅地亚中心召开《中华活页文选》出版座谈会暨向希望工程和北京市广渠门中学宏志班赠书仪式。季羡林、张岱年、任继愈、金开诚等著名专家学者，中宣部、新闻出版署、教育部、中共北京市委宣传部、共青团北京市委、北京市希望工程领导小组、新华书店总店等相关部门的领导龚心瀚、于友先、杨牧之、柳斌、孙冰川、宋镇铃、阎晓宏、邓耘、瞿振元、李连宁、李英惠、刘述礼、吉林等出席。

4月15日　宋一夫主持召开《中华活页文选》发行工作会议。决定分三路开展市场调研和市场拉动工作：李岩、谢宝光赴西安、兰州、重庆、成都、贵阳、昆明等地；沈锡麟、顾青赴合肥、南京、上海、杭州、福州等地；崔高维、许宏赴郑州、武汉、长沙、南昌、广州等地。

是月　在中国出版工作者协会装帧艺术委员会和中央各部委共同举办的书籍艺术设计展评中，我局有5种书获奖：王增寅设计的《甲骨文字诂林》获银奖；谈冰玉设计的《学林漫录》、《中华文学通览》，杨华如设计的《尹湾汉墓简牍》、缩印本《资治通鉴》获铜奖。

5月9日　中华书局特约经销店、分销店授牌仪式在上海举行。副总经理兼副总编辑李岩向重新确认的22家特约经销店、8家特约分销店授铜制店牌。

5月10日　台湾中研院史语所副所长黄宽重来访，宋一夫、熊国祯、汪圣铎等接待。双方就合作开发《宋会要辑稿》等书的电子版事进行磋商。

5月26日　局务扩大会议决定图书销售中心与发行部合署办公；同时设立《中华活页文选》发行部，马宇震兼该部主任。

5月28日　我局与北京灯市口小学共同举办"弘扬祖国传统文化，从孩子们做起"中国古典诗歌朗诵会，向该校三好学生赠送我局出版的《萤火虫丛书》。著名艺术家李光羲、殷之光、韩善续等出席并表演节目。国家版权局、北京市教委、东城区教育局的有关领导出席。

6月2日　局务会决定创办漫画刊物《中华漫画选刊》。

6月10日　召开点校本"二十四史"编辑人员座谈会。曾经参加过"二十四史"点校本编辑出版工作的邓经元、陈金生、王文锦、张忱石、崔文印、姚景安、何英芳等出席。与会者回忆了当年的工作情景，并就我局古籍整理出版工作提出意见和建议。

6月12日　宋一夫主持召开《中华漫画选刊》编辑出版座谈会。《选刊》顾问丁聪，主编方成以及部分编委、漫画家王复羊、缪印堂、何韦、孙以增等出席。

是月　我局被授予"新闻出版署1997年度文明单位"称号，崔高维被署直机关党委评为优秀党务工作者，李占领被评为优秀共产党员。

7月17日　局务会决定聘任潘晓玲为人事处副处长；赵又新为经营管理办公室副主任。

7月22—27日　第九届香港书展在香港会议展览中心举办，我局宋一夫、李占领、黄松前往参加。其间，宋一夫一行祭拜了我局创办人陆费逵先生墓；与香港中华书局总经理陈国辉、副总经理冯文庄、出版部经理张国瑞就编写局史、开发选题、开拓海内外市场方面的合作及人员互访等事宜作了协商；参观了中华商务联合印刷（香港）有限公司，与该公司总经理罗志雄商谈合作开发我局黄村印刷厂事；出席了联合出版集团成立十周年庆祝活动。

8月20—23日　纪念戊戌变法100周年国际学术讨论会在北京大学举行。8月21日晚，与会专家学者金冲及、李文海、王汝丰、龚书铎、张海鹏、杨天石、王玉璞、王晓秋、孔祥吉、汤志钧、谢俊美等20余人来我局参观，宋一夫、李岩、熊国祯、沈锡麟等接待。

8月27日　我局在和平宾馆宴请第三届华文出版联谊会代表。中国出版工作者协会顾问、中国版协国际合作出版促进委员会会长许力以, 香港联合出版集团总裁李祖泽, 副总裁、中华商务联合印刷 (香港) 有限公司总经理罗志雄, 台湾图书出版协会理事长、正中书局总经理武奎煜等出席。

8月29日　台湾商务印书馆总经理郝明义、香港中华书局总经理陈国辉来访, 宋一夫、李岩等接待, 双方就选题合作以及如何帮助台湾中华书局开展业务等问题进行了初步商谈。

是月　是年夏季, 我国多省区发生几十年一遇的特大洪涝灾害, 我局为抗洪救灾捐款20万元, 职工个人捐款32620元。

9月3日　召开"团结进取、深化改革职工动员大会", 宋一夫作动员报告。

此后, 我局派人分别到金盾出版社、中国大百科全书出版社、作家出版社、外语教学与研究出版社进行调研取经, 并制定《中华书局深化改革方案 (草案)》。

9月18日　召开临时职工代表大会, 对《中华书局深化改革方案 (草案)》作讨论修改, 并原则通过了该方案。出席会议的有局领导班子成员、各处室主任、党政工团各方面职工代表共33人。

9月23日　召开局务会议, 决定调整机构和中层干部任命。

调整后的人事任命:
仇正伟为总经理总编辑办公室副主任, 主持工作, 李占领、金英为副主任;
潘晓玲为人事处副处长, 主持人事处、党委办公室工作, 李玉仙为党委办公室副主任, 兼管劳资、工会工作;
王嘉美为财务处副处长, 主持工作;
马宇震为总务处处长;
梁静波为图书馆副馆长, 主持工作;
李海森为中华书局古籍印刷厂厂长;
张宇为出版部主任, 徐守牛为副主任;
谢宝光为发行部主任, 余喆、沈致金、赵又新为副主任;
陈抗为语言文字编辑室主任;

徐俊为文学编辑室主任,孙通海为副主任;

李解民为历史编辑室副主任,主持工作,柳宪为副主任;

李肇翔为哲学文化编辑室主任,毛双民为副主任;

张力伟为辞书编辑室主任;

柴剑虹为汉学编辑室主任;

华晓林为地方志编辑室主任;

骈宇骞为影印编辑室副主任,主持工作,孙启鹤为副主任;

谈冰玉为美术编辑室副主任,主持工作;

顾青为期刊编辑室(含《中华活页文选》、《书品》、《文学遗产》)主任,冯宝志、侯明为副主任;

胡友鸣为《文史知识》编辑室副主任,主持工作:

汪圣铎为《文史》编辑室副主任,主持工作;

古籍小组办公室干部任命由新闻出版署确定。

是月　顾青被评为全国第三届优秀青年编辑。

10月2日　原总编辑李侃离休。

10月9日　局务扩大会议决定着手进行"二十四史"简体横排本的排校工作。

10月29日　我局出版的《中国钱币大辞典·先秦编》、《秦汉钱币研究》、《洛阳钱币发现与研究》、《中国铁钱》获中国钱币学会第二届金泉奖优秀专著奖,汪圣铎《中国钱币史话》获优秀科普读物奖。

是月　《中华漫画选刊》创刊号出版(该刊出版四期后停刊)。

10—11月　《文史知识》与清华大学学生会共同举办"当代社会与人文精神"系列讲座,内容有:叶朗《人文精神的内涵、人文学科的价值与当代大学生的人文素质培养》;陈平原《戊戌变法·北大清华·现代大学精神》;蔡义江《怎样读唐诗》;牟钟鉴《天人合一——中国人的自然观》。《光明日报》、《中国青年报》、《北京青年报》、《中国图书商报》、《中华读书报》、北京电视台、北京人民广播电台等做了报道。

11月9日　马宇震调太平洋保险公司北京分公司工作。

11月20日 第四届署直属出版社优秀图书颁奖大会在新闻出版署举行。我局《甲骨文字诂林》获选题一等奖,《汉语现象论丛》获编辑二等奖、校对一等奖,《资治通鉴》缩印本获设计二等奖。

11月23日 局务会决定成立选题立项委员会和期刊工作委员会,办事机构设在总经理总编辑办公室。

11月24日 局务会修改并最后通过了《中华书局深化改革方案》。

12月15日 徐俊当选北京市丰台区第十三届人大代表。

12月16日 原中华、商务党委书记金沙遗体告别仪式在八宝山公墓举行。

　　金沙(1916—1998),生于江苏太仓。1933年加入"左联",参与创办、主办和编著进步书刊《铁流》、《跳跃》、《儿童文艺》、《少年世界》、《新儿童故事》等。1937年加入文化界救亡协会。1938年到延安,同年12月加入中国共产党,任抗大总校文工团文学组组长。1941年起,先后担任新华社太岳分社社长、《新华日报》(太岳版)特派员、副总编辑、总编辑。1949年起,先后在人民日报社主持党的生活组、国内政治部、农村工作部。1960年调任中共西藏工作委员会宣传部副部长、《西藏日报》总编辑。1973年调中华、商务,任联合党委书记和总编辑,分管中华书局业务。我局点校本"二十四史"中的后二十史和《清史稿》,以及《李太白全集》、《陆游集》等,就是在他主管期间出版的。1978年调任五机部教育局局长。1982年离休。

12月23日 我局《汉语现象论丛》获第十一届中国图书奖。

是年 生产用纸64769令;销售码洋4467万元。

是年 出版图书470种,其中新书189种,重印书195种,期刊86种。其中重要的有:"二十四史"、《资治通鉴》、"历代纪事本末"、"二十四史"人名索引的缩印精装本;《中国文学家大辞典》先秦汉魏晋南北朝卷、清代卷、近代卷;"古典文学基本丛书"新增《王维集校注》、《顾亭林诗笺释》、《卢照邻集校注》三种;《出土文献研究》第三、四辑;"二十四史研究资料丛刊"新出《史记索隐引书实考》、《新唐书宰相世系表集校》两种;"新编诸子集成"第一辑新出《韩非子集解》、《刘子校释》、《太玄集注》、《淮南子集释》四种;《汉语方言大辞典》第三、四卷；《中国钱币大辞典·秦汉编》、《洛阳钱币发现与研究》；《苏轼年谱》、《朱熹年谱》；《胡适学术文集》新出《中国文学史》、《中国佛学史》、《教育》三种；《晚清兵志》第二至四卷；《清末教案》第二、三册；《日本帝国主义侵华档案资料选编》第九、十卷；学术论著《徐中舒历史论文选辑》、《中国古都和文化》、《中国史学史纲要》、《曙庵文史杂著》、《赵守俨文存》、《增补燕京乡土记》；地方志《桂林市志》、《宁波市志外编》、《温州市志》、《山西通志》（若干卷）；《古典小说四大名著珍本》，等等。

1999年

1月9日　我局在兆龙饭店召开《学林春秋》出版发行座谈会。钟敬文、张岱年、何兹全、王锺翰、王世襄、任继愈、刘起釪、佟柱臣、李慎之、高明、王尧、徐苹芳、丁守和、丁伟志、李瑚、金开诚、李学勤、林甘泉、邓绍基、冯其庸、王宁、瞿林东、谢方等著名学者专家出席。我局宋一夫、李岩、崔高维、沈锡麟等出席。

1月20日　新闻出版署副署长杨牧之、图书司副司长吴尚之和北京大学教授袁行霈、岳庆平等来我局商讨《新编千家诗》的编选、出版事宜。宋一夫、李岩、熊国祯、崔高维、沈锡麟与会。

2月2日　局务会决定对部分中层干部进行调整：任命李占领为《文史知识》编辑室副主任，免去其总经理总编辑办公室副主任职务；任命郑仁甲为语言文字编辑室副主任，主持该室工作；同意陈抗辞去语言文字编辑室主任职务。

2月4日　召开全局职工1998年工作总结大会，宋一夫作1998年工作总结及1999年工作部署的报告；公布1998年度我局先进工作者；为162名职工颁发了为期一年的岗位聘任证书。

3月18日　局党委会、局务会研究决定，仇正伟任总经理总编辑办公室主任；设置经营开发处，杨春华任该处副主任。

3月25日　沈锡麟、孙通海、刘尚慈、刘石取得编审任职资格。

5月5日　宋一夫、李岩、熊国祯会见来访的香港联合出版集团章新民，双方就香港中华书局资产处置事宜交换了意见。

5月22—26日　第二届全国古籍整理图书奖在北京评选，我局有10种图书获奖：《甲骨文字诂林》、《清国史》、《全唐诗补编》、《敦煌变文校注》获一等奖，《帛书老子校注》、《校订五音集韵》、《出三藏记集》、《抱朴子外篇校笺》、《顾亭林诗笺释》、《尹湾汉墓简牍》获二等奖。

5月31日　新闻出版署和我局联合举行《新编千家诗》新闻发布会。全国人大副委员长布赫，民进中央名誉主席雷洁琼，中宣部副部长龚心瀚，国务院副秘书长刘奇葆，新闻出版署署长于友先，副署长梁衡、杨牧之、沈仁干，中宣部出版局副局长张小影以及团中央、教育部、新闻出版署相关部门负责人出席。季羡林、启功、冯其庸、《新编千家诗》主编袁行霈等学者以及各大媒体记者出席。会上还安排了古典诗歌音乐朗诵表演。当晚中央电视台新闻联播节目作了报道。新华社、《人民日报》、《光明日报》、中央人民广播电台等媒体也有报道。

是月　《文史知识》与国际儒学联合会共同举办"传统文化与素质教育"征文活动，张岱年、季羡林、宫达非、胡平、周南、杨牧之等担任征文活动顾问。11月2日在我局举行征文活动座谈会暨发奖仪式。一些知名人士，《文史知识》编委，北京市精神文明办公室负责人等出席。《北京晨报》、《新闻出版报》、《人民日报》、《中国青年报》、《北京晚报》、《光明日报》、《中国教育报》等媒体先后予以报道。

是月　《汉语方言大词典》全部出齐。

　　　《汉语方言大词典》全五卷，16开精装，复旦大学、日本京都外国语大学合作编纂，是第一部汇集古今汉语各地方言词汇的专科词典，收词20余万条，约1700万字。

6月8日　局务会决定王敬仁任总务处副处长，主持总务处工作；余喆任地方志编辑室副主任，沈致金任历史编辑室副主任，免去两人发行部副主任职务；同意柳宪辞去历史编辑室副主任职务。

6月22日　《文史知识》编辑室副主任李占领调朝华出版社工作。

6月28日　新闻出版署副署长杨牧之，图书司副司长吴尚之、副处长王然等来我局，传达署党组关于成立全国古籍整理出版规划领导小组的决定。

　　　该决定的内容是：组建全国古籍整理出版规划领导小组，负责国家古籍整理出版规划工作。该领导小组组长由署长于友先担任，常务副组长由副署长杨牧之担任。原国务院古籍整理出版规划小组成员和顾问改任全国古籍整理出版规划领导小组成员和顾问。

7月5日　新闻出版署副署长梁衡到我局视察期刊工作。我局有关人员汇报了《中华活页文选》、《文史知识》、《书品》的办刊情况。

7月7日　局务会同意孙通海辞去文学编辑室副主任职务。

7月18—21日　我局承办了第四届全国古籍图书订货会暨第十四届全国古籍出版社社长年会。会议期间成立了全国古籍出版社联合会。

8月7日　原总经理王春在京病逝，享年76岁。

　　王春（1923—1999），山东临沂人。1938年参加革命工作，1939年加入中国共产党。曾任鲁南三地委宣传员、八路军南进支队宣传员、山东《大众日报》社发行员、新华书店分店经理、科长等职。新中国成立后，历任国际书店总店人事科长，广东分店经理，古籍出版社办公室副主任兼人事科长，中华书局党支部书记，办公室副主任，诗刊社办公室主任，中华书局副总经理，总经理，党委书记，副董事长。1986年离休。国务院古籍整理出版规划小组成员。对中华书局在"文革"后的复兴起了重要作用。

9月18—23日　在湖南长沙举行全国古籍出版社联合会第二届理事会，宋一夫、仇正伟出席。

　　全国古籍出版社联合会简称"古联会"，成立于本年7月在北京召开的第十四届全国古籍出版社社长年会上。当时并召开了"古联会"第一届理事会，推选我局宋一夫任会长；上海古籍出版社李国章、岳麓书社夏剑钦任副会长；我局李岩任秘书长，仇正伟、谢宝光任副秘书长。"古联会"秘书处设在中华书局。

9月20日　第四届国家图书奖颁奖大会在中国科技会堂举行。我局《苏轼文集》和《敦煌变文校注》两书获提名奖。

9月24日　中央文史研究馆与我局联合举办《崇文集》出版新闻发布会。中共中央统战部副部长田鹤年，中央国家机关工委副书记李明豫，国务院参事室王海蓉、王楚光，学者戴逸、吴小如、蔡美彪、曹道衡、虞和平等与会。

9月26日　据《光明日报》刊布的《国家社会科学基金项目优秀成果奖励名单》，我局《清代漕运》（李文治、江太新著）和《十九世纪的香港》（余绳武、刘存宽主编）获"专著类"二等奖。

10月8日　召开局党委会,决定:(一)组成"三讲"(讲学习,讲政治,讲正气)教育领导小组及其办公室。宋一夫、崔高维任领导小组正、副组长,崔高维、潘晓玲任小组办公室正、副主任;(二)任命王秋生为发行部负责人。

是年10月至翌年2月,在我局党员尤其局级领导干部中进行了"三讲"教育活动,开展了批评与自我批评,制订了整改方案。

是月　《文史知识》编辑部与中国金融大学学生会共同举办人文学科系列讲座,内容有:钱理群《鲁迅先生与传统文化》、陶文鹏《怎样欣赏古典诗词》、瞿林东《历史学在大学生知识结构中的地位》、牟钟鉴《中国古代的儒释道》等。

12月5日　崔高维、汪圣铎、骈宇骞、张力伟、柳宪取得编审任职资格;谈冰玉取得美术编审任职资格。

12月30日　我局编审刘石调清华大学文学院工作。

是月　我局出版的《杭州年鉴》(1999年卷)在第二届全国地方年鉴评奖会上获得特等奖。

是月　局务会决定聘任王建光为财务处负责人。

是年　生产用纸39419令;图书销售码洋4484万元。

是年　出版的新书,文学类有《全唐诗》增订简体横排本、《全宋词》增订简体横排本、《午梦堂集》、《荔尾词存》、《新编千家诗》、《周作人丰子恺儿童杂事诗图笺释》、《启功丛稿》三部、《隋唐五代文学思想史》;历史类有《岭外代答校注》、《晚清兵志》(第五、六卷)、白寿彝《中国史学史论集》、《唐代九姓胡与突厥文化》、《中国古代藏书楼研究》、《张之洞与中国近代化》、《崇文集——中央文史研究馆馆员文选》、《澳门历史文化》、《澳门开埠初期史研究》;哲学类有《十一家注孙子校理》、《澹园集》、《成唯识论校释》、《中国无神论史资料选编》(宋元明之编)、《庄子音义研究》;语言文字类有《瑞典斯德哥尔摩远东古博物馆藏甲骨文字》、《战国古文字典——战国文字声系》、《汉字古今音表》(修订本)、《汉语方言大词典》、《中华字典》；综合类有《知不足斋丛书》、《藕香零拾》、《文献家通考》、《学林春秋——著名学者自序集》、《东方的文明》、《世界旅游指南》（夏威夷、威尼斯等册）、《杭州市志》、《中国工会运动史料全书·江西卷》、《面向新世纪健康教育读本》。

2000年

1月24日　首届郭沫若中国历史学奖颁奖会在京举行。我局《太平天国史》获唯一的一等奖,《居延新简》获三等奖,《殷周金文集成》获荣誉奖。

3月6日　许宏调中国国际技术智力合作公司工作。

3月22、23日　外语教学与研究出版社社长李朋义、科学出版社社长汪继祥分别应邀到我局作深化改革的专题报告。

3月24日　新闻出版署副署长杨牧之、图书司副司长吴尚之来我局,宣布新闻出版署任命黄松为古籍小组办公室常务副主任。

4月18日　局党委会决定中层干部的聘任:管理中心主任仇正伟,副主任金英;财务中心主任王建光;人力资源部主任潘晓玲;期刊中心主任胡友鸣,副主任王军、赵又新;古籍学术一部主任徐俊;古籍学术二部主任毛双民;辞书工具书一部主任张力伟;辞书工具书二部主任郑仁甲;重点项目一部主任李解民;重点项目二部主任骈宇骞;普及读物一部主任李肇翔;普及读物二部主任顾青;编译中心主任柴剑虹;学生读物中心主任侯明;地方志中心主任华晓林;制作中心主任张宇;美术设计室副主任王铭基;发行中心主任王秋生;储运中心主任谢宝光;物业管理中心主任王敬仁;黄村古籍厂厂长李海森。

4月29日　召开由58位职工组成的我局临时职代会,讨论和研究《中华书局2000年深化改革方案》。经无记名投票,该方案获通过。

5月15日　原文学编辑室编审周振甫病逝,享年90岁。

　　周振甫(1911—2000),浙江平湖人。中共党员。首届韬奋出版奖获得者。中华书局董事。1931年考入无锡国学专修学校。1932年入上海开明书店,参加《辞通》、《二十五史补编》、《汉书地理志详释》的校对。1951年随开明书店迁至北京并入中国青年出版社。1971年借调我局参加"二十四史"点校工作。1975年正式调入我局。担任责编的书稿有:吕思勉《中国史》、《先秦史》、《秦汉史》,钱锺书《谈艺录》、《管锥编》,夏承焘《唐宋词

选》，以及《历代文选》、《历代散文选》、《李太白全集》、《乐府诗集》、《历代诗话》
等。参加了《明史》的点校整理和新版《鲁迅全集》注释定稿工作。著有《班超》、《东汉党
锢》、《严复思想述评》、《毛主席诗词讲解》、《周易译注》、《文心雕龙今译》等，有《周
振甫文集》10卷。

是月　学生读物中心主任侯明调北京语言文化大学出版社工作。

8月29日　崔文印自1999年10月起享受政府特殊津贴。

是月　古籍学术二部沈致金调华艺出版社工作。

9月25日　局党委会研究决定对部分机构和分配机制、部门负责人等进行调整。原重点
项目二部改为文化旅游中心，主任仍由骈宇骞担任；聘任冷卫国为学生读物中心副主任，主
持该室工作；文化旅游中心和学生读物中心采取"月薪制"分配方式。

9月28日　《中华活页文选》编辑部举办"新大纲·新教材·新版活页文选"座谈会。教
育部政策法规司和基础教育司的领导、北京市各区教育局教研室的有关专家以及部分重点
中学的教学骨干出席。

11月14日　局党委听取黄村厂调研工作小组的汇报，研究确定工厂的领导班子、工厂体
制、发展方向及有关政策，决定聘任李忠文担任古籍印刷厂副厂长，主持工作；孙启鹤任副厂
长；李海森为古籍印刷厂顾问；由财务中心委派郭德生到古籍印刷厂担任主管会计。

11月17日　"《文史知识》20周年座谈会"在中国科技会堂召开。新闻出版署副署长杨
牧之，北京大学、清华大学、北京师范大学、中国社会科学院、国家文物局、中国历史博物馆、
中国艺术研究院等单位的有关专家学者，我局领导宋一夫、熊国祯，《文史知识》编辑部人员
和曾在该刊工作过的部分人员等出席。

11月26日　郑仁甲取得编审任职资格；杨华如取得美术编审任职资格。

12月25日　古籍学术一部主任徐俊调中国社科院文学所工作。

12月27日　局务会议决定：(一) 管理中心下设行政、编务、经营、规划四个部和图书

馆；财务中心下设成本核算部、资金结算部；(二)由李岩、崔高维、仇正伟、金英、王建光、潘晓玲组成工作小组，研究2001年提升管理的具体措施及各部门工作程序，分别制定编辑工作方面、经营管理方面、人事和劳资方面实行合同管理的各种文本。

是年 生产用纸47938令；销售码洋4372万元。

是年 出版的新书，文学类有《屈原赋注》、《寒山诗注（附拾得诗注）》、《敦煌诗集残卷辑考》、《敦煌吐鲁番本文选》、《增订文心雕龙校注》、《全唐五代词》、《宋人别集叙录》、《明清传奇选刊》（十种五册）、《风月锦囊笺校》、《风月锦囊考释》、《新编千家诗（汉英对照本）》；语言文字类有《王力古汉语字典》、《中华成语词典》、《汉语俗字丛考》、《上古汉语的辅音系统》、《通俗常言疏证》、《九店楚简》；历史类有"二十四史"简体横排本全63册、《秦国古代史地丛考》、《赵国史稿》、《唐代过所研究》、《宋本太平寰宇记》、《张乖崖集》、《山志》、《双槐岁钞》、《汴京遗迹志》、《古族新考》、《欧亚学刊》（第一辑）、《伪满洲国的统治与内幕——伪满官员供述》、《中华民国史》（第三编第五、六卷）、《民国时期自然灾害与乡村社会》、《郑天挺先生百年诞辰纪念文集》；哲学类有《周易外传镜诠》、《文子疏义》、《新书校注》、《朱子晚年全论》、《儒学警悟》；综合、普及类有《敦煌遗书总目索引新编》、《中国典籍与文化论丛》（第五、六辑）、《欧亚学刊》（第二辑）、《汉学研究》（第四、五辑）、《法国汉学》（第五辑）、《与中国作跨文化对话》（世界汉学论丛）、《中国古代体育文物图录》、《丰子恺护生画集》、《祖国宝岛台湾》、《高中古诗文同步精解》、《小学古诗词背诵推荐篇目精解》。

2001年

1月3日　局务会决定聘任顾青为古籍学术一部主任。

1月11日　召开"新千年新世纪老同志座谈会"，有50多位离退休老职工参加。局领导李岩、熊国祯、崔高维、沈锡麟出席。

2月9日　召开"2001年全员聘任大会"，局领导向全体职工颁发聘约、聘书。

3月21日　离休干部、原副总经理于廉在京病逝，享年76岁。

　　于廉（1925—2001），生于沈阳，长于上海。1941—1945年在上海华纳印钞厂当工人。1945—1948年在上海无锡国学专科学校史地系读书。1948年到冀东军区城工部北平工作委员会工作。1952到北京市政府行政干部学校工作。1961年任北京市委办公厅秘书处长。1970年起，任中共北京市委农林组、办事组秘书组长。1975年任铁道部长万里办公室主任秘书。1977—1980年任安徽省委办公厅主任。1980—1982年在中央办公厅工作。1983年到我局任副总经理，1986年离休。

4月23—24日　新闻出版署科技司主持召开我局立项申报的"中华古籍语料库"专家论证会，裘锡圭、谢桂华等专家和科技司副司长李琛，我局宋一夫、仇正伟等出席。

5月9日　局党委会决定，尹涛由期刊中心调发行中心任副主任。

6月5日　召开中华书局首届职工代表大会。署直工会联合会主席信希华，我局领导及33名职工代表参加。沈锡麟代表工会致开幕词；宋一夫代表局领导班子作《工作报告》；崔高维介绍《职代会条例》起草情况。会议讨论和表决通过了《工作报告》和《中华书局职工代表大会试行条例》。

6月26日　为纪念中国共产党成立80周年，我局组织全体党员学习《中国共产党章程》，重温入党誓词。

7月14日　古籍学术二部主任毛双民调中国社科院历史所工作。

7、8月间　约40位应届博士、硕士、本科毕业生应聘来我局工作，陆续报到。

8月2日　举办本局新员工培训班，时间1个月，两年内进局的60多位新员工参加。

8月3日　局党委会决定，金英担任数据中心主任，仍兼管理中心副主任。

8月10日　新闻出版总署机关党委办公会议上通报迎接建党80周年活动评奖情况。我局大合唱《我的祖国》获演唱二等奖；体操比赛获优秀奖。

是月　第三届全国优秀古籍整理图书奖评选结果揭晓。我局《增订文心雕龙校注》获一等奖，《寒山诗注（附拾得诗注）》、《回回药方考释》获二等奖。

10月9日　中宣部副部长李从军在新闻出版总署副署长杨牧之，中宣部出版局局长邬书林、副局长郭义强，新闻出版总署图书司副司长吴尚之等陪同下，来我局视察指导工作。

10月12日　由《中国文物报》主办的"20世纪文博考古最佳图书"评选结果揭晓，我局有多种图书获奖。

"20世纪最佳古籍整理图书"，由专家评出的十种中有我局《甲骨文合集》、《殷周金文集成》、《永乐大典》、《居延汉简甲乙编》四种；由读者评出的十种中有我局《中华大藏经（汉文部分）》、《永乐大典》、《古今图书集成》三种。"20世纪文博考古最佳图录"，由读者评出的十种中有我局《中国古代体育文物图录》。

10月20—22日　我局召开中华版中小学《语文》、《历史》教材编写工作会议。霍懋征、袁行霈、张传玺、张诚、臧嵘、刘宗华、张厚感、陈之骅等专家学者出席会议。

12月　第五届国家图书奖揭晓。我局《王力古汉语字典》、《增订文心雕龙校注》获奖，《汉语方言大辞典》、《汉语俗字丛考》获提名奖。

是年　生产用纸43223令；销售码洋5618万元。

　　是年　出版的新书，文学类有《欧阳修全集》、《全唐诗作者索引》（增订简体横排本）、《全唐文篇目分类索引》、《元诗选·癸集》、《古体小说钞》（明代卷、清代卷）、《秦观资料汇编》、《李商隐资料汇编》、《沈佺期宋之问集校注》、《洪亮吉集》、《日藏弘仁本文馆词林校证》、《沈曾植集校注》；语言文字类有《中华词典》、《汉语音韵学》、《汉英日韩电脑词典》；历史类有《龙岗秦简》、《关沮秦汉墓简牍》、《敦煌悬泉月令诏条》、《麟台故事校证》、《清史稿艺文志拾遗》、《国史旧闻》、《中华历史通览》（十二卷）、《中华帝国晚期的城市》、《齐民四术》、《宋人行第考录》、《戚继光研究丛书》、《清代外务部中奥关系档案精选》、《胡适学术文集·哲学与文化》；哲学类有《楚简老子释析》、《礼记译解》、《墨子间诂》、《禅宗思想渊源》、《禅宗哲学象征》；综合、普及类有《无邪堂答问》、《中国钱票》、《中国钱币大辞典·革命根据地编》、《中国山西民间票帖》、《学林漫录》（第十五集）、《20世纪的奥林匹克运动》、《中国旅游指南》和《世界旅游指南》各多种；教材教辅类有大学英语四六级考试辅导系列、《初中古诗词背诵推荐篇目精解》、《高中古诗词背诵推荐篇目精解》、《初中古诗文同步精解》、《高中古诗文同步精解》、《小学生古诗词背诵80篇》、《全国高等教育自学考试同步辅导/同步训练》系列、《2001年全国高考语文试题集粹》、《2001年全国中考语文试题集粹》。

2002年

1月22日　宋一夫、李岩、冯宝志取得编审任职资格。

1月28日　召开全局职工大会, 宣布经过竞职、公示和局党委研究通过的新聘中层干部名单:

管理中心: 主任仇正伟, 副主任金英 (兼);

财务中心: 副主任王建光 (主持工作);

人力资源部: 主任潘晓玲;

党委工会办公室: 副主任阎晋鲁 (主持工作);

信息数据中心: 主任金英;

《文史知识》杂志社: 主任胡友鸣;

《中华活页文选》杂志社: 副主任王军 (主持工作), 副主任赵又新;

古籍学术一部: 主任顾青;

古籍学术二部: 副主任冯宝志 (主持工作);

辞书一部: 主任张力伟;

辞书二部: 主任郑仁甲;

汉学编辑室: 主任柴剑虹;

学术著作编辑室: 副主任宁映霞 (主持工作);

普及读物部: 副主任陈虎 (主持工作);

地方志编辑部: 主任华晓林;

译著编辑部: 副主任申作宏 (主持工作);

美术设计部: 主任王铭基;

教材中心: 主任冷卫国, 主任助理路育松;

学生读物中心: 副主任刘胜利 (主持工作);

文化旅游中心: 主任骈宇骞;

制作公司: 经理张宇;

图书发行公司: 经理王秋生, 副经理尹涛;

储运公司: 经理谢宝光;

物业公司: 经理王敬仁;

经营开发公司: 经理李忠文, 副经理孙启鹤。

2月2—6日　在京郊昌平瑶台山庄召开我局2002年度改革研讨会。

2月3日　离休干部、原古代史编辑室编审王文锦病逝，享年75岁。

王文锦（1927—2002），祖籍天津，生于北京。1945—1949年初就读北平中国大学文学系，课余从孙人和治《礼》，从陆宗达习《说文》、《广韵》。1949年任新华总社机关学校教员。1957年"反右"时因直言而受到不公正待遇，失去公职。1962—1966年曾到我局古代史组做临时工。"文革"后，1979年获平反恢复公职，到新华社图书馆工作。1980年调入我局。曾以责任编辑身份编发了点校本《北齐书》、《周书》、《唐律疏议》、《廿二史札记校证》、《思益堂日札》、《野客丛书》、《庄子义疏》、《抱经堂文集》等大量古籍整理稿件；主持点校整理《通典》；为《后汉书》、《晋书》、《南齐书》、《隋书》等各史礼仪志、舆服志整理稿提出修改意见，补充校勘记。晚年潜心治礼学，点校整理了《周礼正义》、《大戴礼记解诂》、《礼书通故》，撰著了《礼记译解》；应北京大学之邀，以客座教授身份开办礼学讲座，带礼学专业博士生、留学生。

3月26—30日　宋一夫、仇正伟前往四川成都与四川省教育厅、四川省新华书店集团联系语文、历史及社会课教材实验及发行工作。

3月28日　新闻出版总署署长石宗源、副署长杨牧之、党组成员石峰、图书司司长阎晓宏来我局视察指导工作。宋一夫代表局领导班子向署领导汇报近年来我局的经营情况和90周年局庆筹备情况。

3月29日—4月2日　宋一夫在四川新华书店集团有限责任公司王庆董事长的陪同下，前往资阳、绵阳、德阳等地考察、调研图书发行情况，并就进一步加强双方合作进行商谈。

4月4日　宋一夫赴南京，与江苏新华发行集团领导商谈双方合作事宜。

4月9日　我局领导和中层干部参加在人民大会堂举行的中国出版集团成立大会。我局作为中国出版集团的直属单位，跨入文化体制改革的新的历史发展阶段。

是日　宋一夫赴济南，与山东省新华发行集团董事长张士宝商谈合作事宜，并到泰安、青岛等地新华书店调研、洽商合作。

4月19—22日　由我局和广西区新华书店承办的首届全国文史图书订货会在南宁举行。人民出版社、人民文学出版社、商务印书馆、中国大百科全书出版社等54家出版社、238家书店参加。全国古籍出版社社长年会同时召开。

4月26日　古籍学术二部编审汪圣铎调河北大学历史系工作。

6月3日　局务会研究决定教材中心与学生读物中心合署办公，并从《文史知识》杂志社、古籍整理一部、文化旅游中心、美术设计部等部门抽出部分人员，与新招进的几名大学生一起调到教材中心，参加语文、历史教材的编辑工作。

6月6日　上午，我局在人民大会堂召开"中华书局90周年纪念大会"。新闻出版总署石宗源署长宣读了中共中央政治局常委、国务院副总理李岚清的贺信；我局总经理宋一夫致辞；著名学者季羡林、任继愈，新闻出版总署副署长、中国出版集团管委会主任杨牧之，中宣部副部长李从军，新闻出版总署署长石宗源，全国人大常委会副委员长许嘉璐分别讲话。全国人大常委会副委员长布赫，全国政协副主席王文元，全国政协常委徐惟成，新闻出版总署副署长于永湛、桂晓风、柳斌杰，党组成员任泽民，著名学者启功等，国务院相关部委、相关出版发行机构、新闻媒体等各界人士及中华书局全体员工近八百人出席。

6月6—8日　我局在香山饭店召开"中国传统文化与21世纪国际学术研讨会"，专家学者和我局编辑共两百人出席。

与学术讨论会同时，我局还邀请了数十位著名书画家，在香山饭店举办书画笔会。部分书画家合作了《中流砥柱》等大型国画，作为我局九十华诞的珍贵贺礼。

6月28日　由管理中心、人力资源部、财务中心、党委工会办公室等部门负责人组成的改革领导小组成立，并召开会议，拟在10月前提出我局公司制改革实施方案供全局讨论。

6月下旬—7月上旬　沈锡麟、金英、俞国林等前往上海，在上海古籍出版社的协助下，召开"庆祝中华书局成立90周年上海老职工座谈会"，40余位现居上海的我局老职工出席。

7月31日　《中华时尚》刊号获批准。经局务会研究决定，该杂志暂由管理中心代管，翁向红等5人为该杂志工作人员。

8月2日　局务会研究制定了《关于大学毕业生服务期内违约的有关规定》，以加强对新进大学生的规范管理，稳定我局职工队伍。

是月　30多位应届本科、硕士、博士毕业生自6月起陆续报到，并入住黄村宿舍。各接收部门分别安排"以老带新"。

9月3—4日　我局召开"古籍整理学术著作辞书出版工作会议"，组织全局在职编辑及部分离退休老编辑，对1990年以来的古籍、学术、辞书等类图书的出版工作进行回顾和总结，并对今后做出规划。新闻出版总署副署长、中国出版集团管委会主任杨牧之出席并讲话。

9月10、11日　由新闻出版总署科技发展司主持，来自中国社会科学院、北京师范大学中文系、中国人民大学中文系、北京语言大学语言应用研究所、新华社、北京工业大学等单位的7名语言学专家和计算机专家，对我局招标项目"中华古籍语料库"的投标书进行评审。评选出分数最高的两家投标方为入围单位，以供我局做进一步的商务谈判。

9月17日　《2003年中华书局改革方案》在全体中层干部会议上讨论通过。

9月29日　我局向教育部递交编写中小学语文教材、中学历史教材立项申报材料。

10月7—18日　宋一夫、崔高维、译著编辑室王瑞玲前往德国参加法兰克福国际书展。与多家出版社进行业务洽谈，签订版权输入意向性合同30种左右。

10月11日—11月1日　举办"2002年新员工培训"系列讲座，由局领导、部分部门领导分专题主讲，并邀请程毅中等老编审传授经验。

11月20—30日　由古籍小组主办的"三十年来古籍成果展"在国家图书馆善本部举行。我局228种共463册古籍整理类图书参展。

12月6日　召开共青团中华书局委员会（以往是支部）成立大会。局党委副书记崔高维，委员熊国祯、沈锡麟及30余名团员出席。会上选举产生中华书局第一届团委：书记赵国忠（党委指派），委员赵英（主持工作）、王婷（组织委员）、王正文（宣传委员）、丰雷（文体委员）、刘洋（文体委员）。

12月7日　我局与法国驻华使馆文化科技合作处联合举办"第四届法国读书节"，主题为"中华书局与法国汉学"。上午，在琉璃厂中华书局门市部举行了读书节开幕式、中华书局所出法国汉学著作展览及学术报告会。法国驻华大使蓝峰，文化专员满碧滟，中华书局负责人及中、法文化学术界百余人出席读书节活动。中央电视台、《中国图书商报》、《中国新闻出版报》等媒体进行了采访报道。

12月25日　教育部发文，对我局编写三套教材（语文学科1—6年级、语文学科7—9年级、历史学科7—9年级）准予立项。

是月　我局编辑出版的《中华时尚》杂志创刊号面世。

是年　《文史知识》编辑部主办了旧体诗词创作大赛，并先后在四川大学历史文化学院、国家图书馆分馆举办了"庆祝中华书局90周年"系列讲座，主讲人有陈平原、彭林、白春礼、柳传志、英若诚、傅庚辰、吴祖强、金开诚、蔡义江等。

是年　生产用纸83689令；销售码洋7093万元。

是年　出书504种。其中新书文学类有《全清词·顺康卷》（出齐）、《韦应物诗集系年校笺》、《李商隐文编年校注》、《宋代传奇集》、《诗经学史》、《海录碎事》、《山西戏曲碑刻辑考》、《范成大笔记六种》、《隋唐五代文学史料学》、《历代诗经著述考（先秦—元代）》、《中国古代文学批评方法研究》；语言文字类有《汉语成语大词典》、《陈独秀音韵学论文集》、《音韵学通论》、《近代汉语介词》；历史类有《国语集解》、《两汉纪》、《大金吊伐录校补》、《通制条格校注》、"唐宋史料笔记丛刊"多种、《金文氏族研究——殷周时代社会、历史和礼制视野中的氏族问题》、《中国北方诸族的源流》、《明代华南农业地理研究》、《戴名世遗文集》、《岭南维新思想述论》、"南开史学家论丛"多种、《李侃史论选集》、《陆费逵与中华书局》、《中华书局大事纪要（1912—1954私营时期）》；哲学类有《中国禅学》（第一卷）、《中国无神论史资料选编》（清代编、近代编）、《南朝佛教与文学》；综合、普及类有《法兰西学院汉学研究所藏汉籍善本书目提要》、《中国西藏钱币》、《岁时——传统中国民众的时间生活》、《仓石武四郎中国留学记》、《中国传统文化在日本》、《跨文化对话丛书》、《李一氓同志纪念论文集》、《书林随缘录》、《世界思想家译丛》、名著导读系列；教材教辅类有《毕业论文写作指导》、高考专业填报指南系列，《限时英语》、《核心解题》、《阅读提速》等三套共64种。

2003年

1月　古籍学术一部主任顾青调中国社科院文学所工作。

2月21日　李肇翔、张文强、顾青取得编审任职资格。

是月　副总经理崔高维退休。

是月　学生读物编辑室冷卫国被评为2000—2001年度中央国家机关优秀青年。

4月12日　我局《南开史学家论丛》出版座谈会在人民大会堂吉林厅举行, 李岩、熊国祯、柴剑虹等出席。

是月下旬起　为防止传染性非典型性肺炎蔓延, 依照政府有关部门要求, 我局在不影响生产的前提下, 布置员工在家办公, 局内安排人员值班。至5月底恢复正常上班。

5月26日　召开中层干部和党员大会, 宋一夫汇报本届领导班子的经营业绩; 李岩、熊国祯、沈锡麟作简短发言, 号召一手抓抗"非典", 一手抓生产经营。

7月　徐俊从中国社科院文学所奉调回中国出版集团。

8月12日　召开全体中层以上干部会议。中国出版集团管委会主任、党组书记杨牧之, 集团管委会副主任王俊国, 集团人力资源部部长纪存双等出席。王俊国宣读任免通知, 免去宋一夫中华书局总经理、党委书记职务, 任命徐俊为中华书局副总编辑。杨牧之代表集团领导讲话, 指定由李岩临时主持书局工作, 并就中华书局工作提出几点意见。徐俊和宋一夫分别做了简短发言, 表示将会在新岗位上继续为党和国家的出版事业努力工作。

8月13日　召开生产协调会。各部门负责人通报了有关统计数据, 局领导分别对下一阶段工作做了安排。

8月15日　召开全体党员、中层干部会议。通报杨牧之12日的讲话、我局领导班子调整分工的情况。局领导要求全体同志在当前生产经营状况十分严峻的形势下,振奋精神,加强纪律,切实贯彻集团工作部署,做好工作,为全面完成2003年生产任务而团结奋斗。

8月25日　召开局务会,决定:《中华时尚》杂志暂时休刊;《中华时尚》和教材中心人员原定的特区工资改为档案工资;徐俊牵头,近期对编辑管理流程进行调整;黄村廉价租房小组近期再次调整确认租房人员名单,尽可能满足新员工的租房要求;近期对丛书的全局性规划、稿酬标准、资助出书标准等问题进行研究、规划;组织全体党员干部对重要文件进行集中学习,提高政治思想理论素质。

是月　本年新接收的应届毕业大学生10人陆续报到。

是月　由中国出版工作者协会国际合作出版促进委员会、中国出版科学研究所等多家单位主办的"2002年度引进、输出版优秀图书评选"活动结果揭晓,我局《世界思想家译丛》获"引进版社科类优秀畅销书"奖,《诗词常识名家谈四种》获"输出版优秀图书"奖。

9月5日　组织编辑人员参观黄村书库。参观之后,李岩召集相关部门和参观人员开会,简要分析了库存图书的情况,要求发行、储运配合,加大营销推广力度,积极想办法消化库存积压,加快资金流动。

9月15—26日　古籍小组主办,古籍小组办公室与国家图书馆善本部、全国古籍出版社联合会共同承办的"新中国古籍整理出版成就展"在国家图书馆文津厅举行。我局参与了布展、纪念图册《功在千秋的事业——新中国古籍整理出版成就》的编辑制作等工作,并组织员工参观了展览。

展览通过大量实物和图片资料,展示新中国古籍整理出版事业的发展历程。展出内容包括中共中央《关于整理我国古籍的指示》,毛泽东主席和周恩来总理对《资治通鉴》与"二十四史"整理工作的指示,古籍小组的成立和恢复等重大事件;古籍小组领导齐燕铭、李一氓、匡亚明和历届成员、顾问,以及为古籍整理出版事业做出突出贡献的郑振铎、赵守俨等的介绍;一批重点图书的书稿档案实物,包括我局提供的"二十四史"校勘记原稿、叶圣陶亲笔改定的《永乐大典》影印本出版说明、唐圭璋与王仲闻关于《全宋词》的修订记录与批注、周振甫与钱锺书关于《管锥编》的审稿记录及批注等。

9月15日　在中苑宾馆召开"图书馆与出版社古籍工作协作会议",全国各大图书馆古籍

（特藏）部负责人和古联会成员单位负责人与会。古籍小组办公室常务副主任黄松、我局副总经理兼副总编辑李岩、国家图书馆副馆长陈力共同主持会议。

9月16日 "新中国古籍整理出版成就展"学术讲座在国家图书馆举行，著名学者任继愈、李学勤、程毅中、杨成凯分别作主题讲座。我局部分编辑参加。

9月17—23日 在办公楼二层多功能厅举行库存图书折价销售活动。这是我局消化库存、促进图书销售的措施之一。

9—10月 我局举行新员工培训。

　　培训主要活动包括：请人民文学出版社策划部主任孙顺林讲"图书营销策划"；组织到大兴区黄村镇参观本局库房；请中国版权中心主任齐相潼讲"著作权与版权保护"；请国家新闻出版总署发行司副司长张福海讲"从市场角度看出版"；李岩讲"出版社经营定位"；徐俊讲"编辑工作准则"。除了新员工外，局内编辑、发行、出版等部门人员踊跃参加。

10月8日 召开局务会。决定进行部门调整，初步讨论调整方案和日程安排。

　　此次机构调整，意在突出主业，发挥品牌优势，调动人员积极性，以使我局经营状况好转，同时为长远发展奠定基础。经广泛深入征求意见和一系列工作程序，至11月中旬完成。

10月15日 中国出版集团图书奖颁奖大会在集团新址举行。我局《全清词·顺康卷》、《中国西藏钱币》获优秀图书奖，《古文字研究》（第二十四辑）获优秀校对奖，《诗文声律论稿》（手写影印本）获优秀印制奖。另外，我局曾荣获第五届国家图书奖的四种图书——《王力古汉语字典》、《增订文心雕龙校注》、《汉语方言大词典》、《汉语俗字丛考》获中国出版集团图书奖荣誉奖。

10月22日 张力伟获中国出版工作者协会、中国编辑学会联合主办的第五届全国优秀中青年（图书）编辑奖。

10月24日 召开选题清理会。熊国祯、徐俊主持，对已通过的项目进行再清理，将部分选题归并入丛书。

10月28日　召开重印书清理会。对年底订货会即将推出的重印书作了清理和布置，拟于近期制定重印计划。徐俊主持，熊国祯与会，有关编辑室的人员出席。11月5日，徐俊再次召集各编辑室负责人会议，以推出老版精品重印书为思路，对近期重印书书目进行了讨论。

10月31日　召开全体职工大会。徐俊宣布部门干部（包括主任助理）任命名单；熊国祯讲了近期选题和编辑工作的总体思路；李岩对下一步工作做了总体部署。局领导在讲话中反复强调，我局正处于非常困难的时期，需要大家团结一致，增强工作积极性、主动性，从大局出发，从长远考虑，切实做好各个环节的工作。

是月　在第十五届香港印制大奖赛上，由我局出版、北京雅昌彩色印刷有限公司印制的《中国少林寺》一书获"包装印刷其他物类冠军奖"和"精装书刊印刷优异奖"。

11月4日　根据公示的情况，局务会研究通过了第二批部门负责人任命名单。至此，此次部门调整和干部任命基本完成。此后，以双向选择方式进行了部门人员组合，并进行了办公室调配，至是月中旬结束。

　　　　中层干部任职名单：
　　　　总经理总编辑办公室：主任余喆；
　　　　人力资源部：主任潘晓玲，副主任王小平；
　　　　财务中心：代理负责人郭德生（上级单位委任）；
　　　　党委办公室：主任阎晋鲁；
　　　　工会办公室：主任赵国忠；
　　　　信息数据中心：（暂缓任命）
　　　　《文史知识》杂志社：副社长、编辑部主任胡友鸣；
　　　　《中华活页文选》杂志社：副社长尹涛（主持工作）、赵又新；
　　　　语言文学编辑室：副主任韩雪；
　　　　历史哲学编辑室：主任冯宝志，副主任宁映霞；
　　　　古代文献编辑室：主任李解民；
　　　　辞书编辑室：主任郑仁甲；
　　　　汉学编辑室：主任柴剑虹；
　　　　史志文化编辑室：主任华晓林；

学生读物编辑中心: 主任仇正伟, 副主任刘胜利;

文化遗产编辑中心: 主任李肇翔, 副主任朱振华;

古籍资源开发部: 主任张力伟;

美术设计部: 主任王铭基;

市场部: 主任王军;

出版部: 主任张宇;

发行部: 主任王秋生;

储运部: 主任谢宝光;

物业部: 主任王敬仁;

经营开发公司: (暂缓任命)

中华书局读者服务部: 经理 (正科级) 魏莉。

是日 局务会研究决定, 保留信息数据中心的建置, 行政工作及业务由总经理总编辑办公室管理, 总办主任助理宋志军分工协调该中心的工作。

11月7日 前任总经理宋一夫到局作离任述职报告。中国出版集团人力资源部负责人、中华书局领导班子成员及中层干部、职工代表与会。

11月12日 中国书店副总经理吴凤翔应邀到我局作"古籍图书的市场开发"主题讲座。

11月17日 局务会研究确定《文史》编委会成员和顾问名单。

11月20日 我局在北京大学中国古代史研究中心召开"弘扬传统, 重塑品牌——中华书局与学界共商重印书出版规划座谈会", 探讨如何整合与开发中华书局的文化资源。袁行霈、李学勤、裘锡圭、曹道衡、白化文、安平秋、张希清、王小盾、阎步克、刘跃进等学者, 我局领导李岩、熊国祯、徐俊, 资深编审傅璇琮、陈铮, 各编辑室主任和部分青年编辑, 部分媒体记者和北京大学在校研究生代表等出席。

会上, 学者们希望中华书局重树学术图书品牌意识, 把学术研究必备的品牌书成系列成规模地推向市场。建议在做好古籍整理和学术著作出版的同时, 加大传统文化普及的力度; 建立学人常备书架, 让学人应备必备的书想买都能买得到, 重印断档时间较长的图书, 不能简单"复制", 要加以修订补正, 体现新的研究成果。袁行霈先生对我局提出"守正出新"的期望。

11月25日　中国出版集团党组成员及各部门负责人一行九人在我局召开现场办公会,了解我局目前有什么困难,哪些方面需要集团帮助,以及近期的工作设想。杨牧之主持会议。我局领导班子成员及总办、财务、人力资源、出版等部门负责人列席。李岩作了工作汇报,熊国祯、徐俊、张宇、郭德生等也发了言。杨牧之、聂震宁、宋晓红、王俊国、沈建国等集团领导和集团部门领导分别对我局工作给予指导。

11月26日　第四届全国优秀古籍整理图书奖评选结果揭晓,我局共有5种图书获奖:《李商隐文编年校注》、《全清词·顺康卷》获一等奖,《大金吊伐录校补》、《礼记译解》、《欧阳修全集》获二等奖。

11月27日　上午,李岩、徐俊前往《时尚》杂志社学习调研。下午,李岩、熊国祯、徐俊主持召开《中华时尚》转刊的征求意见会。文化遗产编辑中心、市场部、总办的有关人员以及柴剑虹、胡友鸣、尹涛等与会。

11月29—30日　我局初中历史教材第五次工作会议在建银大厦召开。宋一夫、龚书铎、陈之骅、张传玺、张诚、臧嵘、严志梁、李秉国、周瑞祥等专家和编委会成员出席。局领导李岩、熊国祯、徐俊,学生读物中心参与历史教材编写的人员与会。我局就初中《历史》教材编写的有关事宜与专家签订合同。会议对初中《历史》教材(八年级下册—九年级下册)的编写及送审工作做了部署,并就教师参考用书的编写工作进行了讨论和规划。

11月30日　顾青从中国社科院文学所调回我局。局务会决定聘任顾青为语言文学编辑室主任。

12月25日　第六届国家图书奖颁奖大会在中国职工之家举行,我局《全清词·顺康卷》、《李商隐文编年校注》获古籍类奖。

12月25—26日　中华书局第二届职工代表大会召开。会议听取、审议并以举手表决方式通过了李岩代表局务会所作的《工作报告》;审议并以投票表决方式通过了《中华书局2004年管理方案》和《中华书局推行局务公开、民主监督制度实施办法》。大会号召全局职工以主人翁的姿态,在局党委和局务会的领导下,团结一致,共渡难关,共谋发展,为尽快摆脱中华书局目前的困境,使中华书局走上健康发展的道路,作出自己的贡献。

是月　第五届国家辞书奖揭晓,我局《殷周金文集成引得》获二等奖。

是月　沈致金从华艺出版社调回我局。经中国出版集团批准，任我局总经理助理。

是月　学生读物编辑中心冷卫国调青岛中国海洋大学工作。

是年　生产用纸70761令；销售码洋7804万元；利润96.75万元。

是年　出书409种。其中新书，文学类有《太康文学研究》、《唐五代文学思想史》、《陶渊明集笺注》、《黄庭坚诗集注》、《中古文学史料丛考》、《明杂剧史》；语言文字类有《近出殷周金文集录》、《神木方言研究》；历史类有《居延汉简与汉代社会》、《金石萃编校补》、《两汉魏晋南北朝正史西域传研究》、《敦煌的借贷》、《中西交通史料汇编》、《清中前期西洋天主教在华活动档案史料选编》、《开封商丘钱币发现与研究》、《安阳鹤壁钱币发现与研究》、《中国回回民族史》、"南开史学家论丛"多卷；哲学类有《曹端集》、《敦煌佛教律仪制度研究》、《嵩山访禅记——禅宗祖庭少林寺禅武医探秘》、《二十世纪儒学研究大系》；综合、普及类有《古典文献论丛》、《沟洫佚文杂录》、《吕留良年谱长编》、"世界汉学论丛"多种、《汉学研究》（第七辑）、《探险家旅游丛书》、《完全智慧手册》系列、《功在千秋的事业——新中国古籍整理出版成就》、《中国古代文学名著导读》系列；教材教辅类有《解活题》系列、《实用阅读》系列、《英语高考专向突破》系列、《X词典——高考文科综合》。

2004年

1月7日　在我局召开古联会社长联席会，新闻出版总署外事司和古联会成员单位领导、美国长青书局代表等出席。会议重点讨论将于3月在美国举办的"中华古籍图书与文化展"的相关事宜。外事司领导介绍了将在法国举办的"中法图书沙龙"活动的情况。会议决定余喆任古联会副秘书长。

1月15日　召开全局职工大会，李岩代表局务会总结2003年工作，谈2004年的工作思路。指出，2004年是我局摆脱困境、重塑品牌、改善经营、步入良性发展的关键一年，全局上下要抓住机遇、发挥才智、树立信心，体现我局凝聚力和发展潜力。表示要谨慎决策，勇于开拓，与员工一道走向艰难复兴之路。

2月3日　徐俊主持召开我局市场分析和选题分类研讨规划会议预备会。按选题类别成立四个研讨规划小组（后改称"选题实施计划小组"）。

　　小组分类：古籍整理与学术著作类，召集人冯宝志；文史哲通俗普及读物类，召集人顾青；辞书工具书类，召集人郑仁甲；学生读物类，召集人尹涛。研讨规划会的目标：（一）弄清当前我局四类图书在市场上的实际地位、市场占有率及同类出版社、出版物的比较分析；（二）研究我局这四类图书应有的或者说有可能达到的市场预期以及不同的营销策略；（三）针对市场情况作出切实可行的近期和中长期规划；（四）以市场与产品为龙头推动我局的机制改进。

2月5日　举行首场市场分析报告会，局领导和编辑部、发行部、市场部全体成员参加。市场部主任王军作"我们离市场有多远"的主题发言。总经理助理沈致金就畅销书的运作和对我局发行工作的认识做了专题发言。

2月10日　徐俊主持召开我局装帧设计展示及研讨会，局领导及美术设计部全体成员、编辑部和出版部部分人员与会。会议对我局图书的封面设计、内文版式、印装等进行比较分析，对不同类型图书的装帧设计风格进行探讨，涉及对传统风格的认识、继承和创新，如何解决好书卷气与电脑技术的关系，以及工作流程、印装材料等多个方面。

2月11日　新一届《文史》编委会第一次会议召开。编委会由主编裘锡圭，编委王邦维、李家浩、辛德勇、陈来、葛兆光、荣新江、刘跃进、阎步克、徐俊等组成，原编委会成员季羡林、启功、任继愈等担任学术顾问。

2月17日　徐俊、韩雪取得编审任职资格。

2月25日　财政部教科文司王家新处长来我局商谈点校本"二十四史"修订及相关工作，李岩、徐俊和古籍办黄松接待。

2月27日　召开市场分析和选题分类研讨规划会议小结会，中层干部、编辑、美术设计人员、发行人员等参加。

　　会上，徐俊做小结报告，号召大家"实干闯未来"。沈致金对我局近年出版的部分古籍整理类图书和汉语工具书做了盈亏分析，指出只要经营得当，提高单品种决策的科学性，优化选题，完全能够扭转不利状况。李岩重点讲了局领导班子的思路和想法，提倡"一种精神——务实"，推进"两个转变——经营机制和经营策略的转变"，保证"三个落实——落实管理方案、落实人员管理、落实转制的有关精神"。

3月10日　局务会决定成立三个工作室，郑仁甲为汉语工具书工作室负责人；顾青为大众读物工作室负责人；王军为学生读物工作室负责人。工作室组建的后续工作于3月中旬完成，同时公布《工作室实施方案》。

3月23日　召开局领导班子述职报告会，李岩代表领导班子做2003年工作报告，其他局领导先后做个人述职报告。中国出版集团人力资源部姜红新等二人，我局中层干部、职工代表（包括民主党派、共青团员代表）等二十余人出席，对领导班子的工作进行民主评议，并按程序投票进行民主评议和测评。

4月14日　李岩、沈致金、余喆等与三秦出版社社长魏全瑞、中教联投资管理公司经理仝长新就我局中学历史教材租型事宜进行商讨。

4月23日　我局与中国社科院历史所联合举办《张政烺文史论集》出版座谈会。任继愈、何兹全、裘锡圭、陈祖武等中国社科院、国家博物馆、国家图书馆、故宫博物院、北京大学、北京师范大学的专家学者90余人出席，张政烺夫人傅学苓到会。我局李岩、熊国祯、徐俊、程毅中、陈抗、刘宗汉、顾青等出席。

5月12—14日 我局副总经理熊国祯以中国书刊业发行协会聘任的专家身份,参加中国出版集团清产核资存货损失经济鉴证工作。

5月17日 局务会决定任命沈致金兼发行部主任;免去王秋生发行部主任职务,改任读者服务部经理;免去魏莉读者服务部经理职务,改任琉璃厂门市部经理。

5月21日 我局召开点校本"二十四史"修订工作座谈会。李岩、熊国祯、徐俊、冯宝志、李解民、张力伟、余喆、柳宪、樊玉兰、张继海、洪涛、王勔和曾参加"二十四史"整理出版工作的我局老编辑张忱石、崔文印、何英芳等与会。会上就修订工作的必要性及修订方式、操作方法等提出了具体的意见和建议。

5月24日 局务会决定点校本"二十四史"修订工作由徐俊牵头,李岩、熊国祯配合,并请崔文印具体负责带领两三位年轻编辑,就档案情况、学术界已发表校订意见等进行调研。

5月27—28日 我局党员代表八人出席中国共产党中国出版集团直属机关第一次代表大会。李岩被选为直属机关党委委员,阎晋鲁被选为直属机关纪委委员。

6月9日 召开第二次市场分析会。市场部主任王军做"从进入走向成熟"的分析报告;总经理助理兼发行部主任沈致金介绍发行情况。徐俊对我局2004年选题立项情况及在制品规模作了通报和分析,并就三个工作室的工作情况做了点评。

6月16日 吴锡祺夫妇护送其祖父吴燕绍编撰的《清代蒙藏回部典汇》遗稿来局。李岩、熊国祯、徐俊及语言文学室俞国林接待,并签定图书出版合同。

6月25日 局务会决定聘任范子烨为汉学编辑室负责人;拟任命路育松为教材编辑中心副主任,进行任前公示(7月5日决定任命)。

6月28日 李岩、朱振华、丛桂芹赴苏州参加联合国教科文组织第28届世界遗产委员会会议。李岩在大会组织的新闻发布会上重点推介了我局出版的《中国世界文化遗产年鉴(2004)》和《中华遗产》创刊号。

6月29日 中国出版集团工会联合会第一次会员代表大会召开。我局代表张宇被推选为委员会委员。

7月1日 副总编辑熊国祯、副总经理沈锡麟退休。

7月15日 丰台区委统战部副部长李一、区政协秘书长乔仕红来局访问,了解我局民主党派活动及参政议政情况,李岩、徐俊接待。

7月23日 我局召开第二届职工代表大会第二次会议。李岩代表局务会做了2004年上半年的工作总结,工会副主席张宇介绍了中国出版集团工会联合会第一次会议情况,徐俊通报2004年上半年中层干部考评的统计结果。会议讨论并通过了李岩所做工作总结。

7月26日 我局在王府井新华书店举行《蹴鞠——世界最古老的足球》出版座谈会。此书正值亚洲杯足球赛期间面世,国际足联主席布拉特专为此书出版发来贺辞。中国出版集团出版工作部主任宋焕起、我局李岩在会上讲话。

是日 李岩、徐俊及赵诚、陈抗、柴剑虹等老编审出席在北京师范大学举行的"启功先生语言文字学学术研讨会暨启功先生新著首发式"。为庆祝启功先生92岁华诞,我局出版了《启功丛稿·艺论卷》,会上徐俊代表中华书局发言,回顾启功先生与中华书局的因缘,向启功先生致以生日祝贺。

8月2—3日 局务会决定任命顾青为总编辑助理(已经集团批复同意),对局领导班子工作分工作了调整。任命马宇震(自太平洋保险公司调回)为黄村房地产开发公司筹建组组长;李忠文为工会办公室代主任,免去其经营开发部主任职务;免去孙启鹤经营开发部副主任职务。

8月3—6日 《中华活页文选》与中央教育科学研究所合作项目"全国教育科学'十五'规划课题新课程语文个性化教学实验研究"在广东珠海召开年会。中央教科所副所长张芃与会。课题主持人张鹏举和总课题组成员、湖北省教研室副主任史绍典在会上做课题主报告。

8月5日 我局召开《清代蒙藏回部典汇》学术座谈会。马大正、黄爱平、王锺翰、王尧、厉声、顾潮等学者,我局老编审刘德麟、陈铮,局领导李岩、徐俊、顾青及相关编辑,书稿作者的后人吴锡祺夫妇出席。中央电视台、《光明日报》、《中华读书报》、《文汇报》、《人民日报》(海外版)、《中国图书商报》、中青在线等媒体记者与会并做了相关报道。

8月9日 李岩、顾青、宋志军、丛桂芹等与中国民间文艺家协会主席冯骥才等洽谈《中国木版年画集成》出版事宜。

8月21—23日 第十九届全国古籍出版社社长年会在山西太原召开。会议推举李岩为全国古籍出版社联合会会长;沈致金为古联会秘书长兼发行工作委员会主任。

8月28日 清华大学教授葛兆光陪同台湾中研院史语所所长王汎森来访,李岩、徐俊、顾青、柴剑虹、张力伟、李肇翔等与会。双方就史语所汉籍资料库使用我局图书版权问题、出版合作等进行了初步磋商。

9月18日 以原总经理兼总编辑金灿然的名字命名的王府井门市部"灿然书屋",经过近两个月试运营,正式开业。

9月24日 工会组织员工进行迎国庆乒乓球比赛。洪涛、阎晋鲁获男子单打冠、亚军,何平、何连玉获女子单打冠、亚军。

10月20—22日 第二次全国新闻出版行业人才工作会议召开,我局李岩被授予"全国新闻出版业有突出贡献的中青年专家"称号。

是月 我局正式加入中国版权保护协会,为团体会员。

11月6、10日 李岩、顾青、齐瑶、宋志军等陪同《正说清朝十二帝》作者阎崇年先后在北京王府井新华书店、北京图书大厦举行现场签名售书。

　　《正说清朝十二帝》是由我局大众读物工作室策划的一部学术普及读物,也是我局面向市场的第一部畅销书。该书于2004年10月开始上市,广受欢迎,至2011年底销售逾55万册。同时,我局运用畅销书产品线的开发思路,很快推出了"正说"系列图书共10种,销售码洋总计逾3000万元。

11月25—26日 我局第二届职工代表大会第三次会议召开,职工代表、特邀代表30余人出席。张宇主持会议。会上,李岩代表局务会汇报了我局本年11月前的总体生产经营情况;

与会代表审议《中华书局管理方案 (讨论稿)》，李岩代表局务会对职工代表所提的意见和建议作出回应，并对《方案》做适当调整和补充。最后，大会以举手表决方式通过了《中华书局管理方案》。

11月29日　全体职工大会上，李岩代表局务会就近期全局生产经营情况做了简要汇报；顾青、徐俊分别对管理方案进行说明；徐俊宣读《中华书局2005年部门设置方案》、中层干部任职条件、竞聘及部门组合的时间安排。全体职工对在职中层干部 (含部门助理) 进行考评。

12月15日　局务会通过新一届中层干部任命；调整领导班子成员工作分工；决定成立审读室，并制定返聘人员的付酬办法；确定下年初编辑工作会议的基本思路和准备工作。

12月23、27日　局务会讨论通过各部门组合及人员安排事宜。至此，本年部门和中层干部调整工作完成。

  部门和干部任职名单：
  总经理总编辑办公室：主任余喆；
  人力资源部：主任王小平；
  党委办公室：主任阎晋鲁；
  工会办公室：主任李忠文；
  计划财务部：副主任郭德生、杨红；
  信息数据中心：(暂缓任命)
  《文史知识》杂志社：主任胡友鸣；
  《中华活页文选》杂志社：主任尹涛，副主任赵又新；
  《中华遗产》杂志社：副主任朱振华；
  语言文学编辑室：主任顾青 (兼)，副主任俞国林；
  历史哲学编辑室：主任冯宝志，副主任宁映霞；
  古代文献编辑室：主任李解民；
  辞书编辑室：主任郑仁甲；
  汉学编辑室：副主任李晨光；
  史志文化编辑室：主任华晓林；
  教材编辑中心：主任仇正伟，副主任路育松；
  古籍资源开发部：主任张力伟；

大众读物编辑室：副主任宋志军；

学生读物编辑室：主任王军（兼）；

美术设计部：副主任毛淳；

市场部：主任王军；

出版部：主任张宇；

发行部：主任沈致金（兼）；

储运部：主任谢宝光；

物业部：主任王敬仁；

经营开发公司：主任马宇震；

读者服务部：主任王秋生。

12月24日　中国出版集团管委会副主任聂震宁、出版工作部主任宋焕起率专家组来局就我局2005年出版计划召开选题论证会。李岩、徐俊、沈致金、顾青和傅璇琮、程毅中、熊国祯、沈锡麟、崔文印、许逸民、陈铮参加。

12月29日　我局与中央民族大学历史系联合举行《王锺翰清史论集》出版座谈会。王锺翰、何兹全、徐苹芳、王思治及清史编纂委员会、中国人民大学清史研究所、中国社会科学院等相关单位50多位专家学者，我局李岩、徐俊、熊国祯、崔文印、何英芳、冯宝志、李解民等出席。

12月31日　局务会议讨论我局黄村廉租房管理、翠微路集体宿舍清理整顿等事宜，决定成立中华书局资产开发工作经营小组。

是月　我局出版的《温州年鉴》（2004）获中国出版协会评定的"中国年鉴奖"特等奖、"全国年鉴编纂出版质量奖"综合奖特等奖；新疆生产建设兵团《农七师年鉴》（2004）获中国地方志指导小组组织评定的"首届中国地方志年鉴奖"一等奖。

是月　北京市第一中级人民法院对我局状告天津市索易数据技术有限公司（天津市永川软件公司）、天津电子出版社和北京中基伟业科技发展中心未经许可复制、发行，并在因特网上传播我局点校本"二十四史"和《清史稿》这起著作权侵权案作出判决：判令被告立即停止复制、出版、发行和销售中华书局点校本"二十四史"和《清史稿》全文检索阅读系统及该系统的网络版，天津市索易数据技术有限公司和天津电子出版社除向我局书面致歉外，还应赔偿我局128万元。

是年　用纸61225令；销售码洋8773万元；利润总额151.72万元。库存码洋1.55亿元，相比2003年8月的1.83亿元和年底的1.76亿元，趋势好转。

是年　出书518种，其中重印书246种，新书272种。新版图书主要有：《法苑珠林校注》、《云笈七签》、《全明词》、《贞观政要集校》、《清真集校注》、《管子校注》、《朝鲜时代书目丛刊》、《影印太平天国文献十二种》、《永乐大典方志辑佚》、《十国典制考》、《齐鲁文化通史》、《仰望陈寅恪》、《启功丛稿·艺论卷》、《张政烺文史论集》、《王锺翰清史论集》、《童书业历史地理论集》、《新语探源》、《中国西部考古记·吐火罗语考》、《中国古代帝国的形成与结构》、《内藤湖南研究》、《中国文学家大辞典·宋代卷》、《戴名世年谱》、《重订圆瑛大师年谱》、《黄永年印存》、《正说清朝十二帝》、《周作人研究二十一讲》、《权与血——明帝国官场政治》、"岑仲勉著作集"系列等。

2005年

1月17日　在新浪网和《出版人》杂志联合发起的"2004中国书业年度评选"中，我局《正说清朝十二帝》获传记纪实类年度大奖。

1月18日　第14届中国图书奖颁奖大会在北京召开，我局《中国回回民族史》获奖。

1月19日　首届中国出版集团期刊奖揭晓，我局《文史知识》获荣誉奖、优秀编辑奖和优秀栏目设计奖。

是日　我局《正说清朝十二帝》入选《2004年知识工程推荐书目》。

　　"知识工程"是由文化部发起，中宣部、文化部、教育部等九部委、团体联合主办的文化系统工程。

2月4日　召开中华书局领导班子2004年年终考核大会。李岩代表领导班子做2004年工作报告；李岩、徐俊做个人述职报告。全体中层干部和民主党派、工会、共青团、无党派人士代表以及职工代表参加评议。中国出版集团人力资源部主任纪存双与会。

2月21日　召开局党委换届改选大会。全体党员以无记名方式投票选举产生新一届党委会、纪委会。王小平、李岩、沈致金、余喆、张宇、黄松、阎晋鲁当选党委会委员；王小平、宋志军、阎晋鲁当选纪委会委员。中国出版集团机关党委副书记王云武出席大会并讲话。大会之后，随即召开两委会，选举李岩为党委副书记（主持工作），阎晋鲁为纪委副书记（主持工作）。

2月28日　新闻出版总署在北京举行第三届国家期刊奖颁奖大会。我局《文史知识》杂志被评为"第三届国家期刊奖百种重点期刊"。

3月3—4日　召开中华书局2005年度编辑工作会议。徐俊、顾青分别就我局2005年的选题思路、方向、出书计划和编辑定位、选题空间、策划运作等，作了专题报告。李岩在会上讲话，强调青年编辑要向有严谨学风的老编辑学习，向市场学习，自强不息；指出我局要做"内容提供商"，拥有更多知识产权，提供最基本的"母本"，这是我局的立足之本。

3月8日 李岩与中国出版集团副总裁周洪立、香港联合出版集团董事长赵斌等商议中华书局海外资产处理事宜。

3月15日 李晨光取得编审任职资格。

3月18—20日 第20届全国古籍出版社社长年会及三秦出版社20周年社庆活动在西安举行，李岩、顾青、黄松前往参加。

3月19日 我局举办中国近代史选题规划会议，徐俊、沈致金、刘德麟、陈铮、冯宝志、欧阳红、李建军参加，应邀出席的局外专家学者有耿云志、虞和平、曾业英、汪朝光、马勇、罗志田、茅海建、徐思彦、马忠文等。会议讨论了我局近代史方面丛书、套书、重点图书等长期规划项目的收尾、完善工作，基本史料的整理、影印工作，以及加大前沿研究学术著作、学术普及、历史普及书的出版力度等。

3月21日 李岩、宋志军到人民大会堂重庆厅参加中国民间文艺家协会举办的"中国民间文化遗产抢救工程首批成果出版，中国民间文化杰出传承人调查认定和命名项目启动发布会"。我局《中国木版年画集成·杨家埠卷》是此次发布会重点推荐成果。

3月23日 召开《中国文学作品选》编撰工作会议，主编袁行霈、许逸民及在京部分分卷主编参加，徐俊主持会议。

3月31日 李岩、黄松、柴剑虹拜访任继愈，商谈《中华大藏经》续编事。

4月7—13日 由古籍小组和全国古籍出版社联合会主办的"中国典籍文化展"在日本东京日中友好会馆举行。参展团由袁行霈任团长，古联会各社负责人参加，我局徐俊、黄松参加。参展团走访了"中国书籍恳划会"所属的内山书店、东方书店、中华书店、亚东书店、燎原书店等专营中国图书的书店并召开座谈会。

4月15—16日 配合保持共产党员先进性教育活动，我局组织在职党员46人赴山西昔阳县大寨村及文水县刘胡兰纪念馆参观学习，在刘胡兰纪念碑前举行重温入党誓词的宣誓活动。

4月21日　上海古籍出版社总编辑赵昌平来访，商谈近期合作事项。

4月23日　我局与北京四海经典导读教育中心就共同出版"中华经典诵读工程系列丛书"签署合作协议。

4月26日　李岩、徐俊、冯宝志与武汉大学历史系朱雷商谈《唐长孺文集》整理出版事项。

是日　原中国棋院院长、中国围棋协会主席陈祖德来访，并就其著作《当湖十局》的出版与我局签订合同，李岩、顾青及汉学编辑室李晨光等接待。

5月26日　李岩主持召开生产协调会，部署我局抗战选题图书的生产。我局《日军侵华暴行实录》丛书六种被中宣部选入纪念抗战胜利60周年重点宣传图书。

是月　《中华活页文选》杂志社被中国出版集团授予2003—2004年度"精神文明建设先进单位"荣誉称号。

6月3日　中国出版集团委任杨红为我局财务部门负责人。

6月9日　丰台区人民检察院检察长蔡柏林，应中华书局党委、纪委邀请，结合保持共产党员先进性教育活动，来我局做"出版业的职务犯罪及其防范"的讲座，我局党委委员、支部委员和全体中层干部参加。

是日　李岩、余喆、马宇震向中国出版集团党组汇报我局黄村古籍厂旧址集资建房事。

6月17日　召开第二届职工代表大会第四次会议，讨论通过了《中华书局未来五年发展规划》和《管理方案补充规定》。

6月23日　语言文学编辑室韩雪调现代教育出版社工作。

6月30日　我局召开保持共产党员先进性教育活动总结、"双优一先"活动表彰暨庆祝建党84周年党员大会。李岩代表领导小组作总结报告；宣读"双优一先"活动表彰决定；余喆代表优秀支部、宋志军代表优秀党员发言。集团党组副书记、副总裁周洪立出席并讲话。

我局党组织自是年3月起开展"保持共产党员先进性教育活动"，至此圆满结束。此次表彰名录：宋志军被评为中直工委优秀党员；张宇被评为中国出版集团直属机关党委优秀党员；第一支部被评为中国出版集团优秀党支部；阎晋鲁被评为中国出版集团优秀党务工作者；第六支部被评为中华书局优秀党支部；王小平、刘彤、吴芳、张继海、聂丽娟、李洪超、丛桂芹被评为中华书局优秀党员。

7月11日 中国出版集团总裁、党组书记杨牧之，副总裁王俊国，人力资源部主任纪存双和干部处处长姜红新等来我局参加领导班子调整会。我局中层干部参加会议。王俊国宣布，经集团党组研究，并报中央宣传部批准，任命李岩为中华书局总编辑；经集团党组研究决定，聘任沈致金为中华书局副总经理、顾青为副总编辑。中华书局领导班子由李岩、徐俊、沈致金、顾青组成，李岩主持工作。杨牧之在会上讲话，要求新领导班子加强团结，凝聚力量，加强班子建设和人才队伍建设；统筹规划，科学决策，提高管理水平；坚持正确的出版导向，实现社会效益和经济效益的统一；积极稳妥地做好各项转制准备工作。

7月13日 李岩、沈致金、余喆、马宇震参加集团召开的中华书局黄村集资建房情况通气会。集团副总裁王俊国、办公室主任包恒和各成员单位主管领导、工会负责人参加会议。李岩在会上通报了有关情况。

7月18日 经中国出版集团批准，局务会任命余喆为总经理助理，冯宝志为总编辑助理。

7月28日 教材编辑中心主任仇正伟调现代教育出版社工作。

7月30日 我局和四海经典文化传播中心联合在国家图书馆音乐厅举办"中华经典诵读工程丛书"第一批图书发布会，推出《论语》等9种图书。集团副总裁聂震宁、全国人大常委会教科文卫巡视员徐国宝、中国人民大学孔子研究院院长张立文、我局副总编辑顾青等出席并讲话。

8月1日 局务会决定任命胡大庆、齐瑶为发行部副主任。

8月12日 汉学编辑室举行专家座谈会，就翻译出版汉学名著、汉学研究基本史料整理、工具书编撰等征求意见。何高济、李明滨、张西平、张国刚、荣新江、阎国栋、李锦绣、华澜、戴燕等专家及我局领导李岩、顾青出席。

8月29、31日 徐俊、沈致金、顾青及人力资源部走访慰问陈之向、赵元珠、赵维奎、安继尧、刘卓清等抗战老干部，向他们颁发"中国人民抗日战争胜利60周年纪念章"，并发放慰问金。

是日 李岩出席国图公司主办的"中国出版人论坛"，并做《新形势下的中文出版趋势》的主题演讲。

9月21—28日 我局与搜狐网站联合在搜狐读书频道举行《正说唐朝二十一帝》、《正说汉朝二十四帝》、《正说宋朝十八帝》、《正说明朝十六帝》和《正说清朝十二后妃》作者的在线访谈。

9月26日 局务会议决定将教材编辑中心更名为教材编辑开发中心，任命王秋生为该中心主任兼读者服务部经理；任命路育松为历史哲学编辑室副主任。

9月29日—10月2日 李岩赴香港参加香港中华书局油麻地门市店开业典礼，并与香港出版界进行业务交流。

10月16日 中国人民大学国学院举行开学典礼。我局老编审傅璇琮、柴剑虹应邀出席，并分别被聘为学术委员会专门委员及特聘教授和兼职教授。

10月26日 台湾学者汪荣祖来我局商谈"汪荣祖近代人物书系"出版事宜。徐俊、余喆、柴剑虹、高天等接待。

11月9日 召开离退休老领导、老编审座谈会，对我局2006年选题计划及今后三至五年的选题设想进行研讨论证。邓经元、傅璇琮、熊国祯、沈锡麟、赵诚、刘德麟、陈抗、陈铮、崔文印、许逸民、刘尚荣、梁运华、王国轩等出席。李岩、徐俊、顾青、冯宝志出席。

11月18—19日 我局召开编辑工作会议暨选题研讨会。各编辑室负责人通报本室相关情况。发行部、市场部用详细数据分析2005年图书发行情况，对2006年选题提出建议。李岩、徐俊、顾青、沈致金分别就我局2005年生产经营情况和编辑工作情况、2006年选题工作的基本思路和发行工作的重点与开拓方向做了总结和介绍。

李岩提出：

2006年是我局提升管理年,要保持我局的出版优势、个性,挖掘我局丰厚的出版资源,拓展品牌效应;加强培养学者型的编辑队伍,开拓作者资源;完善管理方案,调动编辑的积极性;编辑部要逐步向事业部过渡,《中华活页文选》杂志社实行公司制管理;完善选题论证程序。

要到图书市场和读者中去调查了解其真正需要;重视图书生产对图书市场的引导作用,用优秀的健康向上的作品来影响人们。

要加大古籍整理图书和学术著作补助力度;加强对大型图书的运作规划;加大编辑室负责人的调配权,允许编辑室内部实行自主合理的业务分工。

11月23日　中宣部出版局、中国出版集团公司负责人约集人民文学出版社、中华书局负责人和相关人员商讨"诵读中国"丛书的样稿、体例及营销推广事宜。我局李岩、王军出席。

11月29日　中国出版集团公司总裁杨牧之、副总裁刘伯根、出版工作部李济平来我局调研,就我局2006年选题计划制订工作与李岩、徐俊、沈致金、顾青及各编辑室负责人进行座谈。

11月30日　我局召开中华古籍网项目验收评审会。中国社科院历史所所长陈祖武,中华书局编审程毅中,新闻出版总署图书司重大选题备案处处长王然,北京国学时代文化传播公司总经理尹小林,古籍小组办公室常务副主任黄松,中国出版集团科技部周辉等出席。与会人员一致认为该项目实现了预期目标,同意通过验收。我局李岩、徐俊、沈昊等出席。

12月9—10日　我局在昌平召开2006年度选题综合论证会,局领导及各编辑室、杂志社、市场部、发行部负责人,老编审熊国祯、柴剑虹,中国出版集团出版工作部主任宋焕起及李红强、仝冠军,集团委派的专家王德有、张万起等出席。会议确定了我局2006年选题计划和重点项目。

12月14日　离休干部、原副总经理魏子杰病逝,享年75岁。

魏子杰 (1930—2005),河北清河人。1946年参加革命工作,先后在山东临清永和肥皂厂当工人,建华西药行做练习生,人民银行总行供销社任办事员。曾先后在人民银行总行干校、国务院秘书处机要干训班学习。1954年任财政经济出版社人事科办事员。1958年起在我局先后担任人事科科员、人事处副主任、出版部副主任、中华书局副总经理等职。

12月19日　局务会决定任命刘彤为《中华活页文选》杂志社副主任,于涛为历史哲学编辑室副主任,魏莉为读者服务部副经理。

12月23日　我局召开第三届工会会员代表大会,中国出版集团公司机关党委委员、纪委副书记柏万良代表集团工会讲话,李岩代表我局党委讲话。会上选举产生了工会委员会委员:沈致金、张宇、阎晋鲁、李忠文、谢宝光、杨红、刘彤、刘学成、张晋波、梁彦、陈雅;经费审查委员会委员:阎晋鲁、杨红、刘彤。

在随后召开的第一次工会委员会上,沈致金当选工会主席,张宇、谢宝光当选副主席;第一次经费审查委员会上,阎晋鲁当选经费审查委员会主任。

12月25日　离休干部、原历史丛书编辑室主任编审浦一之在苏州逝世,享年92岁。沈锡麟、阎晋鲁代表局里前往苏州参加告别仪式。

浦一之(1914—2005),江苏无锡人。江苏省测量学校毕业。曾在江苏测量队任测量员。1938年加入中国共产党,先后任八路军总部民运部工作员,华北新华日报社科长、支部书记,华北新华书店编辑部编辑,湖北英山县某区区长、区委书记,湖北新华书店经理,新华书店中南总分店副经理,新华书店总店编刊室主任、教育处主任,文化部图书发行干部学校校长、党委书记,文化学院马列主义教研室主任、院党委委员。1961年调来我局,任历史丛书编辑组组长、编辑室主任。编审。1984年离休后居于苏州。

12月27—28日　召开职工代表大会。李岩做2005年工作报告。会议审议通过了工作报告和2006年管理方案修改方案。

12月29日　中国出版集团公司副总裁聂震宁和出版工作部主任宋焕起等来局,反馈集团公司对我局2006年选题规划的意见。李岩、徐俊、顾青、余喆、冯宝志等参加会议。

是日　我局邀请原三联书店总经理、中国编辑学会副会长董秀玉来局作"从三联书店学术出版谈起"的演讲。

是年　生产用纸94628令;销售码洋9612万元;实现利润322.15万元。

是年　出书540种。其中新书主要有:《读史方舆纪要》、《清代蒙藏回部典汇》、《三辅黄图校释》、《西域水道记(外二种)》、《尚书校释译论》、《全唐文补编》、《饮水词笺校》、

《黄遵宪全集》、《封氏闻见记校注》、《辛弃疾资料汇编》、《宋人著录金文丛刊》、《操缦琐记》、《西域文明史概论》、《古诗文要籍叙录》、《王毓铨史论集》、《汉化佛教参访录》、《读书与藏书之间》、《中华名物考》、《敦煌壁画风景研究》、《清代士人游幕表》、《世界各国铸币史》、《蒋维崧书法集》、《中国木版年画集成·杨家埠卷》、《当湖十局细解》、《诗经动物释诂》、《启功给你讲书法》、《李叔同身边的文化名人》、《大中华文库·列子》、"古典诗词名家"系列、"郑逸梅作品集"系列等。

2006年

1月11日　我局与中国人民大学佛教与宗教学理论研究所联合在中国人民大学召开"佛教典籍的整理与出版"座谈会,在京的哲学、佛教研究学者王尧、楼宇烈、方立天、杨曾文、白化文等30人出席,我局徐俊、冯宝志、熊国祯、陈平等出席。

1月18日　《中华遗产》杂志社在"中国艺苑"举行"迎新春联谊会",中央电视台前台长杨伟光、中国联合国教科文组织全国委员会秘书长田小刚、联合国教科文组织北京代表处文化遗产专员杜晓帆、建设部专家顾问郑孝燮、国家文物局专家顾问谢辰生、罗哲文,以及建设部、国家文物局、中央电视台、凤凰卫视等专家、领导和媒体界人士。李岩、徐俊、余喆等出席。李岩代表《中华遗产》杂志社向来宾致新春贺辞。

1月20日　召开全局职工总结迎新大会,李岩作《2005年工作总结和2006年工作思路》报告。会后,对中层干部和行政管理部门人员进行了民意测评。

是日　召开中华书局古籍印刷厂员工安置工作会,通报了局务会有关该厂的决定:(一)建制并入中华书局,仍保留企业编制;(二)员工与中华书局签订劳动合同,根据需要调整工作岗位;(三)中华书局继续为古籍厂员工缴纳养老、医疗、失业、工伤、生育保险及住房公积金。局领导、相关部门负责人和古籍厂全体员工参加。

会后,局里与古籍厂员工续签了劳动合同。

中华书局古籍印刷厂位于北京市大兴区黄村镇兴华南路17号,总占地面积68810平方米,属于国有划拨土地。该厂于上世纪80年代初开始筹建,因国家宏观调控,至90年代初停建。由于工厂未正式投产,只能进行一些铅字排版业务,对周边环境存在一定污染;同时,企业一直处于长期亏损状态,仅依靠出租厂房和办公楼的收入来维持员工最低收入。从企业可持续发展角度出发,中华书局报经中国出版集团批准,决定利用厂区土地开展集资建房,即"瀚林庭院"房地产开发项目。

1月29日　中宣部、中央文明办主办的大型公益活动"我的第一本课外书"捐赠助读启动仪式在中宣部举行,我局出版的《诵读中国》(幼儿卷、小学卷)和《话说中国》等被列为本次捐赠图书。我局李岩、王军出席启动仪式。

是月　李占领由华夏出版社调回我局。

是月　我局图书《正说宋朝十八帝》、《周思源看红楼》入选《2005年知识工程推荐书目》。

2月10日　徐俊主持召开本局网站资源图书宣传专题会，讨论如何发挥内外网在书刊宣传上的作用、处理读者邮件、发挥云因软件在整合编辑数据上的作用等问题。

2月13日　局务会决定任命李占领为总经理总编辑办公室主任。

2月17日　召开局内杂志广告资源整合协调会，徐俊、沈致金、顾青及各杂志社、总办、市场部等部门负责人出席。

是日　李岩、徐俊、顾青、李晨光、宋志军、柴剑虹等接待来访的俄罗斯汉学家李福清。

2—6月　我局举办多次编辑业务培训，邀请各方面专家学者作专题讲座，包括长江出版集团总编辑周百义讲关于畅销书的运作；中国社科院历史所研究员陈祖武作学术演讲；北京大学教授裘锡圭讲"编辑工作需要注意的文字字形诸问题"；我局老编审柴剑虹讲"编辑与猪跑学"；我局老编审程毅中讲"古典文献整理中的几个问题"；清华大学教授葛兆光讲"传统儒学和佛、道教研究中的几个问题"；中国社科院近代史所研究员马勇讲"中国近现代史研究中的一些思考"；播放香港光华管理学院高级培训师、上海慧泉企业管理咨询有限公司总经理余世维《有效沟通》的讲课录像；复旦大学教授陈尚君讲"古代文献整理漫谈"；北京大学教授荣新江讲"中外关系史研究漫谈"，等等。

3月3日　召开我局2006年发行工作会议，就提高营销总体水平和发行业务水平、营销策略和实现2006年发行指标的具体措施进行研讨。

是日　李岩、沈致金、沈锡麟、李占领与陈正统先生商议《闽南话漳腔词典》一书出版事宜。

是日　齐瑶、陈雅出席中直工委召开的巾帼建功先进事迹报告会。齐瑶获2005年度"全国女职工建功立业标兵"荣誉称号。

3月8日   李岩、徐俊、顾青与来访的上海古籍出版社总编辑赵昌平商议《长城丛书》合作事宜。

是日   李岩、王军与国务院新闻办三局副局长吴伟商谈《中国故事》出版事宜。

3月19日   李岩、徐俊、李解民、于涛与裘锡圭等《文史》编委座谈。

3月22日   中华书局、商务印书馆、中国大百科全书出版社在商务印书馆举行发行工作座谈会。我局沈致金、胡大庆、王军出席。

是月   发行部与市场部共同完成中宣部、中国出版集团部署的向贵州贫困山区捐赠图书的发送工作。

是月   我局向苏州市文化广播电视管理局赠送万元图书，以感谢该局对我局离休干部浦一之二十多年的照顾。

4月5日   我局在香山饭店召开点校本"二十四史"及《清史稿》修订工程专家论证会，在京著名学者任继愈、何兹全、冯其庸、田余庆、蔡美彪、陈高华、徐苹芳、白化文、安平秋、楼宇烈、陈祖武，我局老编审傅璇琮、程毅中、熊国桢、张忱石、柴剑虹、崔文印等出席。古籍小组常务副组长、中国出版集团总裁杨牧之、新闻出版总署图书司司长吴尚之到会并讲话。新华社、中央电视台、《光明日报》、《中华读书报》等媒体记者与会并作了报道。

4月23日   是日为世界读书日。我局与人民文学出版社在地坛书市联合举办"诵读中国"朗诵会。新闻出版总署署长龙新民、副署长邬书林，中宣部副部长李东生、出版局局长张小影，北京市委宣传部部长蔡赴朝、副市长孙安民，中国出版集团副总裁聂震宁等观摩了演出。我局李岩、沈致金出席活动。晚上，中央电视台在北京图书大厦举办"世界读书日"专题直播，我局承办的"诵读中国"朗诵活动是其中压轴节目。

是日   黄村古籍厂集资建房项目开工。

是月   "中国出版集团畅销书推荐榜"在《中国图书商报》、新浪网等媒体首次发布，我局上榜的图书是《顺生论》（推荐畅销书榜）和《正说清朝十二帝》、《正说明朝十六帝》、《正说唐朝二十一帝》、《启功给你讲书法》（在榜畅销书榜）。

5月18日　中国出版集团聘任余喆为中华书局副总经理。

5月19日　第二届中国出版集团图书奖颁奖大会在商务印书馆召开，我局八种图书获奖：《李商隐文编年校注》、《全清词·顺康卷》获荣誉奖，《陶渊明集笺注》获图书奖、优秀校对奖，《西周铜器断代》、《法苑珠林校注》获图书奖，《正说清朝十二帝》获优秀选题奖、优秀畅销书奖，《方舆胜览》、《启功丛稿·艺论卷》获优秀编辑奖。

5月19—20日　我局召开未来三至五年经营发展战略研讨暨思想动态分析党政班子联席会议。党委、纪委和局务会成员出席，李岩主持会议并作主题发言。

我局经过2004—2005两年时间的艰难调整，经营状况逐步好转，初步建成了良性、可持续发展的平台。此次会议确立了中华书局三至五年经济发展的基本思路、总体目标和初步措施。

5月21日　我局与中关村图书大厦联合举行纪念张中行先生漫谈会。张中行的忘年交、著名记者唐师曾，张中行好友田永清将军及《博览群书》主编常大林等出席。

6月9日　我局召开《顾颉刚全集》编辑出版工作会议。耿云志、王煦华、马勇、顾潮、刘俐娜、欧阳哲生、王学典、张越、彭卫等专家学者，我局李岩、徐俊、顾青、黄松、冯宝志、俞国林及相关编辑出席。《中华读书报》、《新京报》等媒体的记者作了现场采访。

6月10日　我局《中华遗产》杂志社和中华民族文化促进会共同主办"中华遗产论坛"。国家文物局古建筑专家组组长罗哲文、中国人民大学国学院院长冯其庸等专家出席。

是月　市场部编辑的《中华书情》创刊。

《中华书情》是我局向书店和读者推介本版图书的内部刊物。初为季刊，2011年起改为双月刊，并更名《中华书》。每期按书的内容分为文明、文化、传承、传播四部分，内容有书的图片、书摘、背景介绍、作者信息、编辑推荐、媒体评论等，并不定期发布我局的活动讯息、获奖情况等。

7月10—11日　召开职代会，听取李岩关于我局上半年经营情况的报告，讨论并通过了黄村古籍印刷厂集资建房认购实施细则。

7月26日　中华书局、商务印书馆、文物出版社、北京师范大学出版社在人民大会堂联合举办"启功学术著作出版座谈会"。我局徐俊、柴剑虹、宋志军等出席。

8月8日　召开局务会，通报集资建房的成本测算情况，研究了认购日程等；会议决定成立中华书局集资建房售房工作领导小组，李岩任组长，沈致金、余喆、阎晋鲁、张宇为小组成员，小组设办公室，余喆兼办公室主任。

8月16日　中国出版集团聘任黄松为中华书局副总经理。

8月24日　中华书局图书馆电子化管理系统通过专家验收。

8月24—28日　第二十一届古籍出版社社长年会在长春召开。会议评选了"优秀古籍图书奖"，我局出版的《全唐文补编》、《读史方舆纪要》获一等奖，《三辅黄图校释》、《西域水道记（外二种）》、《操缦琐记》、《疑难字考释与研究》获二等奖，《古典诗词名家》获普及读物奖。

8月29日　局务会决定任命侯笑如为辞书编辑室副主任，刘学成为物业部副主任。

8月30日　中华书局、台湾联经出版事业公司整体合作签约仪式在北京国际图书博览会展场举行。我局李岩、联经公司林载爵分别在合作协议上签字。中国出版集团公司副总裁聂震宁出席仪式并讲话，徐俊、顾青、黄松、冯宝志等出席。

8月30日—9月2日　在第13届北京国际图书博览会上，我局《明亡清兴六十年》、《兵以诈立》、《夜宴》等27种图书，与港台地区多家出版公司达成版权输出意向。

9月13—14日　李岩、徐俊、顾青、冯宝志和部分编辑室主任出席中国出版集团举办的"图书选题创新论坛"，李岩作了主题发言。

9月29日　在纪念长征胜利70周年之际，中国出版集团总裁杨牧之、副总裁聂震宁分别看望了我局离休干部赵元珠、陈之向。

10月19日　李岩、沈致金、顾青、宋志军等与中央电视台魏淑青、万卫和作者于丹商谈《于丹〈论语〉心得》的编辑出版事宜。

10月21日　我局与北京师范大学历史学院共同举办《何兹全文集》首发式暨何兹全学术思想研讨会。全国人大常委会副委员长何鲁丽，新闻出版总署署长龙新民，中国出版集团副总裁聂震宁，著名学者林甘泉、齐世荣等出席。李岩代表我局致辞。

10月26日　举办业务知识讲座，请上海图书公司总经理彭卫国讲古籍图书的出版与市场营销问题，我局编辑和发行人员数十人参加。

11月1—3日　召开局务会议，重点研究内部机构和人员调整、中层干部聘任、编辑部门考核与分配方案的修订事宜。

　　关于机构调整，决定将原党委办公室、工会办公室合并为党群工作部，将原语言文学编辑室分设为语言文字编辑室、文学编辑室，将原历史哲学编辑室分设为历史编辑室、哲学编辑室；增设影印编辑室；撤销古代文献编辑室；教材编辑与开发中心并入文化读物编辑室，对外仍保留中心名义；其他部门不动。

　　关于编辑部门考核与分配方案的修订，确定了几个大的原则：一要有利于调动更多人员的积极性；二要注意与原方案的衔接；三是根据不同的产品线确定不同的考核指标（主要包括品种、字数、发货实洋）和不同的权重系数；四是简化核算手续，降低管理成本。

11月8日　新闻出版总署署长龙新民、副署长邬书林一行来我局考察调研。听取李岩工作汇报，看望我局部分老编审，参观图书馆书库。中国出版集团公司总裁杨牧之、新闻出版总署办公厅主任孙寿山、图书司副司长王英利、中国出版集团公司办公室主任包恒、出版业务部主任宋焕起等参与考察。

是日　中国编辑学会在我局召开编辑规范专业委员会筹备委员会成立大会。中国编辑学会会长桂晓风到会讲话。我局李岩、徐俊出席，李岩代表我局致贺辞。我局原副总编辑熊国祯任编辑规范专业委员会筹委会主任。

是日　李岩当选北京市丰台区第十四届人大代表。

11月10日　由我局出版的《天一阁藏明钞本天圣令校证（附唐令复原研究）》首发学术研讨会在宁波召开，中国、日本、韩国学者20余人与会，我局徐俊、于涛出席会议。

11月12日　《于丹〈论语〉心得》签约仪式在央视"百家讲坛"录播现场举行。顾青主持仪式，李岩出席并讲话。大众读物编辑室和市场部有关人员参加。

11月13日　局务会通过了2007年中华书局部门负责人的任命决定；研究了修订"二十四史"项目落实启动经费、《于丹〈论语〉心得》出版营销等事宜。

部门和干部任职名单（任期自2007年1月1日至2008年12月31日）：

总经理总编辑办公室：主任李占领；

计划财务部：副主任杨红（主持工作）；

人力资源部：主任王小平；

党群工作部：主任阎晋鲁，副主任李忠文；

文学编辑室：副主任俞国林（主持工作）；

语言文字编辑室：副主任秦淑华（主持工作）

历史编辑室：副主任于涛（主持工作）；

哲学编辑室：主任冯宝志（兼）；

汉学编辑室：主任李晨光；

大众读物编辑室：副主任宋志军（主持工作）；

文化读物编辑室：主任王军；

辞书编辑室：副主任侯笑如（主持工作）；

史志文化编辑室：主任华晓林；

影印编辑室：主任冯宝志（兼）；

古籍资源开发部：主任张力伟；

《文史知识》杂志社：主任胡友鸣；

《中华活页文选》杂志社：主任尹涛，副主任刘彤；

《中华遗产》杂志社：主任朱振华；

市场部：副主任翁向红（主持工作）；

出版部：主任张宇；

发行部：副主任胡大庆（主持工作）、齐瑶、谢俊峰；

美术设计部：副主任毛淳（主持工作）；

物业部：主任王敬仁，副主任刘学成；

经营开发部：主任马宇震；

读者服务部：副主任魏莉（主持工作）。

11月16—17日　我局召开2006年编辑工作会议暨2007年选题研讨会，局领导、全体编辑，以及市场部、发行部负责人参加；中国出版集团公司出版业务部主任宋焕起和仝冠军出席。李岩做动员报告，顾青作2006年度出书和销售情况数据分析，沈致金作2007年度编辑部考核与分配方案调整说明，徐俊作2006年度编辑工作小结及2007年度工作展望。

11月26日　我局在中关村图书大厦举行《于丹〈论语〉心得》首发式暨作者签售会。北京师范大学教授、中华孔子学会副会长周桂钿等出席并对该书发表评论；中央电视台主持人敬一丹、北京电视台主持人元元及多家媒体记者进行现场采访、报道。我局李岩、徐俊、沈致金、顾青及大众读物编辑室、发行部、市场部相关人员参加。

　　签售活动持续8个多小时，作者于丹现场签出图书10000册。中关村图书大厦创下单日单本12600册的销售纪录。
　　《于丹〈论语〉心得》上市后即畅销全国，第一个月即销售126万册，并迅速占据全国各畅销书榜的首位，持续热销。至2011年底，国内销售总数逾530万册；版权输出共签约34个版本，涉及28个语种，已出26个版本，销售总数逾34万册。

12月7日　我局召开"《皓首学术随笔》座谈会"，冯其庸、戴逸、来新夏、刘梦溪、韦力、张梦阳等学者出席。我局李岩、顾青等参加。

12月13—17日　徐俊和俞国林参加在香港大学召开的"饶宗颐先生九十华诞学术研讨会"，并到深圳走访刘永济后人，商谈《刘永济集》出版事宜。

12月21—22日　我局2007年选题论证会在香山饭店召开。中国出版集团公司副总裁聂震宁、出版业务部主任宋焕起及仝冠军出席，张国刚、张鸣等社外专家应邀出席，我局老编审程毅中、熊国祯、沈锡麟、许逸民、柴剑虹，领导班子成员李岩、徐俊、沈致金、顾青、余喆、黄松、冯宝志等出席。与会人员围绕我局2007年的选题思路、选题方向、选题结构，以及学术著作出版门槛、出书质量、制订计划与引领导向、电子书的出版问题、一些具体项目的调整和完善等，展开讨论，提出意见和建议。

是年　徐俊等先后到北京大学、复旦大学、陕西师范大学、内蒙古大学、山东大学等高校，与有关专家学者就点校本"二十四史"和《清史稿》的修订问题进行讨论，征求意见。

是年　胡友鸣、王景桐、陈虎取得编审任职资格。

是年　生产用纸113404令；销售码洋18685万元；实现利润332.15万元。

是年　出书720种。其中新书主要有：《天一阁藏明钞本天圣令校证（附唐令复原研究）》、《宋元明清书目题跋丛刊》、《东京梦华录笺注》、《扬雄方言校释汇证》、《世说新语校笺》、《古史辨自序》、《玉光剑气集》、《熙朝崇正集　熙朝定案（外三种）》、《明别集版本志》、《中国农学书录》、《民报》、《春秋左传研究》、《金陵古迹图考》、《何兹全文集》、《选堂序跋集》、《现代国学大师学记》、《沈玉成文存》、《魏晋史学的思想与社会基础》、《于丹〈论语〉心得》、《万历十五年》（纪念珍藏本）、《献芹集——红楼梦赏析丛话》、《兵以诈立——我读〈孙子〉》、《国史十六讲》、《吕著三国史话》、《评书三国演义》、《学书有法——沈尹默讲书法》、《茶道入门三篇——制茶、识茶、泡茶》、《编辑艺术》、《问吧——有关中国文化101个趣味问题》、"陈梦家著作集"系列、"皓首学术随笔"系列等。

2007年

1月22日　中国出版集团副总裁王俊国、人力资源部干部处处长姜红新等来我局对领导班子进行2006年度工作考核。李岩代表局领导班子做工作总结,领导班子各成员分别述职,中层干部及工会、共青团代表参加评议打分。

2月2日　召开中华书局职工代表大会。张宇主持。李岩代表局务会做2006年度工作报告;顾青介绍管理方案的修改情况;余喆通报瀚林庭院集资建房项目的进展情况。与会代表审议并通过了对工作报告和管理方案的修改方案。

2月5日　召开装帧设计研讨会,对我局2006年度图书装帧设计工作作全面总结。局领导及美术设计部、出版部、发行部、总办及各编辑部门相关人员与会。会议邀请三联书店副总编辑汪家明、著名装帧设计家宁成春前来点评、指导。

2月25日　金锋取得编审任职资格。

是月　我局被中直工委评为2005—2006年度精神文明先进单位。

3月　北京大学教授袁行霈为我局题辞“守正出新”,祝贺我局成立95周年。

4月23日—5月7日　我局在全国95家书店开展“中华书局95周年回馈读者活动”。

4月28日　我局召开《新史学》新书发布及座谈会,该书主编杨念群、黄兴涛及刘北成、李零、李伯重、汪晖、陈平原、王铭铭等学者与会。李岩及汉学编辑室李晨光、孙文颖等出席。

4月29日　中国出版集团公司党组书记、副总裁李朋义率集团办公室、计划财务部、出版业务部负责人来我局考察调研,就总体工作、转制问题、“十一五”规划项目的完成情况、黄村瀚林庭院开发情况及目前书局的现金流情况等问题,听取李岩等我局领导的汇报。

5月16—18日　我局在香山饭店召开点校本“二十四史”及《清史稿》修订工程第一次

修纂工作会议,任继愈、冯其庸、戴逸、蔡美彪、田余庆、袁行霈及来自全国各地的修纂委员、审定委员近百位专家学者与会。新闻出版总署副署长李东东、中国出版集团总裁聂震宁在开幕式上讲话。古籍小组常务副组长杨牧之代表工作委员会做主题发言。5月18日,国务委员陈至立到会看望专家学者,并表示开展点校本"二十四史"及《清史稿》的修订工作是关乎民族文化传承的大事,党和政府会给予大力支持。与会人员对《修订工作总则》、《修订工作流程》等进行了讨论,并达成共识。中宣部出版局局长张小影、副局长郭义强,新闻出版总署图书司司长吴尚之,中国出版集团出版业务部主任宋焕起等出席会议。

点校本"二十四史"及《清史稿》是上世纪50—70年代,在毛泽东主席指示和过问下,在周恩来总理亲自安排下,由中华书局组织全国百余位文史专家,历时二十年完成的新中国成立后第一次大规模古籍整理出版项目,为我国古籍整理出版的现代典范。为了吸收近几十年来相关学术研究的成果,将点校本"二十四史"和《清史稿》进一步打造成古籍整理的精品,我局从2005年开始准备点校本的修订工作,经过调研、征求意见、制定规划、申报立项、获得批准,自本次修纂工作会议始,此项工程正式启动。

修订工程组织机构及成员:

学术顾问:王元化、王永兴、王锺翰、冯其庸、何兹全、季羡林、饶宗颐、蔡尚思、戴逸;

工作委员会主任:邬书林、杨牧之、聂震宁;委员:王家新、刘伯根、孙明、吴尚之、张东刚、李岩、郭义强、詹福瑞;办公室主任:徐俊;

总修纂:任继愈;

修纂委员会:丁福林、乌兰、王素、王昆吾、刘浦江、朱雷、刘次沅、冻国栋、吴玉贵、吴丽娱、吴荣曾、吴金华、汪桂海、张金龙、陈尚君、陈高华、周天游、武秀成、罗新、南炳文、赵生群、施新荣、徐俊、景蜀慧、程妮娜、裴汝诚、戴建国;

审定委员会:王尧、王天有、王文楚、王春瑜、王继如、王曾瑜、田余庆、白化文、刘凤翥、安平秋、安作璋、许逸民、何英芳、何龄修、吴宗国、宋德金、张大可、张忱石、李学勤、来新夏、邹逸麟、辛德勇、陈允吉、陈祖武、陈智超、周伟洲、周良霄、周振鹤、周清澍、祝总斌、徐苹芳、袁行霈、陶敏、高敏、崔文印、梁太济、黄留珠、龚延明、傅璇琮、傅熹年、程毅中、楼宇烈、裘锡圭、熊国祯、蔡美彪;

特约编审:邓经元、冯惠民、刘尚荣、吴树平、李剑雄、沈锡麟、陆枫、陈金生、姚景安、柴剑虹、梁运华、魏连科。

随着工作的进展,各组织机构续有调整补充。此名单截止于2011年12月。

5月22—23日　李岩出席中直机关党代会,并当选中共十七大代表。

5月25日　中国出版集团召开第二届报纸期刊奖颁奖大会，我局《文史知识》、《中华活页文选》（高中版）、《中华遗产》、《文史》分获荣誉奖、优秀编辑奖、优秀栏目奖、优秀校对奖。

5月31日　召开我局编辑工作会议，局领导及全体编辑人员参加。原副总编辑熊国祯作关于图书质量问题的专题讲座。各编辑室负责人报告了本部门2007年出书计划的完成和调整情况、重点项目的进展情况、本部门整体工作思路与工作现状等。

是月　根据中宣部组织的与新疆交流干部工作安排，新疆人民出版社编辑吾依洪·阿不杜拉瓦到我局历史编辑室工作，我局编辑徐真真到新疆科技出版社工作，为期六个月。

是月　我局总办主任助理王瑞玲获"北京2006年度十佳版权经理人"称号。

6月21日　我局邀请北京开卷信息技术有限公司总经理孙庆国作《从零售市场监控数据看我国图书市场状况与发展形势》讲座。

6月24日　美术设计部邀请中国美术家协会插图装帧艺术委员会秘书长、中国青年出版社编审邓中和来我局作业务讲座。

7月6日　中国出版集团公司委任周步初为我局计划财务部负责人。局务会7月23日任命周步初为计划财务部副主任。

7月12日　召开中华书局职工代表大会。张宇主持。李岩代表局务会通报了2007上半年工作情况。与会代表经过审议，通过了该工作报告。

7月13日　我局文学编辑室在北京大学百年纪念讲堂举办袁行霈主编的《中国文学作品选注》出版座谈会，袁行霈及部分分卷主编、作者和在京古典文学界学者20余人与会，李岩、徐俊、顾青出席。

7月16日　局务会决定任命张继海为哲学编辑室副主任，金锋为史志文化编辑室副主任。

是月　徐俊获得政府特殊津贴。

8月3日　原副总编辑何双生病逝，享年71岁。

何双生 (1936—2007)，江苏丹阳人。1958年毕业于复旦大学历史系，当年来我局工作。1963年北京大学中文系古典文献专业研究生毕业。先后在我局近代史组、总编室、近代史编辑室、党委办公室工作，曾任编辑、编辑室副主任，1986年起任中华书局副总编辑，并任纪委书记多年，1997年退休。在清代以及近代史料与古籍整理方面做了大量细致的工作，点校有《旧典备征　安乐康平室随笔》；编撰有《高适岑参诗选》等。

8月25—28日　2007年全国古籍出版社社长年会在郑州召开，李岩、黄松及李占领与会。会议评选出了2006年度优秀古籍图书，我局出版的《天一阁藏明钞本天圣令校证（附唐令复原研究）》、《陶渊明集笺注》获荣誉奖；《太平寰宇记》、《礼书通故》获一等奖；《中国文学作品选注》(1—4册)、《温庭筠全集校注》、《祖堂集》、《明诗综》、《殷周金文集成》（修订增补本）、《列朝诗集》获二等奖；《庄子（文白对照）》、《四书（文白对照）》、《中华经典随笔》（七种）获普及读物奖。

9月14日　李岩主持召开编辑工作交流会。沈致金、顾青、宋志军、王军、张宇分别就市场变化与选题策划问题、选题创新与编辑素质问题、大众普及和经典普及类图书的选题策划问题、编辑部门与出版发行部门的沟通问题等作了发言。李岩通报了下一步的工作计划：一是制定好未来五至十年的古籍整理出版规划；二是进一步解决好创新与市场对接的思路问题；三是进一步完善流程管理，进一步探索新的经营模式。

9月18日　中国出版集团公司总裁聂震宁，党组书记、副总裁李朋义，副总裁王俊国，人力资源部主任纪存双等来我局，宣布经中宣部批准，任命李岩为中华书局总经理和党委书记的决定。

10月24日　全局党员和中层干部听取中共十七大代表李岩传达十七大会议精神。

11月16日　邀请商务印书馆副总经理于殿利来我局作《品牌意识与管理创新》讲座，全体编辑人员参加。

11月23—24日　我局在顺义华中园召开2008年度编辑工作会议暨选题研讨会，局领导、全体图书编辑人员以及市场部、发行部和各杂志社的负责人参加。

12月7—9日　市场部相关人员参加全国出版社网站交流会。会议公布了全国出版社网站排名，我局列总榜第六位，大众类第一位。

12月24日　局务会决定任命宋志军为大众读物编辑室主任，于涛为历史编辑室主任，毛淳为美术设计部主任。

12月26日　我局召开2008年选题计划论证会，邀请陈祖武、詹福瑞、程毅中、熊国祯、刘石、王然等局内外专家出席，局领导及各编辑室主任参加。

12月27日　李岩、徐俊、黄松前往国家图书馆拜望任继愈，汇报点校本"二十四史"及《清史稿》修订工作进展情况。

是年　徐俊及点校本"二十四史"和《清史稿》修订办公室人员等，分别与武汉大学、陕西师范大学、浙江大学、北京大学、南开大学、南京师范大学、复旦大学、上海师范大学、中国社科院历史所专家学者，就点校本"二十四史"和《清史稿》修订工作进行商讨；分别组织了《史记》、两《汉书》、《三国志》、《晋书》、北朝四史、两《唐书》、《旧五代史》、《宋史》、《辽史》、《元史》、《明史》修订方案专家评审会。

是年　我局《说慈禧》、《明亡清兴六十年》（下）获中国出版集团公司2007年度优秀畅销书奖。《中国文学作品选注》、《佛教十五题》、《好诗共欣赏——叶嘉莹说陶渊明杜甫李商隐三家诗》、《庄子（文白对照）》获中国出版集团公司2007度优秀常销书奖。

是年　中国出版工作者协会、中国书刊发行业协会评选中华书局为2006—2007年度"诚信经营、优质服务"出版单位。

是年　全年用纸超过18万令；书刊销售总码洋25043万元；实现利润1172万元。

是年　出书904种，其中新书456种，重印书448种。新书主要有：《日藏汉籍善本书录》、《太平寰宇记》、《唐诗纪事校笺》、《杨万里集笺校》、《汇校详注关汉卿集》、《楚辞章句疏证》、《列朝诗集》、《水经注校证》、《桂苑笔耕集校注》、《祖堂集》、《周易述》、《容庚法书集》、《黄侃日记》、《张耒资料汇编》、《黄永年古籍序跋述论集》、《弦歌雅韵——二十世纪琴学资料珍萃》、《营国匠意——古都北京的规划建设及其文化渊源》、《三生有幸》、《三国演义大辞典》、《中华书局与近代文化》、《于丹·游园惊梦》、《北斗京华：北京生活五十年漫忆》、《说慈禧》、"近代史料笔记丛刊"系列、"王仲荦著作集"系列、"王叔岷著作集"系列、"刘永济集"系列、"中华经典藏书"系列、"诵读中国"系列等。

2008年

1月14日   局务会决定王军兼市场部主任。

1月15—16日   点校本"二十四史"及《清史稿》修订工程修纂委员会在北京中苑宾馆召开第二次工作会议。总修纂任继愈、工作委员会主任杨牧之、在京审定委员、部分特约编审以及来自各地的修纂委员、各史修订主持人50余人出席会议。杨牧之代表工委会做工作报告,李岩代表中华书局讲话。与会专家集中研究"专志"、"专传"的修订工作。工委会与已完成修订方案评审的《史记》等十二史修订者分别签署了项目议定书和委托合同书。会后,修订办将首批修纂经费划拨到各承担单位。我局黄松、冯宝志及修订办公室、历史编辑室相关人员与会。

1月22日   召开全局员工大会。李岩作2007年工作总结,沈致金宣读表彰2007年度先进集体和先进个人的决定。

　　　　先进集体:出版部、历史编辑室、文化读物编辑室;先进个人:樊玉兰、丰雷、侯占臣、梁彦、欧阳红、谢俊峰、杨帆、俞国林、张继海、张文斌、周步初、祝安顺。
　　　　另外,对中华书局羽毛球队(获得集团羽毛球赛团体冠军等奖项)、宋志军(工作业绩出色,获中直系统2007年度"岗位能手"称号)、徐真真(参加由中宣部组织的直属新闻出版单位与新疆新闻出版单位互派业务干部交流活动,圆满完成任务)予以特别表彰。

是月   中国出版集团举办"迎奥运·集团杯"羽毛球大赛。我局代表队获团体冠军,洪涛获男子单打亚军,何平获女子单打季军,欧阳伟、何平获45岁以上组混合双打季军。

2月13日   李占领借调到香港联合出版集团工作。局务会决定冯宝志兼任总经理总编辑办公室主任。

2月15日   市场部主任王军做"中华书局离领先出版社有多远"的市场分析报告,编辑部、杂志社及发行部、市场部人员参加。

2月27日   首届中国出版政府奖颁奖典礼在北京展览馆剧场举行。中华书局获先进出版单位奖，我局《天一阁藏明钞本天圣令校证（附唐令复原研究）》获图书奖，《陶渊明集笺注》获图书奖提名奖，《中国木版年画集成·杨家埠卷》获装帧设计奖。

2月28日　召开局领导班子成员述职会，中国出版集团公司副总裁周洪立及我局中层干部出席。

3月4日　我局召开装帧设计研讨会，请著名装帧设计家宁成春作图书装帧专题讲座，并对本局图书的封面和版式设计进行了指导。

3月22日　在中关村图书大厦举行我局新书《马未都说收藏——家具篇》签售活动，徐俊、沈致金、顾青及总办、发行部、市场部相关人员参加。次日在天津海光寺新华书店举行该书签售活动。

　　"马未都说收藏"系列包括"家具篇"、"玉器篇"、"陶瓷篇"、"杂项篇"等，总计销售100万余册，销售码洋逾3500万元。

3月25—29日　顾青、冯宝志赴日本京都，参加由国际日本文化研究中心召开的"严绍璗《日藏汉籍善本书录》出版纪念会"。

3月26日　我局和中国传记文学学会联合举办《乔冠华与龚澎——我的父亲母亲》新书出版座谈会。全国政协副主席郑万通，王蒙、胡德平、伍绍祖、邓友梅、乔宗淮等各界人士，中国出版集团副总裁李朋义，我局李岩、余喆及史志文化编辑室华晓林等出席。

4月12—16日　我局联合中央教育科学研究所课程教学研究部、北京师范大学语文教育研究所在北京师范大学举办"让中华优秀传统文化走进校园"小学校长论坛，《中华活页文选》杂志社承办此次活动。来自全国各地的近百位小学校长参会。学者于丹到会演讲。

4月14日　李岩、傅璇琮等参加北京大学举办的"纪念翦伯赞先生诞辰120周年纪念会"。我局特为此出版了三部翦伯赞著作：《历史问题论丛（合编本）》、《中外历史年表（校订本）》、《中国史论集（合编本）》。

4月17日　召开我局古籍整理十年规划起草小组会议，徐俊主持，顾青、冯宝志及相关编辑部负责人出席。

5月5日 我局召开受古籍小组委托编纂的《古籍出版手册》征求意见会，李岩、顾青、程毅中、熊国祯、沈锡麟、陈铮、许逸民、刘尚荣、柴剑虹、赵明等与会。

是日 中国出版集团召开"五一""五四"纪念大会，表彰一批先进集体和先进个人。我局出版部工会小组获中直机关"模范职工小家"称号；李岩获中直机关"五一劳动奖章"；李忠文被评为集团先进工会工作者；任海涛获集团先进"工会积极分子"称号；宋志军获集团首届"十佳青年"称号。

5月14日 汶川大地震后第三天，我局工会代表全体员工向中国红十字会捐赠2.3万元；全体党员向灾区人民交上2.6万元"特殊党费"；员工个人捐款额逾5万元，其中离退休老职工捐献近1.5万元；加上我局捐赠的70万元，捐款总额超过80万元。

是日 李占领、张耕、凌金兰取得编审任职资格。

5月23日 "纪念侯宝林大师诞辰90周年艺术研讨暨新书出版座谈会"在中国职工之家举行。会议由中国曲艺家协会党组书记姜昆主持，文艺界专家、学者及艺术家百余人出席会议。我局李岩致辞。

5月25日 尹涛陪同著名学者傅佩荣在四川绵阳北川中学临时帐篷学校作《热爱生命，超越苦难》演讲。尹涛代表我局向北川中学师生赠送了部分我局书刊，承诺：在学校图书馆重建过程中，我局捐赠10万元人文社科图书。

6月2日 李岩、余喆、马宇震向集团李朋义副总裁及资产经营部王朝东等汇报我局黄村瀚林庭院房地产开发后续项目情况。

黄村瀚林庭院房地产开发项目由我局经营开发部开发。2004年9月开始筹备；2006年4月开工建设，2008年1月竣工，3月交付使用。该项目占地面积43342平方米，建筑面积115940平方米。其中住宅面积85653平方米，共648套房屋，解决了我局、中国出版集团公司与下属各单位职工的住房困难，实现了职工安居乐业、单位留住人才之目的。同时，该项目还建有地下车库7284平方米，共计197个车位；商业楼19621平方米（含地下人防面积3763平方米），为我局增加了固定资产，使国有资产保值增值，对我局盘活资产，增加发展后劲，实现可持续发展具有重要意义。

6月4日　徐俊、顾青带领部分中层干部到外研社调研取经。

6月9日　我局与新疆吐鲁番研究院、北京大学中古史中心、中国人民大学国学院联合召开《新获吐鲁番出土文献》出版座谈会，李岩、徐俊、于涛参加。

6月26日　顾青、冯宝志、张继海参加在北京大学举行的"新编新注十三经"第二次论证会，会议由袁行霈主持。参与本项目的学者来自北大文史哲三系，对编注体例、工程进度等进行了深入讨论。该项目的最终成果将由我局出版。

7月1日　外研社副社长王芳来我局作图书市场营销讲座，各编辑室、发行部、市场部相关人员参加。

7月9日　李岩、徐俊、黄松及点校本"二十四史"修订办工作人员，向教育部社科司、新闻出版总署图书司领导汇报修订工作，并就两部委联合发文事进行具体协商。

7月18日　应我局邀请，当当网社科图书总监蒋磊结合我局图书在当当网的销售情况做关于市场营销的报告。沈致金主持报告会，各编辑室、发行部、市场部相关人员参加。

7月27—29日　召开我局党政班子联席会，就我局未来五年发展战略规划及深化改革等议题进行讨论。局务会成员，党委、纪委委员参加。28日下午，中国出版集团公司党组书记、副总裁李朋义与会并讲话。

8月6日　第三届中国出版集团图书奖颁奖大会在中图公司会议室举行，我局共获12个奖项：《天一阁藏明钞本天圣令校证（附唐令复原研究）》、《陶渊明集笺注》、《中国木版年画集成·杨家埠卷》获荣誉奖；《读史方舆纪要》获图书奖；《兵以诈立——我读〈孙子〉》、《国史十六讲》获优秀选题奖；《文镜秘府论汇校汇考》获优秀编辑奖；《正说清朝十二帝（彩图本）》获优秀设计奖；《读史方舆纪要》、《西域水道记（外二种）》获优秀校对奖；《于丹〈论语〉心得》获优秀畅销书奖和优秀走出去奖。

8月27日—9月1日　国际版权专家、英国著名版权代理人托比·伊迪一行4人来访，就《于丹〈论语〉心得》的英文译稿与于丹交换意见；与顾青和王瑞玲就图书译稿、合同、编辑、市场和公关活动等问题进行了细致沟通，为2009年《于丹〈论语〉心得》英文版的出版和发行奠定基础；并应邀在中国出版集团高层论坛报告会作"中国图书如何走向世界"主题报告。李岩、顾青等全程参与。

9月3—5日　中华书局与湖南省博物馆、复旦大学出土文献与古文字研究中心联合主办的《长沙马王堆汉墓简帛集成》编纂出版合作协议签字仪式暨编纂出版工作第一次会议在上海复旦大学举行。复旦大学出土文献与古文字研究中心裘锡圭、刘钊，湖南省文物局局长陈远平，湖南省博物馆馆长陈建明，我局李岩、徐俊、黄松、张继海与会，李学勤等学者也参加了会议。

是月　新闻出版总署、教育部联合发出《关于切实做好点校本"二十四史"及〈清史稿〉修订工程的通知》（新出联 [2008] 7号），强调修订工程的重大意义，并对修订工程工作委员会、各承担单位、参与修订工程的专家学者所在单位及修订工作人员提出具体要求，以确保修订工作顺利进行。

10月13—17日　顾青、宋志军、王瑞玲参加第59届法兰克福国际书展，与版权代理托比·伊迪先生一起和英、法、德、俄等十几个国家的20余家出版社就《于丹〈论语〉心得》国际版权的合作进行交流沟通，书展期间即已经签订16个语种共20个版本的国际版权。

10月21—22日　召开职工代表大会，讨论、审议并通过五个文件：1.我局2009年度管理方案；2.我局五年发展规划；3.我局转企改制职工权益保障实施方案；4.我局转企改制职工权益保障委员会人选；5.我局劳动争议调解委员会人选。

10月23日　2008年全国古籍出版社社长年会暨全国优秀古籍图书评奖活动在扬州举行。李岩、黄松等出席。我局《天一阁藏明钞本天圣令校证（附唐令复原研究）》、《陶渊明集笺注》获荣誉奖；《太平寰宇记》、《礼书通故》被评为一等奖；《中国文学作品选注》（1—4册）、《祖堂集》、《明诗综》、《殷周金文集成》（修订增补本）、《列朝诗集》被评为二等奖；《庄子（文白对照）》、《四书（文白对照）》、"中华经典随笔"系列丛书（7种）获普及读物奖。

10月30日　我局《哈尔滨档案》新书发布会在澳大利亚驻华大使馆举办，顾青及市场部、汉学编辑室相关人员参加。

是月　2008全国出版业网站年会发布"2008全国出版业各类网站排名"，我局网站在全国出版社网站总排名中居第十四位，大众类网站排名位列第三，在中国出版集团成员社和古联会成员社排名中居榜首。

11月13日 召开党政班子联席会,就2009年度各部门负责人人选及局领导分工等事宜进行讨论研究。根据竞聘及任前公示情况,通过了部门负责人和助理的任命,任期两年。

部门和干部任职名单:
总经理总编辑办公室:主任冯宝志,副主任王瑞玲;
质量控制中心:副主任洪思律;
计划财务部:副主任周步初(集团委任财务负责人),副主任杨红;
人力资源部:主任王小平;
党群工作部:主任阎晋鲁,副主任李忠文(兼工会办公室主任);
古籍学术出版中心:主任冯宝志(兼);
文学编辑室、语言文字编辑室:副主任俞国林(主持工作),副主任秦淑华;
历史编辑室(含《文史》)、汉学编辑室:主任李晨光,副主任李静;
哲学编辑室:副主任张继海;
古籍资源开发部:主任张力伟;
基础图书分社:社长王军,副社长刘胜利;
大众图书分社:社长宋志军,副社长徐卫东;
《中华活页文选》杂志社:社长尹涛,副社长刘彤;
辞书编辑室:副主任侯笑如;
文化遗产编辑室、史志文化编辑室:主任朱振华、副主任金锋;
《文史知识》编辑部:主任胡友鸣;
市场部:副主任翁向红;
美术设计部:主任毛淳;
发行部:副主任胡大庆(主持工作)、齐瑶、谢俊峰;
出版部:主任张宇;
物业部:主任王敬仁,副主任刘学成。

12月25日 第四届国家图书馆文津图书奖在国家图书馆揭晓,我局《中国文化十一讲》、《营国匠意——古都北京的规划建设及其文化渊源》获图书奖,《人在时空之间》、《大时代中的知识人》获推荐奖。

12月26日 召开我局2009年度选题计划论证会。张国刚、张鸣、熊国祯、柴剑虹等局内外专家,中国出版集团公司出版业务部张贤明等与会。

12月27日   我局与北京师范大学文学院联合举办"纪念章太炎先生诞辰140周年学术报告会暨《章太炎说文解字授课笔记》新书发布会",50多位学者与会。李岩在会上致辞,顾青等参加。

12月27—28日   我局与山东大学联合举办"童书业诞辰100周年纪念大会暨《童书业著作集》首发仪式",徐俊、李解民、徐真真参加。

12月30日   召开局务会议,研究确定全局人员名单、返聘人员名单、古籍学术中心编委会及各分社社委会人员名单;决定直销中心与读者服务部合并;研究了岗位津贴设定等事宜。

是年   徐俊及点校本"二十四史"和《清史稿》修订办公室人员等多次前往国家图书馆善本部商议复制修订所用版本事宜;拜访国家授时中心刘次沅先生,商讨关于"二十四史"及《清史稿》中天文志部分的修订问题;邀请修订工程顾问何龄修、中央民族大学清史专家姚念慈等来我局座谈,就《清史稿》修订事宜向他们征求意见;并与各史修订人员保持密切交往,随时了解工作进展和遇到的具体问题,及时进行沟通和探讨;组织专家对已经提交的部分修订样稿进行审读和修改,提出修订体例方面的补充意见,确保修订工作顺利而不延宕。

是年   在由中国出版集团主办的"30年最具影响力的300本书"评选活动中,我局《古文观止》、《唐诗三百首》、《管锥编》、《五灯会元》、《正说清朝十二帝》、《于丹〈论语〉心得》等6种书入选。

是年   我局《复活的历史》一书获新闻出版总署第二届"三个一百"原创出版工程奖。

是月   中华书局网站在2008年全国出版业网站评选中获优秀网站奖。

是年   生产用纸17万令;销售码洋为25472万元;实现利润1123.41万元。

是年   我局出版图书784种,其中新书387种,重印书397种。新书主要有:《敦煌经部文献合集》、《新获吐鲁番出土文献》、《清儒学案》、《史记》(线装大字本)、《徐陵集校笺》、《杜牧集系年校注》、《光宣诗坛点将录笺证》、《筹办夷务始末(同治朝)》、《章太炎说文解字授课笔记》、《马王堆帛书〈周易〉经传校读》、《西谛藏书善本图录(附西谛书目)》、《新民丛报》、《司马相如资料汇编》、《殷周秦汉史学的基本问题》、《宋史食货志补正》、

《阴法鲁学术论文集》、《中国经典十种》、《近代汉语大词典》、《京剧剧目初探》、《乔冠华与龚澎——我的父亲母亲》、《哈尔滨档案》、《书之归去来》、《编辑忆旧》、《中国绘画史》、《康熙大帝》、《十里红妆女儿梦》、"孟森著作集"系列、"梁方仲文集"系列、"马未都说收藏"系列等。

2009年

1月6日　中国出版工作者协会古籍出版工作委员会在北京召开成立大会。该委员会为经民政部、新闻出版总署批准成立的中国版协下属二级协会，由原"古联会"发展而来。会议推举我局李岩为主任；上海古籍出版社王兴康、齐鲁书社宫晓卫为副主任；我局黄松为秘书长。秘书处设在我局。

是日　2008中国图书榜中榜揭榜，我局图书《于丹〈论语〉心得》获"社科类最佳图书营销奖"。

1月7日　由《出版人》杂志和新浪网联合主办的2008年中国书业颁奖典礼在昆仑饭店举行，《马未都说收藏》作者马未都获"年度作者"奖。

1月14日　召开2008年度工作总结表彰大会。李岩作2008年度工作总结，徐俊宣读了表彰决定。点校本"二十四史"修订办、文化读物编辑室、物业部为先进集体，郭金珊、梁彦、李静、李世文、毛淳、任海涛、魏莉、阎晋鲁、张继海、张旌、朱慧为先进个人。宋志军获中国出版集团首届"十佳青年"称号；张彦周参加奥运会新闻宣传工作，圆满完成任务，局务会决定对两人予以特别表彰。

1月19日　徐俊、黄松等看望任继愈先生，汇报点校本"二十四史"修订工作进展，并听取任先生对《中华大藏经续编》工作的意见。

1月20日　新闻出版总署出版管理司司长吴尚之、古籍整理与规划处处长王然等来我局，就古籍办工作移交及人员工作安排与我局协商，李岩、徐俊、黄松、冯宝志、王小平及古籍办人员参加。设于中华书局的古籍小组办公室从此转到新闻出版总署办公；办公室工作人员从我局借调。

是月　原副总编辑熊国祯获新闻出版署颁发的"中国出版荣誉纪念章"。该纪念章系为表彰改革开放30年来为出版事业改革发展做出突出贡献者所设，全国有100人获此殊荣。

2月17日　我局召开2009年图书装帧设计研讨会，三联书店副总经理、副总编辑汪家明和著名设计师朱锷与会，就中华书局新出版图书的装帧设计与我局美术和图书编辑进行交流研讨。

3月19日　召开百年局庆筹备工作会，李岩、顾青、余喆、黄松及总经理总编辑办公室等相关部门人员参加。黄松介绍了局庆筹备工作具体项目与承担人选。

3月25日　原近代史编辑室副编审钱炳寰去世，享年92岁。

钱炳寰（1918—2009），江苏常熟人。曾先后就读上海开明中学、上海大公职业学校（1939年随该校迁重庆）、上海沪江大学夜校。曾在中英庚款会、贵州安顺黔江中学、四川北碚中国地理研究所任会计员。1945年进入我局，先后任总管理处秘书、文书课主任，上海办事处秘书科、校对科副科长，总公司海外部秘书，近代史组秘书、编辑。担任《文史资料选辑》、《机制面粉工业》、《清季中外使领年表》、《筹安会六君子传》、《蒋百里传》、《许姬传七十年见闻录》、《清代洪涝档案史料》、《碑传集》、译著《改良与革命》、《华北的小农经济与社会变迁》等书的责任编辑。颇通英文，曾参与增订《英汉四用辞典》。退休后潜心研究我局历史，撰著了《中华书局大事纪要（1912—1954私营时期）》。

4月8日　举行中华书局百年局庆活动启动暨礼聘学术顾问仪式。中华书局创始人陆费逵先生之女陆费铭琇，著名学者冯其庸、袁行霈，中国出版集团公司总裁聂震宁，浙江省桐乡市文化局局长杨惠良，中华书局老领导、现任领导班子全体成员、中层干部和职工代表出席。

仪式上，陆费铭琇、聂震宁和李岩共同为陆费逵铜像揭幕，中华书局百年局庆活动由此正式启动。陆费铭琇、杨惠良、冯其庸、聂震宁在仪式上发言。李岩致辞并宣读礼聘学术顾问名单，季羡林、任继愈、何兹全、饶宗颐、冯其庸、袁行霈被聘为中华书局学术顾问。

4月14日　我局与中国社科院文学所联合召开纪念孙楷第先生学术座谈会，向与会学者赠送孙楷第文集已出之《沧州集》、《沧州后集》，顾青、俞国林等参加。

4月20日　李岩、冯宝志、李静参加国家清史出版工程竞标会，我局为10家中标出版单位之一，李岩代表中标单位作了发言。

4月22日　《中华民族巨人传》出版座谈会在中华书局召开,白化文、王春瑜、苏叔阳、土学泰、程毅中、傅璇琮等专家学者及部分作者出席。中国出版集团公司副总裁刘伯根出席会议并讲话,李岩代表中华书局致辞。

是月　我局阳光润智文化传播有限责任公司开展了多项业务:组织《非常梅兰芳》作者翁思再到华中科技大学、武汉图书馆举办讲座和图书签售活动;参与国家机关工委和新闻出版总署联合主办的"强素质,作表率"读书系列活动策划,参加"读书与人生"活动启动仪式;召开"国学校园行"活动策划会,与各高校社团负责人落实具体实施措施;与曲阜市人民政府联合举办2009年孔子学堂,第一讲由易中天主讲。

　　阳光润智文化传播有限责任公司是我局2008年7月成立的一家子公司,以普及中华传统文化经典,使更多青少年了解和认可中华民族特有的思维方式和价值观为宗旨,以经典教育出版、经典教育培训为主要业务。至2011年底,有员工15人,年营业额500万元,出版经典诵读、书写、讲解等13个系列60种图书,举办各种讲座、论坛及各种培训50期。

5月11—21日　李岩作为"四个一批"人才,由中宣部委派赴德国考察学习。

5月13—14日　中国出版集团公司举办第二届职工羽毛球大赛。我局代表队一队蝉联团体冠军,洪涛夺得男子单打冠军。

6月3日　召开职工代表大会。副总经理余喆代表局务会,向与会代表通报房地产开发方案,并回答职工代表提出的问题。经过代表征询各部门职工意见,在5日的无记名投票中,开发方案获得通过。

6月10—11日　点校本"二十四史"及《清史稿》修订工程第三次修纂工作会议在北京召开,国家新闻出版总署、全国古籍整理出版规划领导小组、中宣部出版局、教育部社科司、有关高校、中国出版集团的主管领导,修订工程学术顾问、工程工作委员会委员、修纂委员会委员及在京的审定委员会委员袁行霈、冯其庸、戴逸、蔡美彪、吴荣曾、田余庆、徐苹芳、楼宇烈、安平秋、傅璇琮、程毅中等出席。新闻出版总署副署长邬书林宣布工作委员会、审定委员会、修纂委员会的增补调整名单。新闻出版总署署长柳斌杰、财政部副部长张少春担任工作委员会名誉主任。署长柳斌杰、总修纂任继愈发表书面发言。工作委员会主任杨牧之做了工作汇报。与会专家学者就修订的具体工作进行了研讨和交流。

是日   接力出版社总编辑白冰应邀来我局讲《编辑制度管理与畅销书运作体会》。

6月26—27日   局党委组织党员赴西柏坡举行"迎七一,重温入党誓词"活动。

是月   由中华书局主办、《中华活页文选》杂志社承办的"第五届全国小学生暨第二届全国中学生个性化阅读大赛"圆满结束,近4万名中小学生参加了此次大赛,有关专家和教师对大赛的宗旨和试题给予了很高的评价。

7月10日   召开党政联席会。会议在事先广泛征求干部员工意见的基础上,确定了生产规模和产品结构两个主要议题。

会议主要在以下几个问题上统一了认识,并需要在今后工作中着力解决:(一)重点是释放生产力,寻求新的增长点,确保整体经营规模;(二)广泛吸纳人才,充分利用社会资源。除了编辑人才资源,还涉及其他行政、发行等人才资源;(三)进一步提高发行能力,对发行部工作做出调整。市场部的职能及其与发行部的配合等,需要加强;(四)古籍学术中心要作为一个整体发展。加强对传统出版领域的资源整合,以凸显主业,形成增量;(五)不脱离我局各方面实际,坚持以人为本、全面发展、可持续发展的观念,保持经济的理性增长和增长质量。

7月11日   著名学者、我局的老作者、老朋友和学术顾问任继愈、季羡林辞世。我局表示沉痛哀悼,并有多人分别于17日、19日到八宝山殡仪馆与两位大师遗体告别。

7月31日   中国出版集团第四届图书奖暨第三届报刊奖揭晓并举行颁奖仪式,我局共获12个奖项:《于丹〈论语〉心得》获荣誉奖,《清儒学案》、《敦煌经部文献合集》、《新获吐鲁番出土文献》获综合奖,《乔冠华与龚澎——我的父亲母亲》获优秀选题奖,《水经注校证》获优秀编辑奖,《西谛藏书善本图录》获优秀设计奖,《礼书通故》获优秀校对奖,《马未都说收藏》系列获优秀畅销书奖,《复活的历史:秦帝国的崩溃》获特别奖,《文史知识》获报刊奖之优秀编辑奖,《文史》获报刊奖之优秀校对奖。

8月7日   李岩、欧阳伟参加在西苑饭店举办的中国图书出口战略发展研讨会。李岩作《古籍出版任重道远》的主题发言。

8月29—30日   第24届全国古籍出版社社长年会暨全国优秀古籍图书评奖会在天津举

行, 李岩、徐俊、顾青、黄松前往参加。我局25种图书参评, 17种图书获奖。其中, 一等奖三种: 《敦煌经部文献合集》、《新获吐鲁番出土文献》、《清儒学案》; 二等奖十种: 《国故论衡疏证》、《徐陵集校笺》、《杜牧集编年校注》、《小尔雅集释》、《释名疏证补》、《吕坤全集》、《马王堆帛书〈周易〉经传校读》、《周易函书》、《北齐地理志》、《清代外务部中外关系档案史料丛编·中英关系卷·通商贸易》; 普及奖4种: 《杂譬喻经译注》、《史记 (文白对照)》、《论语 (中英文对照)》、《于丹〈论语〉感悟》。

9月3—7日　在第十六届北京国际图书博览会上, 我局展出图书200余种, 成功举办《清代起居注册·康熙朝》新书发布会和《于丹〈论语〉心得》英文版媒体见面会, 并与海外出版机构洽谈版权交易, 达成多个项目的输出引进意向。

是月　为庆祝中华人民共和国成立60周年, 我局举办多种形式的文体活动, 包括台球、垂钓、乒乓球、桥牌等。还组织员工参加中国出版集团集团书画摄影展。

10月12—20日　李岩、王瑞玲代表我局参加第61届法兰克福国际书展。同时, 与于丹一起, 配合德国卓莫出版社《于丹〈论语〉心得》德文版首发进行采访、对谈、签售等活动。

10月20日　我局召开"新编诸子集成"出版座谈会, 楼宇烈、钟肇鹏、高明、孙钦善、李零、王子今、陈苏镇、姜广辉、廖名春、王博等著名学者与会。李岩、徐俊、冯宝志及我局老编审熊国祯、梁运华、王国轩等出席, 哲学编辑室、市场部相关人员参加。

"新编诸子集成", 收入先秦到唐五代的子书, 着重选收与哲学、思想史研究关系密切者。从1983年10月《四书章句集注》出版到2009年9月《吕氏春秋集释》出版, 共40种终于全部出齐。该套古籍整理丛书的作者多是学养深厚的著名学者专家。如岑仲勉《墨子城守各篇简注》, 杨伯峻《列子集释》, 朱谦之《老子校释》, 蒋礼鸿《商君书锥指》, 王利器《盐铁论校注》、《新语校注》、《颜氏家训集解 (增订本)》、《文子疏义》等。

10月23—25日　由教育部语言文字应用管理司指导, 我局与中国人民大学国学院联合主办, 我局阳光润智文化传播公司承办的首届中华诵·经典教育论坛暨建国60周年教育研讨会在北京建银大厦举办。该研讨会邀请6位出席开幕式嘉宾、12位做主题演讲的专家学者、13家在京中央和地方媒体参加。200余名学员主要来自教育界, 包括教育行政人员和德育教师、骨干教师等。我局李岩、顾青、余喆出席。

　　"中华诵·经典教育论坛"是教育部、国家语委、中央文明办联合开展的"中华诵·经典诵读行动"的重要组成部分。由教育部语言文字应用管理司指导，中华书局承办（由我局阳光润智公司具体操作），每届不定期举行，多与相关学术研究机构联合举办。

　　10月25日　第七届全国书籍设计艺术展在北京举行。我局《风展如画》、《旧物记：胡风遗藏纪事》、"皓首学术随笔"系列丛书、《酒魂十章》、《乡土寿宁》等五种获优秀作品奖；《马王堆帛书〈周易〉经传校读》、《唐韵胡音与外来文明》、《迦陵说诗》系列丛书、《诗词常识名家谈》系列丛书、《一片记忆》等五种获入选作品奖。我局在组委会评选出的百家优秀书籍设计出版单位中位列第十二名。

　　10月31日　我局举行书人书事沙龙，著名书话作家陈子善、谢其章、止庵、杨小洲等出席，30余名读者代表与会。顾青及大众图书分社、市场部相关人员参加。

　　11月1日　我局受新闻出版总署古籍规划处委托，举办古籍整理十年规划第二次复审会，徐俊、黄松、冯宝志、刘彦捷参加此项工作。

　　11月2—6日　李岩与直销部谢俊峰、发行部张旌前往广西南宁参加2009年中国图书馆学会年会。李岩代表古籍出版工作委员会向广西图书馆捐赠30万码洋的图书。

　　11月6日　我局和中华宗教文化交流协会、中国人民大学佛教与宗教学理论研究所共同主办、南普陀寺协办的《印顺法师佛学著作全集》出版座谈会在中国人民大学逸夫会议中心举行。新闻出版总署、中国出版集团公司、国家宗教事务局、中国佛教协会等机构的领导聂震宁等，著名学者方立天、楼宇烈、杨曾文等出席。李岩代表我局，与专程来京参会的美国印顺导师基金会、台湾印顺文教基金会代表一起，向国家图书馆、中国人民大学佛教与宗教学理论研究所、中国社会科学院世界宗教研究所、北京大学宗教文化研究院、中国佛教协会、中国佛学院等11家单位及与会嘉宾赠送《全集》。

　　11月12日　召开局务会议，讨论部分干部职务调整等人事问题。经研究决定：任命尹涛为古籍学术中心主任，不再担任《中华活页文选》杂志社社长；《中华活页文选》杂志社工作由刘彤主持；成立营销中心，下辖发行部、市场部，任命王军为营销中心主任，兼任基础图书分社社长；任命张怡为计划财务部副主任，主持工作；任命杨红为内部审计负责人，不再担任计划财务部副主任。

11月13日　我局新书《汉藏交融——金铜佛像集萃》首发暨赠书仪式举行,新闻出版总署副署长邬书林、我局学术顾问冯其庸出席。

11月18—21日　古籍整理十年规划专家评审会举行。新闻出版总署主管部门和各古籍社负责人、相关专家学者出席,我局李岩、顾青、黄松、冯宝志、俞国林、刘彦捷参加。会议初步拟定了列入2010—2020年国家古籍整理十年规划的项目。

11月26—28日　召开2010年度选题工作研讨会。各编辑部门负责人对本部门2010年度的选题计划做了说明,并阐述了本部门相关产品线建设的相关情况。会议对计划中的一些问题和过去一年编辑出版工作中的问题进行了讨论。中国出版集团公司出版业务部主任张贤明等,我局领导及各中心、分社、编辑室负责人,总经理总编辑办公室、营销中心负责人出席。

是月　商务部、文化部、广播电影电视总局、新闻出版总署等四个部委举行"2009—2010年度国家文化出口重点企业和重点项目授牌仪式",我局进入国家文化出口重点企业名录;《于丹〈论语〉心得》成为国家文化出口重点项目,获得50万元奖励。

　　《于丹〈论语〉心得》获2007年度、2008年度"全国输出版权优秀图书奖"。我局负责版权交易工作的王瑞玲获2007年、2008年"全国优秀版权经理人"称号。

是月　我局"中华基本史籍分析系统"列入2009年度北京市文化创意产业发展专项资助项目。

是月　举行2009年全国出版业网站年会。在参评的近500家出版社网站中,中华书局网站名列第十。

12月中旬　我局完成新闻出版总署委派的制订全国古籍整理出版十年规划工作,拟就《规划草案》。

12月28日　局务会决定任命樊玉兰为"二十四史"修订办公室副主任。

12月29日　召开中华书局2010年度选题计划论证会。阎崇年、韩经太、程毅中、熊国祯、沈锡麟、柴剑虹等局内外专家应邀出席。徐俊主持会议。顾青作我局2009年度出书情况总结,并介绍2010年度的选题结构和主要项目。李岩介绍了我局最新情况,及在拓展选题、提升经营理念、实行分类营销、聚合出版资源等方面所做新尝试。与会专家对我局如何进一步完善出版计划、提高出书质量等，提出意见和建议。中国出版集团公司出版业务部李红强、何奎出席会议。

是月　《文史知识》获中国期刊协会评选的"新中国60年最有影响力的期刊"称号。

是月　新闻出版总署公布首批入选"经典中国国际出版工程"项目名单，我局《文物中国史》一书入选，并获得出版资助。

是年　8月，在新闻出版总署首次经营性图书出版单位等级评估中，我局被评定为一级出版社。在11月26日召开的命名大会上，中华书局荣膺"全国百佳图书出版单位"。

是年　我局舒新城、金灿然、周振甫、赵守俨入选"新中国60年百名优秀出版人物"；顾青入选百名有突出贡献的新闻出版专业技术人员名录。该评选活动由中国出版工作者协会和韬奋基金会等举办。

是年　我局版电子图书入选"中华数字书苑"。本年2月2日，温家宝总理向英国剑桥大学赠送"中华数字书苑"，其中收录我局版电子图书304种。

是年　我局《英雄祖先与兄弟民族》和《甲午战争新讲》入选2009年《中华读书报》年度图书100佳名单。

是年　引进版权10种，输出版权42种，版税收入50.3万美元。《于丹〈论语〉心得》签约达23个语种、32个版本，已经出版英、法、德、西、意等13个语种。

是年　生产用纸16万令；销售码洋24890万元；实现利润2408.45万元。

是年　出版图书929种 (2008年为784种，同比增长18.5%)，其中新书477种，重印书452种。新书中主要有：《中国古籍总目·丛书部》、《清代起居注册·康熙朝》、《印顺法师佛学著作全集》、《中研院历史语言研究所集刊论文类编》、《全宋词审稿笔记》、《姜白石词笺注》、《藏园群书经眼录》、《安庆府志》、《水经注图 (外二种)》、《陶渊明影像——文学史与绘画史之交叉研究》、《服周之冕——〈周礼〉六冕礼制的兴衰变异》、《先秦诗文史》、《秦汉政区与边界地理研究》、《历代避讳字汇典》、《庄学本全集》、《绵山神佛造像上品》、《近代藏书三十家》、《片玉碎金——近代名人手书诗札释笺》、《寻羌——羌乡田野杂记》、《秦始皇的秘密》、《伶人·武士·猎手——后唐庄宗李存勖传》、《甲午战争新讲》、《中国人应知的国学常识》、《一本书读懂中国史》、《资治通鉴（文白对照）》、"于省吾著作集"系列、"文物中国史"系列、"古典诗词坊"系列等。

2010年

1月27日　我局向温家宝总理呈送新版大字点校本《三国志》，同时以书面形式汇报我局近况及点校本"二十四史"和《清史稿》修订工程进展情况。温总理做出批示："致力弘扬中华传统文化，努力提高古籍整理出版水平。"1月31日，国务委员刘延东亦做出批示，要求相关部门"认真落实家宝同志批示精神"。

20世纪70年代，我局接受中央交办的任务，精心排印了一批线装大字本古籍图书，包括点校本《三国志》等，供毛泽东主席等中央领导同志阅读。这批大字本图书，用特制专用字模排版，以传统线装工艺印制，字体醒目，版面疏朗，古色古香，便于捧读。2009年底，我局将《史记》、《三国志》进行仿真重印。

是月　我局创办的以领导干部为主要阅读对象的刊物——《月读》出版创刊号。

《月读》是我局编辑出版的学习刊物。以"古为今用、洋为中用、推陈出新、与时俱进"为宗旨，每月一期，每期一个主题，主要栏目包括"名人用名言"、"经典名篇"、"官箴辑要"、"资政通鉴"、"出口成章"、"名著典藏"、"茶余饭后"、"咬文嚼字"等，目的在于帮助领导干部学习中外先贤修身处事、治国理政的经验，不断提高自身文化修养和执政能力。刊物的撰稿人多由高校及科研机构文史哲等相关领域的专家学者担任。

2月4日　召开2009年度全局工作总结表彰大会。发行部、基础图书分社、《中华活页文选》杂志社三个部门当选先进集体，何平、洪思律、李洪超、刘彦捷、毛淳、王瑞玲、徐真真、许旭虹、尹涛、俞小威、张文强、张宇当选先进个人。

2月8日　召开局领导班子考核会，李岩代表领导班子做工作总结；六位局领导逐一作2009年工作述职。各部门副主任以上干部参加。集团人力资源部王金鑫出席。

是日　人力资源部王小平获中国出版集团公司颁发的"从事军转安置工作先进个人"荣誉称号。

2月23日　李岩、徐俊、黄松拜访中国人民大学戴逸教授，就《清史》工程项目及点校本

《清史稿》修订工作沟通情况，交换意见。

3月8日　局务会决定任命刘彤、殷红伟为《中华活页文选》杂志社社长、副社长；于涛为《文史知识》编辑部主任，胡友鸣不再担任编辑部主任。

3月10日　召开营销工作会议，王军主讲"除了内容，编辑还要关注什么"，李岩、徐俊、沈致金、顾青及全体编辑参加。

3月11日　宁夏黄河出版传媒集团有限公司总经理杨宏峰等一行五人来访，与我局就《月读》发行、建立《中华活页文选》工作站、《于丹〈论语〉心得》阿拉伯语版本翻译和冯骥才文化抢救工程项目等方面达成初步合作意向。李岩、顾青、王军、尹涛、宋志军等接待。

3月19日　顾青、秦淑华、周杨在北京大学组织召开《王力全集》出版方案研讨会，唐作藩、向光忠、洪成玉、张双棣、王力家属及北大中文系古代汉语教研室全体教师出席，曹先擢、郭锡良、何九盈、蒋绍愚先生等分别提交了书面意见。

是月　我局被丰台区交通安全委员会评为区级交通安全先进单位，物业部刘学成被评为区级优秀安全管理干部。

4月15日　我局与其他单位联合在国家图书馆举办《我们心中的任继愈》出版座谈会。李岩代表中华书局致辞，徐俊、冯宝志及哲学编辑室相关人员参加。

4月15—18日　李岩、顾青、王军、宋志军、刘彤陪同中国出版集团公司领导赴宁夏黄河出版传媒集团访问；签署我局与该集团战略合作协议；为"《中华活页文选》宁夏工作总站"举行揭牌仪式；召开《月读》座谈会；应该集团邀请，李岩、顾青、王军分别作《古籍学术书如何走向市场》、《如何做好编辑工作》、《营销离我们有多远》讲座。

是月　史晓莹获中国出版集团公司2008—2010年度优秀团干部称号，周娟获优秀共青团员称号。

5月18日　我局与清华大学国学研究院联合召开"梁启超、陈寅恪年谱长编出版学术座谈会"，李岩和我局相关编辑室及市场部人员参加。

5月21日　中国出版集团公司总裁聂震宁、副总裁林弋及人力资源部主任周伟等来我局，宣布经中宣部批准，徐俊为中华书局总编辑的任职决定。

5月22—25日　第二届中华诵·经典教育论坛在国家教育行政学院举行。我局李岩、余喆及阳光润智公司人员参加。

6月2—5日　黄松、冯宝志、梁静波、杜娟娟赴上海和浙江桐乡，分别就编纂中华书局百年书目、陆费逵图书馆共建等事宜与上海辞书出版社、桐乡市文化局、桐乡市图书馆会商。

6月25日　我局与南开大学、横山会所联合召开《中国佛教文化史》出版首发式暨学术研讨会，来自中国社会科学院、南开大学、北京大学、北京师范大学、中华书局、中国佛教协会、首都师范大学、天津师范大学、中国佛学院等单位的数十位专家学者出席。

7月1日　离休干部、原总编辑李侃在京病逝，享年88岁。

　　李侃（1922—2010），辽宁本溪人。历史学家，出版家，第七、八届全国政协委员。1946年加入中国共产党，曾任中共辽东三地委和东北局宣传部干事、办公室副主任等职。1954年调北京，先后在中共中央东北地方工作部、中央宣传部、高等教育出版社工作。1958年调入我局，历任近代史编辑组副组长、中华书局副总编辑、总编辑。上世纪60年代，组织出版《文史资料选辑》、《辛亥革命回忆录》、清代与近代《史料笔记丛刊》、《近代史资料》；70年代，策划出版《中华民国史》及其配套的资料丛稿《民国人物传》、《民国大事记》、《中华民国史资料丛稿》，以及多种中国近代经济史资料丛书和清代档案资料，主持编写大学教材《中国近代史》等；80年代，参与拟定《全国古籍整理出版规划》清史近代史部分，并组织承担出版其中大批项目，并创办和主编《文史知识》杂志。著有《中国近代史》（合著，高校教材）、《李侃史论选集》、《李侃史学随笔选》、《近代传统与思想文化》、《中国近代史论丛稿》等。对中华书局在"文革"后的复兴起了重要作用。

7月2、5日　召开职工代表大会，讨论并通过了中华书局改制方案。

7月11—12日　点校本"二十四史"及《清史稿》修订工程第四次修纂工作会议在复旦大学召开。工程工作委员会主任杨牧之、复旦大学党委书记秦绍德、全国高校古籍整理研究工作委员会主任安平秋，中宣部出版局、新闻出版总署出版管理司和国家出版基金办公室、中国出版集团公司等有关单位领导，以及部分曾经参与"二十四史"及《清史稿》点校工作的上海学者、复旦大学知名学者、上海出版界领导等出席。李岩代表我局向复旦大学赠送《清代蒙藏回部典汇》等大型图书，秦绍德代表复旦大学向我局回赠"鼎盛千秋"鼎。

7月16日　召开2010年度党政联席会议，全体局务会成员，党委、纪委委员参加。会议就我局亟待解决的问题，重大核心产品规划，学术思想文化产品线构建，百年庆典筹备工作，企业文化建设，以及后备人才培养等议题，进行了充分交流讨论。

7月20日　市场部开通"中华书局官方微博"。

7月23日　我局完成事业身份在职员工参加养老保险统筹工作，正式纳入社保养老保险系统。

7月27日　上海辞书出版社图书馆馆长王有朋来访，就中华书局百年书目的编撰工作与黄松、冯宝志、柴剑虹、梁彦、梁静波等进行交流。

7月28日　李岩、顾青及大众读物分社宋志军等赴北戴河拜访作家王蒙，商谈《庄子的快活》书稿修订出版事宜。

8月8—17日　我局参加上海书展。李岩带队，总办、发行部、大众读物分社、基础图书分社、文学·语言文字编辑室相关人员参加。其间先后举行了康震、于涛、连丽如等作者的签售会和中华书局回馈新老读者抽奖活动。在此次书展上，我局入选"最有号召力的十家出版社"；《庄子的快活》入选"最有影响力的十本新书"；大众读物分社李世文入选"最有创造力的十位编辑"。

8月10日　根据中国出版集团公司中版 [2010] 108号通知及批复，我局为退休人员增加了生活补贴并予补发。

8月19日　我局和中国艺术研究院联合主办的"人类非物质文化遗产代表作保护重大成果——30卷本《琴曲集成》首发式"，在中国艺术研究院举行。中国人民对外友好协会会长陈昊苏、文化部副部长王文章、新闻出版总署副署长邬书林、中国出版集团公司总裁聂震宁、北京古琴研究会会长吴钊，我局李岩、顾青、冯宝志、俞国林等出席。

8月19—20日　新闻出版总署古籍整理与规划处召开国家古籍整理出版十年（2011—

2020) 规划项目论证会，我局徐俊、黄松、刘彦捷参加。

8月24日 新闻出版总署国家出版基金办公室召开重大出版工程论证会，对我局承担的点校本"二十四史"及《清史稿》修订工程、《中华大藏经续编》进行了专家论证。徐俊、冯宝志及《中华大藏经续编》编委会杜继文、张新鹰到会，对项目设计及工作进度做了陈述，并接受质询。

8月26—30日 中华书局与北京大学汉语语言学研究中心联合举办"中国语言学发展之路——继承、开拓、创新，纪念王力先生诞辰110周年国际学术研讨会"，与会学者达160余人。我局顾青、秦淑华、周杨与会。

8月30日 局务会研究决定，成立中华书局上海联络部，任命丛桂芹担任该部主任。

9月1日 香港联合出版（集团）有限公司副董事长、总裁陈万雄，中华书局（香港）有限公司总经理雷思娅、副总编辑李占领等来访，商谈中华书局百年局庆及部分图书版权贸易事宜，李岩、徐俊、顾青、黄松、冯宝志等接待。

9月7日 我局召开《朱光潜全集》（新编增订本）编辑出版启动会，顾青主持。朱光潜亲属代表，该书顾问、编委十余人，我局李岩及大众读物分社、市场部相关人员与会。

9月8日 南京古旧书店举行重张揭牌仪式，李岩应邀出席。南京古旧书店的营业场所是中华书局原南京分局旧址，现已列入南京市重点文物保护建筑名录。

9月9日 召开"传承中华书局百年文化　培养可持续发展人才——中华书局举行导师制师生座谈会"。黄松主持会议，徐俊、顾青、余喆出席并讲话。新入职员工与导师共18人参加会议。

　　为了使新入职员工尽快了解和认同中华书局的企业文化，明确岗位职责，经党政联席会研究决定建立导师制，并纳入书局员工培训体系。此次实行的导师制度主要特点：第一，选择导师的条件严格，必须是长期在书局工作，具备高级职称或是某一领域的专家，而且治学严谨，有较深的专业造诣；第二，实行范围不局限于编辑部门，其他诸如行政、营销等岗位的新员工也同样有导师传帮带，让每一名新入职的应届生都能得到书局最大程度的关心和指导；第三，导师的职责不仅是业务上的答疑解惑，更多的是要帮助指导对象学习和认同中华书局的企业文化和价值理念，养成良好的职业习惯和职业品德，提升新员工的思想水平。

9月12—16日　第25届全国古籍出版社社长年会暨2010年全国文史图书订货会于安徽合肥举行。李岩、沈致金、黄松及总办、发行部相关人员参加。社长年会上评选出本届全国优秀古籍图书奖获奖书目，我局《云南丛书》、《天水放马滩秦简》、《清代起居注册·康熙朝》、《藏园订补郘亭知见传本书目》获一等奖，《春秋会要》、《吕氏春秋集释》、《藏园群书经眼录》、《碑刻文献学通论》、《庄子义集校》、《艺概注稿》、《安庆府志》获二等奖，《陶渊明影像》获普及读物奖。

9月15日　我局与中共广东省委宣传部共同举办《月读》广东座谈会，广东省委宣传部副部长蒋斌主持会议。我局李岩、王军、刘彤、翁向红、彭玉珊等与会。

9月17—26日　我局直销部参加第九届北京图书节暨地坛公园秋季书市。其间23日，举行《江湖丛谈》（典藏本）现场签售活动，评书艺术家连丽如、贾建国和著名画家李滨声出席，我局李岩及总办、大众读物分社、发行部、市场部相关人员参加。该书入选本届图书节"十大畅销书"。

9月19日　我局新书《庄子的快活》首发式和签售活动在北京西单图书大厦举行，作者王蒙出席。李岩、沈致金及大众读物分社、发行部、市场部相关人员参加。

9月28日　青年编辑李天飞参加中国出版集团公司举办的"固本求新，弘文致远——喜迎新中国成立61周年集团公司核心理念演讲比赛"，获二等奖。

10月20日　我局与东北师范大学、北京大学中文系、长春市人大常委会、长春市政协联合召开逯钦立先生诞辰100周年纪念会暨《逯钦立文存》新书发布会，李岩、顾青、程毅中、许逸民、古籍学术中心和编辑室相关人员参加。

10月21—24日　我局承办的中国古文字研究会第十八次国际学术研讨会在北京香山饭店举行。来自海内外各高校和研究机构的学者专家近150人出席或列席会议。李岩、顾青出席并在会上发言，古籍学术中心及语言文字编辑室相关人员参加。

11月4日　上海中华商务印刷有限公司办公室主任杨龙根、设计师林伟成一行来访，商谈百年局庆事宜。冯宝志、俞国林、梁彦接待。

11月5日 美国国会图书馆居蜜女士一行来访,商谈部分选题合作出版事宜,李岩、徐俊、顾青、李晨光、欧阳红等接待。

11月13日 由我局和桐乡市图书馆联合主办的"中华书局百年局庆预备会暨陆费逵研究座谈会"在浙江乌镇举行。

桐乡市文化局局长杨惠良主持会议。桐乡市副市长朱红代表市政府致辞;李岩介绍了中华书局局庆启动暨礼聘学术顾问等情况,并提出在桐乡市设立陆费逵阅读奖,以继承和弘扬陆费逵先生"开启民智"的教育思想。我局总编辑助理冯宝志、中华书局(香港)有限公司副总编辑李占领、上海中华商务印刷有限公司办公室主任杨龙根、桐乡市图书馆馆长盛群速先后介绍了北京、香港中华书局关于局庆的筹备,上海中华商务印刷有限公司局史陈列展览和桐乡市图书馆、陆费逵图书馆版本收集与整理的情况。与会专家学者俞筱尧、汪家熔、周其厚、吴永贵、孙树纲等相继做了发言。中华商务印刷公司代表现场播放了上世纪30年代拍摄的中华书局纪录片。

12月3日 召开我局2011年度选题工作研讨会,欧阳哲生、彭刚、沈锡麟、柴剑虹等局内外专家出席,中国出版集团公司出版业务部主任张贤明、中版国际传媒有限公司副总经理刘忠出席。各编辑部门负责人对本部门选题计划及产品线建设情况做了说明。与会专家对我局近年的发展思路和2011年度选题计划给予充分肯定,并就进一步完善出版计划、提高出书质量等,提出许多具体意见和建议。

12月18—19日 《中华大藏经续编》2010年度工作会议在苏州召开。我局徐俊、冯宝志、陈平及特邀编审毛双民前往参加。

12月25日 由中华书局、中国社科院历史所、北京大学国学院联合主办的"《顾颉刚全集》出版发布会暨纪念顾颉刚先生逝世30周年学术座谈会"在北京香山饭店召开。我局李岩、徐俊及古籍学术出版中心部分人员与会。来自民进中央、中国民间文艺研究会、中国殷商文化学会、中国先秦史学会、中国秦汉史研究会、北京大学国学院、中国社科院历史所等机构的代表分别在会上致辞,台北中研院史语所发来贺辞。新闻出版总署基金办负责人及清华大学、北京师范大学、中国人民大学、中国艺术研究院、山东大学、郑州大学、南京大学、复旦大学、厦门大学、中山大学、云南大学、兰州大学、四川大学、江南大学以及日本福冈大学的学者等出席。

是月　梁彦被共青团中直机关工委授予中直机关第七届"青年岗位能手"称号,同时当选中国出版集团公司第二届"青年岗位能手"。《中华活页文选》杂志社被命名为"中国出版集团公司青年文明号"。

是月　《从蔡元培到胡适:中研院那些人和事》获第六届国家图书馆文津奖推荐图书奖。《中国人应知的国学常识》、《康震评说唐宋八大家·柳宗元》被中国书刊发行业协会评为2010年度全行业优秀畅销品种。《陈寅恪先生年谱长编(初稿)》入选《中华读书报》2010年度十佳图书,《从混沌到秩序——中国上古地理思想史述论》和《烽火与流星——萧梁王朝的文学与文化》入选《中华读书报》2010年度百佳图书。《庄子的快活》入选《人民日报》读书版与人民网读书频道共同评荐的2010年度"最具影响力的十部书"名单。

是年　生产用纸154837令;销售码洋26701万元;实现利润2499.67万元。

是年　出书1234种。其中新书主要有:《顾颉刚全集》、《琴曲集成》、《张政烺论易丛稿》、《中国大同雕塑全集》、《近出殷周金文集录二编》、《二十世纪出土玺印集成》、《商周金文摹释总集》、《嘉定王鸣盛全集》、《韩愈文集汇校笺注》、《神仙传校释》、《邵雍集》、《唐才子传笺证》、《靖康稗史笺证》、《西游记资料汇编》、《中国佛教文化史》、《六朝文学论集》、《利玛窦中国札记》、《向达先生敦煌遗墨》、《陈寅恪先生年谱长编(初稿)》、《从蔡元培到胡适:中研院那些人和事》、《从混沌到秩序——中国上古地理思想史述论》、《汉藏交融——金铜佛像集萃》、《奢华之色——宋元明金银器研究》、《庄子的快活》、《江湖丛谈》、《姥姥语录》、《迷悟之间》、《这个天国不太平》、《不负我心》、"文史中国"系列、"跟大师学国学"系列、"中华经典名著全本全注全译"系列等。

2011年

1月8日　我局新书扬之水著《奢华之色》恳谈会在国家图书馆召开。徐俊主持会议，徐苹芳、孙机、李零、荣新江、赵珩、陆建德、赵园、陈星灿等专家学者出席。

1月8—11日　在2011年北京图书订货会期间，我局举办了中华书局与新华书店发行系统高层论坛，近百位全国新华书店发行系统代表与会。中国出版集团公司副总裁王俊国到会讲话。还举办了《姥姥语录》新书发布会，作者倪萍到场与读者交流。局领导及营销中心、大众读物分社相关人员出席。

1月10日　中国出版协会青年读物工作委员会、高等教育出版社主办的"我最喜爱的一本书——第二届百种优秀青春读物"评选结果揭晓：我局《孟子的智慧》、《一本书读懂中国史》、《活在当下》、《好诗共欣赏》入选。

1月16日　在北京图书大厦举行倪萍《姥姥语录》签售活动。李岩、沈致金及营销中心、大众读物分社相关人员参加。现场销售图书1200余册。

1月21日　召开2010年度全局工作总结表彰大会。李岩作年度工作总结报告；黄松宣读表彰先进决定：人力资源部、营销中心、哲学编辑室、质量控制中心、《中华活页文选》杂志社五个部门先进集体，丰雷、李树玲、欧阳红、彭玉珊、任海涛、宋志军、王敬仁、王军、俞国林、张萍、张宇、周步初、朱振华为先进个人。另予特别表彰者：李世文、王瑞玲、梁彦。

是月　我局更名为"中华书局有限公司"。

3月4日　《文史知识》杂志社主办的第一届《文史知识》论坛在京召开。本次论坛主题是"历史中的中国女性"。全国妇联、国家博物馆、中国现代文学馆、中国人民大学、中国语言文化大学、首都师范大学、天津师范大学的有关专家学者出席。

3月7日　全国妇联在人民大会堂召开"创先争优　巾帼建功——全国三八红旗手（集体）表彰大会"，我局《中华活页文选》杂志社获"巾帼文明岗"称号。

3月10日　新闻出版署公布第二届中国出版政府奖评选结果。我局李岩获优秀出版人物奖；《新获吐鲁番出土文献》、《敦煌经部文献合集》获图书奖；《汉藏交融——金铜佛像集萃》获装帧设计奖；《太平寰宇记》获图书奖提名奖；《庄学本全集》装帧设计奖提名奖。

3月11日　新闻出版总署署长柳斌杰率蒋建国、邬书林、阎晓宏、孙寿山等署领导及相关司局长来我局调研，对我局百年来的成就与地位给予了高度的评价，对我局的工作提出了指导性意见，并要求我局做好庆祝百年华诞的相关工作。

3月22—26日　黄松、梁彦、梁静波、毛淳、王铭基赴上海，到上海辞书出版社拍摄中华书局老版图书书影，并与上海出版博物馆负责人商谈举办"中华书局与中国近代文化"国际学术研讨会事宜。

3月28日　召开职工代表大会。讨论并通过了《中华书局员工劳动管理条例》和《中华书局企业年金方案》。

是月　《奢华之色——宋元明金银器研究》第一卷《宋元金银首饰》获第二届"紫禁城杯"全国文化遗产十佳图书。

4月8日　第五届中国出版集团出版奖揭晓并举行颁奖仪式。我局获19个奖项：《新获吐鲁番出土文献》、《敦煌经部文献合集》、《汉藏交融——金铜佛像集萃》、《太平寰宇记》、《庄学本全集》获荣誉奖，《顾颉刚全集》、《商周金文摹释总集》、《印顺法师佛学著作全集》获综合奖，《服周之冕》获优秀选题奖，《文史知识·特别关注》获优秀栏目奖，《中国佛教文化史》、《邵雍集》、《文史》、《文史知识》获优秀编辑奖，《张政烺论易丛稿》、《文史》获优秀校对奖，《顾颉刚全集》获优秀印制奖，《马未都说收藏·杂项篇》获优秀畅销书奖，《中华活页文选》获优秀经营奖。

4月13日　根据转企改制工作要求，我局与原事业编制员工签订劳动合同。

4月15日　《文史知识》创刊30周年庆祝大会在京召开。新闻出版总署副署长李东东、中国书刊发行业协会会长杨牧之、中国出版集团公司总裁聂震宁、中宣部出版局副局长刘建生及冯其庸、蔡美彪等各界专家学者百余人出席。黄松主持会议，李岩、徐俊出席，曾经在《文史知识》工作过的老同志代表和《文史知识》编辑部全体人员与会。

4月22日　我局和澳门大学在北京国际饭店联合召开"澳门大学杨义讲座教授先秦诸子还原四书发布会暨文化经典研究座谈会"，郑欣淼、袁世硕、詹福瑞、陈洪、陆建德、刘跃进、管士光等学者和出版界人士，《人民日报（海外版）》、《光明日报》等多家媒体记者与会。我局顾青、尹涛、罗华彤出席。

是月　梁彦被评为中国出版集团公司优秀通讯员。

5月8—14日　黄松、欧阳伟赴台湾，走访联经出版事业有限公司等机构，商议在台北举办庆祝中华书局百年华诞图书联展等事宜。

5月11—14日　为庆祝中国共产党成立90周年，局党委组织党员赴革命圣地延安举行党员重温入党誓言和新党员宣誓活动。

5月27—31日　我局参加在哈尔滨举行的第21届全国图书博览会。其间举办了"百年再出发——中华书局文化沙龙"和倪萍、连丽如签售《姥姥语录》和《三十六英雄》、《江湖丛谈》活动。

5月29日—6月2日　由中国出版协会古籍出版工作委员会主办，我局承办的第26届全国古籍出版社社长年会暨2011年全国优秀古籍图书评奖会在哈尔滨举行。我局李岩、顾青、黄松出席。我局《琴曲集成》、《商周金文摹释总集》、《近出殷周金文集录二编》、《向达先生敦煌遗墨》、《韩愈文集汇校笺注》、《邵雍集》获一等奖，《肇论校释》、《四明文献集》、《春秋公羊传译注》、《易学象数论》、《二十世纪出土玺印集成》、《宋集序跋汇编》、《论衡校读笺识》获二等奖，《中华经典名著全本全注全译》丛书获普及读物奖。

是月　我局图书《中国人应知的国学常识》和《不负我心》入选新闻出版总署2011年（第八次）向全国青少年推荐的百种优秀图书书目。

是月　我局被评为2010年度丰台区绿化美化工作先进单位；刘学成被评为2010年度丰台区交通安全优秀管理干部。

6月3日　中华书局、中国文化遗产研究院与武汉大学中国三至九世纪研究所联合在京召开《唐长孺文集》出版座谈会。田余庆、林甘泉、沙知、张泽咸、朱雷等学者出席。

6月7日　中纪委驻新闻出版总署纪检组组长宋明昌一行来我局检查点校本"二十四史"及《清史稿》修订工程等四个国家出版基金资助项目经费使用情况,对我局有关工作给予了充分的肯定。

6月8日　举行来新夏新书《书目答问汇补》出版座谈会。刘梦溪、冯尔康等学者出席,我局李岩、徐俊及古籍学术出版中心、市场部相关人员参加,尹涛主持会议。

6月26日　在北京召开《清史稿》修订专家座谈会,徐俊主持,房德邻、陈其泰、程歗、潘振平、黄爱平、杨珍、郝秉健、赵晨岭等学者,我局陈铮、许逸民、何英芳等老专家及修订办、历史编辑室相关人员参加。

6月30日　我局召开庆祝建党90周年党员大会。全体党员出席。李岩做《热烈庆祝建党90周年,中华书局百年再出发,再造新辉煌》的主题报告。党委成员阎晋鲁宣读了党委关于进行表彰的决定。先进党员代表宋志军在会上发言。

是月　宋志军获"中直机关优秀共产党员"称号,我局党委获"中国出版集团公司先进基层党组织"称号,刘彤、高天获"中国出版集团公司优秀共产党员"称号,阎晋鲁获"中国出版集团公司优秀党务工作者"称号。

7月1—10日　徐俊参加新闻出版总署主办的华文出版高阶研修班赴台湾学习考察,并走访中研院史语所、"中央图书馆"及联经出版事业有限公司等单位。

7月11日　中国出版集团公司聘任冯宝志为中华书局副总编辑。

7月20日　李岩率我局有关人员参加香港书展。期间,举办了"传承文明,功在复兴——庆祝中华书局百年华诞"文化沙龙活动,中国出版集团公司总裁聂震宁、香港联合出版集团公司总裁陈万雄及香港大学、香港中文大学多位学者出席。饶宗颐先生特为我局百年局庆题词"弘扬德智"。

8月15—23日　我局参加2011年上海书展,入选该书展最有号召力的十家出版社,所出《宅兹中国——重建有关"中国"的历史论述》入选该书展最有影响力的十本新书。

8月17—19日　李岩、黄松、冯宝志、翁向红、梁彦赴上海,与上海图书馆、上海辞书出版社、上海中华印刷有限公司等单位商谈百年局庆筹备事宜。

8月25—29日　李岩、沈致金及发行部人员赴西安参加2011年全国文史图书订货会。

8月30日　我局与中国社会科学院科研局、近代史所联合召开《中华民国史》出版座谈会，来自中国社会科学院、中央党史研究室、中央文献研究室、国家档案局、北京大学、复旦大学、中国人民大学等单位的专家学者章百家、金冲及、李文海、张海鹏、耿云志、吴景平、陈铮等出席，中国出版集团公司副总裁刘伯根作了发言。我局李岩、徐俊、冯宝志和古籍学术出版中心历史编辑室相关人员与会。

　　《中华民国史》是国家纪念辛亥革命100周年重点图书，国家出版基金资助项目。中国社科院近代史所中华民国史研究室集体编著，李新总主编；本书是记录中华民国重要历史进程、重要人物活动，反映民国历史全貌的一部民国通史，继承中国古代修史传统，以纪、传、编年为撰述形式。全书36册2100万字，分为三个部分：《中华民国史》16册，以重大历史事件为核心，按历史时段记事；《中华民国史大事记》12册，依年月日纪事，范围包括政治、军事、外交、文化、教育、自然灾害等各个方面；《中华民国史人物传》8册，选取民国年间各领域代表人物千余人，为其立传。中华民国史项目自1956年列为国家科学发展十二年规划重点项目，1978年起逐册编就出版，至2011年7月《中华民国史》全书出版，历时55年。

是日　香港联合出版 (集团) 有限公司总裁陈万雄，中华书局 (香港) 有限公司总经理赵东晓、总编辑李占领等来访，商谈百年局庆及部分图书版权贸易事宜。李岩、徐俊、黄松、冯宝志及熊国祯、柴剑虹、宋志军、翁向红、梁彦等接待。

9月4日　我局《一本书读懂中国史》、《文史中国》获第十届全国输出版权优秀图书奖。

9月7日　黄松主持召开《中华书局百年大事记》征求意见会，俞筱尧、傅璇琮、程毅中、熊国祯、沈锡麟、陈铮、柴剑虹、贾元苏等老同人出席，李岩、徐俊、顾青、冯宝志及局庆办公室翁向红、梁彦等参加。

9月21日　徐俊召集修订办全体人员和历史编辑室部分编辑等，部署《史记》、《旧五代史》修订稿的试审工作。至此，"二十四史"修订稿正式进入编辑审稿阶段，相关编辑将陆续加入此项工作。

9月24日　上午，我局在南京大学仙林校区举行以"百年中华与一个民族的精神世界"为主题的沙龙，徐俊主持，莫砺锋、程章灿、徐雁、叶兆言等学者、作家出席并发言。下午，在先锋书店举行以"传统让生活更美好"为主题的沙龙，顾青主持，沈卫威、薛冰、余斌等学者、作家出席并发言。其间，徐俊和市场部相关人员对周勋初、郁贤皓先生作了专访。

9月24—26日　李岩、黄松、任海涛赴浙江萧山参加中国版协古籍工作委员会理事单位负责人"修法、维权"专题研讨会。

9月28日　新闻出版总署与国家民委联合主办的"首届向全国推荐百种优秀民族图书"揭晓，我局《羌在汉藏之间》入选。

是日　由中华书局、商务印书馆联合主办的"中华字库工程第16包：现代的汉语出版物用字及专门用字、非字符号的搜集与整理"项目启动会，在商务印书馆召开。新闻出版总署重大项目办公室武远明、中国出版集团公司副总裁宋晓红、中华字库工程总体组副组长张力伟、商务印书馆总经理于殿利、我局总编辑徐俊及相关工作人员与会。特邀专家、全国科技名词审订委员会研究员王宝瑄、教育部语言文字应用研究所研究员黄佑源、中国社科院语言所方言室主任周磊出席。项目负责人、我局古籍资源开发部洪涛，技术负责人魏励（商务印书馆）就项目的有关问题做主题报告。

中华字库工程是《国家"十一五"时期文化发展规划纲要》重大建设项目。"十二五"依然列为重大项目。项目资金总额达2000余万元。

9月29日　原总经理、编审邓经元病逝，享年76岁。

邓经元（1934—2011），湖南省桂东县人。少时先后在重庆、南京、长沙就学至高中毕业。1951年入伍，曾任浙江军区干部文化学校教员。1955年复员。次年考入北京大学历史系，后留校读研究生，师从翦伯赞攻读秦汉史专业。1965年调入中华书局，历任历史编辑室助理编辑、编辑、编辑室主任。1986年任中华书局副总经理，1991年任总经理，兼党组书记。1997年退休。曾参与"二十四史"点校整理工作；责编的书主要有《满族简史》、《原始社会史》、《云南史料目录概说》、《中国西南历史地理考释》、《洪业论学集》、《中国史探源》等；点校整理《挈经室集》。

是月　于涛、张继海获得编审任职资格。

10月10日　中国出版集团公司总裁谭跃率领集团公司班子成员及总部各部门负责人来到我局调研考察，与书局领导班子成员、部分中层干部进行座谈。

10月12日　局务会研究决定：撤销原总经理总编辑办公室所属信息中心、古籍学术出版中心所属古籍资源开发部，设立数字出版中心，下设古籍资源部、平台运营部、网络信息部。质量控制中心更名为编务与质量控制中心，作为总经理总编辑办公室所辖相对独立的部门。物业部更名为行政部，职能范围为原物业部工作及与地方政府有关部门行政事务联络、接待和会务等职能。免去冯宝志总经理总编辑办公室主任职务。免去洪思律质量控制中心副主任职务。免去尹涛古籍学术出版中心主任职务。免去阎晋鲁党群工作部主任职务。免去李忠文工会办公室主任职务。免去王敬仁物业部主任职务。任命尹涛为总经理总编辑办公室主任。任命李忠文为党群工作部主任。任命王敬仁为工会办公室主任。任命刘学成为行政部主任。任命张继海为古籍学术出版中心主任（兼任哲学编辑室主任）。任命俞国林为古籍学术出版中心副主任（兼任文学编辑室主任）。任命李晨光为数字出版中心主任。任命洪涛为古籍资源部主管，沈昊为平台运营部主管，马晓珺为网络信息部主管。任命赵英为编务与质量控制中心主任助理。

10月17日　中宣部出版局局长陶骅、副局长刘建生等来到我局调研考察，与书局领导班子成员、部分中层干部进行了座谈。中国出版集团公司党组书记、副总裁王涛陪同调研。

10月21日　由清华大学、中华书局联合承担的中华字库工程第12包"宋元印本文献用字搜集与整理"项目启动大会在清华大学召开，项目负责人、清华大学中文系主任刘石主持会议，该校副校长谢维和、客座教授傅璇琮及新闻出版总署、中国出版集团公司相关人员出席。我局副总编辑冯宝志、数字出版中心主任李晨光及项目组成员与会。

10月27—30日　我局参加在厦门举办的"海峡两岸纪念辛亥革命100年精品图书展"。其间，沈致金、王瑞玲与台湾辅仁大学校长黎建球、主任秘书兼文学院院长陈福滨以及美国长青书局程美贤、沈威女士座谈，探讨加强校、社、店合作事宜。我局图书《居正与辛亥革命》、《建国方略》参加该书展，并向台湾辅仁大学捐赠25万元码洋的图书。

10月28日　我局与浙江桐乡市政府联合在桐乡举办纪念中华书局创建百年活动。徐俊代表我局向桐乡市图书馆授"中华书局版本图书馆"铜牌。新闻出版总署原副署长杨牧之、浙江大学历史系教授龚延明、北京大学现代出版研究所所长肖东发、上海辞书出版社社长彭卫国、上海出版博物馆馆长林丽成、复旦大学图书馆古籍部主任吴格、复旦大学历史系教授邹振环、《光明日报》记者庄建等出席活动。活动期间，举办了中华书局百年历史图片展、中华书局精品出版物展。俞国林于当日下午为嘉兴教育学院师生做了题为《中华书局百年历史》的讲座。冯宝志、翁向红、梁彦、丛桂芹等参加。

10月30日　我局与上海师大古籍所、华东师大古籍所在上海师大联合召开点校本《文献通考》出版座谈会，并祝贺裴汝诚先生八十华诞。徐俊主持会议，李岩和上海师大党委副书记茅鼎文、华东师大古籍所所长严佐之分别致辞，上海师大古籍所所长戴建国代表整理者讲话。全国高校古委会秘书长杨忠与会。参会的还有王文楚、陈先行、陈尚君、刘永翔、虞云国、严文儒等专家学者。我局许逸民、李静等参加。

11月3日　新闻出版总署副署长邬书林一行来我局，召开以"为人民提供更多更好精神食粮，进一步加强精品力作出版工作"为主题的贯彻十七届六中全会精神专题调研会，在京十余家出版社负责人参加。李岩在会上发言，介绍了我局学习十七届六中全会精神的情况。

11月7日　局务会决定，任命罗华彤为古籍学术出版中心学术著作编辑室副主任。

11月8日　李岩当选北京市丰台区第十五届人大代表。

11月26—27日　我局与北京师范大学章黄研究中心联合在苏州举办"朱季海著作集出版座谈会"，民进中央副主席朱永新、北京师范大学章黄研究中心主任王宁出席，来自清华大学、苏州大学、苏州科技学院、浙江大学、杭州师范大学、南通大学的专家学者30余人与会。

11月29日　离休干部，原经理部主任赵维奎病逝，享年86岁。

赵维奎（1925—1911），山冻沂水人。1939年起参加抗日救亡运动。1940年加入中国共产党。曾先后在《大众日报》社、山东新华书店、山东省新闻出版处、西安新华书店任科长、副主任等职。1954年到北京，先后在新华书店、古籍出版社、财政经济出版社工作。1958年起，先后任中华书局排版厂副厂长兼党支部书记、中华书局行政处副主任、经理部主任、基建办公室主任等职。1986年离休。

12月5—6日　召开我局2012年度选题工作研讨会，全体局领导、各编辑部门负责人参加。局内外专家及中国出版集团公司出版业务部领导出席了会议。

12月14日 　副总经理余喆、史志文化编辑室主任朱振华专程赴浙江绍兴看望我局老员工吴翊如。

12月23日 　我局获新闻出版总署颁发的"《大中华文库》出版工程先进单位"称号。徐俊代表我局赴人民大会堂出席《大中华文库》出版工程表彰大会,受到李长春、刘云山、刘延东等中央领导接见。

12月25日 　《我为评书生》、《江湖丛谈》(注音注释典藏本)、《醒木惊天连阔如》等三书在北京图书大厦举行签售活动,作者连丽如、贾建国、彭俐、吴欣还等与读者见面,李岩、顾青及总经理总编辑办公室、大众读物分社、发行部相关人员参加。

12月27日 　黄松、翁向红到上海专程看望了我局老员工李昌允。

12月28日 　"中华书局百年历程暨珍贵图书文献展"及"1912,中华书局从这里出发"庆祝中华书局成立100周年座谈会在上海图书馆举行。展览内容包括中华书局百年局史图片,以及中华书局出版的珍贵版本书籍、名人手札及早期印刷设备等。沪上文化界、学术界、出版界知名人士济济一堂,共贺中华书局百岁生日。在座谈会上,出版界陈昕、赵昌平、巢峰、钱伯城,学者代表裘锡圭、邹逸麟和中华书局老员工谢方等分别发言,畅谈中华书局对自己人生带来的影响,纷纷表达了自己的祝贺和对中华书局新的百年的期待。

在展览开幕式上,我局向上海图书馆捐赠了全套《中华大藏经(汉文部分)》和《顾颉刚全集》。

我局领导李岩、徐俊、顾青、黄松及总经理总编辑办公室、市场部相关人员参加活动。

是日 　下午,上海中华印刷有限公司在其印刷博物馆内新立陆费逵铜像,我局与该公司双方负责人共同为铜像揭幕。

12月29日 　我局在上海复旦大学举办"百年再出发——中华书局文化沙龙"活动(上海站),主题为"近代书业与现代中国的历程"。复旦大学中国历史地理研究中心教授周振鹤,华东师范大学中文系教授陈子善,上海社会科学院副院长、教授熊月之就上海近代书报业、中华书局、民国教科书、新知与新民、国民知识体系重构、中国文化、融合国粹西学、教育家与出版业、新知识的普及等话题进行了主题演讲和现场交流。活动由顾青主持。

是月 　中华书局创建百年专题报道网页制作完成并上线。

是年　我局获商务部2011年度"文化出口中央奖励资金"50万元。

是年　徐俊获中宣部全国宣传文化系统"四个一批"人才称号。

是年　我局《甲午战争新讲》、《中国佛教文化史》入选新闻出版总署"三个一百"原创出版工程。

《中国人应知的国学常识》入选新闻出版总署全民阅读活动组织协调办公室组织19家中央媒体和门户网站开展的2010年度"大众喜爱的50种图书"。

《宅兹中国——重建有关"中国"的历史论述》入选《中国图书商报》2011年度10本好书、《中华读书报》2011年度图书十佳、新浪网2011年中国好书榜。

《相声溯源》（美术编辑周玉）获"首届华文出版物艺术设计大赛"优秀奖。该大赛由中国新闻文化促进会与中国新闻出版研究院联合举办。

是年　生产用纸21.5万令；销售码洋3.72亿元；实现利润3000万元。

是年　出书1358种，其中新书487种，重印书871种。主要包括《中华民国史》、《资治通鉴》（线装本）、《中国国家图书馆藏清宫昇平署档案集成》、《丛书集成初编》、《文献通考》、《书目答问汇补》、《近三百年人物年谱知见录》（增订本）、《金楼子校笺》、《吴敬梓集系年校注》、《尚书孔传参正》、《张政烺批注两周金文辞大系考释》、《说文古籀补三种（附索引）》、"唐长孺文集"、《容庚学术著作全集》、《初照楼文集》、《宅兹中国——重建有关"中国"的历史论述》、《翁心存日记》、《陆费逵文选》、《民国职官年表外编》、《漳州府志》、《中国文化遗产研究院藏西域文献遗珍》、《走向辉煌》、《现代中国的历程》、《胡适和他的朋友们（1904—1948）》、《八十逆旅：陈桥驿自传》、《来燕榭书跋》（增订本）、《唐诗排行榜》、《国文国史三十年》、《中国文明的历程》、《中国兵器甲胄图典》、《纳兰词选》、"中华养生经典"系列等。

附　录

中华书局历届董事会和领导班子成员名录

1912.1

陆费逵任局长。

1913.4—1914.12

董事：陆费逵、戴克敦、陈寅、沈颐、沈知方、范源廉、姚汉章、戴克恭、蒋汝藻、李登辉、萧敏溶；陆费逵、蒋汝藻为正副主席；沈继方、叶琢堂为监察。

陆费逵任局长，沈知方任副局长。

1914.12—1916.6

董事：唐绍仪、陆费逵、范源廉、蒋鸿林、蒋汝藻、施则敬、沈知方、王宠惠、陈玉麟、周鹍、沈恩孚；陆费逵、唐绍仪、蒋汝藻为常务董事；高欣木、沈季方为监察。

陆费逵任局长，沈知方任副局长。

1916.6—1917.12

董事：施则敬、唐绍仪、范源廉、梁启超、周扶九、蒋汝藻、陆费逵、陈玉麟、朱幼宏、陈夔龙、廉泉。监察：潘宪臣、郭亮甫。当年8月，因范源廉赴京任教育总长，陈夔龙因病辞职，陈玉麟病故，王宠惠、王正廷、沈知方递补为董事。

局长陆费逵，副局长沈知方（1917年1月辞职）。

1917.12—1918.12

董事：俞复、于右任、范源廉、康心如、徐可亭、孔祥熙、戴克敦、陈抱初、宋曜如、谢衡牕、汪幼安；俞复为驻局董事；吴镜渊、黄毅之为监察。

陆费逵辞局长职，改任司理。

1918.12—1919.12

董事：陆费逵、李平书、范源廉、俞复、戴克敦、汪幼安、徐可亭、王儒堂、施子英（数日后因病辞职，由刘叔装递补）、唐绍仪、廉惠卿；吴镜渊、黄毅之为监察。

1919.12—1924.12

董事：陆费逵、俞复、范源廉、李平书、吴镜渊、沈问梅、汪幼安、戴克敦、廉泉；

黄毅之、徐可亭为监察；俞复、吴镜渊为驻局董事。

陆费逵由司理改为总经理。

1924.12—1932.12

董事：陆费逵、李平书、范源廉、戴克敦、俞复、高时显、孔祥熙、沈陵范、吴镜渊；徐可亭、黄毅之为监察。

陆费逵任总经理。

1932.12—1934.12

董事：陆费逵、唐绍仪、史量才、陈寅、舒新城、汪伯奇、孔祥熙、吴镜渊、沈陵范、李墨飞、高欣木；徐可亭、黄毅之为监察。

陆费逵任总经理。

1934.12—1937.2

董事：陆费逵、吴镜渊、孔祥熙、唐绍仪、汪伯奇、舒新城、沈陵范、高欣木、胡懋昭、王志莘、李叔明；黄毅之、徐可亭为监察。

陆费逵任总经理。

1937.2—1948.3

董事：陆费逵、高欣木、孔祥熙、吴镜渊、李叔明、唐绍仪、舒新城、汪伯奇、王志莘、沈乐康、胡懋昭；徐士渊、黄景范为监察。此期间，陆费逵、唐绍仪、吴镜渊、胡懋昭先后去世，由路锡三、陆费叔辰、王瑾士、丁辅之依次递补。

陆费逵任总经理，1941年病逝。李叔明继任总经理。

1948.3—1950.10

董事：孔祥熙、王志莘、高欣木、陆费叔辰、王瑾士、汪伯奇、沈陵范、徐士浩、舒新城、杜月笙、李叔明、路锡三、陈霆锐、陆费铭中、吴叔同；杜月笙、高欣木、王志莘、吴叔同为常务董事；孔祥熙为董事长；陈子康、徐可亭、丁辅之、吴明然、李昌允为监察。

1949年8月，董事会免孔祥熙董事长职，推选吴叔同任董事长；汪伯奇继任常务董事；俞明岳递补为董事。监察丁辅之去世，严庆禧递补为监察。聘林汉达为董事会顾问。1950年林汉达去燕京大学任教，改聘陆高谊继任董事会顾问。

李叔明任总经理，汪伯奇任副总经理。1949年2—7月，舒新城任代总经理。1949年7

月，沈陵范继任代总经理；汪伯奇辞副总经理职，李昌允继任副总经理。

1950.10—1954.3

董事：陆费铭中、舒新城、汪伯奇、杜月笙、李叔明、陆费叔辰、俞明岳、高欣木、李昌允、吴叔同、潘达人、王瑾士、王志莘、沈陵范、徐士浩；常务董事：高欣木、王志莘、陆费铭中、吴叔同、潘达人；吴叔同为董事长；路锡三、严庆禧、吴明然、陈子康、徐玉书为监察。

1952年10月，因高欣木、杜月笙、王瑾士出缺，以刘靖基、郭农山、李虞杰递补。

1954.3—1958.4

私方董事：王志莘、俞明岳、李昌允、潘达人、刘靖基、徐永祚、舒新城、吴明然、陆费铭中、吴叔同、陆费叔辰、郭农山；公方董事：黄洛峰、金灿然、沈静芷、汤季宏、狄超白（后由刘子章替代）；董事长：吴叔同；副董事长：黄洛峰。日常事务由私方代表卢文迪、俞明岳协助公方代表狄超白、常紫钟、王寅生、李国钧处理。

狄超白——社长兼总编辑；

常紫钟、王志莘、王寅生——副社长

李国钧、王寅生、卢文迪——副总编辑

1958.4—1971.6.

金灿然——总经理兼总编辑

傅彬然——副总经理兼副总编辑

刘子章——副总经理（1958年12月调离）

王乃夫——副总经理（1958年7月调离）

金兆梓——副总编辑

章锡琛——副总编辑

萧项平——副总编辑（1958年6月调来，1970年1月去世）

梁涛然——副总编辑（1960—1963）

丁树奇——副总编辑（1961年3月调来，1963年9月起兼副总经理）

张政烺——副总编辑（1962年7月文化部任命，未就职）

其间1966年6月"文化大革命"开始，局领导班子成员全部挨批挨斗"靠边站"。1966年8月，军队干部孟涛曾任代副总经理。

1971.6—1973.5（中华、商务时期）

汝晓钟——党委书记

领导班子成员：谢广仁、肖海、陈原（1972年6月调来）

1973.5—1979.6（中华、商务时期）

丁树奇——总经理兼总编辑（1975年8月调离）

金　沙——副总编辑（1973.5—1977.8）兼党委书记（1975.8—1977.8，主持工作）

陈　原——社长兼总编辑、党委书记（1977年8月起）

王　栋——副社长兼党委副书记（1977年8月起）

徐君曼——副社长（1977年8月起）

徐　荄——副总编辑（1977年8月起）

张先畴——副总编辑（1977年8月起）

金尧如——副总编辑（1977.8—1978.12）

吴文焘——副总编辑（1977年8月起）

都　仍——党委副书记（1975.8—1977.8，军队干部，负责政治思想工作）

1979.6—1983.11

陈之向——总经理兼党组书记（1980.2—1983.11）

王　春——副总经理

于　廉——副总经理（1983年5月起）

魏子杰——副总经理（1983年5月起）

张先畴——副总编辑

卢文迪——副总编辑（1982年7月去世）

李　侃——副总编辑

赵守俨——副总编辑

程毅中——副总编辑（1981年10月起）

傅璇琮——副总编辑（1981年10月起）

1983.11—1986.8

王　春——总经理

李　侃——总编辑

于　廉——副总经理

魏子杰——副总经理

张先畴——副总编辑

赵守俨——副总编辑

程毅中——副总编辑

傅璇琮——副总编辑

1986.8—1991.6

李　侃——总编辑

傅璇琮——副总编辑

陈金生——副总编辑

何双生——副总编辑

魏子杰——副总经理

邓经元——副总经理

熊国祯——副总经理

1991.6—1997.8

邓经元——总经理

傅璇琮——总编辑

陈金生——副总编辑

何双生——副总编辑

熊国祯——副总经理（1994年12月后改任副总编辑）

崔高维——副总经理

沈锡麟——副总经理

1997.8—2003.8

宋一夫——总经理

李　岩——副总经理兼副总编辑

熊国祯——副总编辑

崔高维——副总经理（2003年1月退休）

沈锡麟——副总经理

2003.8—2005.7

李　岩——副总经理兼副总编辑（主持工作）

熊国祯——副总编辑（2004年7月退休）

沈锡麟——副总经理（2004年7月退休）

徐　俊——副总编辑

2005.7至今

李　岩——总编辑（2005.7—2007.9），总经理（2007年9月起）

徐　俊——副总编辑，总编辑（2010年5月起）

沈致金——副总经理

顾　青——副总编辑

余　喆——副总经理（2006年5月起）

黄　松——副总经理（2006年8月起）

冯宝志——副总编辑（2011年7月起）

中华书局在职人员名录*

（按姓氏笔画排序）

于 涛	马弘毅	马 军	马宇震	马 峥	马晓珺	马艳峰	马 婧	马 晨
马 燕	丰 雷	尹 涛	方 颐	毛 淳	王小平	王 云	王水涣	王传龙
王 军	王守青	王克玉	王 芳	王 芳	王芳军	王 勇	王贵彬	王 钢
王振义	王晓双	王 勖	王铭基	王敬仁	王朝晟	王 楠	王瑞玲	邓晨亮
丛桂芹	冯宝志	冯 雪	包 岩	史晓莹	尤高峰	石 玉	艾保强	邝 红
龙 飞	任 川	任海涛	刘亚川	刘 丽	刘 彤	刘学成	刘彦捷	刘树林
刘 洋	刘胜利	刘 莹	刘淑丽	刘雅梅	刘 楠	刘颖男	刘 潋	孙文颖
孙永娟	孙迎丰	孙 湜	安兆泉	巩 瑶	朱立峰	朱兆虎	朱 玲	朱振华
朱深深	朱 慧	纪惠贤	许文胜	许旭虹	许丽娟	许 荣	许 桁	邬瑞成
齐 东	齐浣心	齐 瑶	严进国	何 平	何 龙	何连玉	何明昕	余 喆
余 瑾	吴 芳	吴爱兰	吴 魏	吴麒麟	宋之昕	宋凤娣	宋 吉	宋志军
宋晓亮	张之光	张云静	张文强	张文斌	张玉亮	张如中	张 宇	张 进
张连生	张国亮	张彦周	张荣国	张晋波	张海英	张爱国	张继海	张 耕
张彩梅	张 旌	张 萍	张银忠	张喜成	张德选	张 毅	张 巍	张 露
李广灿	李天飞	李少英	李世文	李东辉	李占领	李 龙	李 伟	李丽雅
李 卓	李 岩	李忠文	李忠良	李明璋	李泽群	李绍军	李绍薇	李 响
李树玲	李洪忠	李洪超	李 玲	李振强	李晓燕	李晓霞	李铁旺	李 晨
李晨光	李 爽	李 森	李 嘉	李肇翔	李 静	杜国慧	杜娟娟	杜校平
杨 一	杨 帆	杨 红	杨利军	杨 枫	杨 剑	杨春玲	杨 敏	杨 瑞
沈冬青	沈 昊	沈 玲	沈致金	肖铁志	谷笑鹏	邹 雷	陈小远	陈 平
陈 乔	陈再华	陈丽娜	陈建中	陈 虎	周 玉	周 杨	周步初	周 昊
周 娟	周 雪	孟庆俊	孟庆媛	林玉萍	欧阳伟	欧阳红	罗华彤	罗明钢
郁震宏	金 锋	侯小春	侯占臣	侯笑如	俞小威	俞国林	娄建勇	柳建红
段世领	洪 涛	祝安顺	胡大庆	胡友鸣	胡孝民	胡 珂	胡香玉	胡 彬
赵 伏	赵 宏	赵芳英	赵妮娜	赵 明	赵 英	赵春生	徐卫东	徐守牛
徐 俊	徐 轶	徐真真	徐麟翔	殷红伟	秦淑华	翁向红	耿纪云	聂丽娟
贾 林	郭正玲	郭 妍	郭其梅	郭金珊	郭悦来	郭惠灵	顾丽嘉	顾 青
高 天	高俊江	高 原	高 楠	曹 阳	曹艳东	曹 静	崔 放	崔淑华
崔 量	阎玉兰	梁五童	梁 彦	脱 丽	黄 松	彭玉珊	焦雅君	舒 琴

董利辉　董慧洁　谢俊峰　韩彩红　韩新宝　韩　霞　鲁　明　阙冬琳　樊玉兰
樊　挺　薛有红　魏丛树　魏　莉

*本名录所收为2011年底中华书局在编人员274人。

中华书局离退休人员名录*

（按姓氏笔画排序）

离休：

方南生	刘卓清	安继尧	李英祥	李雅莲	杨　林	张斯富	陈之向	赵元珠
赵仲兰	凌　志	曹煜峙	魏淑兰					

退休：

于世明	卫水山	马　蓉	马胜凯	王　勉	王　燕	王亚君	王达智	王秀荣
王秀梅	王国轩	王凯生	王秋生	王洪芬	王振铭	王敬莲	王惠敏	王景桐
王殿军	王嘉美	王增寅	仇振泓	方沛亨	尹新鉴	白敏仁	冯绪荣	司绍宗
吕耀红	华晓林	刘光业	刘启谦	刘尚荣	刘尚慈	刘宗汉	刘素琴	刘德麟
齐宝元	许逸民	孙书栋	孙占奎	孙如冰	孙启鹤	孙笑芳	孙通海	杜世华
李　非	李　捷	李元凯	李玉仙	李纪新	李志远	李明琪	李庭慧	李海森
李解民	李聪慧	李德泉	杨华如	杨春华	杨辉君	何英芳	沈芝盈	沈金山
沈俊良	沈锡麟	张　烈	张子文	张忱石	张鸿敏	陈　抗	陈　荣	陈　铮
陈　雅	陈金生	邵蕴珠	罗运莲	周　丽	郑仁甲	单玉春	房志迅	孟　卫
赵　东	赵　诚	赵　新	赵又新	赵玉亭	南丽华	柳　宪	洪文涛	洪思律
姚景安	骈宇骞	贾元苏	贾艳芳	顾少印	顾润娥	柴剑虹	徐春堂	徐敏霞
高　营	郭　兵	唐进科	凌金兰	谈冰玉	陶大立	崔文印	崔高维	阎晋鲁
梁运华	梁静波	彭锡芳	董　廉	景　云	程毅中	傅惠时	傅璇琮	谢　方
谢宝光	熊国祯	潘晓玲	冀　勤					

*本名录所收截至2011年底，其中离休13人，退休121人。

曾在中华书局工作过的人员名录*

（按姓氏笔画排序）

丁树奇	丁晓先	于季博	于晓锋	于 廉	马 玉	马艾庆	马丽雅	马宗霍
马忠文	马 昕	马欣来	马非百	马玲娜	马绪传	马 铮	马锦文	仇正伟
仇钟汉	厉始焕	孔素枫	尹 宁	尹龙元	方承谟	毛双民	牛茜茜	王乃夫
王士济	王子卿	王元元	王元军	王文锦	王文靖	王代文	王正文	王汉章
王立霞	王仲闻	王 庆	王有忠	王有荣	王金山	王观鲁	王克孝	王志莘
王克兢	王季康	王招弟	王宝堃	王 春	王洪达	王祖保	王荣先	王建光
王建新	王桂荣	王浚华	王海燕	王素珍	王寅生	王 敏	王 萌	王 萍
王 铭	王 婷	王 琳	王鸿昌	王 翔	王翔庭	王瑞丽	王瑞来	邓有贵
邓 岚	邓经元	邓 南	邓树权	韦永好	冯晓岚	冯都良	冯惠民	包遵信
卢仁龙	卢文迪	卢启勋	卢 瑛	叶晓钟	宁映霞	宁德伟	甘素娥	田汉德
田越铎	申作宏	白素玲	石 础	石继昌	石 雷	任灵兰	任绍卿	任 涛
任雪芳	伊见思	关立勋	刘一洋	刘万浜	刘子章	刘及辰	刘凤春	刘天保
刘玉平	刘 石	刘 礼	刘则永	刘师迅	刘西臣	刘志金	刘利光	刘良富
刘周基	刘国友	刘放桐	刘 杰	刘法廉	刘晓梅	刘笑敢	刘起釪	刘 晴
吕玉华	吕 平	吕 勉	吕福国	孙人和	孙玉生	孙以楷	孙竹林	孙国志
孙树霖	孙莘人	孙清泉	安冠英	安新贤	巩绍英	曲筱艺	朱士春	朱先树
朱关祥	朱庆瑞	朱 良	朱彦频	朱润章	朱铁山	朱基俊	朱维彬	朱谱萱
华昌泗	汝晓钟	毕于慧	江宝璋	江建宇	江绪林	汤 涛	祁杰川	许 宏
许孟玉	许莘南	阮伯兴	齐家新	齐翔延	齐 蕾	严健羽	杜之劲	何双生
何宏明	何宏辉	何炳然	何家政	何鸿辉	余有章	佟德宝	狄超白	冷卫国
吴乃昌	吴广义	吴仁华	吴永华	吴 杰	吴叔同	吴育鹏	吴英娜	吴佩林
吴树平	吴秋瑜	吴翊如	吴葆蓉	宋一夫	宋小初	宋云彬	宋茂华	宋 然
张一兵	张力伟	张义良	张卫峰	张 云	张友良	张凤宝	张世林	张北辰
张发敏	张永珍	张先畴	张兴邦	张兴周	张 军	张廷锡	张 旭	张竹亭
张丽蓉	张 妍	张连仲	张其骈	张奇慧	张定我	张尚达	张建新	张 怡
张 英	张 珉	张苑香	张家珍	张恩华	张振相	张晓华	张 荷	张梦麟
张富成	张朝栋	张楚鑫	张静庐	张赛周	张 瑾	李丹慧	李云辉	李长春
李 冉	李 青	李占杰	李永纯	李亚明	李 严	李 克	李克忠	李克俊
李志伟	李纯如	李 进	李 侃	李国钧	李 明	李 勉	李建军	李易安
李松年	李绍熙	李青清	李复波	李思敬	李春芬	李 茜	李 荣	李荣生
李家真	李 祥	李 莹	李绮春	李 菁	李景春	李 萱	李赓序	李锦章

李　静	李鋆培	李遵义	杜正之	杜玉强	杨凤鸣	杨世钊	杨　华	杨伯峻
杨　林	杨牧之	杨昭洁	杨梦东	杨集生	杨锦海	杨新定	汪北平	汪圣铎
沈大纶	沈玉成	沈迈行	沈宣钰	沈建华	沈渭娜	沈觐巽	肖　石	肖克宽
肖　枫	肖莘明	肖　雪	肖雁芳	苏允书	苏生明	苏继颀	邱　璐	邹其达
陆钦颐	陆泰利	陆高谊	陆淑志	陈乃乾	陈力民	陈又坚	陈大宇	陈大维
陈小林	陈世觉	陈东林	陈玉庆	陈仲奇	陈兆兴	陈　驰	陈志刚	陈秀东
陈芬芬	陈政域	陈洪海	陈晓云	陈浩雄	陈海泉	陈艳妮	陈跃新	陈　斌
陈　端	陈肇斌	邵霖生	周云青	周开甲	周方青	周长虹	周妙中	周振甫
周雪瑛	周道安	孟庆锡	孟汉卿	孟默闻	尚　虹	巫白慧	庞　强	明　皓
易　之	欧阳宇放		武明涛	罗才荣	罗成义	罗丹妮	罗向军	罗　毅
罗锡厚	范子烨	郑厚峰	郑渝平	郑杰民	金玉民	金兆梓	金尧如	金　沙
金灿然	金国亮	金　英	金竹槐	厚艳芬	侯　才	侯桂枝	侯岱麟	侯　明
俞明岳	俞曾元	俞筱尧	俞毓莘	姜健宇	姚绍华	姚　鉴	姚　锟	骆淑志
姜玉玲	娄　杰	段昌同	胡汝娜	胡宜柔	胡武英	胡昭静	胡春田	贺才茂
贺德方	赵守俨	赵　扬	赵伯陶	赵克振	赵国忠	赵　庚	赵建伟	赵清泽
赵维奎	赵　琪	赵德育	赵懋辉	郤德金	郝光炎	郝明科	郝润华	施其南
倪伟清	凌珊如	凌　毅	原孝铨	唐珍贤	唐　薇	夏文芳	夏志和	夏桂琴
夏添祯	顾菊英	奚立英	奚兆燊	徐　力	徐义成	徐节文	徐寿龄	徐国伟
徐国辉	徐　征	徐　波	徐调孚	徐　捷	徐溥泽	浦一之	涂传杰	涂敬恒
秦健生	袁法周	袁瑞英	袁群力	袁　靖	郭　宾	郭德生	钱永合	钱炳寰
隽雪艳	高乐赓	高尔松	高　亨	高　珍	高流水	高培义	高福宝	高　燕
诸葛群	寇　荣	崔惠舫	常振国	常紫钟	曹久山	曹东征	曹春荣	梁发三
梁　秀	梁光英	梁永泰	梁国柱	梁涛然	盛冬铃	盛　伟	章启凡	章锡琛
章　熊	萨支钢	阎连栋	黄仁清	黄文海	黄玉琴	黄　克	黄建新	黄树芳
黄　葵	黄　筠	黄镇华	萧项平	龚梅亭	傅文青	傅建民	傅振伦	傅彬然
舒新城	温宏桢	曾次亮	曾伟强	程义华	程小平	程选公	童第德	董　林
董树力	董校昌	谢寒枫	韩天勇	韩国藩	韩　雪	韩温升	鲁绍连	蓝　俊
訾瑞恒	褚斌杰	路育松	雷国禄	熊尤今	熊耀东	臧华云	蔡世纬	蔡　荣
蔺友昆	赫书诚	樊颖倩	潘安荣	潘延长	潘达人	潘芙蓉	潘国基	潘惟友
颜廷真	穆怀忠	戴山青	戴文葆	戴晓玫	戴　燕	魏子杰	魏文敏	魏连科
瞿　剑	瞿蜕初							

*由于资料所限，本名录所收年限是1955—2011年；且仅限于在中华书局总公司工作的人员，未包括上海、香港等地中华书局分支机构和工厂的工作人员。表中所录，有调离者，有辞世者，或有遗误，欢迎知情者补正。

中华书局机构设置图

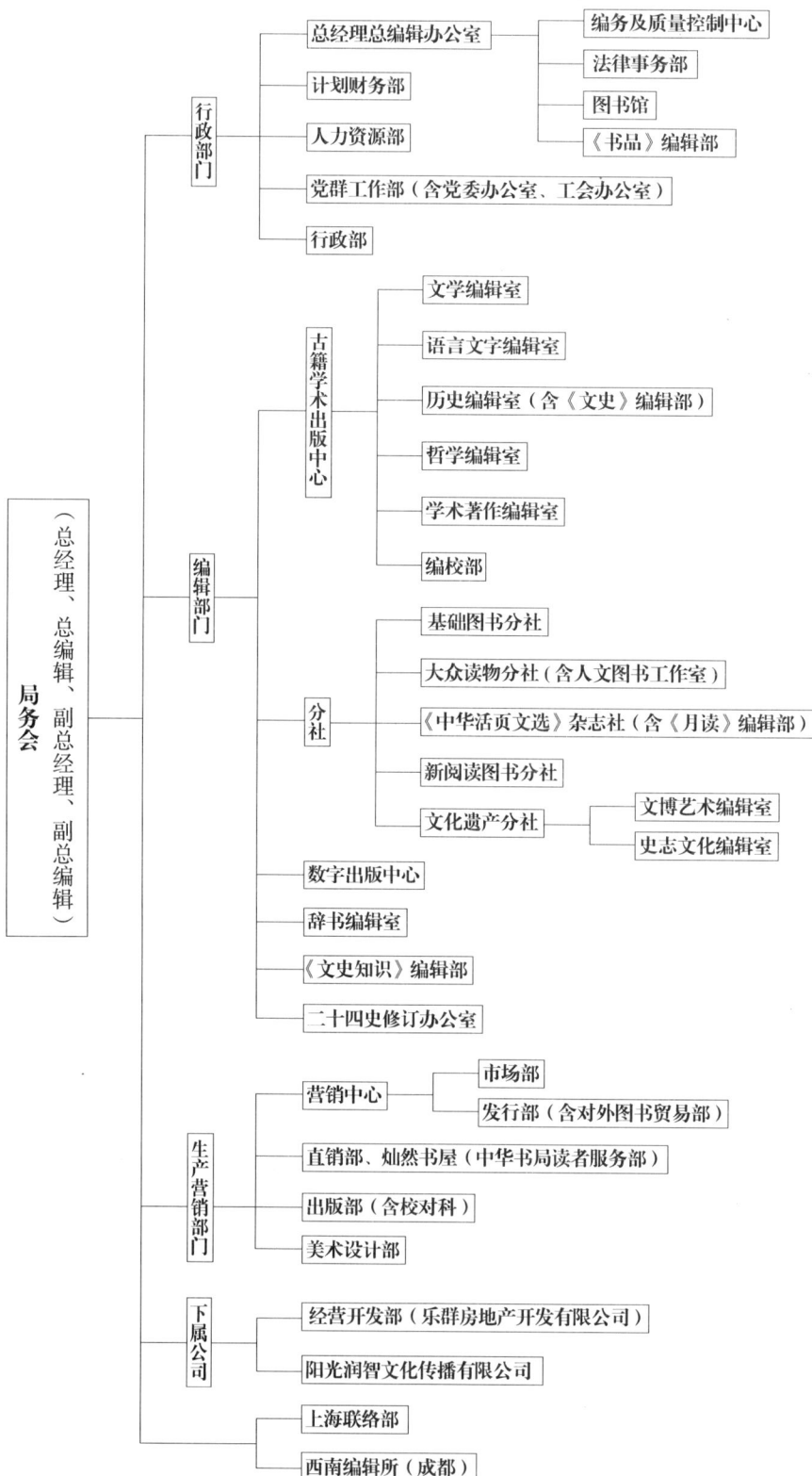

局务会（总经理、总编辑、副总经理、副总编辑）

- 行政部门
  - 总经理总编辑办公室
    - 编务及质量控制中心
    - 法律事务部
    - 图书馆
    - 《书品》编辑部
  - 计划财务部
  - 人力资源部
  - 党群工作部（含党委办公室、工会办公室）
  - 行政部
- 编辑部门
  - 古籍学术出版中心
    - 文学编辑室
    - 语言文字编辑室
    - 历史编辑室（含《文史》编辑部）
    - 哲学编辑室
    - 学术著作编辑室
    - 编校部
  - 分社
    - 基础图书分社
    - 大众读物分社（含人文图书工作室）
    - 《中华活页文选》杂志社（含《月读》编辑部）
    - 新阅读图书分社
    - 文化遗产分社
      - 文博艺术编辑室
      - 史志文化编辑室
  - 数字出版中心
  - 辞书编辑室
  - 《文史知识》编辑部
  - 二十四史修订办公室
- 生产营销部门
  - 营销中心
    - 市场部
    - 发行部（含对外图书贸易部）
  - 直销部、灿然书屋（中华书局读者服务部）
  - 出版部（含校对科）
  - 美术设计部
- 下属公司
  - 经营开发部（乐群房地产开发有限公司）
  - 阳光润智文化传播有限公司
- 上海联络部
- 西南编辑所（成都）

ISBN 978-7-101-08464-1

定价: 78.00元